2018—2019 名城名校融合发展战略项目资助

中国红十字运动史散论

（修订本）

池子华 著

合肥工業大學出版社

图书在版编目(CIP)数据

中国红十字运动史散论/池子华著.—修订本.—合肥:合肥工业大学出版社,2019.6

(红十字文化丛书)

ISBN 978-7-5650-4495-3

Ⅰ.①中… Ⅱ.①池… Ⅲ.①红十字会—历史—中国—文集 Ⅳ.①D632.1-53

中国版本图书馆 CIP 数据核字(2019)第 112111 号

中国红十字运动史散论(修订本)

池子华 著

责任编辑 章 建 张惠萍
出版发行 合肥工业大学出版社
地　　址 (230009)合肥市屯溪路 193 号
网　　址 www. hfutpress. com. cn
电　　话 总 编 室:0551-62903038
　　　　　市场营销部:0551-62903198
开　　本 710 毫米×1010 毫米 1/16
印　　张 19.5
字　　数 341 千字
版　　次 2019 年 6 月第 1 版
印　　次 2019 年 6 月第 1 次印刷
印　　刷 安徽昶颉包装印务有限责任公司
书　　号 ISBN 978-7-5650-4495-3
定　　价 54.00 元

《红十字文化丛书》编辑委员会

总　序

150 年前，高举人道主义旗帜，旨在促进人类持久和平的红十字运动在欧洲兴起并迅速走向世界。100 多年来，红十字会为世界和平与发展做出的巨大贡献有目共睹，因而日益受到世界各国、各地区的欢迎，已发展成为与联合国、国际奥委会并称的世界三大国际组织之一。究其原因，乃其所奉行的七项基本原则——也是红十字文化的内核——涵盖了世界上各种不同文化的共同点，能为文化和制度不同的国家所接受，故而具有强大的生命力。

100 年前，红十字运动东渐登陆中国。在其中国化的发展过程中，红十字会不断吸取中国传统文化的精髓，茁壮成长，逐步形成了“人道、博爱、奉献”的文化内涵，并成为中华文化的瑰宝之一。

百余年来，红十字运动在波澜壮阔的实践中积累了丰富的经验，也留下了许多教训。经验与教训需要上升为理论，也只有理论才能更好地指导红十字事业持续、健康发展。学界、业界对此都进行了持续的关注。

2005 年 12 月 7 日，苏州大学社会学院与苏州市红十字会携手合作，成立全国首家红十字运动研究中心，旨在通过学界和业界的联合，推动和加强红十字运动的理论研究，探究红十字运动中国化的过程与特色，凝练红十字文化价值，探求红十字运动在构建国家软实力和促进中华民族伟大复兴中的地位与作用。同年 12 月 9 日，中国红十字会总会也提出，“确定一批研究课题，组织专家学者开展对国际红十字运动及中国红十字运动的深入研究”[①]。由此，学界、业界共同开展了对红十字运动

① 中国红十字会总会：《关于加强和改进宣传工作的意见》，红总字〔2005〕19 号。

的学术研究与理论探讨。

多年来，红十字运动研究中心除通过专业网站（http://www.hszyj.net）发布和交流学界、业界动态外，已出版研究成果数十部；帮助一些地方红十字会建立与高校的合作，搭建平台，共同开展研究；举办了首届红十字运动与慈善文化国际学术研讨会；培养了一批专门研究红十字运动的生力军；积累了大量的学术资料。中心主要研究人员还借助在各地讲学的机会，传播重视红十字运动研究的理念。正是在红十字运动研究中心的引领之下，红十字运动研究在中华大地上呈现出生机勃勃的发展态势，并取得了丰硕的成果，"新红学"[①] 呼之欲出。仅以2011年为例，各地以纪念辛亥革命100周年为契机，纷纷整理、编辑出版了地方红会百年史；有的红会还与高校合作组建相关研究中心；等等[②]。这些方式有力地推动了红十字运动研究向更深更广的方向发展。

当今世界正处于大发展大变革大调整时期，多极化、经济全球化深入发展，科学技术日新月异，各种思想文化交流交融交锋更加频繁，文化在综合国力竞争中的地位和作用更加凸显。2011年10月18日，党的十七届六中全会通过的《中共中央关于深化文化体制改革　推动社会主义文化大发展大繁荣若干重大问题的决定》，提出要推动社会主义文化大发展大繁荣。11月7日，教育部发布了《高等学校哲学社会科学繁荣计划（2011—2020年）》，大力提升高等学校人才培养、科学研究、社会服务、文化传承创新的能力和水平。12月7日，全国人大常委会副委员长、中国红十字会会长华建敏在中国红十字会九届三次理事会上提出，"要深化理论研究，充分挖掘红十字文化内涵，推进红十字文化中国化，广泛传播人道理念，在全社会推动形成良好的道德风尚"[③]。红十字"文化工程"已然成为红十字会总体建设目标之一[④]。进一步加强与

① 在2009年4月于苏州大学召开的"红十字运动与慈善文化"国际学术研讨会上，红十字运动研究中心主任、江苏红十字运动研究基地负责人、苏州大学教授池子华指出，经过100多年波澜壮阔的实践发展和学术界呕心沥血的开拓性研究，在人文社科领域构建一门"新红学"——红十字学，条件已经具备，时机已经成熟。见池子华：《创建"红十字学"刍议》，《中国红十字报》2009年4月17日。

② 池子华、郝如一：《2011年红十字理论研究之回顾》，《中国红十字报》2012年1月3日。

③ 《中国红十字会九届三次理事会召开》，《中国红十字报》2011年12月9日。

④ 池子华：《"文化工程"应成为红十字会总体建设目标之一》，《中国红十字报》2009年12月11日。

拓展红十字运动理论研究，尤其是对红十字文化中国化的研究，已成为历史与现实的呼唤。

有鉴于此，红十字运动研究中心继续发挥高等学校与业界合作的优势，汇聚研究队伍，科学选题，出版一套“红十字文化丛书”，弘扬有利于国家富强、民族振兴、人民幸福、社会和谐的思想和精神，凸显红十字文化在中国文化园地中的地位，使红十字文化在神州大地上更加枝繁叶茂，促进中国红十字事业可持续发展，推动红十字文化的国际交流。

“红十字文化丛书”的出版，得到了中国红十字基金会、江苏省红十字会、苏州大学社会学院、上海市嘉定区红十字会、浙江省嘉兴市红十字会、江苏省盐城市盐都区红十字会等单位的鼎力支持，也得到红十字国际委员会东亚代表处及中国红十字会总会的关心和指导，在此谨致衷心感谢。

池子华

2012 年 6 月于苏州大学

目　录

【红会人物】

【历史事件】

【史实考订】

【学术评论】

【附　录】

红会人物

孙淦与中国红十字的启蒙

中国红十字会是近代以来历史最为悠久的民间慈善团体，诞生于1904年3月10日。但在此之前，有一个“启蒙”过程，毕竟红十字源自西方，不可能一经登陆中国即落地生根。在红十字启蒙运动中，孙淦发挥了特殊的作用。本文梳理有关资料，对此进行初步探索，以弥补相关研究的不足。

一

1863年红十字在西方诞生后不久，即“东渐”登陆中国。1875年，《申报》《字林西报》就曾撰文介绍红十字会战地救护规则，只是没有点出“红十字”之名①。1888年，英国医师梅威令召集“台闽聪慧子弟数十人，教以临阵医伤之术”，组织红十字医疗队，在上海演习后“航海至天津谒当道贵人，愿赴军营效力”，没有得到允许②。梅氏红十字医疗队是在国人没有任何心理准备的情况下突然“冒”出来的，太过新奇，骤难接纳，昙花一现，自在情理之中。显然，没有舆论准备，没有启蒙宣传，红十字运动不可能“夕发朝至”，一朝兴起。补上启蒙宣传这一课，对志士仁人而言，是绝对不可缺省的。有识之士为此做出了不懈的努力，并于甲午战争后掀起红十字启蒙运动的高潮。孙淦就是启蒙运动的强力推动者。

在进入正题之前，首先应该澄清孙淦的籍贯问题。

孙淦，字实甫，商人，长期在日本经商，曾出任浙江留日学生监督，也是中国人留学日本史上首任监督，是一位爱国侨胞③。但其生平，

① 周秋光、靳环宇：《早期红十字会在中国的演变》，《光明日报》2006年2月21日。

② 鰥生：《创兴红十字会说》，《申报》1898年5月9日。

③ 吕顺长：《浙江留日学生监督孙淦事迹》，http：//www. ch. zju. cn/xwxy/rbs/lvshunchang lwj4liuxuesjdu. htm.

史籍记载不够翔实，甚至连其籍贯也还存在歧义。

1903年6月，直隶省学校司督办胡景桂受直隶总督袁世凯之命，赴日进行教育考察，并在滞日期间于大阪会见了孙淦。胡景桂在其日本考察记《东游纪行》中，对孙淦有这样的描述："孙淦，字实夫，浙人。在日本二十余年，初任监督，现为南帮首事，红十字亦列其名。谈许久，颇知时务。"① 有学者据此认为："由于胡的考察记录是著者在日本与孙直接面谈后作成，可信度较大。而且，从孙淦所接触的官绅多为浙江人，被任命为浙江留日学生监督，向浙江的学堂捐赠器械等一系列事件看，其对浙江的时务甚为关心。以此推断，其为浙江人的可能性较大。"②《东游纪行》仅系孤证，而且竟把孙淦字实甫误作"实夫"，其为浙江人"可能性较大"的判断，实在难以令人信服。

其实，孙淦的籍贯，史书中有明确的记载，如：

鳏生说："我友孙实甫上舍，名淦，江苏上海人。"③ 鳏生为孙淦好友，交往颇多，孙淦的"底细"自然一清二楚，非胡景桂一面之交可比，谓孙淦为江苏上海人，殆无疑义。

《汪康年师友书札》附录《汪康年师友各家小传》记载说："孙淦，字实甫，上海人，清光绪间曾由浙抚廖寿丰举为留日学生监督，后任职于日本邮船会社。译有《日本赤十字社社则》。"④ 社会名流汪康年是浙江人，孙淦与之多有交往，这是判断孙为浙江人"可能性较大"的理由。而汪的记载说明，与之交往较多的孙淦并不会因此改变其籍贯。

如果说上述资料仍不足以说明问题，那么孙淦的"自我介绍"，当无可置疑。1898年11月16日、17日《申报》连载《红十字会说》一文，署名为"上海孙淦实甫"。《时务报》第44册刊登译文《日本赤十字社社则》，署名"上海孙淦译"⑤。红十字会史料也提及"孙淦君自署上海平民，大阪侨商"。这些"自署"明白无误，是可以定论的。当然，上海毕竟是一个"移民世界"⑥，孙淦祖籍浙江也是有可能的，即便如此，从其自称"上海孙淦"判断，他本人是江苏上海人则是无疑的。

---

① 胡景桂：《东瀛纪行》，载《晚清中国人日本考察记集成·教育考察记》，杭州大学出版社1999年版。

② 吕顺长：《浙江留日学生监督孙淦事迹》，http：//www. ch. zju. cn/xwxy/rbs/lvshunchang lwj4liuxuesjdu. htm.

③ 鳏生：《创兴红十字会说》，《申报》1898年5月9日。

④ 上海图书馆编：《汪康年师友书札》第4册，上海古籍出版社1989年版，第4126页。

⑤《时务报》第44册，第3031页。

⑥ 叶孝慎：《上海旧影——移民世界》，上海人民美术出版社1999年版。

二

孙淦是一位成功的商人，“多财善贾”，但热心公益事业，“以济人行善为心”[①]，是一位“仁慈恺恻，卓识热忱”的慈善家[②]。他在日本加入了赤十字社，“习见日人于陷阵冲锋时深获红十字会之益”[③]，萌生了在中国创兴红十字会的理想。1897 年，他与好友鲰生议及此事，“奋然而兴，曰：有是哉！我其首先立之基础哉！”[④] 乃“商之日本会中诸友，无不乐赞其成”[⑤]。但要在中国创兴红十字会，如上所述，需要一个启蒙运动加以推动。而要“启蒙”，不仅要启“官（朝）蒙”，而且要启“民（野）蒙”，双管齐下，才易收功。在这两方面，孙淦都做出了不懈的努力。

在启“官蒙”方面，1897 年冬，孙淦在东京向驻日公使裕庚呈递了《大阪华商孙淦呈请裕钦使转咨总署奏设红十字会禀》（附有汉译日本赤十字社章程）[⑥]，恳请裕庚咨明总理衙门，代为上奏。禀文称，红十字会救灾恤兵，一视同仁，博施济众，意美法良，实为近世“至善之大政”，环视全球，除“野蛮”之邦外，莫不设有此会，“以亚洲文明之国，而万国共行之善政，我独阙如，坐令西方之人，以野蛮相待，蔑我

---

① 《创兴善会》，《申报》1898 年 3 月 26 日。

② 中国红十字会总会编：《中国红十字会历史资料选编，1904—1949》，南京大学出版社 1993 年版，第 6 页。

③ 鲰生：《创兴红十字会说》，《申报》1898 年 5 月 9 日。

④ 鲰生：《中国宜入红十字会说》，《申报》1904 年 3 月 5 日。鲰生是红十字启蒙的积极推动者，《申报》所发《创兴红十字会说》《中国宜入红十字会说》等文，均出自他的手笔，文中总要提及好友孙淦，其受孙淦之影响，是显而易见的。1898 年 5 月 30 日《申报》所载《红十字会历史节译》一文，虽未署译者之名，但可以肯定是鲰生。他在《中国宜入红十字会说》一文中称：“仆亦商诸寓沪日医原口君（名谦尔，日本长崎人——原注），以瑞士万国红十字会章程，译作华文，登诸戊戌年《申报》上。”文中“仆”即“我”之意，即鲰生。且《节译》文谓“本馆曾登（孙淦）上裕朗西星使禀牍及星使批词”。“本馆”是指《申报》报馆，可知鲰生为《申报》编辑。而且“鲰生”通常用于“对他人的蔑称或对自己的谦称”（教育部语言文字应用研究所、中华书局编辑部编：《中华字典》，中华书局 2000 年版，第 642 页），其为某位编辑谦称或笔名，亦未可知。至于其生平事迹，有待于进一步考证。

⑤ 《红十字会历史节译》，《申报》1898 年 5 月 30 日。

⑥ 分别参见中国红十字会总会编：《中国红十字会历史资料选编，1904—1949》，南京大学出版社 1993 年版；《中国红十字会杂志》1914 年第 2 号；《申报》1898 年 3 月 26 日；《时务报》第 55 册。裕庚，字朗西，汉军正白旗人，1895 年以候补四品京堂任出使日本大臣，1898 年回国任太仆寺少卿，次年入直总理衙门，旋任出使法国大臣，1902 年回国后不久病逝于上海。

滋甚，其于国体，所关匪轻”。中国要屹立于世界民族之林，与国际接轨，非创设红十字会不可。况且，创兴红十字会，益处甚多，孙淦在禀文中列举了“四利”：“疾伤有恃，军士气壮，鼓行而前，图功自易，一利也；万邦善政，是则是效，结盟诸国，人不敢轻，二利也；国有病疫，大凶大札，会众疗治，保全必多，三利也；我国医学，讲求未精，此会若成，研究益易，四利也。”有利无害，何乐而不为？

孙淦的“一片婆心”，深深打动了裕庚。裕庚阅禀，当即批示，表示支持：“查红十字会，西人谓之 Red Cross Society，拯灾济众，最称善举，本大臣亦曾目睹。该商所禀各节，具见心存利济。惟善举之设，事出众擎。允准之权，应听政府。仰候据情咨请总理衙门核夺，可否迟速，应俟覆到之日，再行饬遵。”[①] 孙淦的上书，通过裕庚传递给清政府，这是清政府第一次听到在中国创兴红十字会的呼声。

孙淦只是一位普通的商人，人微言轻，书上之后，不免担心。1898年1月3日，他在给汪康年的信中说，《奏设红十字会禀》“虽经裕星使咨总署，恐亦难望其成”[②]。我们也无从得知清朝中央阅禀后的第一反应，但从随后清政府对中国加入红会组织表现出的异乎寻常的热情，可以断定孙禀在朝中产生了反响。1899年5月，世界和平会议（清代外交文件称“减兵保和大会”）在荷兰海牙召开，清政府态度积极，派遣原驻俄公使杨儒赴会。大会于7月29日通过《推广日来弗原议行之于水战条约》（即《关于日内瓦公约原则推行于海战的海牙公约》[③]），不少国家先后签约。12月7日，清廷特命杨儒前往海牙签署。12月27日，杨儒抵达荷兰，遵旨在《推广日来弗原议行之于水战条约》上“画押”[④]。清政府这一系列举动，当然是孙淦所欣闻乐见的，他在给汪康年的信中兴奋不已地说：“红十字会一事，昨矢野君返国晤谈，知近日我政府似有举办意。询及鄙人一切，故鄙意拟将凡有关涉于此之文字搜求汇集，择要付诸手民，以广流传，而冀有力者之闻风兴起也。”[⑤] 孙淦的努力得到了回报，他要继续为在中国创兴红十字会奔走呼吁。

① 《大阪华商孙淦呈请裕钦使转咨总署奏设红十字会禀》，见中国红十字会总会编：《中国红十字会历史资料选编，1904—1949》，南京大学出版社1993年版，第5页。

② 上海图书馆编：《汪康年师友书札》第2册，上海古籍出版社1986年版，第1434页。

③ “日来弗原议”是指1864年8月22日通过的《改善战地陆军伤者境遇之日内瓦公约》，即《红十字会公约》。

④ 池子华：《红十字与近代中国》，安徽人民出版社2004年版，第30页。

⑤ 上海图书馆编：《汪康年师友书札》第2册，上海古籍出版社1986年版，第1465页。

三

在启“官蒙”的同时，启“民蒙”的工作也在推进之中。孙淦希望广大民众认识红十字，了解红十字，为红十字会在中国的创兴奠定厚实的社会基础。

要启“民蒙”，大众传媒的作用不可小视。在此过程中，有两位报人推波助澜，给予了孙淦难能可贵的支持，一位是鲰生，另一位即汪康年。

鲰生是孙淦好友，是《申报》编辑和主要撰稿人。他以《申报》为阵地，抬出“我友孙君实甫”[①]，传播红十字知识，并愿“为之执鞭”效力[②]，而孙淦也正是借助好友之力，在《申报》桴鼓相应。孙淦《呈请裕钦使转咨总署奏设红十字会禀》在1898年3月26日的《申报》上全文刊出，引起强烈反响。接着，他又于同年11月16日、17日的《申报》发表《红十字会说》，详细介绍红十字会的发轫、继起、定帜等情况。文中还对日本红会组织赤十字社的历史、现状做了概括性介绍，谓：“红十字会，日本名之曰赤十字社，非独我华人误认为耶稣教会也，昔年日本亦然。明治十九年六月五日，日廷特命全权公使侯爵蜂须贺氏茂韶诣瑞都……与各国商议缔盟于杰乃法（即日内瓦——引者），列入涂南（即杜南）条约。日廷急欲此会之兴，谕令地方官吏善为劝导，无如神佛二教之徒，猜嫌观望，入会者仍属寥寥……及中日之役，绅民目睹其效，外人颇誉其善，兼以政府极意奖励，各新报亦揄扬在事者之勤勉耐劳，致会员之题名者月增万余。以本年五月杪计之，通国会员五十万四千六百十三人，内有外国人二百九十六名，合计全国每九十人得会员一人，年醵金一百四十万三百九十三圆六角五分。通国最盛之区，莫如大阪，当地人口一百四十八万八千一百八十八人，会员三万四千六百十四人，计四十三人中得一人。倘再历十年，更不知如何兴盛。”[③]是时，向日本学习成为一股时代潮流[④]。孙淦对日本赤十字社的介绍，更易激发起国人对创建红十字会的热情。

---

① 鲰生：《创兴红十字会说》，《申报》1898年5月9日；《红十字会历史节译》，《申报》1898年5月30日。

② 鲰生：《创兴红十字会说》，《申报》1898年5月9日。

③ 孙淦：《红十字会说》，《申报》1898年11月17日。

④ 参见黄新宪：《中国留学教育的历史反思》，四川教育出版社1991年版。

鳜生及《申报》为孙淦提供“启蒙”宣传平台，当然希望孙淦“竭忠尽智，以底于成，不致被废于半途之诮也”①，这对孙淦也是一种激励。

另一位好友汪康年同样是孙淦“启蒙”活动的有力支持者。

汪康年（1860—1911），浙江钱塘（今杭州）人，字穰卿，光绪进士，曾入张之洞幕。1895 年参加上海强学会。1896 年在上海参与创办《时务报》，并担任该报总理。《时务报》“讲求时务”，力倡变法维新，传播西学，颇受时人瞩目，创办当年发行量即达 7000 份，次年更增至万余份，“为中国有报以来所未有”②。这样一份在朝野上下具有广泛影响的媒介，自然引起孙淦的关注，而好友汪康年出任总理，可谓“近水楼台”。孙淦所译《日本赤十字社社则》在《时务报》连载③。孙淦《呈请裕钦使转咨总署奏设红十字会禀》呈递裕庚后，即将文稿寄发汪康年，并请“从速登报”④。汪康年照办，禀文发 1898 年 3 月 22 日出版的《时务报》⑤。同年，孙淦还寄上“《赤十字社各国缔盟表》贰纸，请与前《红十字会说》附登报末”⑥。不仅如此，他还“冒昧拜恳”汪康年，请他多方联络，促成红十字会的建立。他在给汪康年的信中说：“阁下如到江阴、湖南等处，请将红十字、游学两会周行，倘公不竭力提倡，总无成日。”⑦ 随后他又寄上日本《赤十字》两册，“以备鉴裁”⑧。虽然汪康年未能达成孙淦宏愿，但他的臂助，促进了红十字启蒙运动的深入。这是值得肯定的。

《申报》《时务报》的受众为社会各阶层，孙淦以此为媒介传播红十字知识，呼吁在华创兴红十字会，虽以广泛意义上的启“民蒙”为主，但启“官蒙”亦在不言中。

“若论人类同胞之义，体天仁爱之道，忠君报国之忱，危难怜悯之心，则谁不当列名此会耶！而吾华人士亦有亲爱，亦有仁慈，亦有忠义，亦有恻隐，何其宜兴而久不兴也？抑乏有力者起而创之，故相需殷而相遇疏欤！惟冀我政府提倡速为筹建，与政教、交际、卫生、兵事均

① 《中国亟宜创兴红十字会说》，《申报》1899 年 4 月 10 日。
② 转引自汤志钧：《戊戌变法史》，人民出版社 1984 年版，第 178 页。
③ 《时务报》第 44 册，第 3031—3036 页；第 45 册，第 3095—3096 页。
④ 上海图书馆编：《汪康年师友书札》第 2 册，上海古籍出版社 1986 年版，第 1437 页。
⑤ 《时务报》第 55 册，第 3732—3734 页。禀文另发《集成报》1898 年 4 月 5 日。
⑥ 上海图书馆编：《汪康年师友书札》第 2 册，上海古籍出版社 1986 年版，第 1451 页。
⑦ 上海图书馆编：《汪康年师友书札》第 2 册，上海古籍出版社 1986 年版，第 1437 页。
⑧ 上海图书馆编：《汪康年师友书札》第 2 册，上海古籍出版社 1986 年版，第 1460 页。

有关系，且使仁爱忠义之士尽列此会得沾博济之荣名而享公共之利益”[①]。孙淦的主观意愿乃“速为筹建”红十字会，但客观效果只能局限于启蒙层面。红十字会对国人来说毕竟是新事物，“相遇疏”，欲速则不达自在情理之中。

另据红会史料记载，孙淦还编辑《博爱》一书，遍赠好友以广宣传，只是该书是“自行刊送，流传无多，人鲜知者”[②]。笔者多方查找，亦无法得见该书的“庐山真面”。不过从上引孙淦致汪康年书“拟将凡有关涉于此（红会）之文字搜求汇集，择要付诸手民，以广流传，而冀有力者之闻风兴起”推测，该书主要内容当为孙淦著译作品的“汇集”，同时也从报刊上收录部分相关文章。这一推测，可以从孙淦致汪康年的另一封书信中得到证实，信中提及：“弟前见上海《大公报》载有郑陶斋观察所撰红十字会歌略一首，言简意赅，颇深韦佩。前拟奉烦令弟颂谷兄代为一览，并昔日《时务旬报》、《日报》登过之此项章程、缘起等译文，及此外有用各件，凡能办者，均祈转恳觅齐，从速掷下，至感至盼。弟处原稿因各友取阅，散失者多，欲求全璧，不得不劳诸同志者耳。”[③]《大公报》创办于1902年，《博爱》一书刊印的时间当在此之后、1904年3月中国红十字会诞生之前，难怪红会史料谓：“本会（中国红十字会）成立，已在孙君倡议之后，则是书实本会之先河。”[④] 该书在红十字运动中的地位与影响，不言而喻。

孙淦为在中国创兴红十字会“号呼奔走，艰苦备尝”[⑤]，这种创始精神，当载入红会史册。作为“请准回国倡导红十字会第一人”[⑥]，孙淦的“创兴”之梦尽管没有实现，但其振聋发聩的启蒙，为红十字会的创立铺平了道路。他无愧为中国红十字运动的先驱。特别值得一提的是，他还于1911年与金韵梅等创立天津红十字会，为红十字事业发展做出了卓越的贡献。

---

① 孙淦：《红十字会说》，《申报》1898年11月17日。

② 中国红十字会总会编：《中国红十字会历史资料选编，1904—1949》，南京大学出版社1993年版，第5、6页。

③ 上海图书馆编：《汪康年师友书札》第2册，上海古籍出版社1986年版，第1465—1466页。

④ 中国红十字会总会编：《中国红十字会历史资料选编，1904—1949》，南京大学出版社1993年版，第6页。

⑤ 中国红十字会总会编：《中国红十字会历史资料选编，1904—1949》，南京大学出版社1993年版，第5页。

⑥ 转引自何克明：《中国的红十字启蒙运动》，见《中国红十字》1991年第11期，第3页。

施则敬与中国红十字会的创始

1904年3月10日，中、英、法、德、美联合发起成立上海万国红十字会，它的成功组建，标志着中国红十字会的诞生。作为创始人，沈敦和厥功甚伟，他是早期中国红十字运动的灵魂，这是学术界一致公认的。不过，在中国红十字运动创业史上，吴江震泽的施则敬，同样功不可没。

施则敬（1855—1924），字临元，号子英，著名慈善家，1855年11月6日出生于江苏吴江震泽镇，后随父迁居上海，经营商业，为上海丝业董事。

施氏故籍浙江泾溪，清初迁居吴江震泽，“历二百余年，支派蕃衍”[①]，成为吴江望族。施则敬就生长在这样“一个书香门第，积学好德、急公好义的大家族中”[②]。1875年，他考取乙亥恩科乡试中式第九名举人，后又在丁丑科考取咸安宫官学汉教习第一名，期满引见以知县用[③]。在他的慈善生涯中，其父施善昌对他的影响是巨大的。

施氏家族“代有阴德，绳武不替”[④]，施善昌更是“敦行积学”，好行善事。1849年苏南水灾，吴江饥民遍地，嗷嗷待哺，惨不忍睹[⑤]，善昌慷慨解囊，“倾赀以助赈”[⑥]。1876至1878年，华北遭受中国历史上

---

① 《施氏义庄子英公长生建龛记》，载《笠泽施氏支谱》，http：//yhml. gol. icpcn. com/00jp04. htm。

② 施嘉远、周毅平：《施氏家族与中国红十字会》，吴江市政协文史和学习委员会编：《吴江文史资料》第16辑，第78页。

③ 《中国红十字会创始人——施则敬》，载《笠泽施氏支谱》，http：//yhml. gol. icpcn. com/00jp12. htm。

④ 《贞惠先生碑》，载《笠泽施氏支谱》，http：//yhml. gol. icpcn. com/00jp12b. htm。

⑤ 参见李文海等：《近代中国灾荒纪年》，湖南教育出版社1990年版，第79—82页。

⑥ 《施氏义庄子英公长生建龛记》，载《笠泽施氏支谱》，http：//yhml. gol. icpcn. com/00jp04. htm。

罕见的特大旱灾，饿殍上千万[①]，史称“丁戊奇荒”。面对如此奇灾，善昌联络江南绅商，“首轫义赈于苏、浙”，筹集款物，全力“赴赈”。施善昌的义举，深深感染着施则敬，施则敬“在其父善昌教导下，年轻时就献身于赈济救灾事业”[②]。施善昌举办的各种义赈活动，施则敬均积极参与，故有资料记载说：“直、鲁、晋、豫、皖诸行省水旱偏灾，辄奔走募赀赴赈，父子躬其役，不惮劳勤，所募金以数十百万计，义声震天下。”[③] 则敬在赈灾活动中名重一时，受到李鸿章的赏识。1890 年，直隶淫雨连绵，永定河决口，一千数百里间一片汪洋，“被灾极重之区共计四十余州县，庐舍民田尽成泽国，灾深民困，为数十年来所未有”[④]。灾情发生后，李鸿章飞檄施则敬，请其北上办理赈务。则敬不负所望，“靡精销志，日厘荒政”[⑤]，可谓尽心尽力。

值得注意的是，施则敬的仕进与其热心慈善公益事业保持着正相关关系，这从《笠泽施氏支谱》对其履历的记述中清晰可见：“在国难民灾之际，赴山东堵筑黄河漫口出力，保升知州加四品衔；又筹办顺直工赈出力，特旨以知州留于直棣（隶）补用，堵筑永定河南七工漫口出力，保俟补缺，以知府用加三品衔；又助办晋边义赈出力，保俟补缺，以道员用；为劝办江南海防捐输出力，保俟归道员，后加二品顶戴。历办山东、顺直、江苏、河南、安徽等地抗洪劝捐义赈，并修筑房山县煤道工程出力有功，先后九次奉旨嘉奖。”[⑥] 而这些慈善活动，同时为他赢得了巨大的社会声望，可见他之参与创建红十字会组织，绝非无根之木。

更重要的是，施则敬的事业在红十字启蒙运动的中心上海。在这里，他把父亲的事业发扬光大，如其父有仁济善堂之设，他则开办了普善山庄的慈善机构[⑦]；同样在这里，他领略到红十字的魅力，并积极推进将红十字理念付诸实践的慈善行动。1900 年，为救援庚子之役（八国联军侵华战争），他参与了被称为中国红十字会“先声”的“中国救济

① 李文海等：《中国近代十大灾荒》，上海人民出版社 1994 年版，第 86 页。

② 施嘉远、周毅平：《施氏家族与中国红十字会》，吴江市政协文史和学习委员会编：《吴江文史资料》第 16 辑，第 78 页。

③ 《施氏义庄子英公长生建龛记》，载《笠泽施氏支谱》，http：//yhml. gol. icpcn. com/00jp04. htm。

④ 李文海等：《近代中国灾荒纪年》，湖南教育出版社 1990 年版，第 538 页。

⑤ 《贞惠先生碑》，载《笠泽施氏支谱》，http：//yhml. gol. icpcn. com/00jp12b. htm。

⑥ 《笠泽施氏支谱》，http：//yhml. gol. icpcn. com/00jp12. htm。

⑦ 《公益事业》，《笠泽施氏支谱》，http：//yhml. gol. icpcn. com/00jp17. htm。

善会”的发起并按红十字会规则进行规范[1]。1904年3月3日，“东三省红十字普济善会”的成立，也与他的推动分不开，《申报》报道说：“昨日（3月3日）午后三下（点）钟时，由施子英观察在英界六马路，邀集东三省红十字普济善会同志诸君，商议开办之法。先由沈仲礼观察表明泰西红十字会缘始及会中一切章程，既而在座诸君以次各抒己见。”[2] 这些活动，使他获得了创建红十字会的宝贵经验。在红会组织建设方面，施则敬堪称“元老”级人物，沈敦和倚为“后盾”。有资料说，“清光绪三十年（1904），施子英五次奏保送部引见候旨，被朝廷选用创办中国红十字会”，并给予其“创办中国红十字会的第一人”的评价[3]，固然言过其实，但沈敦和发起成立万国红十字会，施则敬鼎力相助、义无反顾参与其中则是毫无疑问的，谓其为“创始人之一”，当是恰如其分的历史定位。

1904年3月10日，上海万国红十字会诞生，施则敬成为中方最初的两名办事董事之一（后增补宜兴人任锡汾为办事董事），举足轻重。施则敬深感责任重大，第二天他便邀集各华董集会于丝业会馆，决定“先行筹备五万金，以期及早开办”[4]。接着，他又与其他华董一起，筹集款项，其父开办的仁济善堂“代收捐款”，他主持的丝业会馆“设立总收发所，所有华董办事、劝捐等事，即以丝业会馆为总汇之区”[5]。至于款项如何使用、难民如何救济，他也与中西各董达成共识。3月17日，上海万国红十字会初次集议时，他与会议主席威金生有如下对话：“施曰：嗣后捐款，是否由华董公同允准，方可动支？主席曰：此自然之理。施曰：目前东三省办理此举，自须仰仗西国教士偏劳，惟中国善士愿往者甚多，宜亦派往。西董曰：前往与西教士合力更好。施曰：如不派华人前往同办，恐华人捐款，不能源源踊跃。威曰：请于牛庄设一分会，亦举中西董事合办。”[6] 透过这段文字，施则敬虑事周全、老成练达的形象呈现在人们面前。

上海万国红十字会的成立，得助于清政府的“幕后”支持，时任驻

---

① 《中外日报》1900年9月17日。

② 《记普济善会初次议事情形》，《申报》1904年3月4日。

③ 施嘉远、周毅平：《施氏家族与中国红十字会》，吴江市政协文史和学习委员会编：《吴江文史资料》第16辑，第78页。

④ 《申报》1904年3月14日。

⑤ 中国红十字会总会编：《中国红十字会历史资料选编，1904—1949》，南京大学出版社1993年版，第25页。

⑥ 《二月初一日上海万国红十字会初次集议问答》，《申报》1904年3月21日。

沪商约大臣吕海寰、盛宣怀和会办电政大臣吴重熹均与沈敦和、施则敬保持密切联系。万国红会在江苏诞生后，清政府的支持公开化[①]，这使施则敬等深受鼓舞。3月29日，为筹集救济日俄战灾赈款，由吕海寰领衔，通电各省将军、督抚、海关，呼吁“拨助捐款”。这通“元电”电文称：“日俄开衅，战地华商绅民被难凄惨，亟宜救护。限于两国禁令，惟泰西红十字会救护最得实际。中国向未入会，动多格碍，在沪绅商竭尽心思笔舌，商准在沪英、德、法、美各官商，公举中西办事董事，合办上海万国红十字会。适奉商部饬筹办，因即电请外务部据情商明日俄驻使，电驻日俄使转致政府承认此会。各董事并电各国政府一体转商承认。事体重大，于中立有益无损。而经费浩繁，议明中西分筹，并由海寰等先行筹凑，以上海丝业会馆为华董办事处，公司酌刊捐册，备函分寄各省官绅富商，务恳鼎力提倡，俾被难华人同登衽席。中立主义益明，国势民心两有裨益，不胜祷盼。”[②] 与吕海寰联名者，除盛宣怀、吴重熹、沈敦和、任锡汾、庞元济、杨士琦等之外，当然少不了创始人之一的施则敬。

“元电”发出后，各省纷纷响应，在物资或道义上给予广泛支持。上海万国红十字会在沈敦和、施则敬等的积极努力之下，开始有序、高效运作起来[③]。

可贵的是，在上海万国红十字会的创建过程中，施则敬还有两位家

① 池子华：《红十字与近代中国》，安徽人民出版社2004年版，第31页。

② 《电筹救护》，《申报》1904年4月2日。

③ 作为海上名流，1897—1898年间，施则敬会同经元善、严信厚、郑观应、梁启超在上海创办了中国第一所女子学堂，开辟了慈善教育的新路径（参见周秋光、曾桂林：《中国慈善简史》，人民出版社2006年版，第243页）；1913年发起成立吴江震泽红十字（分）会，“原以赈济四乡贫乏为职志，当时会员约四十余人”（《吴江》第115号）；大约1917年创办上海贫儿院，大总统题词赠送《急公好义》匾额（《中国红十字会创始人——施则敬》，载《笠泽施氏支谱》，http：//yhml. gol. icpcn. com/00jp12. htm）；1919年发起成立吴江旅沪同乡会，被举为会长（郭绪印：《老上海的同乡团体》，文汇出版社2003年版，第765页）。1924年7月31日，施则敬病逝于上海，享年70岁。为纪念施则敬功绩，施氏宗族在故居震泽的施族祠旁建有六角亭，亭内立有“贞惠先生碑”，表彰其公德。碑文有“于休先生，令德孔昭。缵承先绪，光耀昆苗。膺仁线义，确乎其操。清心庇物，华首弥劭。惟水有澜，惟木有枝。君子有惠，惟民之思。德充而茂，理和而慈。景是轨躅，永为世师”之句（《贞惠先生碑》，载《笠泽施氏支谱》，http：//yhml. gol. icpcn. com/00jp12. htm）。

人与闻其事，一位是其长子施振元[①]，另一位是其父施善昌四弟施善增第四子、后来成为著名外交家的施肇基[②]。由于上海万国红十字会组建过程中中西董事的集会以英文为正式语言，为便于沟通、交流起见，施则敬特让族弟肇基担任书记。在3月10日创会集会中，"施肇基问主席者曰：今日议事情形，已用洋文笔记，仆拟译成华文，分送在场各华董及来探问情形者，请问在场诸人准否？主席者转问在场诸人曰：施所问一节，有不以为然者否？众无词。主席者云：可以照办"[③]。我们今天所见《上海创设万国红十字支会会议大旨》即由"施君肇基笔译"[④]。

总之，在中国红十字会"开"会史上，江苏人施则敬是一位不容"淡忘"的人物。1913年，他还发起成立了吴江震泽红十字分会，为江苏红十字运动的发展做出了卓越的贡献。

① 据《施氏家族与中国红十字会》一文说："施子英的长子振元，也于光绪三十年（1904）五月调入万国红十字会工作；侄施赞元于民国三年（1914）获美国华盛顿大学医学博士学位后，亦被派往万国红十字会任中国代表。施氏家族对早期中国红十字会事业作出了贡献。"（施嘉远、周毅平：《施氏家族与中国红十字会》，吴江市政协文史和学习委员会编：《吴江文史资料》第16辑，第78页）

② 施肇基（1877—1958），字植之，1877年4月10日生于江苏震泽镇纯孝里。1888年，入上海圣约翰书院读书；1893年，随出使美国大臣杨儒赴美，任使馆翻译学生；后入华盛顿大学、康奈尔大学，获文学硕士、哲学博士学位。1902年回国后入张之洞幕府，历任京奉铁路会办、天津海关道、吉林洋务局总办、外务部左丞，出使美、墨、秘、古大臣。进入民国后，历任交通总长、财政总长、总统府大礼官、驻英公使。1919年，任出席巴黎和会代表。1921年，调驻美公使，同年兼任出席华盛顿会议全权代表。1924年，特任出席日内瓦国际禁烟会议中国全权代表。1929年，任驻英公使。1933年后，任驻美公使、大使等职。1958年，在美逝世。《笠泽施氏支谱》所载《外交家施肇基年谱》，为施肇基"自定年谱"，较为翔实，可供读者参考（http：//yhml. gol. icpcn. com/00jp14. htm）。

③ 《申报》1904年3月14日。

④ 《施君肇基笔译上海创设万国红十字支会会议大旨》，《申报》1904年3月14日；中国红十字会总会编：《中国红十字会历史资料选编，1904—1949》，南京大学出版社1993年版，第21—23页。

略论孙中山对中国红十字运动的贡献

中国红十字会成立于1904年3月10日，历经清朝、中华民国、中华人民共和国三个历史时期，是近代以来历史最为悠久的社会团体。百年来，中国红十字会抱牺牲志愿，本博爱襟怀，救死扶伤，扶危济困，谱写出一曲曲人道赞歌，在中国近代史和中华人民共和国史上留下了闪光的足迹。中国红十字运动的兴起与发展，是与孙中山先生的推动分不开的，本文对此进行一些考察，以弥补这方面研究的不足。

一

红十字运动导源于西方。1863年2月9日，“红十字运动之父”亨利·杜南促成“伤兵救护国际委员会”（1880年改称“红十字国际委员会”）在瑞士日内瓦成立，标志着红十字的诞生。次年在日内瓦召开有12国全权代表参加的外交会议，签署了《1864年8月22日改善战地陆军伤者境遇之日内瓦公约》，红十字运动由此蓬蓬勃勃发展起来。

当红十字运动在西方兴起之时，中国社会还处在半封闭状态，直到19世纪80年代末，红十字才走近中国①。1898年5月9日，《申报》刊登鳜生《创兴红十字会说》，文章追忆说：“十余年前，英医梅威令君设伤科医院于台湾，广收台闽聪慧子弟数十人，教以临阵医伤之术，学成试可，挈之至申江演习于租界工部局广场，招余及西友往观。其人腰佩利刃，左手持红十字小旗，肩荷药笼医具，衣袖亦以红十字为证号，出入于白草黄沙之间，施其妙技，井井有条。后航海至天津谒当道之贵

① 有人认为近代中国社会出现关于红十字会问题的讨论，在19世纪70年代，准确地说在1874年5月，其时日本在中国台湾寻衅滋事，中日两国发生冲突，上海的《字林西报》与《申报》等开始讨论战争救护问题，只是未点出红十字会的名称，然其论域则为红十字会规则，这是近代中国公开讨论西方红十字会问题的最先声。此说尚待进一步证实（周秋光、靳环宇：《早期红十字会在中国的演变》，《光明日报》2006年2月21日）。

人，愿赴军营效力，当道者不用之，乃仍返台湾。”“十余年前”，也就是1888年前，英国医生梅威令在华组织红十字医疗队，要求赴军营服务，被天津地方官拒绝。这是目前我们所见红十字活动情况的最早记载。

梅氏红十字医疗队是在国人没有任何心理准备的情况下突然“冒”出来的，太过新奇，骤难接纳，昙花一现，自在情理之中。看来，没有舆论准备，没有启蒙宣传，没有国人对杜南精神的一定了解，红十字运动不可能“夕发朝至”，一朝兴起。补上启蒙宣传这一课，对志士仁人而言，是绝对不可缺省的。在以后的16年中，有识之士为此做出了不懈的努力，其中孙中山发挥了特殊的作用，功不可没。

孙中山在中国红十字启蒙运动中的贡献，主要是翻译出版《红十字会救伤第一法》一书，这是孙中山先生唯一的一部译作。

1896年，伦敦被难获释后的孙中山客居伦敦，利用英国图书馆、博物馆便利的条件，博览群书，寻求救国之方。这年冬天，他与伦敦红十字会的柯士宾医生“往游英君主云塞行宫，得观御跸之盛”。其间，柯士宾告之，他著有《救伤第一法》（英文版）一书，已译有法、德、意、日四国文字，“柯君道，君主仁民爱物之量充溢两间，因属代译是书为华文，以呈君主，为祝六十年登极庆典之献。旋以奏闻，深蒙君主大加奖许，且云华人作桃源于英藩者以亿兆计，则是书之译，其有裨于寄英宇下之华民，良非浅鲜。柯君更拟印若干部发往南洋、香港各督，俾分派好善华人，以广英君主寿世寿民之意”①。

孙中山欣然接受柯士宾的请求，着手翻译《红十字会救伤第一法》，很快译毕，次年春夏间由伦敦红十字会出版。

《红十字会救伤第一法》的“此书之旨，乃示各人略知救伤之法，俾遇意外之事可即行设法施救，而补伤之人由此可保性命于危急之顷，并解痛楚于医者未至之时”。它是一本教材，所述内容为“通行之知识”，即红十字会员必须掌握的现场、初级救护的基本方法、技能。全书共六章，第一章“论体格并功用”，第二章“论血脉”，第三、四章“论受伤”，第五章“论移伤之法”，第六章“论妇人侍病法”，末附“裹扎须知”和“问题”（75个问题）②。该书图文并茂（附图41幅），

① 孙中山：《〈红十字会救伤第一法〉译序》，《孙中山全集》第1卷，中华书局1981年版，第108页。

② 柯士宾：《红十字会救伤第一法》（孙中山译），载《孙中山全集》第1卷，中华书局1981年版，第109—170页。

言简意赅，剖析精当，被孙中山誉为“济世之金针，救人之要术”。

孙中山翻译此书的目的，就在于宣传、推广红十字“济人之术”。他在译序中说：“恻隐之心人人有之，而济人之术则非人人知之。不知其术而切于救人，则误者恐变恻隐而为残忍矣，而疏者恐因救人而反害人矣。夫人当患难生死俄顷之际，施救之方，损益否当，间不容发，则其理不可不审求也。此泰西各国通都大邑，所以有赤（红）十字会之设，延聘名师，专为讲授一切救伤拯危之法，使人人通晓，遇事知所措施；救济之功，成效殊溥。近年以来，推广益盛。”① 这本译著虽在海外发行，但在国内产生了一定反响，1904 年 3 月 5 日《申报》就发表评论指出：“孙文所译《红十字会救伤第一法》亦颇有用。”② 这说明这部译著在 1904 年 3 月以前就已传入国内，并在中国红十字会的启蒙运动中发生作用。1904 年 3 月 10 日，中国红十字会在上海诞生，可谓水到渠成。孙中山当之无愧成为中国红十字运动的先驱者之一。

1906 年冬，孙中山在日本对该书做了文字上的修饰，改变若干名词的译法，如把初版的“红十字会”改为“赤十字会”，1907 年 2 月由《民报》社在东京再版，“显然，这次译改重印已经不是为了要实现柯士宾献给英国国王的目的了，这次重印，很可能是同盟会的一次有组织的行为，即为了即将开始的反清武装起义的救护工作做一个知识上的准备”③。不管怎么说，其影响日广，则可以肯定，如北伐战争中，此书一度作为训练卫生员的教材加以推广。

二

如果说孙中山翻译出版《红十字会救伤第一法》，为红十字在中国的诞生做出了贡献，那么中国红十字事业的发展，同样得到孙中山的呵护，特别在中华民国成立之初，红会组织能否取得合法地位，成为中国红十字运动存亡的关键。

应该承认，中国红十字会自诞生后，救死扶伤，扶危济困，受到社会各界的赞誉，特别是在辛亥革命中，中国红十字会因救伤瘗亡功勋卓著而声震遐迩，令举世瞩目。1912 年 1 月 1 日，中华民国诞生，中国红

① 《孙中山全集》第 1 卷，中华书局 1981 年版，第 108 页。
② 《中国宜入红十字会说》，《申报》1904 年 3 月 5 日。
③ 参见邹振环：《译林旧踪》，江西教育出版社 2000 年版。

十字会面临新的抉择。为争取新政当局“立案”，维持中国红十字会的合法存在，沈敦和代表中国红十字会向黎元洪提出“立案”请求，并于2月17日致电袁世凯，吁请“维持保护”：“本会军兴以来，联合教会中西医士，设立分会医院六十五处，治愈伤兵万余，收葬鄂、宁遗骸各数千。中外会员三千余人，战地奔驰，业逾百日，险阻备尝，事迹已蒙万国红十字联合会采取宣布，公允联盟。先是甲辰冬业与瑞士日来弗缔约，基础已定。民国成立伊始，红会进行未敢稍懈，自应力任其艰，以期永久，庶侪于万国红会之林。敬乞垂念缔造艰难，加以维持保护，无任叩祷。”① 沈敦和“立案”之请，得到民国政要的首肯。19日，袁世凯回电，表示“维持保护，责无旁贷”②。21日，黎元洪致电孙中山，恳请予以立案③。作为中国红十字运动的启蒙者，孙中山更是热心支持，23日，特电黎元洪，“准予立案”，并对红十字会救伤葬亡功德，高度赞扬，电文说：“查民国军兴以来，各战地将士赴义捐躯，伤亡不鲜，均赖红十字会救护、掩埋，善功所及，非特鄂省一役而已，文实德之。兹接电示，以该会前在武汉设立临时病院，救伤掩亡，厥功尤伟。复经日本有贺氏修改会章，已得万国红十字会公认，嘱予立案等因。该会热心毅力，诚不可无表彰之处，应即令由内务部准予立案，以昭奖劝。”④

孙中山对中国红十字会在辛亥战时救护的评价是客观的，如在辛亥首义之地武汉，红十字会派出多支医疗队进行战地救护，持续月余，综计汉口医愈病兵576名，伤兵415名，病民31名，伤民106名；武昌治愈病兵860名，伤兵562名，病民18名，伤民116名；汉阳治愈病兵571名，伤兵120名；掩埋之尸，共计2200余具⑤。南京开战后，中国红十字会与美国红十字会江安分会、旱西门金陵医院、螺丝湾贵格医院、鼓楼基督医院联手，救治伤兵病民；商请沪宁铁路医长齐福果医士、总办朴爱德，“特备红十字医车数辆，由宁镇一带往来驶救，一遇伤兵，即行抢救至伤车内，随到随医”⑥；以南京尧化门车站为战地医院，该战地医院可容纳伤兵50人；请齐福果医士会商白廉医生，“借镇

① 《申报》1912年2月21日。

② 《申报》1912年2月21日。

③ 转引自池子华：《红十字与近代中国》，安徽人民出版社2004年版，第122页。

④ 《复黎元洪电》，《孙中山全集》第2卷，中华书局1982年版，第125页。

⑤ 中国红十字会总会编：《中国红十字会历史资料选编，1904—1949》，南京大学出版社1993年版，第289—291页。

⑥ 《急募红十字会捐款启》，《申报》1911年11月25日。

江金鸡岭医院为本会临时机关，以便救护医车运送伤兵留养”[1]；雇工百人编为担架队，“倩（请）西友十余人督队，专供抬送伤兵之用”[2]。南京大搏战期间，中国红十字会首次使用的救护医车发挥了特殊的作用，据《辛亥革命时中国红十字会暨各分会活动成绩》的记载：“大战之时，每日医车约收容伤兵百余，镇江医院尚不敷住，则运至上海，分送沪宁铁路医院及本会总、分医院。由医车救治之伤兵共约五百余人。”[3] 掩埋尸体约700具，“均立本会石碑，永留纪念”[4]。在其他战场，中国红十字会的志愿者同样是出生入死，不遗余力救死扶伤[5]。中国红十字会有如此“善功”，自然得到孙中山赞赏，“立案”不在话下。

孙中山“准予立案”的电文揭诸《临时政府公报》和2月27日《申报》，这对红会会员是一个巨大的鼓舞。2月28日，内务部正式为中国红十字会办理了“立案”事宜[6]。中国红十字运动在孙中山的直接关怀之下，平稳过渡，步上健康发展的轨道。

三

人道、博爱、奉献是红十字运动一贯的宗旨，而孙中山极力倡导与弘扬的“博爱”理念，与红十字运动宗旨正相吻合，这对中国红十字运动的发展发挥着“激励”之效。

1906年，孙中山在《中国同盟会革命方略》中说：“我等今日与前代殊，于驱除鞑虏、恢复中华之外，国体民生尚当与民变革，虽经纬万端，要其一贯之精神则为自由、平等、博爱。故前代为英雄革命，今日为国民革命。所谓国民革命者，一国之人皆有自由、平等、博爱之精

① 《辛亥革命时中国红十字会暨各分会活动成绩》，中国红十字会总会编：《中国红十字会历史资料选编，1904—1949》，南京大学出版社1993年版，第290页。

② 《辛亥革命时中国红十字会暨各分会活动成绩》，中国红十字会总会编：《中国红十字会历史资料选编，1904—1949》，南京大学出版社1993年版，第290页。

③ 中国红十字会总会编：《中国红十字会历史资料选编，1904—1949》，南京大学出版社1993年版，第290页。

④ 《辛亥革命时中国红十字会暨各分会活动成绩》，中国红十字会总会编：《中国红十字会历史资料选编，1904—1949》，南京大学出版社1993年版，第291页。

⑤ 参见池子华：《中国红十字会辛亥战时救护行动》，《民国档案》2004年第1期。

⑥ 池子华、郝如一主编：《中国红十字历史编年，1904—2004》，安徽人民出版社2005年版，第21页。

神。”① 在这里，孙中山首次提出“博爱”口号，并视之为国民革命“一贯之精神”。1912 年 10 月，孙中山在《在上海中国社会党的演说》中进一步指出：“社会主义者，人道主义也。人道主义，主张博爱、平等、自由，社会主义之真髓，亦不外此三者，实为人类之福音。我国古代若尧、舜之博施济众，孔丘尚仁，墨翟兼爱，有近似博爱也者，然皆狭义之博爱，其爱不能普及于人人。社会主义之博爱，广义之博爱也。社会主义为人类谋幸福，普遍普及，地尽五洲，时历万世，蒸蒸芸芸，莫不被其泽惠。此社会主义之博爱，所以得博爱之精神也。”② 从而赋予了“博爱”新的思想内涵。由最初的“自由、平等、博爱”，到“博爱、平等、自由”，这种“位序”的变化，表明“博爱”在孙中山思想中具有举足轻重的地位。

孙中山是中国红十字运动的先驱者，是“国父”，他的“博爱”思想，对中国红十字事业的发展具有非同一般的影响。这是不言而喻的。

“博爱”二字，众所周知，是孙中山题词中使用最为频繁的词语。其中为红十字会的题词，也是特别值得一提的。

1921 年，孙中山在广州就任大总统，准备举兵北伐。孙夫人宋庆龄组织番禺红十字会 10 余人组成救护队，随孙中山进行战事救护，并遵章加入中国红十字会，亲自担任南海、番禺、顺德分会联合会总裁。孙中山欣然为番禺红十字分会题写“博爱”二字，以示表彰。这个题词载入红会史册，并成为中国红十字运动中恒久发挥作用的精神动力。现在中国红十字会总会的机关刊物《博爱》，即以此题词作为刊名。

孙中山对中国红十字运动的贡献是多方面的，以上所述只是几个侧面。

（原载《民国档案》2006 年第 6 期）

① 孙中山：《中国同盟会革命方略》，《孙中山全集》第 1 卷，中华书局 1981 年版，第 296 页。

② 孙中山：《在上海中国社会党的演说》，《孙中山全集》第 2 卷，中华书局 1982 年版，第 510 页。

张竹君与中国赤十字会

1911 年辛亥之役，战事惨烈，“受伤兵民日必数百人”①，伤亡累累。中国红十字会全力以赴，其他慈善团体也身体力行，纷纷加入到伤兵救护行列，其中比较大的慈善团体有战地慈善会、上海救恤公会、学生救伤社、中国赤十字社普济善会（简称中国赤十字社）、学界救伤社、华洋义赈会、留日医药学界红十字团、中国赤十字会等，他们的义举与中国红十字会的善行交相辉映，奏出高亢激越的人道主义协奏曲②。特别是巾帼豪杰张竹君发起成立的中国赤十字会，俨然与中国红十字会比肩，令举世瞩目。它虽然自树一帜，但却不是“另类”，而是中国红十字运动的“旁系”，在中国红会史上当有一席之地。

一、“穗城奇女”张竹君

1879 年，张竹君出生于广东番禺（今广州市）的一个官宦之家，据说她小时候患有“脑气筋病，半身麻木，家里把她送到博济医院调治，后来慢慢的好了，那时候她虽年幼，很觉西医的法子精妙，她就发愿学医”③。1887 年，她如愿以偿，入美国长老会在广州开设的夏葛女医学堂学习医学，13 年寒窗苦读，学业大进，于内、外两科，均有心得。1900 年毕业后，在其父和好友徐佩萱（即后来成为黄兴夫人的徐宗汉）的资助下，在广州荔枝湾畔和漱珠桥旁开办褆福、南福两医院（严格说来应为诊所）。是时西医尚未普及，人们对之抱有偏见，而张竹君竟开办西医诊所，引为奇闻，不足为怪。

张竹君的确“出奇”，她以“奇装异服”的洒脱表达对封建伦常的

① 《申报》1911 年 11 月 5 日。

② 参见孙柏秋主编、池子华等著：《百年红十字》，安徽人民出版社 2003 年版。

③ 《女士张竹君传》，《大公报》1902 年 10 月 19 日。

“离经叛道”。在广州，人们经常可以看到，她“头戴礼帽，一身男式西装，乘坐无顶小轿，或滑竿，穿街过市，这在封建气息浓厚的当时是独一无二的”[①]。这种“出格”的非常之举，惊世骇俗，不啻为“叛逆”。“张竹君坐大轿——倒看洋书”[②]，这是当时广州颇为流行的一句歇后语，从中亦不难想见张竹君之为人。

更为“出奇”的是，张竹君还发起成立了一个“演说会”，针砭时政，宣传维新思想；抨击封建纲常礼教，提倡男女平等，为妇女解放摇旗呐喊。据报载：“每到礼拜的日子，她就讲说，听的人一天比一天多。”演说中，“她常说，现在各国强盛的缘故，是在乎努力争求有用的学问，若稍懈怠一点，就难存留，故此中国该当人人专心有用的实学。国是众人合成的，人人该当想尽自己的职分。如今主张变法革命的这些人，志气虽然不小，到底世间上万事万物，没有一个没原由的，这些人不懂得寻找那原由的根子，竟指望着得现成的效验，焉能成功呢？我们如今的责任，要紧是把西洋那些好规矩，好学问，慢慢的栽下种子，后来果然能够发达生长出来，慢慢的真能比人强了，再讲自立的道理也不晚，比如西洋人，讲自由，是我的自由不要碍着别人的自由，不是任意妄为，无法无天，那叫自由，自由一定也有个界限”[③]。张竹君的“宏论”，新人耳目，难怪听过她演说的人惊叹：“二十三岁的姑娘，怎么高明到这步天（田）地！”对三纲五常，尤其是男尊女卑，张竹君深恶痛绝，因而批评尤力，“痛讲中国风俗是男女的分别太过”，力倡“男女该当平等”，号召女界“力争”平权，“怎么争呢？就是发奋在学问上头，……学西洋有用极新的学问”[④]。为此，她身体力行，开办育贤女学，“自己教导她们，除了医学以外，还教天文、地理、格致各样浅近的学问，每在讲论的时候，说到国家的艰难，万事的败坏，总是悲痛叹息，至情感人”[⑤]。

“穗城奇女”的“奇谈怪论”不胫而走，如石投水，在穗城激起层层涟漪。当时不少社会名流若胡汉民、马君武、朱执信、周自齐、卢少岐（他与马君武均曾向张竹君求过婚）等对她肃然起敬，不仅成为“演

① 刘松洲：《一片冰心——记我国红十字人道救助的先驱张竹君》，《博爱》1996 年第 1 期，第 14 页。

② http：//heritage. cn. tom. com，“张竹君”。

③ 《续女士张竹君传》，《大公报》1902 年 10 月 21 日。

④ 《续女士张竹君传》，《大公报》1902 年 10 月 21 日。

⑤ 《女士张竹君传》，《大公报》1902 年 10 月 19 日。

说会”的常客，而且引为知己，时相过从。

张竹君的“奇闻”流布遐迩，而其人格魅力，更具感染力。据《大公报》的报道：“京中近来时疫流行，传染极易。有某女士向以课读为业，近患时疫，病已垂危，忽有人将第三期《女报》与之阅看，昏迷中阅至番禺女士《张竹君传》，跃身起坐，曰：中国竟有此女丈夫哉！我辈庸庸，可以观，可以兴矣！自是病遂霍然。”① 此事或真或假，并不重要，重要的是它反映了人们对妇女解放运动先驱者张竹君女士的景仰与折服。有诗②赞曰：

沦胥种国悲贞德，破碎河山识令南；
莫怪初逢便倾倒，英雄巾帼古来难。
推阐耶仁疗孔疾，娉婷亚魄寄欧魂；
女权波浪兼天涌，独立神州树一军。
千古兰闺有志人，几多热力屈难伸；
最怜种族沦胥后，渺茫平权乍造因。
文明极点犹遥隔，千载何时复女权；
唤起柔魂争独立，仁风吹活万婵娟。

的确，张竹君“超凡脱俗”的胆识，非一般人所能望其项背。由此衍生的感召力，也使她具有了一定的权威影响，这为她创办中国赤十字会奠定了基础，创造了条件。

二、中国赤十字会的成立

1904 年，张竹君来到上海，在伍廷芳、李平书及犹太大富商哈同夫人罗迦棱的臂助下，开办医院，兴办女学，继续从事社会公益事业。作为“女界的梁启超”③，她一如既往宣传革新，为妇女解放鼓与呼，表示：“志欲联合海内诸女士为一大群，取数千年之恶习，扫除而更张之。”④ 凌云之志，溢于言表。

当然，张竹君立足上海滩，并非一帆风顺，特别是初来乍到时，常

① 《医疫奇方》，《大公报》1902 年 7 月 18 日。

② 《续女士张竹君传附赠竹君女士诗》，《大公报》1902 年 10 月 21 日。

③ 陆丹林：《广东女志士张竹君医师》，《广东文史资料》第 34 辑，第 166 页。

④ 张竹君：《女子兴学保险会序》，《中国新女界杂志》1907 年第 4 期，参见《辛亥革命前十年间时论选集》第 2 卷下册，生活 · 读书 · 新知三联书店 1977 年版，第 898 页。

常陷入尴尬难堪的窘境。在此过程中，时任上海制造局提调的李平书对其支持尤力。她初到上海续办育贤女学遭遇困难时，就是李平书解囊相助，使其渡过难关的，李忆及此事，做了这样的记述：“（光绪三十年）十月下旬，姚子让同年来制造局，谈及公共租界胜业里中，有粤人张竹君女士设立之育贤女校，成绩颇佳，惜乏经费，行将散学。子让令爱在该校肄业，故知其详。余闻之颇动维持之念。爰偕子让同往视察，是日适月杪，索逋者纷至，房主以欠租三月，声言要钉封校门。校中学生纷扰，校主张竹君往外筹款未回，学生倍觉恐慌。余与收租人言，愿负责交清校租，要他取消钉门之说。其他木器租金，庖人垫款，也一一担任……至此，学生才心安。既而张竹君回来，相见叙谈之下，始知张女士为广东番禺张少璧之胞侄女，张君昔在粤东石井枪弹局做监工，与张逸槎君同事，余故相识。当时，余将负责维持该校现状以告知张女士，嘱其安心办学。女士以是处房屋不适用，拟择地迁校。十二月乃迁于派克路（今名黄河路）十七、十八号洋房。”感于李平书扶助之恩，张竹君循俗礼，拜认李夫妇为“谊父母”。李为此特于1905年春节过后，“假愚园宴请地方绅董及粤籍巨商观礼，男女宾客到者甚众”①。当年，张竹君在经营医院的同时，接受李平书聘请，在其开办的中西医学堂执教，讲授西医课。1909年上海医院成立，她又出任监院（院长）。

张竹君在上海站稳了脚跟，奠定了厚实的人道救助基础。

辛亥剧战，伏尸遍地，江水为赤，以救死扶伤为天职的张竹君自然不能熟视无睹。上海虽为大清红十字会基地，但红会官办色彩浓重，不具有“中立”本色，难以指望，她乃决意自树一帜，经多方奔走、联络，终于促成中国赤十字会的成立。10月19日，成立大会在南市上海医院召开，到会者约500人。会上，张竹君报告中国赤十字会发起缘由、宗旨，宣布草章；接着，李平书、杨千里、陈继武等纷纷登台，发表演说；最后宣布董事会组成人员名单：会董伍廷芳、宋跃如、虞洽卿、李登辉、曹锡根、顾馨一、李平书、王一亭、莫子经、吴怀久、王培生、沈缦云，会长张竹君，汉口事务所长何乃全，上海事务所长王维廉，干事员田北湖、朱少屏、杨千里、王宝仑②。

中国赤十字会是“急于出发以救同胞”仓促成立的民间社团，来不及登记注册，甚至连正式的章程也来不及制定，只“暂定”了一个《临

① 转引自陆丹林：《广东女志士张竹君医师》，《广东文史资料》第34辑，第164页。
② 《赤十字会开会记》，《申报》1911年10月20日。

时章程》，以便遵循。《临时章程》共8章21条，对“宗旨”“会员及入会规则”“职员”“事务所”“经费”“出队”“装束及记号”“输捐及劝募”等，做了原则规定。“宗旨”强调，“本人道主义，救护因战受伤之人，不论何方面人，视同一体”①，表明中国赤十字会的“中立”性，这与国际红十字运动的基本原则是一致的。

中国赤十字会的成立，在上海滩引起强烈反响，张竹君因此成为名重一时、令人敬仰的“焦点”人物。有两个例子可证赤十字会的成立所产生的震撼力：一个例子是10月20日《申报》报道张竹君发起成立赤十字会消息的第二天，上海五洲药房经理项松茂迅速做出反应，在21日出版的《申报》上刊登致张竹君的公开信，对张之义举大加赞赏：“顷读报章，知贵女士有赤十字会之发起，躬率高足驰赴战地施展仁术，救死扶伤，志虑宏远，宗趣正大，南丁格耳之再见，人道主义之日昌，诚足以上格天心，近回人祸，甚盛！甚盛！”②

信中提到的南丁格尔，是现代护理学和护理教育的奠基人，1820年5月12日出生于意大利佛罗伦萨，后随家移居英国。她自幼好学，兴趣广泛，多才多艺，完全可望跻身上流社会，但她不顾父母反对，毅然选择护理职业。在1854—1856年的克里米亚战争中，南丁格尔率领38名护士从事伤兵护理，在她的精心呵护下，伤兵死亡率由50%下降到2.2%，创造出非凡业绩。每夜，她持油灯巡视伤病员，士兵们都亲切地称她为“提灯女士”。战后回国，这位传奇式人物被尊为民族英雄。1860年，她用英国政府奖励的4400英镑，创建了世界上第一所正规护士学校——南丁格尔护士学校，随后又参与创建几所护士学校，对医院管理、军队卫生保健、护士教育培训等方面，都做出了卓越的贡献，被誉为现代护理教育的奠基人。1907年，她荣获英王颁发的功绩勋章，成为英国历史上第一位获此殊荣的妇女。她逝世后，世人为表示对她的崇敬与景仰，把她的生日（5月12日）作为国际护士节。

张竹君与南丁格尔确有相似的经历：均出生于富有家庭，均献身红十字事业，均终生未嫁……从张竹君身上，人们可以看到南丁格尔的影子。不过，项松茂把张竹君视为“南丁格耳（尔）之再见”，并非刻意比附，而是对她敢为天下先的开创精神的赞赏与折服。在妇女处于从属地位的时代条件下，张竹君此举的确出人意料，一鸣惊人，难怪项松茂

① 《中国赤十字会临时章程》，《民立报》1911年10月27、28、29日。

② 《上海五洲药房经理项松茂致上海医院院长张竹君女士书》，《申报》1911年10月21日。

有“不意贵女士竟有斯会之创”的感叹了。“仁风所被，顽懦为兴。”项松茂深为感动，慷慨捐赠军用药品10种、“自来血”5打，还表示：“此后贵会如有需用药料，仍望随时函示，本药房定当照本代办。”

另一个例子是中国赤十字会第二团的组建。10月24日《申报》登出这样一份广告：“武汉用兵，伤痍必惨，敝同人心焉悯之，正在联合团体前往救疗，只以种种困难未及即时成立，适张竹君女士亦发起中国赤十字会，以第一团出发，尽女子看护救伤之职。敝同人力薄能鲜，益滋惭沮。惟以战事剧烈，战地散漫，断非一团足以济事，不得不组织男子第二团，即日起程，同赴战地，普救受伤之人。”这份《中国赤十字会第二团广告》，读来颇耐人寻味。赤十字会成立之时，陈继武演说时特别强调：“男女医士宜联络一气，西人赤十字会无无男子，亦无无女子者。”所谓“第一团”（张竹君从未打出“中国赤十字会第一团”的旗号），也并非全是女子。组织“男团”即第二团的旨趣固然为救伤起见，但“不服气”和“争口气”情绪因素夹杂其中，未免偏激，也因此激起女界同胞的不满，作为回应，张善甫等11位女士发起成立了一个“中国赤十字会第二团女子协助会”，针锋相对，认为前敌救护裹创扶伤，固然以男子为优，而护理等事，女子占强，“且性情柔淑，操作耐劳，更较男子为胜，此为女界赤十字会第二团协助会所由发起者”①。巾帼不让须眉，这是近代中国妇女解放运动向前推进的重要标志。第二团的发起人是中国赤十字会干事员田北湖，他虽有“自立”意向，但隶属关系还是很清楚的。从中国赤十字会第二团的组建和中国赤十字会第二团女子协助会的成立这件事上，可见张竹君善举的冲击力之强，其意义也远远超出赤十字会成立本身而具有了妇女解放的深层蕴涵。

为救护辛亥战伤，张竹君率先发起成立中国赤十字会，这对沈敦和等人更是强有力的刺激。红十字会再不能保持沉默、无动于衷了。沈敦和于是改弦更张，抛开大清红十字会，10月24日另组中国红十字会万国董事会。红十字会在中国毕竟有近十年的历史，在民众中有着良好的形象，其权威影响绝非赤十字会所能比拟的。因此，一旦抹去官办色彩，即具有强大的凝聚力，迅速取得普遍的社会认可。

但，沈敦和改弦更张的举措，却遭到张竹君的指责，她在10月26日出版的《民立报》上公开发表《致沈仲礼书》，谓沈“窃慈善二字欺世盗名”，“将牛头马面之红十字会以混世人耳目”；又说沈敦和“善

① 《中国赤十字会第二团女子协助会广告》，《申报》1911年12月13日。

变”，始则“以万国红十字会名义”，“未几而万国红十字会变为大清红十字会”，武昌起事后，“又将大清红十字会变为绅办红十字会”，云云①。对张竹君的非议，沈敦和进行公开反驳，云：“鄙人之办红十字会，始于光绪二十九年冬间俄日之战，其时战地华人遭池鱼之殃，企足以待援救，而中国尚未同瑞士红十字总会缔盟，照日来弗条约所载未能悬挂红十字旗以施战地救护之法，不得已商之旅沪西人，公同办理，创设上海万国红十字会，推举中西董事十二人，鄙人与其列，皆绅也。光绪三十年中国政府允鄙人与各绅商之请，遣使臣张德彝至瑞士缔盟入会，由是中国得援用日来弗条约设立正式之红十字会，为总董者鄙人与任逢辛、施子英两观察，皆绅也。中国之有红十字会，于今八年，国家承认，全球承认，而始终不离乎绅办，本无所掩，更何所谓变乎？”② 对沽名钓誉，希图射利云，沈敦和均一一驳斥。应该说，张竹君对沈敦和的指责，大多言而无征，沈敦和的反驳，有理有据。

张、沈之争，属于个人恩怨，据《沈仲礼驳张竹君女士书》透露：“俄日之役，女士顾念同胞，抱冰而至，适值两国将次议和，鄙人在事言事，婉言谢之……不料开罪已在八年前也。”个人恩怨也好，意气之争也罢，不应该影响我们对历史事实的认定，沈敦和还是沈敦和，张竹君还是张竹君。

三、慈航同济，共纾国难

战事如火如荼，伤痍嗷嗷，待救孔亟，唇枪舌剑，于事无补。张、沈息争，倾注于战地救护事宜。10 月 24 日午后，中国赤十字会会员男女数十人在派克路育贤女子学堂聚齐后至寰球中国学生会，列坐草地，摄影留念；之后，随张竹君会长一起，前往怡和码头，“途行时道旁观者皆惊为未见，而西人皆肃然尊敬”③。

中国赤十字会员乘“瑞和”号，鼓轮西上。同行者，还有两位特殊的“会员”黄兴、徐宗汉夫妇。据口述资料称：“辛亥年秋，武昌起义，黄兴在香港得到消息，即与夫人徐宗汉（原名徐佩萱，经过广州三月二十九之役，两人由同志而结为夫妇），兼程赴沪，准备转赴武汉领导革

① 《张竹君致沈仲礼书》，《民立报》1911 年 10 月 26 日。
② 《沈仲礼驳张竹君女士书》，《申报》1911 年 10 月 28 日。
③ 《欢送赤十字会》，《民立报》1911 年 10 月 25 日。

命工作。可是，清吏对于长江上下游，防范极严，党人往来，不易通过。徐宗汉知道张竹君是个社会活动家，在上海有相当信誉。于是，便与张商量，由张发起邀约中西人士，组织红十字救护队前赴武汉服务。果在几日之间便组织完成。"① 究竟是为了掩护黄兴前往武汉领导革命而发起成立了中国赤十字会，还是黄兴夫妇正好借中国赤十字会而"乔装"，因果关系无法得到确认，笔者持后一种看法，这更符合张竹君的性格和其对人道主义事业的执着追求。

10 月 28 日，张竹君一行到达汉口后与黄兴夫妇分手。是时，清军正进攻武昌，两军酣战，炮声隆隆，街上行人逃避一空。张竹君原打算"到埠之日先在中西旅馆或商务印刷所小住，而两地均在中国界内，又因汉口失利，故与余之初意大为相反"。正当张竹君迷惘徘徊，茫然不知所向之际，"适有红十字会马医生来，谓现时伤者极多，幸得君等来，极为欢迎"②。红、赤名异色同，本无区别，无所谓此疆彼界。

在马医生和一外国传教士的帮助下，张竹君等找到栖身之处，并以美国圣经书会（圣公会）为事务所。尚未安顿就绪，即有军政分府遣人前来，请张竹君诊治受伤的某标统。分府距事务所有 5 里之遥，张竹君平素乘车坐轿，不惯行走，但她顾不上这些，二话没说，拎起药箱就走。沿途疮痍满目，哀号之声不绝于耳。张竹君边走边为伤员包扎，重伤者嘱送圣公会医治。及至军政分府，已治伤 30 余人，回到寓所，尚有 50 余名伤者候诊。正在疗伤之中，税务司来人，邀张竹君一行到邮政总局开办临时医院。局内"无一切用物，幸于印字馆假得茶炉方可烧水，然亦尽饮白开水而已，至各会友之赴大智门抬受伤者，则饮食皆无矣"③。正是在这样极端艰苦的条件下，赤十字会员在张竹君的带领下克服超乎常人想象的困难救死扶伤的。

武汉救伤一个多月，其间"无日不有受伤者送诊，称药量水，日夕大忙"，"队中男女医士及看护员皆热心任事，饥渴劳瘁，虽苦不厌，军士感之，至为泣下"④。特别是会长张竹君女士，在救伤过程中几次遇险，险些送命。据刘松洲先生文称："愚蠢顽固的封建卫道者——清朝军队，连张竹君治疗受伤的清军兵士都不容许，更甭说治疗革命军人。他们痛恨她的人道主义宣传，严密监视她的一举一动，多次企图暗算

① 陆丹林：《广东女志士张竹君医师》，《广东文史资料》第 34 辑，第 166 页。
② 《赤十字会长张竹君女士演说词》，《申报》1911 年 12 月 27 日。
③ 《赤十字会长张竹君女士演说词》，《申报》1911 年 12 月 27 日。
④ 《赤十字会赴镇记》，《民立报》1911 年 11 月 21 日。

她。11 月 10 日，张竹君和往常一样，在汉口一偏僻码头登船去武昌宣传，清军却突然涌现，向她开枪，幸亏小船疾驰而去，一连 7 枪都被她躲过了。11 月 15 日，张竹君率队去汉阳做救护工作，她因劳累过度无法步行，只得由轿子抬着前行，队员们都佩着红十字臂章，队列前后又都打着红十字会旗，可就在他们通过汉水浮桥时，不讲人道的清军竟向他们开枪。见没打中后，清军恼羞成怒，竟朝刚登岸的轿子开炮。轿旁的温医生听到炮弹的呼啸声，猛然将张竹君连人带轿推倒在地。轰然一声巨响，炮弹着地爆炸，张竹君幸免于难。"[①] 尽管如此，张竹君没有退缩，依然勇往直前。在一次手术中，她的左手被划破，伤口感染化脓，高烧不止，加上过度劳累，终于病倒。"两手尽肿，而两军适又停战"，12 月下旬，张竹君"因暂回沪上略为休养，且采办冬衣、药料"[②]。

值得称颂的是，在武汉救护行动中，赤十字与红十字相互协助，无分彼此，照《赤十字会长张竹君女士演说词》中的话说，"此次为慈善事业而来，何分畛域?"大家目标一致，心愿相同：尽可能多地救治伤员，共纾国难。在行动中，双方互相配合，绝不会因张竹君、沈敦和之争的公开而相互推诿。张竹君在她的演说词中就提及：11 月 2 日夜，战火烧近邮政总局，张竹君因在武昌医治某标统，夜深不能渡江，投宿一小客栈，第二天回到汉口，才知道局内病人均已安全转移到红十字会病院，她松了一口气。11 月 26 日，汉阳激战时，张竹君和她的会友帮助红十字会将百余名伤员转移到汉口。相互配合，相得益彰，宛如并蒂莲，鲜艳夺目，光彩照人。他们在武汉战地，共同谱写了一曲人道主义赞歌。事实上，红十字、赤十字在伤兵病民眼中，并没有任何区别，都是同样的"红"十字。张竹君在她的演说词中深有感触地说："一见到十字会三字，频送受伤者来。"[③] 本是同根生，理所当然。

战线在延伸，赤十字会的救护范围也在扩大。中国赤十字会第二团组建后，于 11 月 5 日、6 日、9 日陆续派出救护队分赴苏州、杭州、嘉兴、乍浦、崇明等处，建立事务所或支部。这些地方军事碰撞并不是很激烈，伤兵无多，但"军士抱病者要求疗治，几于日不暇给"[④]。南京开战后，第二团又于 11 月 19 日派出由 20 位男队员、21 位女队员组成的

---

① 刘松洲：《一片冰心——记我国红十字人道救助的先驱张竹君》，《博爱》1996 年第 1 期，第 15 页。

② 《赤十字开大会》，《民立报》1911 年 12 月 25 日。

③ 《赤十字会长张竹君女士演说词》，《申报》1911 年 12 月 30 日。

④ 《赤十字会第二团报告》，《申报》1911 年 11 月 16 日。

救护队开赴战地。他们在南京西华门中西医院收治伤兵，成绩可观[①]。其中，朱竹生女士尤为突出。据《民立报》报道："泰兴朱竹生女士毕业于女子医学校，本年（1911）为上海医院女医。九月中，上海光复，民军攻制造局，受伤来医，女士为治愈者甚众。十月攻南京，女士以中国赤十字会女医，率同男女会友，往来于镇江、金陵间，不辞劳瘁，医愈受伤军士尤多。"1912年1月27日，她随张竹君会长乘夜车赴宁，至下关"喉痛发热"，在张竹君力劝下次日返沪，不治病逝[②]。2月11日，中国赤十字会特在上海医院开追悼会，缅怀她在辛亥救护行动中的骄人业绩。

总之，如时论所评："上海医院自武汉事起，即行组织赤十字会，以院长张竹君为会长。（阴历）九月三日由会长率同第一队赴汉口，继复分队驻汉阳，计两月中两处救疗受伤战士一千三百余人，事务殷繁，常至不遑寝食。两军战酣时，每出入枪林弹雨之中，亲畀伤者至病院，耐劳冒险，中外人皆称道不置，西人至屡载报章以颂扬之。九月二十九日，该医院续发第二队赴镇江，旋即随先锋队入南京，所救疗亦千余人，其勤劳亦为中外人所赞叹。"[③] 张竹君和其会友，"热心办事，可为中国四万万人模范"[④]。

1912年4月27日，中国赤十字会"功成身退"，《申报》报道说，当日"上海医院为取消临时赤十字会事，特开大会，由院长张竹君女士报告临时赤十字会经过之历史，又由院董李平书君略述筹措经费之不易"[⑤]。中国赤十字会存在的时间虽然很短，但其辛亥善举，弥补了中国红十字会救护力量的不足，扩大了救护范围，也赢得了社会各界的交口称赞。作为发起人的张竹君女士，亦可谓厥功甚伟。

（原载《上海市历史博物馆馆刊》2004年第2辑）

① 《赤十字第二团之成绩》，《申报》1911年12月27日；《赤十字会第二团救疗记》，《民立报》1911年12月4日。

② 《追悼中国赤十字会朱竹生女医士开会广告》，《民立报》1912年1月28日。

③ 《赤十字开大会》，《民立报》1911年12月25日。

④ 《赤十字大会记》，《民立报》1911年12月26日。

⑤ 《上海医院开会记》，《申报》1912年4月28日。

慈善人生

——庞京周医师的生平与事业

当我们提笔写这篇文章的时候，想到庞京周先生的一位亲属曾谦逊地说："他或许不是一个能够写传的人。"这恐怕是指庞先生性情奔放、不拘常规、兴之所至、成败兼具。他平生最好聚友高谈，纵志倜傥，既锋芒毕露，又古道热肠，就连他的形象也颇不随俗：瘦高的身材，西装革履，嘴上常衔一支古巴雪茄，即便在洋人堆里仍是鹤立鸡群。然而其言其行，似乎不乏可圈可点之处。他的一生，确有值得我们回顾和纪念的价值。

翻开中国红十字会的历史，细心的人们会发现，抗战初期，这个瘦高的身影曾奔波于大江上下，驱车于南北东西，在"战时三合一"的实现、组织救护团体、组建伤兵医院、实施战地救护、运送医药物资、通过广播讲演向民众宣传红十字精神等方面呕心沥血，殚精竭虑，发挥着杰出的组织联络才干。仅以绥远抗战期间为例，1936 年 12 月 2 日、8 日、12 日、17 日的《申报》连续报道庞京周医师北上南下的行踪与言论，一时成为社会的关注点。

他寿 69 而终，一生时间不算漫长，但从他 29 岁主掌同德医学院院长事务、赴德国获博士学位、国内几度开业诊所，到担任上海医师公会副主席、中国红十字会秘书长，以及负责重庆空袭救护、深入滇缅铁路瘴疫之地主管防治……一生仿佛完成了某些人几辈子的事业。这正应了他自诩的"浓缩人生论"："人命有长短，我惟期能日作倍人之事，则虽寿五十，等活百岁也。"这"日作倍人之事"的精神确实贯穿了他的一生。当我们进一步研究他一生事业的脉络时又不难发现，在这种拼命三郎般的精神后面，有一种深刻的人文价值取向作为支柱，那就是关心人民的疾苦、人道与博爱的精神。以庞先生 20 世纪 30 年代初即被视为"海上名流"，以他在医学专业上的造诣，以他身边由同窗、挚友、门生组成的一层又一层的上流社会圈子，以他所能够获得的机遇……他并非不能发财、不能飞黄腾达，而他恰恰选择了许多一般人可为而不屑为、不愿为的事情去做。新中国成立后，即使被打成右派，他依然坚持在医学教育研究、普及卫生保健知识方面努力发挥力量，这种行动选择上的明明白白的分野，便透射出他人性上的光芒。

在当今呼唤社会公正与和谐、重建红十字精神的大势中，回顾这位苏州籍红十字前辈的生平与事业，正是为了以这种人性的光芒照亮人们的心灵，尤其是在功利主义抬头的社会风气中，这种光芒尤其难能可贵。这也许就是我们撰写此文的意义所在吧。

“顺其情而发其智，励其志而不羁末节”

了解庞京周医师，不能不从他早年的家庭背景说起。一方面，家庭环境孕育出他独特的个性；另一方面，从这里可以找到他选择学医并专攻痢疾等热带病的缘由所在。

庞京周医师祖辈世居吴江同里。祖父庞庆麟为前清进士，人称小雅公，做过刑部主事[①]。其父庞元启，字葭荪，年仅弱冠即取得孝廉[②]。庞元启娶常州望族冯氏为妻。

冯氏是一位与众不同的妇人，非常豁达且深识大势，受到了全家的敬重。她能够在20世纪初就看到新学渐起，不随俗流，不再让儿子们独尊儒术，而是放手让他们接受新思想、新知识。在她温厚、开放的家庭教育氛围下，三个儿子均学有所成：长子国钧，字衡裳，曾中举人，在书法方面颇有造诣；二子国锜，字敦敏，曾以最先研制和接种防治天花的牛痘疫苗而成为有名的微生物学家；而三子国镐，字京周，则是本文主角。

庞京周出生于1897年，自幼聪慧过人，两岁能识字，三岁会造句，被乡里视作天才儿童。由于在兄弟中排行最幼，得到母亲特别的宠爱。他母亲的教育方法颇有与众不同之处，取张弛相济之道，可以概括为：“顺其情而发其智，励其志而不羁末节，惟使自规所行，自择所善。”庞京周在这种施教方式下成长，独立自主意识很强，性情豪爽，才华横溢，行动果决。但优裕的家庭条件和母亲的开放教育也造成他某些矛盾的性格，如：内含谦柔但外露锋芒，有卓识而欠心术，肯于“舍己”却未必知如何“为人”；在学术领域内，虽然能够自维谦恭，但往往书生

① 李铭皖、谭钧培修，冯桂芬纂：《同治苏州府志》，光绪八年（1882）江苏书局。
② 元和陆懋修辑，其子润庠补编：《苏州长元吴三邑科第谱》，光绪丙午（1906）刊。

意气，遇事争鸣，惟理为绳，侃侃而谈，不让“权威”，不顾妒忌。在他一生遭际中，了解他的挚友因此而格外欣赏他，而不甚熟识的人则不理解他，容易造成误会或被开罪。

庞京周5岁时，他的父亲患上恶性痢疾。这种在今天很普通的疾病在当时却无药可治，一个极有才气、前程远大的人在30岁出头便撒手而去了。父亲的英年早逝给幼年的庞京周带来极大的震动。他后来曾多次对身边的人说：“我父亲本来是不应该死的。”这件事在他心里埋下了立志学医的种子，成为决定他人生轨迹的重要因素。为此，10年后他从苏州最好的中学——草桥中学退学，独自进入了德国人办的“同济医工专门学校”；1921年，他从已由中国人自办的同济大学毕业，开始独立行医的生涯；1925年夏，他与工商业家黄楚九赶办急救时疫医院；1935年，他赴德留学的博士论文为《痢疾在中国之影响及其扑灭问题》，怀有追念他父亲的深意；抗战中期，他义无反顾地奔向恶性疟疾流行的滇缅铁路工地，主管传染病防治工作；直到晚年，他仍勉力研究医史，发表了《中国疟疾概史》《结核病史话》等文章。可以说，他将个人幼年遭受的痛苦升华为一种用医术拯救苍生的社会责任感，并以一生勉力践行。

庞京周11岁时，以多报1岁，进入当时苏州府第一中学堂——草桥中学。这段学习生活给庞京周的人生经历打上了深深的烙印，很大程度上决定了他的人际交往圈子。正像英国某名校进门石碑上所刻：“你是一个什么样的人，只要看你与谁一起读书就可以知道。”在草桥中学里，他文理兼胜，虽然后来以医为业，但一直善文，与吴湖帆、顾颉刚、叶圣陶、王伯祥、江小鹣、范烟桥等从事文学艺术的同窗始终过从不辍。在文人圈中煮茗夜谈，品画读碑，衔觞赋唱，几乎成为他的生活习惯。既与文人交往，他也就常以短文或诗词见诸报刊，除医务方面的内容外，大都是讽世幽默之作。同窗评价他是医生中的文人、文人中的专才。与这些同窗挚友的情谊贯穿他的一生直到最后的岁月。

“医学应当为平民服务”

从同济毕业之初，24岁的庞京周就在上海滩开设了自己的西医诊室。开业四五年，他的名声渐起，以敢用重药、治愈率高而著称于市。随着业务越来越繁忙，他的诊所在11年间，四迁其址。到1928年前后，月收入可达千金，自备有当时最先进的X光机和紫外线理疗仪等设备。

在上海滩，他声名日隆，1930年就有人用彩色铜版照片精装刊行了一个18开本的《上海名人传》，将他列入。对于这种渲染炒作的做法，他非常厌恶与不屑。有人前来索要书款时，他笑着说："尔当知我乃瓦楞里南瓜也。"（按：此为吴谚，形容某人不谙例行的做事规矩）。他自号"蛐斋"，意即自己不过是一个普通人，自嘲为一只能发出很大声音的小虫。

他的女儿庞曾涵回忆道："我父亲有一种朴素的民主思想，觉得中国太贫穷，一直对穷人十分同情。他经常为没钱的穷人治病，包括开业后，没钱的人来看病他都给治。他常说医学应当为平民服务，这个思想一直在指导他。"

20世纪50年代，庞先生诊病时常用一个白布手绣红字的诊脉垫枕，这是一位烈属哈秀梅女士所赠。因庞先生得知她丈夫在战场牺牲，家庭经济拮据后，不但免收诊费，并跟相关药店打招呼，药费从低，还悉心治愈了她的顽疾。她为了表示感谢，亲手绣了这个小垫枕送给庞医师，他把它看作病家的心意，非常珍视，经常放在案头应用，以激励自己更好地为需要他的人服务。

他办诊所，并不仅仅满足于为谋生而诊治病人，因此在开业之初，曾在诊所实行过以下两件独出心裁的事：

一是设置"保健医疗"，即个人或全家每年交若干医疗费用，门诊就不再收费。性质类似于现代的农村合作医疗，目的在于减轻病家负担，以免病人因吝惜诊费而贻误治疗，对长期病号尤为有利。为了实现"保健医疗"，他在诊所中特地聘请了内、外科医师各一位，使诊所能全日应诊。

第二件事是作为西医而为病人加开文字"脉案"，内容除了症状、初步诊断外，还包括病因简析、预期药效及可能发生的变化等，使病人知道如何自养并注意变化。这种"脉案"不同于仅供医生查核的病历，而是更多为病人考虑，满足病人的需要。

虽然由于种种原因，以上措施实行的时间不长，但从中可以看出他凡事皆有图创新之意，为平民服务的意识很强，绝无高深莫测的医生架子。

"我们中国人应当有自己的医院和医学院"

开办诊所虽然是庞京周先生的主业，但并非他人生的主线。他一生的精力，在医学教育上投入得最多，可以说，他身上具有某种教师的天赋。他的学生们都对他留有很深的印象，认为"他对传授知识和对学生所具有的那份热情，是一般人所没有的”。不仅如此，他内心还有一个很深的情结，那就是：“我们中国人应当有自己的医院和医学院。”为此，他在二三十年代为办学校、办医院付出许多心血，特别是在同德医校面临存亡危机时他勇于担纲而扭转了局面。

1924 年，开业之余，他到同德医科专门学校任教。不久，该校发生了派系争斗，直至涉讼。虽然胜讼的一方做了校长，但由于师生中宗派意识很深，且校址房产纠纷不清，办校经费无着，校长一时束手无策。同德医科专门学校面临着危机，几乎办不下去了。在这种情势之下，学校创办人黄胜白、沈云扉商请年轻的庞京周出任教务长，给他行事的权利。

于是，还不足而立之年的他就接管了这个“烂摊子”。他不顾年资尚浅，尽力发挥他特有的社会活动能力，以快刀斩乱麻之势，先商借了位于爱文义路（今北京西路）口泰兴路平湖巨富刘氏的洋楼为校舍复课，再分别辞退滥竽充数的德籍教员，聘请知名校董数名，聘请留德归来的国人任教，取得多方支持，教学阵容在短时间内大大改观，学生个个诚服，派别纷争自然消退，局面很快稳定下来。当时，留在同德长期任教的著名医师有妇产科专家金问淇、内科专家沈谦及王景阳、皮肤科专家尤彭熙、生理学专家周宗琪等。雄厚的师资力量保证了同德医科专门学校的存在与顺利发展。

1924 年末，同德医科专门学校正式改称医学院。在此之前，庞京周已经向新校董、工商业家黄楚九租了同孚路（今石门路）的一块地皮，他自行垫款，花了一年时间为同德医学院建起新校舍和附属医院。学院的各位教授和衷共济，白手起家，使得教学及实习设备渐成规模。从那时起，他主持同德医学院的工作共计 11 年，直到 1935 年顾毓琦博士继任同德医学院院长为止。此后，他留任校董一直到新中国成立后人民政府接管同德医学院。

他主掌同德校务时的学生遍于全国，兼及海外，其中不乏专家名才。如今的上海第二医科大学是由新中国成立前的同德、震旦、圣约翰三院合并而成的，在二医大成立大会上，很多人对他记忆犹深。他的学生很多已是德高望重的专家，回忆说：“在同德，庞先生给我们讲解剖课。我们特别喜欢上他的课，他口才好，非常热情”；“他给我们留下了永远忘不了的深刻印象。”学生们还回忆庞先生当时怎么带着大家实习，到伤兵医院里为民众服务等等。追念校史，人们不能忘记他在同德医学院命运悬丝之际的奋力开拓、整顿之功。

投身公益慈善事业与社会活动

庞京周对事业一贯的宗旨是：医者，当以提高整个社会的健康水平为崇高天职。凡上海有关医务方面的公益慈善事业，他无不热心参与。

1926 年夏天，苏南一带霍乱横行，他忆及当时情况说：“那时候老百姓苦的呀，生了病，无钱医治，求救无门，就死在路上。”这是他作为医生所不忍心看到的，于是他就与黄楚九先生共同发起赶办急救时疫医院。黄先生自行捐资并落实院址，还出面募集资金与筹组董事会等；庞先生则负责招请医护人员，筹置设备，制订规章及亲自主持诊务。院址先设在白克路（今凤阳路）派克路口，只经一周筹备即收治患者，救活了不少人。创办急救时疫医院在当时影响较大，显示了庞京周的应急组织才能。

这年的霍乱高峰过后，他们又专门在西藏北路购地，建起一所四层楼的永久院址，一年后建成。这所医院在不同季节收治各种流行性传染病患者，对贫苦患者实行减费或免费，其不仅仅在当年防止了霍乱的蔓延，还在长期性的民众卫生防疫工作中发挥了作用。庞先生义务兼任该时疫医院院长凡 10 年。新中国成立后，这所位于西藏北路的医院曾改名为红光医院。

由于他以年资有限而能在短期内整顿同德医校以及主办时疫医院，因此庞京周在医界中获得了“干才”的称誉。

1932 年，一·二八淞沪战事打响，《申报》馆总经理史量才先生登高一呼，倡议组织上海各界抗敌后援会，支持十九路军抗日。此会可称集上海经济实力人物、舆论界及各方代表人士于一体，史量才任“后援会”会长。他过去因庞京周经常在《申报》投稿议论医事而与之相投合，素知庞先生勇于承担艰险，爱国不甘人后。于是，庞先生与颜福庆二人成为“后援会”医界负责人士，承担起战地救护的重任。

十九路军浴血奋战，然而南京政府非但不予支持，反而加以钳制。因此淞沪战役的伤病员，几乎全赖“后援会”所组织的救护队转运到租界内，以及真如、南翔一带的临时医院进行救治，所动员的医界力量及各种物力、财力皆属空前。战地救护成了“后援会”的主要工作，庞先生在其中统筹调度，尽心竭力。在战事紧迫之时，庞先生曾亲自驾车到真如军部，将捐赠的望远镜面呈蔡廷锴、谭启秀两位将军，以示敬意。归途时汽车被流弹击中，险遭不测，其他辛劳，更不待言。

无奈十九路军抗日之举，终以签署屈辱协定而告终。事定后，“后援会”改为常设组织，称上海市地方协会，庞先生后来的社会活动主要通过这一协会进行。

淞沪战役结束后，庞京周先生痛定思痛，对国事颇有惘然之感，这在他的题影诗中可见一斑：

韶华逝水感流年，旧梦依稀淡若烟。
家国略同风絮乱，诗文端为热肠偏。
一生傲骨交应浅，十载浮名学未专。
大地蜉蝣争一瞬，强将数理证前缘。

除了投身社会重大突发事件外，庞京周还一直积极参加医事社团活动及倡导公益医药事业，主要在上海医师公会、中华全国医师联合会、中华医学会、医药教育委员会担任职务并义务工作。据他晚年回忆，上海医师公会早期活动中最有意义的事情有两件：

一是与牛惠生、蔡禹门等人共同创议，取消开业医生向配方药房收取回扣的陋习，并率先自行。

二是竭力宣传消除派系观念。为此，曾由公会劝导开业医生取消牌照上“德医”“日医”等字样，认为将此类用词冠在自己名上相互标榜，无异于强调派系分别，不利于团结，且有损及国格、人格之嫌。经过此番“正名”，响应者众多，起到了相对冲淡派系观念的作用。

中华医学会是医界的学术性团体。1923 年，该会曾在上海东亚医学院召开全国年会，当时庞京周是东亚医学院的青年教师，在会中他成为活跃分子，与各地代表相识并交好，这是他参加该会实际活动的开始。中华医学会最初是由在华的外籍医师集合早期英美留学生仿照国外学会章程所组建，其刊发的各科《学报》强调国际交流，长期沿用英文。当时余云岫力主学术应当兼收并蓄，并重在自创提高，为保国体尊严，特在上海组织出版学会的中文杂志，余云岫自任主编。庞京周佩服他傲骨可风，自荐当其助手，任编辑，一直到抗战才中断。

庞京周医师总是把社会问题当作自己的事来对待，十分关注和热心于公共卫生问题。在这方面他既行之于事，也述之于笔。他写的《上海十年来医药鸟瞰》，先在《申报》连载，又自己出钱于 1932 年出版了单行本。书中既分析了上海医药卫生状况和问题，又对政府工作提出批评。

由于《上海十年来医药鸟瞰》一书中对当局在医药卫生工作方面的政策措施提出了不少建议和批评，因而引起南京政府卫生署署长刘瑞恒的注意。刘瑞恒每到上海，便对他进行拜访，听取他的见解。1933 年，刘瑞恒向教育部推荐庞京周为医药教育委员会委员，当时医教委有十数位医学教育家，都是曾赴国外留学归来的，从未出国的仅庞京周一人。

在实地视察及医教委的讨论中，庞先生极力强调中国贫穷落后，人民缺医少药，搬用美国式的八年二部制医学教育体制难以适应培养医学人才的迫切需要。这成了发展医学教育两种观点的争论焦点：反对者，讥笑他是不明外情，眼光狭窄；同意者，又惋惜他才高于学，以致言因人轻。

在这双重舆论之下，他萌发了出国的念头，想把十几年来在医学教育方面积累的经验与国外进行对比，欲求他山之石，再展抱负。当时他获得教育部的赴欧美考察任务，于1935年秋成行。

绥远战事奔波调度牵动人心

一年多的欧美之行，席不暇暖，而归来时国内的形势已离全面抗战不远。上海市地方协会成为庞京周再次投身于抗战救护工作的契机。经过一段时间的酝酿，他的人生轨迹投向了当时最为紧迫的红十字战地救护工作。

1936年秋末，庞京周自欧美归国不久，傅作义将军在百灵庙抗日奏捷，人心为之大振。上海市商会、上海市地方协会与中国红十字会总会三团体联合发起成立“绥远剿匪慰劳救护委员会”，庞京周为常务委员。11月23日到26日，他以红十字会总会副总干事身份乘慰问团专机飞到绥远（今呼和浩特）劳军。庞京周与颜福庆代表总会暨各团体向傅作义的部队献赠医疗药械。慰问团一行南飞时，又先后在太原、西安、洛阳停留，分别会晤了阎锡山、张学良、蒋介石三人，以表上海各界同仇敌忾，并“督当地分会加速进行救护事宜”[①]。

前方虽有绥远红十字分会从事战地救护，但力量单薄，缺医少药的状况亟待改观。有鉴于此，12月1日，红十字会总会特派庞京周赴南京，《申报》1936年12月2日以“庞氏出发”为题，报道他“与中央防疗处，及卫生署，接洽药品材料等物”[②]，而后“转赴北平，与各大中学及协和、平大医学院接洽，组织训练救护队，组成后，即率领队员，

① 《中华民国红十字会总会三年来总报告》，中国第二历史档案馆档案，全宗号476，卷号3189。此部分引文多转引自池子华：《红十字与近代中国》，安徽人民出版社2004年版。

② 《庞氏出发》，《申报》1936年12月2日。

赴大同绥远，从事救护”①。

庞京周到北平后，12 月 8 日的《申报》报道说：“中国红十字会总会代表庞京周日前来平，筹设中国红十字会总会救护委员会华北分会，现正向（北）平医学界名流接洽，日内即成立。”② 因筹备分会需要时间，而战事进展急迫，遂于 12 月上旬成立了一个“中国红十字会总会救护委员会华北临时分会”，接受总会之托，办理“华北临时救护防疫工作之补助事宜”③。临时分会成立后，迅速组队驰赴前方，开办临时医院，救护伤员。到 12 月中旬，“前线一带，已布遍红十字会之旗帜”④。而即将出任红会秘书长的庞京周也再度飞往绥远前线，指挥调度，悉心尽力。

12 月 10 日，《申报》以“庞京周电告前方亟需材料”为题特别提到，“昨接庞京周医师由绥来电云，现在该地朔风怒号，冰雪载道，寒（衣）被褥，应从速添置，至运输方面之车辆担架，亦宜赶运，尤以药品如棉花、纱布、绷带……注射器等”⑤，“预料大战爆发，迫在眉睫……希望各界迅予捐输，或助款项购置，俾可克日运往前方，以应急需”⑥。

从 11 月下旬开始，他两赴绥远，视察并参与指挥调度战地救护工作；两赴北平，接洽方方面面的事宜，红十字救护委员会华北临时分会成立后，立竿见影地加强了前方的救护与防疫工作；他途经各地“实地考察，并规划救护设备，曾与各级军官作深切之探讨”⑦，真正起到一种穿针引线、承上启下、统筹规划、协调各种力量以迎接即将爆发的大战的作用。他全身心投入救护事业的拼命精神和组织才能又一次得到充分发挥。

12 月 17 日，《申报》以“庞京周从前线归来谈话——救护绥战意见甚详”为题报道说：“中国红十字会救护委员会庞京周氏，自绥战发生后，迭次往返赶办救护事宜，业经成立中国红十字会总会救护委员会华北临时分会，积极实施工作。现因筹集医药材料，于前晨返抵上海。”

---

① 《庞氏出发》，《申报》1936 年 12 月 2 日。

② 《各方纷纷援绥劳军》，《申报》1936 年 12 月 8 日。

③ 《中国红十字总会救护委员会华北临时分会章程及手术组预算案》，《大公报》1937 年 2 月 9 日。

④ 《红会前方电告需要救护药品》，《申报》1936 年 12 月 14 日。

⑤ 《庞京周电告前方亟需材料》，《申报》1936 年 12 月 10 日。

⑥ 《庞京周电告前方亟需材料》，《申报》1936 年 12 月 10 日。

⑦ 《庞京周从前线归来谈话——救护绥战意见甚详》，《申报》1936 年 12 月 17 日。

庞京周称自己的谈话“俱为最关紧要者，可作各界参考之用”。在他的谈话中，大到伤兵医院的布局，小到“手套以绒线结成者不甚耐久，最好以皮革制成为佳”；提前做准备的有“防毒面具现由清华大学工学院院长顾毓琇与傅主席接洽，已定制一万具”；细致入微到“丝棉背心应改制丝棉衣裤，如能以厚皮制成，尺寸须大，尤为耐寒受用”；严格约束如“救护人员，非经训练，不能在前线服务，须一律军医化”[①] 等等，桩桩件件，不一而足。若非完全深入一线，事无巨细，竭尽全力，就无法做出如此实实在在的有效指导。

绥远抗战中的慰劳救护行动，不仅激发起前方将士高昂的斗志，而且对“在唤醒将来全民奋起”抗战[②]，意义重大。这次行动也是中国红十字会全面抗战前的一次预演，庞京周先生在其中辛劳倍加，成效卓著，为他随后在战争全面爆发时组织战地救护工作打下了基础。

活跃在抗战前期红十字战地救护的第一线

1937 年初，庞京周接任了红会秘书长工作。这一安排是卫生署长刘瑞恒酝酿准备近半年的结果。在绥远战事中，庞京周第一次赴绥远回到上海后，刘瑞恒又专约他于 1936 年年底与之再度赴绥远。刘在战时人事布局方面早已属意于庞京周，可谓成竹在胸。两人北行逗留北平之时，正好是西安事变之日，南归时事件已和平解决。刘瑞恒曾向庞京周示意，应当做应变的长远打算，庞深表同意，两人都预见中日之间难免一战。刘曾经与庞筹划，一旦战事爆发，应当把卫生勤务放在红十字会、军医署、卫生署三方的联合机构之下，以便利用国际红十字会公约，整合救护力量。这一部署，可概括为“战时三合一”。

庞京周出任秘书长后不久，3 月间，刘瑞恒请准任命他为卫生署的简任技正，并且为他配了两名高级助手，以研究应变对策及集训人员为主要任务。刘瑞恒兼军医及卫生两署之长，并擢升金宝善为卫生署副署长，这就是刘瑞恒为“战时三合一”架构在人事方面所预先进行的铺垫工作。而庞京周受命于危难之秋，凭过去的经验及与上海各方的关系，颇为自信，立即全身心投入工作之中。

① 《庞京周从前线归来谈话——救护绥战意见甚详》，《申报》1936 年 12 月 17 日。

② 傅作义将军语。孙兰峰、董其武：《绥远抗战始末》，见全国政协文史资料委员会编：《文史资料精华丛书》第 2 卷《从国内战争到共同抗日》，安徽人民出版社 2000 年版，第 432 页。

1937年7月7日，卢沟桥事变爆发，救护工作与当时的军事准备一样，处于应变不及的状态。卢沟桥事变后10天，蒋介石在庐山发表了“无论何人皆有守土抗战之责任”的声明[①]，旋召庞京周上庐山垂询救护准备情况。7月17日，《申报》报道说：“沪总会秘书长庞京周，适于九日因公赴庐，因中途消息日趋紧张，当即于沿途各埠，随时电华北救护委员会，指示一切”；“因南京电促，复匆匆于十五日下山，遄程东下，昨晨过宁，竟日与卫生、军医两署会商救护事业各要案。”庞氏在1937年《红十字月刊》上所发的《抗战中救护事业底一个断面》一文中提到：“这次华北战事发生，京周奔走京沪庐山间，曾对救护事业，做过几次演讲，发表过三四篇文字，并且播过一二次音，有所报告，有所论列。”时势的紧迫，改变了很多持观望态度的人，使他在集才、集资、集物等方面的工作逐渐主动，进展较快。

紧接着，“八一三”炮声响起，在人民大众群起报国的形势之下，红十字会以上海为中心，沿京沪线展开了轰轰烈烈的战地救护工作。当时庞京周既要作为红会领导处理会务，又要指挥救护队，视察收容治疗情况，必须经常往返于京沪之间。在紧张劳累中，他胃溃疡出血，无从治疗，只能勉强服药止痛，每天靠吃些苹果及饼干随时充饥维持。在他撰写的《抗战与救护工作》一书中[②]，关于“救护工作的调度”有如下描述：“前线某处有伤兵，某时有伤兵，某院有空床，某院已额满，某路可通行，某处可输送，某院有伤兵可出院，某院可转院，某处可设队所，某处可设医院，情势变迁以后，某队可移设某处，某院可如何改组，某处应增设队院，某时应分送某处，凡此种种，主持其事的人，都应该随时调查设计，接洽联络，调节布置。务能随机应变，多方划策，力求从容不迫，出纳自如。”这正是他当时工作情况的写照，压力之大与头绪之多绝非和平时的常态可比！

8月下旬，刘瑞恒称，得到宋美龄的授意，要利用上海的人力、物力、财力，在南京“设立打破世界纪录能容五千床位之大规模重伤医院”[③]，以期为持久抗战救护准备条件。作为总会秘书长，该伤兵医院由庞京周主持筹办，国民政府给予财力上的支持[④]。

① 参见何基沣等：《七七事变纪实》，全国政协文史资料委员会编：《文史资料精华丛书》第3卷，安徽人民出版社2000年版。

② 庞京周：《抗战与救护工作》，商务印书馆1938年版。

③《中国红十字会将恢复野战救护队》，《申报》1938年4月6日。

④ 参见《红十字会在京筹设伤兵医院》，《申报》1937年10月5日。

庞京周承担组建伤兵医院的任务后，充分展现他筹划开拓局面、在没有成规可循的情况下达到目标的才干，其投入精神与工作狂热的劲头超乎常人。他每每于夜间驱车在京沪道上，而白天则分在两地处理各种事务，终于在不到10天时间里，动员了上海医学院崔之义、邵幼善等教授及开业外科医师十数人和一批护理人员，随带多架X光机及大量器械应召赶赴南京，再在南京作必要补充后，在前中央大学内组织起有5000床位（一说3000床位）的首都伤兵医院，并收治伤兵。庞京周任院长，陈崇寿为副院长。首都医院不愧是“伤兵医院之冠”①，规模之大与组成之速为世所罕见，不能不说是抗战初期救护工作的一件大事，成为当时对国际宣传的资料。《良友画报》② 就曾刊印了在中大礼堂顶上漆有大红十字标志的伤兵医院大幅鸟瞰照片。它的创建，为沪宁沿线抗战提供了有力的救护保障。可惜由于战事急转，偌大的医院开办仅有一个月，其发挥效用的时间非常短暂。这件事，从上面的决策来看难免有好大喜功的成分，造成失误，并促使人们认识到“组织机动性之医疗队”③，更切合战争变化的态势。但作为具体执行者的庞京周在此事中有着令人难忘的出色表现，可以说是创造了战地救护事业中的一项奇迹。

南京形势危急，庞京周曾由上海驱车前往南京，力图转移伤兵，中途竟已被阻，只好折向宁波，弃车就船回到上海，再急往香港后转飞武汉。当时由南京溯江西撤的伤员和救护人员已先到武汉。不久，刘瑞恒偕同协和北下的林可胜教授等一行也抵达武汉。于是刘瑞恒、林可胜及庞京周三人共同重整队伍，成立了新的救护总队，林可胜任总队长，下编分队，派赴各地。在此期间，红十字会理、监事先后转移香港，共同商讨组织红十字会总会办事处于香港，以便接收侨胞及国际援助，转供内需。庞京周便于1937年末离开武汉飞到香港，仍任秘书长主持日常会务。红十字会的办事处与救护总队由此内外分家，庞京周则脱离了实际救护，在香港处理红十字会办事处事务至1939年。

1939年夏天，红十字会收到爪哇华侨指名捐助八路军的一大批药械及食品。庞京周受托由香港将这批物资亲运至内地，并与林可胜一起代表红十字会，组成车队送达延安。毛主席曾接见了他们并做了抗战形势

① 中华民国红十字会总会编印：《中华民国红十字会战时工作概要》（1946年内部印行），第1页。

② 由伍连德在上海创办的良友图书公司于1926年首创的中国第一本大型综合性新闻画报。

③ 中华民国红十字会编宣股编：《中华民国红十字会战时工作概要》（1946年内部印行），第6页。

与持久必胜的谈话。

关于这次会见，庞京周的女儿回忆说："我父亲给我讲过他到延安的情况。说毛主席是在窑洞里接见他们的，谈话的主要意思是对他们送医药到延安表示感谢，并谈了当时抗战的形势。我父亲清楚地记得毛主席称蒋介石为'蒋先生'，口气很客气，称他为'庞先生'。毛主席指着周围的简陋环境说：'蒋先生对我们也太不公了。你看，条件很差，物质医药都很缺乏，希望你们能呼吁一下，多给我们一些帮助。'还拿出烟来说：'这是人家送的好烟，请庞先生抽。'"

他们一行在延安还曾与傅连暲及初到延安的白求恩大夫等人会晤，了解了八路军救护工作开展的情况。

由于红十字会香港办事处所募集来的外来物资及捐款等，原本没有定数，办事处极难根据情况协调供求之间的矛盾。庞京周深感疲于周旋，无实功可言，遂萌发退志。

重庆空袭救护舍家失子

从1938年10月开始，日本对当时的陪都重庆展开狂轰滥炸，许世英主持的赈济委员会拟组织空袭救护。他了解庞京周的处境，于是邀请他到重庆组织空袭救护委员会。庞京周便放弃了香港的相对安定环境，辞去红十字会的职务，轻装赴渝。

自1939年冬到来年春，他主持空袭救护委员会利用重庆雾季空隙，招致人员，组建院队，使重庆的空袭救护组织粗具规模。

在他任主任委员期间，重庆遭到了最为严重的轰炸，一天内几次拉响警报。空袭救护委员会除了组织老百姓进入防空洞外，还要在轰炸结束后，到被炸的地点清点伤亡情况，抢救伤者，掩埋尸骸。有时，前一场轰炸的善后工作还未完毕，下一场轰炸即至。他不顾当时经常胃出血的情况，总是冒着危险亲临第一线进行指挥，以带病之身发奋工作。在此期间，他顾不上家里人的安危，连大女儿结婚都没时间参加，请别人代为主婚。后来外孙女发高烧，病情严重，他在工作间隙中匆匆赶去，给了些药物指导，又奔赴救护现场；他和大女儿同在重庆居住，这仅是唯一的一次看望，事后他提起来，总是感到十分歉疚。更让他感到内疚和难过的是当时他的夫人怀孕，已经4个月了，由于怕影响空袭救护工作，他毅然决定打胎。当时重庆找不到专业医院，只能在一个作为临时救护手术室的简陋的茅草屋中，通过腹部开刀手术打了胎，使他的夫人冒了很大的生命危险。他并非是一个漠视家人的人，相反，他极重感情，但在投身一件关系到许多人性命的事业中时，他是果断、决绝的。

在庞京周义无反顾地承担重庆空袭救护工作一年半后，他又接到新的召唤，以他的专长——热带病防治——投身于滇缅铁路卫生事业。

深入西畿，芟夷瘴疠

在国难深重的1938年冬至1942年春，筹商已久的滇缅铁路终于正式兴建。素以有见识和干练著称的交通部政务次长曾养甫兼任督办。由于铁路所经边远地区是恶性疟疾流行区，传染病已肆虐了几百年，曾养甫为了保证工程进度，几乎把当时国内的热带病学专家“一网打尽”。他从庞京周的同学朱家骅处得知他擅长热带病的医治并且善于开拓局面，就请他和曾获得美国康涅狄格州医学博士、来自湘雅医学院的热带病专家应元岳分别担任了卫生处正、副处长。

庞京周一到任便雷厉风行地开展工作，1940年9月至次年初，他陆续从上海一带及后方各地招收医护人员达300余人，设大小70余个医疗单位，深入到滇西瘴疠之地，为沿线30万民工及工程人员开展医疗及预防工作。他们是一批忘我的充满人道主义精神的白衣战士，以治病救人为天职，完全不顾自己可能被传染，可能发生生命危险。他们的工作不仅提高了当地医务人员的治疗水平，提高了他们的医德，还研究出一套诊治、用药的措施，对这一地区传染病的防治产生了深远的影响。庞京周不仅承担行政工作，还亲自治病防疫，组织培训年轻医生。在滇缅铁路，他深得手下工作人员的拥戴。他对工作人员生活上很关心，但对他们的工作不满意时，态度又极其严厉。工作人员对他都很感念，其中有的人新中国成立后在北京做了部级干部，到上海还总是来看他，甚至到他被打成右派后也未中断。他们认为“庞处长是真爱护我们的”。

经过了难以想象的艰苦卓绝的奋战，这条铁路只用了两年时间就可以铺轨。不料国际形势风云变幻，1941年12月，珍珠港事件发生，战局急转直下。滇缅铁路到1943年春夏间被迫停工，人们含着眼泪把用血汗建成的路基桥梁炸毁，而参与工程建设的所有人员也转瞬间变成家无隔夜粮、需要被安置的人员。

此时滇缅铁路工程处改隶军委工程委员会，卫生处名义上虽然也同时改变隶属关系，称为卫生组，实际上仅仅保留少数人员在昆明草海边上设一所医院，借以办理结束事宜，庞京周承担了善后工作，藕断丝连般拖了将近一年。

在这一年中，他负责对人员进行安置遣散。工程兴建时是“重中之重”，经费充足，办事顺畅；工程下马后被视为累赘，经费捉襟见肘，办事曲折繁难。他知道手下这些工作人员为滇缅铁路卫生事业吃尽了苦头，如果一脚踢开，岂不太残忍？于是他尽自己最大的努力对每个人负责到底，不仅安排生活出路，还想方设法为他们介绍工作，直至妥善安顿。

1944年秋冬之间，贵阳告急，庞京周才自驾车辗转由昆明经贵州赴重庆，途中走了近3个月。1945年初到达重庆暂时息肩养晦，此时离抗战胜利只有半年多了。

“他对年轻人充满爱才惜才之心！”

抗战胜利，庞京周于1945年7月离开重庆回到上海。

在抗战中，他亲历了最危难困顿的局面，没想到胜利之后，政治仍然难见清明。他目睹不少发胜利财的人种种不轨之行，心中愤然，闲中就所见所闻，写了一篇《上海一月记》寄予亲友，以泄胸中郁闷。这篇文章为重庆《新华日报》所得，隐名发表。洪兰友曾对他说：“兄何少见多怪，自名耿直，实近天真，如何能做官？”一语点破他的个性特点。以后眼见官场上贪污腐化日盛一日，庞京周自知赶上时势动荡，不如以技能谋生，独善其身而已。

除了二度开业，他还投身到办临时大学、办培训班上。两次办学都是针对社会上一部分弱势个体的问题，他对这部分人的命运怀着深切的同情。

抗战结束后，上海沦陷期间德国人在同济校址办的医学院和汪精卫伪政府办的医学院都被视为“伪”字号，这两所学校的学生半途而废，拿不到毕业文凭，面临失业。整编“伪”校学生是一个临时性质的任务，没有舍己精神一般人不愿意接手；但若没有经验与号召力，没能力延聘教授，又无法承此重任。庞京周觉得这些学生没有着落，极不公道。1945—1946年，他接受委派出任临时大学医科主任，任务是接收以上二校的学生，组织复课，经考核后转入各规定院校。他凭借原有的社会关系，聘请了许多知名教授，其中不少是他的同学，看在他的面子上去讲课的。正如他的女儿所说：“他对年轻人充满爱才惜才之心！学生中有一些人读书很用功，他就非常欣赏。他跟学生关系非常好。”到了第二年的暑假，学生们各得其所，临时大学即告结束。后来，这批学生经常成群结队到家里来看望他，很多人执弟子礼十分恭敬，几十年不变。他们中不乏后来颇有造诣的医生，谈到在临时大学一年多的学习经过，对庞先生铭感至深，他们说庞先生在他们最无望的时候，满怀热情地为他们的前程着想，付出许多精力。

1946 年，临时大学结束不久，庞先生又为上海无照开业的医师办了一个训练班。当时他发现一个问题，说："上海现在有很多庸医，在闹市区弄个诊所就开业，到处贴广告。他们虽然有点医学知识但不是很全，很误人的。毕竟是不科学、不卫生、没有经过专业训练，都是半途出家呀！"那些医生没有执照，生存没有保障，经常被取缔。所以这个训练班既对病人有好处，也对这批人有好处。他利用上层关系，跑卫生局、社会局，盖图章，不停地奔走，在格致中学借了课堂，用晚上时间业余上课，请的教师都是上海的医界名人。他还亲自置办教学用品，自己制订教学计划，一切按正规学校进行。学生学习医学基本知识，进行基本训练。这个班的学生不少已到中年，重新读书，非常用功。通过卫生局的甄别考试后，他们获得正式行医的资格，从此光明正大行医。训练班于 1947 年结业，获照行医的人，都对庞京周十分称颂。正如他女儿所说："我觉得他是很有眼光的，常常会以独到的眼光，发现一些社会问题，而且行动性强，去解决问题。"

"国家建设我有份，挺起胸膛活几年"

1948 年，庞京周因患视网膜剥离，停止了诊所业务，但他仍带病在广播电台开设医学讲座。他的讲座面对广大群众，结合日常生活习惯，深入浅出，普及医药卫生知识，并为听众现场解答问题。由于他知识渊博，思路敏捷，加上语言生动风趣，回答听众问题时如同与朋友聊天，故而深受广大听众欢迎，当时成为上海滩一档"响当当"的广播节目，几乎是家喻户晓，妇孺皆知。至今有些 80 岁以上的老先生、老太太提起此事，还自称当年是庞医生的忠实听众。此事他一直坚持到 1950 年电台改制才终止。

1955—1956 年，陈毅在上海召开知识分子大会。庞京周女儿回忆道："我父亲开完会回来兴奋极了。他说：'共产党尊重知识和知识分子，我一定要响应号召，为国家出力。'当时他开业每月能收入 800 至 1000 元，如果到国家医院最多只能挣 300 元，到基层门诊部只能挣 200

元。他急切地要为国家效力，等不及杭州某大医院院长的职务，就着急地到上海卢湾区门诊部上了班。开始是一周3个半天，但他非要全天工作。对方觉得他这个医生太大，用不起。可他由于解放后多年不参加社会活动，急于投身到社会中来。他那时候一口一个为国家效力，说不管单位大小，只要能为人民服务就行。"

于是，庞京周放弃了开业行医的工作，全天到门诊部上班。但令人遗憾的是，不久"反右运动"展开，平时就口无遮拦的他，在这个不容易凑够右派名额的基层小单位里，"当仁不让"地被打成了右派，罪名是"反苏""里通外国""反对工农干部""犯了'以内行反对外行'的错误"等等，被迫扫地、看门，做惩罚性劳动。他的身体和情绪都受到极大打击，令他最为痛苦的并非一落千丈的社会地位和劳动改造，而是没有机会再用医术服务社会。

门诊部后来安排他到保健科，负责到基层普及卫生知识，他觉得又有了用武之地，工作非常尽心。他对医药卫生科普教育怀有很大的热情，即使被打成右派，即使有病在身，为了培养单位的卫生员，他亲自编写了许多通俗适用的教材，十分认真地给卫生员讲课。作为一名医学博士，讲的都是最基础的知识，可是他一丝不苟，十分重视，还与普通的卫生员结成忘年交，友谊一直持续到他临终。

出于一颗博爱之心，新中国成立后，他在本职工作之外，对单位内外的各种培训，一直是有求必应；在投身公益事业方面，更是当仁不让，贯彻始终。

1961年，他终因积劳过度，无力上班工作，转而致力于研究医史。早在20世纪50年代中，他就到北京参加了中华医学会年会，担任上海医史学会秘书长，辅佐汤元吉理事长组织会务活动，著有《中国疟疾史》《结核病史话》等文。到他逝世时，尚遗有若干传染病方面及中西医结合方面的笔记及草稿，可惜未能成文问世。

他在给女儿的题诗照中写道："微露伛偻削两肩，鼻纹眼睫增衰颜。国家建设我有份，挺起胸膛活几年。"这"我有份"和"挺起胸膛"几个字，特别能显示出他的性格特点。

"却有一人同识得，形如鹳雀气如龙"

庞京周交往广泛，朋友遍布海内外。首先，他作为开业医生崭露头角，加上参与各种社团活动，容易为人所识，也便于结识他人；其次，他开拓经办的事较多，上下共事及各方合作者十分广泛；第三，因前后20年门墙桃李，师生之间的友谊久持不衰。但更主要的原因还在于他的知识面与兴趣特别广泛，谈笑风生，无所不及。因此，乐于与他相交的人很多。

庞京周逝世前一年的1965年夏天，曾专为访晤老友而来北京儿女家小住，那时他身体已经非常衰颓，咳喘不息，步履艰难。他自我判断是罹患了肺癌，但因诊断不出，一直按肺源性心脏病治疗。他自知不久人世，发信约诸位好友屈驾来寓所相叙，应约而来的友人有张孝骞、沈谦、周纶、龙伯坚、叶圣陶、顾颉刚、朱学范、王伯祥、荀慧生等。章士钊先生两次前来，长时间与庞京周倾谈。有一天，庞京周又特约章士钊先生及其他三五老友在寓所便餐，他亲自下厨烹饪以飨众人，深知庞京周的章士钊先生即席赠他绝句云：

音踪先后马牛风，六十年来万事空。
却有一人同识得，形如鹳雀气如龙。
…… ……
士元德操各丰栽，说到斯人士欲哀。
今日却留余影在，谈兵谈隐更谈才。

从这首诗中可见庞京周的广交多趣与晚年坎坷，他的身体修长而消瘦，“形如鹳雀气如龙”这句，被在座各位赞为传神妙笔而相互传诵。

庞京周病危及去世时，由于“文革”的缘故，其他儿女共5人，都没有往侍汤药，也没有前去奔丧，身边只有夫人和住在上海的小女、女婿3人为他送别，景况凄惨。

他晚年一直不断叮嘱小女，过世后，他的遗体一定要捐献给医学解剖事业。因为他长期教解剖课，深知教学遗体的难得。但由于“文革”造成的混乱，这类事当时没有人过问。他在最后时刻，还嘱咐小女：“你去二医大找郭镜研，把我的遗体捐给二医大。”

悲夫，医者之魂！生前死后，一切一切，都属于医学事业。他去世后经解剖而得知是死于肺癌，由于大动脉遮住了肿瘤，未能检查出来。

庞京周按照自己的生活哲学，日做倍人之事，过完了他所追求的“浓缩的人生”。这人生，浓缩的是慈善与博爱，是生生不息的红十字人道精神！

（与庞曾涵、高忆陵合作）

中国红十字会救护总队部的“林可胜时期”

中国红十字会作为国际性民间慈善组织，自1904年成立以来，救死扶伤，扶危济困，谱写出一曲曲人道主义赞歌。战地救护为其神圣职责。全面抗战爆发后，为高效实施战时救护工作，1938年春，中国红十字会在武汉成立了以林可胜为总队长的救护总队部①，作为“专负军事救护之机构”②。在八年抗战中，救护总队部发挥了举足轻重的作用。本文拟对中国红十字会救护总队部的“林可胜时期”进行考察，不妥之处，敬请方家指正。

一、救护总队部的组建

上海、南京相继沦陷后，战线仍在延伸，而此时中国红十字会的救护工作，难以招架，陷于极端尴尬的境地。转变救护策略，重整旗鼓，势在必行，且急不可缓。

1937年底，中国红十字会“原在京、沪等地之工作人员及器材，大都退集汉口”③。为配合战事需要，12月6日，总会成立了临时救护委员会，以王正廷为主席，杜月笙、刘鸿生、王晓籁、林康侯、钱新之、刘月如为委员。鉴于“南北战线延长数千里，战地重心，随时更易，本会交通工具，又颇感缺乏，维持医院组织，已感不易，且各地伤兵医

① 史书及今人著述，经常称“救护总队”，多数情况指救护总队部而言，已约定俗成。1938年6月救护总队部迁长沙，11月迁祁阳，1939年春迁至贵阳图云关，直到抗战胜利。

② 胡兰生：《中华民国红十字会历史与工作概述》，中国红十字会总会编：《中国红十字会历史资料选编，1904—1949》，南京大学出版社1993年版，第506页。关于救护总队部成立的时间，回忆文章有记为1937年10月或11月者，地点有作长沙者，均不准确。

③ 中华民国红十字会总会编印：《中华民国红十字会战时工作概要》（1946年内部印行），第3页。

院，为数已多，在事实上，本会并无另行筹设医院之必要”，救护委员会乃决意改弦更张，放弃在大城市办大医院的传统做法，而采用更灵活、更实用的救护理念，以适应抗战救护的需要。在救护委员会看来，“至善计划，莫如与各治疗伤兵机关合作，派遣本会技术人员，分至各该机关，专理救护医疗工作，以收互助之效”。所以，在12月6日的会议上，救护委员会“当经决定组织各种医疗队，配制切合实用之器械药料，分路前往各战区，专任技术工作，以补原有治疗伤兵机关之不足，而材料与运输事宜，亦经另行组织，使在可能范围内，供应与运输，均感便利”①。换句话说，“组织机动性之医疗队，俾随时适应战机，深入前线，并求技术设备之充实，以辅军医所不逮”②。这种改变，更切合战争变化的态势。

另一项重大决策，就是聘请林可胜为救护委员会总干事，“负责综理医疗救护事宜”，彭达谋、张祖棻、陈璞、胡会林、柳安昌、杨崇瑞、高家聚等7人为干事，“分办各主管事项，协助进行”③。林可胜由此脱颖而出（关于林可胜生平，详下文）。干事室下设总务、医务、运输、材料4股，架构起救护组织系统。干事室有11人，总务股9人，医务股702人（其中包括各医疗队人员，内女性222人），材料股32人（女性3人），运输股73人，总计827人，如下表④：

	主 任	医师、练习医师	药师、药剂生	医护员	医护助理员	技术员、事务员	总 计
干事室	1	10					11
总务股	1					8	9
医务股	1	89	13	218	188	184	693
材料股	1	10	8			13	32
运输股	1					72	73
总 计	5	109	21	218	188	277	818

① 《红十字会首次报告书》，《申报》1938年3月10日。

② 中华民国红十字会编宣股编：《中华民国红十字会战时工作概况》（1942年内部印行），第6页。

③ 《红十字会首次报告书》，《申报》1938年3月10日。

④ 资料来源：王化棠：《红会救护总队的组织简况》，载《贵阳文史资料》第22辑《红会救护总队》，第96页。

上述各类人员，就是中国红十字会总会救护委员会直属救护机关全部工作人员。

林可胜不仅出任总干事，而且受命筹组救护总队部，兼救护总队部总队长。干事室所辖医务等股实际上就是救护总队部的基干力量。

林可胜出任总干事兼救护总队长后，立即着手医疗队的改编。关于“改编”情况，《新华日报》做了这样的报道：“为适应环境及继续实施救护工作起见，（红十字会）不得不彻底改编，经会同该会救护委员会代总干事林可胜教授详筹办理，编竣者已有甲乙两种医疗队十六队，分担大手术及绷扎任务，每队包括医师、护士、事务员等二十人，每队每月经费预计为国币一千二百元，且有数队业已出发平汉、赣湘两路，实施救护。此种医疗队特点有四：（一）技术及医疗器械俱极优良；（二）人数少而移动方便；（三）男女分队工作，前后方支配适当；（四）经济而易于举办。”① 显然，这种“彻底改编”收到了一定的成效。

经过积极筹备，1938 年春，救护总队部宣告成立，林可胜是理所当然的总队长。救护总队部是中国红十字会“专负军事救护之机构”，它的成立，翻开了抗战救护新的一页。

救护总队部成立后，在前期改编经验的基础上，加快救护队的改编和组织进程，到 3 月底，编就 47 队，陆续派往各地②。到 6 月撤离前后，救护总队已拥有医疗队 28 支、医护队 20 支、救护队 7 支、医防队 6 支、X 光队 1 支，共 62 支，分布情况如下表③：

省份	陕西省	湖北省	湖南省	江西省	广东省	广西省	浙江省	卫训班	材料总库	X光队	总计
队数	7	10	9	17	7	2	2	6	1	1	62

这些救护组织，遍布各战区，或协助军医工作，或开展野战救护，“成绩颇佳”④，为中外所瞩目。

救护总队部 1938 年春正式成立，抗战胜利后于 1946 年 5 月撤销，其间因战事关系，先迁长沙，继迁祁阳，最后迁至贵阳图云关。救护总

① 《红会成立医疗队》，《新华日报》1937 年 12 月 15 日。

② 《中国红十字会将恢复野战救护队》，《申报》1938 年 4 月 6 日。

③ 资料来源：王化棠：《红会救护总队的组织简况》，载《贵阳文史资料》第 22 辑《红会救护总队》，第 97 页。

④ 《中国红十字会将恢复野战救护队》，《申报》1938 年 4 月 6 日。

队长林可胜于1942年秋因“内部风潮”被迫辞职，继任者有潘小萼、胡兰生。林可胜担任总队长的时间最长，救护总队部的“林可胜时期”，实际上也是中国红十字会抗战救护最辉煌的时期。因此，这里有必要对林可胜的生平稍作介绍。

二、救护总队长林可胜

林可胜（Robert Khoseng Lim，1897—1969），祖籍福建海澄（今属福建龙海市），1897年10月15日生于新加坡，其父林文庆（1869—1957）为著名华侨医生和社会活动家，曾任孙中山先生的随身医生和机要秘书、南京临时政府内务部卫生司司长，1921年在爱国华侨陈嘉庚资助下创办厦门大学并担任首任校长（至1937年厦门大学改为国立为止）[①]。母亲黄端琼是著名老同盟会员黄乃裳之女。由于家学渊源，林可胜8岁就被送往英国读书。1913年，他考入爱丁堡大学学习医学，第一次世界大战爆发后，应征入伍，以英国印度远征军廓尔喀团准尉军医在法国服役两年，主要从事新兵的战地救护训练工作。这一经历，为他之后经营救护总队部积累了丰富的经验。

1916年，林可胜重返爱丁堡大学，继续他的学业，1919年毕业，以优异成绩获双学士学位[②]，并留校担任生理学讲师。之后几年中，他以过人的精力、卓越的学术成就，先后获哲学博士学位（1920）[③]、生理学博士学位（1921）[④] 和科学博士学位（1924）[⑤]。1923年，他当选为英国皇家学会爱丁堡分会会员。

1923年底，林可胜获得美国洛克菲勒基金会资助，赴美留学一年，在芝加哥大学生理系卡尔森实验室，对胃液分泌的调节机制进行研究，多有创获。

林可胜在国际生理学界的影响与日俱增，但报效祖国之心，未尝一日能忘，他决定回国创业，到美国洛氏基金会创办的北京协和医学院寻

---

① 曹育：《中国现代生理学奠基人林可胜博士》，《中国科技史料》1998年第1期，第27页。

② 曹育先生称获医学和化学双学士学位，见曹育：《中国现代生理学奠基人林可胜博士》，《中国科技史料》1998年第1期，第27页；陈民先生则谓获医学内科学士和外科学士学位，见陈民：《林可胜》，《中华民国史料丛稿》第12辑《人物传记》第94页。

③ 吕运明：《林可胜教授在抗日战争期间的卓越贡献》，《贵阳文史资料选辑》第22辑《红会救护总队》，第187页。

④ 曹育：《中国现代生理学奠基人林可胜博士》，《中国科技史料》1998年第1期，第28页。

⑤ 陈民：《林可胜》，《中华民国史料丛稿》第12辑《人物传记》第94页。

求发展机遇。恰好协和医学院生理系主任克鲁克山克（Ernest W. H. Cruickshank）1924—1925年休假，驻华医社（洛氏基金会驻华机构，现称中华医学基金会）考虑推荐林可胜接替，为此征询芝加哥大学生理系主任卡尔森教授的意见，卡尔森答复说："迄今为止，林可胜博士给我的印象是，无论在教学还是科研上，他都是个一流的人才。他有很好的素质，思路清晰，非常勤奋。他给我们每个人，甚至给那些对华人抱有偏见的人，留下了极好的印象。……我可以这样肯定地说，如果一旦需要，我会毫不犹豫地把我们实验室的任何生理学课交给林博士来上。我认为，他完全有资格担负起在北京的生理学工作，当然，这得假定那儿校董会的欧美成员没有对华人学者的个人偏见。"①

1924年10月，林可胜如愿进入协和医学院，担任生理系教授兼系主任，"为协和医学院第一个华人教授"②。他"为人富于思想，博学多艺，其能力之强，精力之旺，责任心之重，非常人可比"③。正因为如此，他成为协和医学院三人领导小组成员之一，执行院长职务。在协和的12年中，他开拓进取、锐意创新，在科研、教学、人才培养诸方面，取得卓越成就。1926年2月27日，在他的积极推动下，中国生理学会宣告成立，他出任首任会长；1927年春，《中国生理学杂志》创刊，他担任主编；1928年，他出任中华医学会会长。林可胜成为不争的中国现代生理学奠基人、"中国三大军医先进"之一④和"中国生命科学之父"⑤。他发现的"肠抑胃素"⑥，引起海内外医学界的广泛关注，至今仍有生命力。

林可胜是位爱国学者。1925年，上海发生震惊全国的"五卅惨案"，他毅然两次与协和医学院的学生一道上街游行示威，抗议英帝国

---

① 转引自曹育：《中国现代生理学奠基人林可胜博士》，《中国科技史料》1998年第1期，第29页。

② 陈民：《杰出的华侨生理学家林可胜》，载宋嘉沛主编：《民国著名人物传》第4卷，中国青年出版社1997年版，第659页。

③ 陈韬：《领导战时救护之林可胜先生》，《贵阳文史资料选辑》第22辑《红会救护总队》，第191页。

④ 周谷：《胡适为林可胜辩冤白谤》，（台北）《传记文学》1999年第9期，第19页。另两位先进为伍连德（林可胜姨夫）、刘瑞恒。

⑤ 饶毅：《几被遗忘的中国生命科学之父：林可胜》，《世纪中国》（网络版）2002年7月9日。

⑥ 肠抑胃素是一种胃肠激素，是由食物脂肪由胃进入十二指肠内引起的，林可胜发现了这个物质，并为它命了英文名"Enterogastrone"，至今仍被胃肠学家广泛引用（见陈民：《林可胜》，《中华民国史料丛稿》第12辑《人物传记》第95页）。

主义的暴行，同时积极策划、支持学生成立救护队，以援救在示威活动中受伤的学生和市民。为此，1925 年 7 月，驻华英国公使曾派非正式代表去协和，找到校方负责人，表示了对林可胜行为的不满，并威胁说："我们不希望看到林失去他的英国护照。"林可胜得知此事，并未被吓倒，1927 年，他又曾带领学生卢致德悄然上街，四处张贴由他亲笔所画的反对英国人在租界对华人施行暴行的宣传漫画①。

1931 年九一八事变后，日军侵占东北，进窥华北，长城各口，烽火连天。林可胜组织协和学生成立救护队，开赴古北口前线，实施救护。林可胜敏感地意识到，抗日战争将是长期的、持久的，因而，他在协和医学院组建了军官救护训练队（Medical Officer Training Corps，简称 MOTC），在课余时间，除实习医生外，一至四年级同学一律参加。训练课目主要是战地急救和担架搬运操练，指定外科讲师杨静波主讲外科急救，文海楼舍监负责督导担架操练。他还制定手术器械箱和急救药箱示范标准。"实践证明，这是以后红会救护总队部的一次小型预演"②。

华北局势日趋紧张，全面抗战势将不免。有鉴于此，七七事变前夕，林可胜特向协和校长胡恒德（H. S. Houghton）建议，派遣协和医疗队南下首都待命，以便在战争爆发时为前线将士提供服务。胡恒德考虑到美国及校方的自身利益，不敢得罪日方，拒绝了林可胜的提议，并建议林可胜去英国休假③。1937 年 9 月，林可胜即以休假为名，"潜出北平，急趋南京会晤刘部长瑞恒。经漏夜之研商，乃出任中国红十字会总干事，筹组救护总队部，兼任总队长"④。林可胜由此成为中国红十字会救护总队部的核心人物，担负起全面抗战救护的历史重任⑤。

① 曹育：《中国现代生理学奠基人林可胜博士》，《中国科技史料》1998 年第 1 期，第 33 页。

② 薛庆煜：《记中国红十字会救护总队与战时卫生人员训练所》，《中国科技史料》1999 年第 2 期，第 162 页。

③ 曹育：《中国现代生理学奠基人林可胜博士》，《中国科技史料》1998 年第 1 期，第 34 页。

④ 陈韬：《领导战时救护之林可胜先生》，《贵阳文史资料选辑》第 22 辑《红会救护总队》，第 191 页。

⑤ 抗战胜利后，林可胜出任上海国防医学院首任院长，1948 年当选为中央研究院院士。同年，蒋介石委任其为卫生部部长，林坚辞不就。次年去美国，先后任伊利诺斯大学客座生理研究教授、克莱顿大学生理药理系主任教授、印第安纳州麦尔斯实验室生理药理部主任、麦尔斯医学科学研究实验室主任。1969 年 7 月 8 日与世长辞。

三、武汉·长沙·祁阳·贵阳

救护总队部在林可胜的领导下，以武汉为中心，组织医队，遣往各战区，为抗日军民提供医疗服务。林可胜总队长以及庞京周秘书长亲往徐州、开封、西安等战区“实地视察”①，以资推动。但不久，救护总队部所在地武汉成为日军进攻的目标。1938 年 6 月，日军越淮河南下，连拔寿县、正阳关、合肥、安庆、马当，进逼武汉。救护总队部于是于 6 月（一说 5 月）迁往长沙②，设在长沙一个中学堂里（广雅中学③），“这所学校为避免遭敌机轰炸，已迁出郊外去了，把所有可搬走的家具如桌、椅、凳等都带走，只剩下宽敞空空如也的课堂。所以一度总队部办公或开会要利用药箱以代凳椅！”④

在长沙，救护总队与内政部卫生署合办“战时卫生人员训练班”，招收社会上医护人员及流亡青年，进行短期医疗救护卫生训练后，编成医护卫生队（每队 20 至 30 人不等），“派赴全国各战区担负救护伤兵及民众的工作”⑤。

1938 年 10 月 25 日，武汉失守，长沙震动。救护总队部于是奉命撤出，11 月 6 日西迁至 300 公里以外的祁阳，在县城隔江的一块平地上安营扎寨，“红总队部需要的建筑，如办公室、放存医药材料的仓库、汽车停车间和修理车间、职工住的宿舍、公共食堂等都要白手起家，由红总队部自己建造。凡此各种房屋建筑是最经济的，也是极简陋的，如屋顶都用茅草覆盖，墙壁是竹编加石灰泥土，窗是用纸糊的，‘地板’是砸实了的泥土加石灰”⑥。条件之艰苦，可想而知。

救护总队部迁祁阳不久，即派员将医务、材料、运输三股工作概况

① 《野战救护队》，《申报》1938 年 4 月 6 日。

② 于怀卿：《红会救护总队在贵阳》，《贵阳文史资料选辑》第 22 辑《红会救护总队》，第 90 页；胡兰生：《中华民国红十字会历史与工作概述》，中国红十字会总会编：《中国红十字会历史资料选编，1904—1949》，南京大学出版社 1993 年版，第 506 页。

③ 薛庆煜：《记中国红十字会救护总队与战时卫生人员训练所》，《中国科技史料》1999 年第 2 期，第 163 页。

④ 王春菁：《参加中国红十字会工作的回忆》，《贵阳文史资料选辑》第 22 辑《红会救护总队》，第 115 页。

⑤ 郭绍兴：《回忆抗战时期党在中国红十字会救护总队的工作》，《贵阳文史资料选辑》第 22 辑《红会救护总队》，第 3 页。

⑥ 王春菁：《参加中国红十字会工作的回忆》，《贵阳文史资料选辑》第 22 辑《红会救护总队》，第 116 页。

（截至1938年11月底）编列呈报，为我们了解这一时期救护总队的整体情况提供了难得的资料，现列表如下①：

队 别	队长姓名	暂驻地点	所辖队数	番 号
第一大队	万福恩	西安		
第二大队	彭达谋	泸溪		
第三大队	汤蠡舟	吉安		
第四大队	尹弈声	吉安		
第一中队	万福恩	西安	5队	7、25、10、29、23
第二中队	王贵恒	沅陵	7队	52、57、8、12、5、51、47
第三中队	徐崇恩	宜昌	3队	19、16、15
第四中队	张先林	桂林	7队	58、68、22、34、50、3、49
第五中队	阮尚丞	衡阳	7队	53、55、9、71、6、48、20
第六中队	何鸣九	祁阳	6队	64、65、67、32、2、31
第七中队	尹弈声	祁阳	7队	73、74、39、45、46、38、43
第八中队	朱润深	柳州	7队	75、69、44、41、14、40、42
第九中队	汤蠡舟	吉安	9队	66、76、77、72、17、27、33、4、26
第十中队	墨树屏	山西	3队	13、35、61
第十一中队	罗成昭	桃源	6队	62、63、21、60、11、59
第十二中队	汪凯熙	沅陵	6队	54、55、18、70、1、36

表中第一中队长系第一大队长万福恩兼任，第七中队长由第四大队长尹弈声兼任，第九中队长由第三大队长汤蠡舟兼任。各中队所辖队数原规定为7队，计医疗、医护、救护各2队，医防1队，后因战局变化，因时制宜，加以调整，略有参差，也在情理之中。

材料股为救护总队提供后援保障。截至1938年11月底，库存卫生材料情况如下表②：

① 资料来源：《本会救护委员会工作报告》，中国第二历史档案馆档案，编号：苏038。

② 资料来源：《本会救护委员会工作报告》，中国第二历史档案馆档案，编号：苏038。

库别	负责人	约存件数
长沙库	张岭德	1000
祁阳库	许崇德	2850
柳州库	凌世雄	2000
西安库	朱景森	1000
衡阳库	金卓然	400
吉安库	张庆钺	250
宜昌库	张葆善	400
泸溪库	张尚科	600
桂林库	徐百汇	100
总计		8600

上表中的9个仓库，其中长沙库正向祁阳移动，吉安库系由南昌库移设，宜昌库由汉口库改组而来，泸溪库由桃源库移设。至于库存医疗卫生材料件数，仅是约略计算而得出的数字。尽管各库材料按月报表，但因库地时有变动，很难如期编制报表，只好取其约数。

救护总队运输股，拥有运输工具汽车（卡车、救护车等）68辆、船只（汽船、民船）37条、骡马20匹，编有汽车队14队、骡马队1队，加油站12处①。

以上是救护总队迁至祁阳后的“家底”。

救护总队在祁阳仍未能“安家落户”，因战局不幸，不得不再次“开拔”，目的地是距祁阳千里之遥的贵阳。关于迁移情况，王春菁追忆②道：

总队部在祁阳不过几个月，于是在一九三九年二月间春节前后，我们又出发从祁阳前往贵阳图云关了。幸亏我们坐的是红总队自己的卡车，七、八个人乘一辆车，车上装满了行李铺盖卷和医药器材木箱。车子沿着泥土公路上颠簸地进行，以广西桂林为第一“驿站”，路上就在路旁的小客栈里过夜，我们这些不速之客的光临，惊动了正在冬眠的老鼠、虱子和臭虫。它们活跃起来，大肆其淫威，无情地折磨我们这些疲

① 《本会救护委员会工作报告》，中国第二历史档案馆档案，编号：苏038。

② 王春菁：《参加中国红十字会工作的回忆》，《贵阳文史资料选辑》第22辑《红会救护总队》，第117—118页。

劳不堪的过路人。

我们在桂林逗留了两天，略作休整。久闻其名的“桂林山水甲天下”，但我们没有游兴去欣赏风景。因为敌机二十七架天天上午十时左右飞来空袭轰炸，有时投下燃烧弹，有时俯冲扫射。桂林是一个不设防的城市，倭寇居然狂轰滥炸，惨无人道，我和同仁们得到这次切身的体会，都同仇敌忾，深恨残暴的倭寇，欺我太甚，立誓要与他拼个你死我活，决不罢休！

经过桂林两天的休整后，又要上路进发，直指贵阳图云关红十字会救护总队部——我们最后的目的地。路经广西的柳州、河池（金城江），然后入黔南的独山、都匀、贵定等城镇。路上共走了九天，终于抵达贵阳图云关，时已一九三九年三月初了（到达图云关的时间一般记载为1939年2月[①]——引者）。

图云关地处贵阳城东五公里的黔桂公路上，是贵州通往广西、湖南的咽喉要道。在救护总队部未迁入前，这里是一片植林场地，公路两旁及其附近的山谷地带栽种了片片松柏，路边间种着一排排刺槐，较远的山坡旷野，遍开了野生的杜鹃花。总队部就在这块环境优美的土地上“安家落户”，直到抗战胜利。

来到图云关，也意味着“红总队又得再次平地起家，因为除了栖在关口上的几家杂货小铺、一家小饭店外，别无其他建筑。所以红总会所需要的办公室、仓库、宿舍等建筑物，都得从头修建”[②]。当地砖瓦等建筑材料比较缺乏，且造价高，“只好用芦苇或秫秸代瓦铺盖屋顶，用竹片编成墙板，内外涂泥加刷石灰水以代砖墙，泥土加石灰砸实为‘地板’”。贵阳号称“天无三日晴”，阴雨天多，雨量也大，“以上述建筑材料造的房屋，一不御寒，二则屋外已停止降雨，屋内还在滴水！”[③] 条件虽然艰苦，但“大家心怀一个共同目标投入到人道主义救死扶伤的行列。同事之间都以同志相称，感到十分亲切。从上到下和谐相处，平等相待，相互尊重，犹如一个战时大家庭。当时生活比较艰苦，住的是草棚，吃的是糙粮，因为所有房屋建在山坡上，宿舍在上坡，食堂在下坡，有次一场大雨，宿舍厕所内的流水冲向食堂的蓄水池，大家吃了几

① 参见胡兰生：《中华民国红十字会历史与工作概述》，中国红十字会总会编：《中国红十字会历史资料选编，1904—1949》，南京大学出版社1993年版，第506页。

② 王春菁：《参加中国红十字会工作的回忆》，《贵阳文史资料选辑》第22辑《红会救护总队》，第118—119页。

③ 施正信：《回忆图云关》，《贵阳文史资料选辑》第22辑《红会救护总队》，第77页。

顿尿汤饭也毫无怨言。”[1] 这种精神状态，是“图云关精神”的重要表现[2]。

图云关原本荒凉，人口不多，只有几家铺面，自从救护总队部迁来后，“人口突然增多了，饭馆、烟酒食杂店、小百货店从图云关公路两旁山腰，一直排到山顶，由一个村很快变为一个热闹的市镇。居民由点菜油灯照明变为点电灯照明（电灯用电系救护总队部发电机发出的电），方便了老百姓，也方便了救护总队上下班的同志，可到店铺吃到面食或饭菜”[3]。总之，一派繁荣兴旺的景象。

1976 年，曾在救护总队部工作过的大连医学院薛庆煜教授，旧地重游，重访图云关，追忆逝去的时光，向人们摊开救护总队部的“平面图”：“在空旷荒芜的山区，依稀可辨当年以茅舍为主的建筑群的各个位置，路北有两座很不起眼的茅舍，西为总队部，东为总所（战时卫生人员训练总所），站在后者位置向南俯瞰自东向西有卫材总库，单身职工宿舍，政治部，汽车大队和修理所，沿小径越过山头向北进入山谷，那时首先映入眼帘的是第十八救护队，其次自东而西依次是门诊部，X－线、物理、理疗组，一六七后方医院，运动场，教室，护理部示范教室，生理、生化学组，微生物学组，矫形外科中心的义肢工厂，发电站，复健学组，学院宿舍和卫生大队。沿南山麓自西而东则有护理学组，防疫学组，环境卫生工程学组及其示范场和礼堂。家庭宿舍几乎全是茅屋，少者一两间，多者三四间，星罗棋布，遍布山坡。就是从这个地方指挥着全国各战区一百几十个救护队的作业。”[4]

图云关救护总队部下设 1 室 4 股，即总队长办公室、医务股、材料股、运输股和总务股。

总队长办公室即原来的干事室（秘书室），设中、英文秘书 4 ~ 5 人，专司中、英文函件、公文的拟稿、打印和收发以及总队部档案的保管，主任蒋旭东医师[5]。因救护总队部与国际红十字会和海外援华团体

---

① 沈新路：《回忆抗日战争时期的救护总队部》，《贵阳文史资料选辑》第 22 辑《红会救护总队》，第 81 页。

② 陈韬：《领导战时救护之林可胜先生》，《贵阳文史资料选辑》第 22 辑《红会救护总队》，第 193 页。

③ 余世法：《红会救护总队部的一些情况》，《贵阳文史资料选辑》第 22 辑《红会救护总队》，第 108 页。

④ 薛庆煜：《在贵阳图云关的红会救护总队》，《贵阳文史资料选辑》第 22 辑《红会救护总队》，第 38 页。

⑤ 施正信：《回忆图云关》，《贵阳文史资料选辑》第 22 辑《红会救护总队》，第 78 页。

在业务上有所往来，如药品、医疗器材及其他物资的联系和签收等，都需用英文办理，所以要求办公室工作人员具有相当高的英文水平，自是理所当然。

医务股是救护总队的主体，人数也最多，主任为协和医学院 1929 年毕业的荣独山教授。初辖 3 个医疗大队（后增至 4 个），如前所述。“落户”图云关后，为了加强战地救护、医疗、医防等工作，医疗大队增加 9 个、中队增至 40 个、区队 94 个、手术队 9 个。各大队、中队、区队及手术队，均以战区划分，每个战区配属大队 1 个，每个大队辖中队 5 个，每个中队设区队 2 个（原则规定）。“大队部设有大队长或副大队长一至二人，事务、文书、工友二至三人。大队部之下设有几个中队，中队长一般是主治医师以上的人担任。中队管理几个区队，区队长一般是医学院刚毕业的医师担任，一个区队另有一至二名医师，几名护士或护理员，还有一名助产士，一至二名环境卫生或防疫人员，一名事务员，一名工友，共约十余人组成，这样便于随时调动，担任医疗救护工作。医疗队的工作安排，根据战争情况在大队长及中队长的领导下层层负责”①。1939 年，各大队分布情况是：第三大队驻福建邵武，大队长刘培；第四大队驻广西柳州，大队长舒道隆；第五大队驻湖北均县，大队长马家骥；第六大队驻湖北恩施，大队长董先奎；第七大队驻广东曲江，大队长钱惠伦；第八大队驻四川重庆，大队长王先麟；第九大队驻湖南长沙，大队长林竟成；第十大队驻云南昆明，大队长钱崇恩；预备大队驻贵阳，大队长冯玉汝②。医务股的工作，主要对各战区的医疗大队工作进行指导，处理答复医疗大队部请示的问题，负责医务人员的调配、晋升等事务。

医务股之下，还有一个 X 光队，队长由荣独山兼任。为便于领导 X 光队的工作，自武汉迁长沙、祁阳、贵阳图云关时，X 光队一直跟随着医务股。X 光队的工作分为两部分：一部分是在全国各地医疗队中的工作，一部分是在图云关的工作。由于 X 光机数量少、用途大，因而倍受重视。

材料股主任是汤蠡舟（先）、陈璞（后）。前者于新中国成立后曾任

① 余世法：《红会救护总队部的一些情况》，《贵阳文史资料选辑》第 22 辑《红会救护总队》，第 110 页。

② 王化棠：《红会救护总队的组织简况》，《贵阳文史资料选辑》第 22 辑《红会救护总队》，第 100 页。

安徽医学院院长，后者抗战时期曾担任过军医署药政司司长[①]。材料股主要负责卫生材料的收发、管理、分配等事务。红会所需药品、器械，多由海外捐赠，材料股厥责甚重。材料总库设在图云关，总库长由陈璞兼任，下分5个组，即药品组、器械组、敷料组、制造组、总务组及仓库。前3个组负责自海外运来的药械敷料等医疗器材，清点后入账，并由救护总队给援助单位出收据，然后根据《中国红十字会卫生材料标准表》，整理装配成标准箱，发运各材料分库，按需或定期补给红会各医疗队[②]。不言而喻，材料股是维系救护系统的物资命脉。

运输股的任务，主要是运输救护队需要的人员、装备，必要时承担部队伤病员的运送，因"当时国民党军队的运输力量很弱，有伤病员也运不下来，因此依靠救护总队的运输队来解决问题"[③]。运输股主任是胡会林，股里有办事人员若干人。该股下设汽车大队，大队长为清华大学毕业的章宏道（即章文晋）先生。汽车大队拥有汽车200余辆，分布在总部、各医疗大队所在地。运输股在图云关还有一个汽车修理厂，规模大，各类人员亦多，可承担汽车的大检修。"运输股的工作主要是将药品等物资运往前线供应医疗队，同时配合医务股、各医疗大队调动工作人员时的转运工作。运输股工作很艰苦，经常夜间担任运输的任务。股里有部分人员是原上海的童子军。他们多是汽车队长或汽车运输押运员，工作很负责，而且廉洁奉公，不私自带客，不私自收费，如朱志钧等队长就是这样做的"[④]。运输股是救护总队的动力系统，通过这一载体，有效地维系总队部与各战区之间的联系，将医药、人员送往所需之地。

总务股主任张祖棻是浙江医专毕业的眼科专家，用一位眼科名医担任总务主任，可见救护总队对后勤工作的重视。总务股下设总务、财务、会计诸科，担负救护总队各部门和全体工作人员的事务工作，如负责修建图云关办公房屋、采购办公用具及其他物资、管理集体伙食、供给全部工作人员（包括各战区医疗队、运输队、材料库人员）的制服等

---

① 薛庆煜：《记中国红十字会救护总队与战时卫生人员训练所》，《中国科技史料》1999年第2期，第165页。

② 于怀卿：《救护总队卫生材料总库工作简况》，《贵阳文史资料选辑》第22辑《红会救护总队》，第160—162页。

③ 朱崇演、张建军：《荣独山教授谈红会救护总队》，《贵阳文史资料选辑》第22辑《红会救护总队》，第85页。

④ 余世法：《红会救护总队部的一些情况》，《贵阳文史资料选辑》第22辑《红会救护总队》，第111页。

等。衣食住行用，诸务总汇，总务股堪称救护总队的后勤保障系统。

以上1室4股，各司其职，相互配合，和衷共济，形成一个有机整体，支撑起抗战救护的一片蓝天。

救护总队部的工作重点是在抗战前线救护战伤病员，因而救护总队部的行动口号是“救死扶伤，博爱恤兵”。林可胜总队长并为所有工作人员订有8条救护信条：一具丰富情感，二抱牺牲志愿，三本博爱襟怀，四献科学身手，五作精密准备，六求迅速效率，七保伤病安全，八增人类幸福①。“行动口号”和“救护信条”鞭策、激励着救护总队全体工作人员忘我工作，用实际行动，履行红十字会的人道天职。

救护总队部自迁图云关后，在林可胜的苦心经营下，呈现出前所未有的繁荣，1940年前后，医疗队扩充至114队，医护工作人员达3420人，“至于事务及机工人员等犹未计焉”②。救护总队成为全国抗战救护的中心。

四、救护总队与卫训总所

在贵阳图云关救护总队部的机构构成中，军政部战时卫生人员训练总所（简称卫训总所）是不可缺漏的，实际上，卫训总所与救护总队几乎是一而二、二而一的关系，尽管卫训总所有其特殊性。

卫训总所的前身是战时卫生人员训练所，1938年6月由救护总队长林可胜创办于长沙，“分批予以战时医护防疫训练，并就地编组防疫大队分驻各战区，执行防疫工作，直隶于卫生署”③。训练所由林可胜任主任，陈韬（沈阳小河沿医学院毕业）为大队长兼总务主任，其他主干均由救护总队部指导员调兼，如组织组主任马家骥兼任，护理组主任周美玉兼任，内科组主任周寿恺兼任，外科组主任张先林兼任（均为协和医学院毕业），卫生工程组主任由美国北卡州大学毕业专攻卫生工程的过祖源兼任。“二合一”的性质是显而易见的。

抗战日深，伤患益增，后方医院亦日形拥挤，设备既简陋，人力更

---

① 沈新路：《回忆抗日战争时期的救护总队部》，《贵阳文史资料选辑》第22辑《红会救护总队》，第57页。

② 中华民国红十字会编宣股编：《中华民国红十字会战时工作概况》（1942年内部印行），第6页。

③ 陈韬：《领导战时救护之林可胜先生》，《贵阳文史资料选辑》第22辑《红会救护总队》，第193页。

不足，中外人士颇有烦言。培训正规医护人员需时太长，缓不济急，利用救护总队雄厚的师资力量进行短期培训，不失为一种权宜应急之策。蒋介石得悉林可胜的成就后，手令其兼事军医训练，战时卫生人员训练所遂增加军医班，并更名为内政部军政部战时卫生人员联合训练所。不久长沙大火，救护总队部先迁祁阳，再迁贵阳图云关，训练所一直紧跟其后。为军事需要，训练所又改名为军政部战时卫生人员训练所，以培训军医为主，计有看护士兵班、军医尉级班、军医高级班及军医分期教育班。因此，图云关成为“军医的摇篮”。

卫训所自迁图云关后，由于客观需要，也为了充分发挥红会各救护大队医护人员的作用，相继在陕西、江西、湖北、四川、湖南建立了5个卫生训练分所（自有分所之设，军政部战时卫生人员训练所更名为军政部战时卫生人员训练总所）。第一分所在陕西褒城，陈韬医师为主任；第二、三、四、五分所分别在江西上饶、湖北老河口、四川黔江、湖南东安，负责人分别为刘经邦、马家骥、彭达谋、林竟成医师。每个分所驻地同时驻有红十字医疗大队，大队长即为分所主任。各分所利用健全完善的设备和教育系统为所在战区不断培训医护人才，并对各战区医护工作就近给予指导。卫训总所与分所，构成了一个网络式的教育体系[①]。

为了教学的需要，卫训总所和分所都成立了不同学组。学组主任悉由救护总队委派指导员兼任。卫训总所设有学组18个，负责人及主要教官有：组织学组（相当于教务处）负责人分别是马家骥（先），以及协和医学院1934年毕业的汪凯熙（后）；内科学组主任是协和医学院1933年毕业的周寿恺，主要教官有陶桓乐、曾享能、吴国兴；外科学组主任张先林，主要教官有华侨王贵恒、协和医学院1938年毕业的刘庆东、周金华和中央大学医学院毕业的张涤生等；妇产科学组主任是协和医学院1937年毕业的熊荣超，主要教官有协和医学院1937年毕业的徐湘莲和香港的何绮华；儿科学组负责人是协和医学院1936年毕业的聂重恩，主要教官陶滦；防疫学组负责人是协和医学院1931年毕业的容启荣（先）、英国留学归来的施正信（后）和协和医学院1940年毕业的薛庆煜（代），主要教官有王申望、方镕铨等；矫形外科学组负责人是德国留学归来的屠开元，主要教官有王桂生；X射线学组负责人是荣独山（兼），主要教官有曾在协和医学院进修的林伯元、石顺起、龙名扬

① 陈韬：《领导战时救护之林可胜先生》，《贵阳文史资料选辑》第22辑《红会救护总队》，第194页。

等；护理学组负责人是协和医学院护校1930年毕业并曾获美国双重硕士学位的周美玉，主要教官有齐鲁大学的孙秀德和协和医学院1932年护校毕业的龚棣珍；眼耳鼻喉学组负责人是李泰钧，教官有董民生（新中国成立后曾任河南医学院副院长兼省政协副主席）；理疗学组负责人是张天民；物理学组负责人是钱家骐，教官顾菊珍；生物学组负责人是康乃尔大学出身林绍文（先），曾在华盛顿大学进修的梁序穆（后），高级教官有许织云；生理学组负责人是柳安昌，高级教官是协和医学院进修过的吕运明（新中国成立后任青岛医学院生理教研室主任教授）；生化学组主任是曾在协和医学院与美国进修的李冠华；环境卫生学组负责人是过祖源（先），哈佛大学毕业的刘永懋（后），交通大学毕业的倪世槐和戴根法为高级教官；微生物学组负责人是陈文贵，高级教官有协和医学院1932年毕业的林飞卿和叶天星、史敏言；复健学组负责人是邹玉阶[①]。他们都是救护总队的精英。

卫训总所内分学员大队和学生大队两个体系。学员大队为在职军医进行复训和提高，为短期训练性质，每期培训3到6个月后回原单位工作。这是卫训总所的重心工作。学生大队则为养成教育，有分期军医教育班、高级护士教育班、初级护士教育班、检验班等，学制也较长，如分期军医教育班，招收初中毕业及高中肄业学生，学制为8年，在校学习2年后，分配到部队见习1年，再回学校学习2年，再返部队见习1年，最后2年在校学习和留医院实习，“如此反复培养训练，既掌握理论知识，又有了实践经验，这样可达到医学院毕业水平。这个计划由于抗日战争胜利与相同机构合并而未全实现”[②]。

为了有效地从事医疗救护工作，统一教学和作业，林可胜先生制定了各种作业规程，责成有关专家撰写：《内科学规程》由周寿恺执笔；《外科学规程》由张先林执笔；《防疫学规程》由容启荣、施正信执笔；《环境卫生规程》由过祖源、刘永懋、倪世槐执笔；《护理学规程》由周美玉、孙秀德执笔。所有规程都由林可胜亲自审定后在香港付印，出版后运来大后方，分发给红会各救护队、卫训总所与分所各学组和科室以

① 薛庆煜：《记中国红十字会救护总队与战时卫生人员训练所》，《中国科技史料》1999年第2期，第166—167页。

② 姚仁里：《红会救护总队与卫训所的培训关系》，《贵阳文史资料选辑》第22辑《红会救护总队》，第157页。

及有关部队的军医机构，这对教学和战地救护“起了指导性作用”[1]。

在图云关军医教育系统中，实习医院也是不可或缺的。为配合教学，林可胜创办了军政部战时卫生人员训练所“实习医院”（1944年改称“贵阳陆军医院”，拥有病床200余张），高级医务人员均属卫训总所编制。这所综合性教学医院，既是卫训总所的实习基地，同时也是设备先进、人才济济的正规医院[2]。

卫训总所是抗战时期中国最大的医护人员培训基地，总所连同5个分所，有人估计，“共训练将近两万人，泰半服务于前方，深入各部队，具有图云关旺盛服务精神，再配合红十字会救护总队各医务队技术支援，形成一种新生力量”[3]，不仅为抗战救护事业做出了不可磨灭的贡献，而且为新中国医疗卫生事业积累了有生力量。

卫训总所由军政部管辖，但培训费用的大部分则由救护总队筹措，培训计划、教学管理等均由救护总队统筹安排，救护总队长林可胜同时兼任卫训总所主任，救护总队的一些主要医疗技术人员，如荣独山、张先林、周寿恺、周美玉、屠开元等很多人，“同时又是战时卫生人员训练所各部门的负责人和主要教师，又是贵阳陆军总医院各科室的一些负责人。各单位工作关系非常密切，很难予以截然分开。一切医疗、教学培训安排与计划无不出于他们之苦心筹划，真如一个单位之感”[4]。笔者称之为“二合一”的关系，并不为过。

卫训总所除例行军医教育外，还随时接受救护总队指令，担负临时性任务，如1941年，湘北部队广有体虱寄生，受到回归热、斑疹伤寒流行的威胁，林可胜即调卫训总所以戴根法工程师为首的环境卫生队，开赴湘北，为部队大搞灭虱治疥，指导改善环境卫生。1941年，一架日机盘旋于湖南常德上空，投下棉絮块和谷物。旋在鸡鸭巷、关帝庙和东门一带暴发疑似鼠疫的疫病，地方政府急电林可胜先生请求支援，林先生即派卫训总所微生物学专家陈文贵带领技术人员和设备，星夜出发赶到常德，经尸体解剖和细菌学检验，证实为败血性鼠疫，是日本侵略军

[1] 薛庆煜：《在贵阳图云关的红会救护总队》，《贵阳文史资料选辑》第22辑《红会救护总队》，第44页。

[2] 杨锡寿：《回忆贵阳陆军医院》，《贵阳文史资料选辑》第22辑《红会救护总队》，第168—169页。

[3] 陈韬：《领导战时救护之林可胜先生》，《贵阳文史资料选辑》第22辑《红会救护总队》，第196页。

[4] 姚仁里：《红会救护总队与卫训所的培训关系》，《贵阳文史资料选辑》第22辑《红会救护总队》，第156页。

灭绝人性的细菌战的铁证！他们除采取有效防护措施阻断流行外，并向重庆国民政府和国外发出了报告，引起了国际舆论的谴责。1942 年至 1943 年，在为远征军提供医疗服务方面，林可胜先生抽调卫训总所精干人员，如马安权、戴根法、杨文达、虞颂庭、刘庆东、孔庆德、汪凯熙、李庆杰、薛荫奎、张涤生等，在异域开展战地救护工作①。类似的例子不胜枚举。卫训总所与救护总队名二实一，如把卫训总所视为救护总队的下属单位，虽然比较勉强，但亦无不可。

五、“内部风潮”

救护总队在林可胜总队长的苦心经营下，蓬勃发展，欣欣向荣，然而，1941 年 1 月，林可胜总队长突然向中国红十字会总会提出辞呈，在红会内部激起轩然大波。

林可胜提出辞职，并非出自本意，而是在一系列因素的综合迫使下其不得不选择急流勇退。林可胜被迫辞职的“激素”复杂多样，其中主要原因有以下几个方面：

首先，树大招风遭人猜忌。救护总队的兴旺发达，使林可胜在海内外的影响与日俱增，盛名远扬。由于林可胜出身华侨，又是国际知名学者，在海外侨胞中颇著信誉，同时由于海外侨胞爱国心切，既愤恨蒋介石的丧权辱国，又痛恨日本侵略军蹂躏祖国大地，因而纷纷组织爱国援华机构，例如巴达维亚兄弟援华会、马来亚华侨医药援华会等组织，大声疾呼为国捐献，据在救护总队卫生材料总库工作的于怀卿说：“当时所捐献及购买的医药、运输器材，以及救济物品，均指定交给中国红十字会救护总队林可胜收。”② 英、美等国援华医疗物资，也是如此。林可胜因此“掌握着全部国外捐款和医药卫材物资”，这不能不使“某些人分外眼红，也使当时安住重庆、身居中国红十字会总会高位的理事诸公深感不悦”③，希图加以控制。据口述资料记载：“当时中国红十字会总会某些领导人，曾企图将海外捐献材料，由他们接收，再转发给救护总

① 薛庆煜：《在贵阳图云关的红会救护总队》，《贵阳文史资料选辑》第 22 辑《红会救护总队》，第 44—47 页。

② 于怀卿：《红会救护总队在贵阳》，《贵阳文史资料选辑》第 22 辑《红会救护总队》，第 90 页。

③ 薛庆煜：《在贵阳图云关的红会救护总队》，《贵阳文史资料选辑》第 22 辑《红会救护总队》，第 47 页。

队。由于捐献组织都是指定由林可胜接收的，因此林可胜不同意这样做，以致引起中国红十字会上层官僚人物的不满。于是他们与反动政府相勾结处处对林可胜刁难”[①]，如“造谣说他贪污”云[②]。总之，“组织、物资与经费，更吸引了野心人之企图。林氏遂不得不因谤，在万人萦怀心情中，辞去红十字会总干事及亲自创造之救护总队，即战时卫生人员训练所，亦委托严智钟先生代理”[③]。

其次，根据张建俫先生的研究，林氏长期以来与总会关系不睦，是其辞职的“根本的原因”。

林可胜从在汉口设立救护总队开始，与红十字会总会的关系便不甚愉快，这是因为林氏到汉口之初，基于工作需要，先是代表刘瑞恒径行前往接收总会驻汉办事处。接收失败后，更是先斩后奏，先挂上红十字会的旗号，组成救护委员会，组织各救护队，最后成立救护总队。其间由卫生署出面与总会副会长杜月笙、常务监事钱新之签订调整《红十字会总会救护事业办法》，其中即规定由林可胜代理救护委员会总干事。总会等于被迫承认林氏在红十字会的新职务，但林须“秉承总会办理一切救护工作”。

林可胜的职务虽然获得任命，但总会对其一直心怀疑虑。一则由于历史原因，林可胜以卫生署官员的身份组织救护队，虽为总队长，但仍在卫生署支薪，脚踩两只船，在总会看来，此种兼职，用心不专，1940年常务理事王晓籁到贵阳视察时，当面向林氏表示：“本会希望林总干事专任本会救护工作，以示专一，近兼任卫生实验处处长职务，希加解释，俾回港提出报告。”随行的秘书长潘小萼也要求林辞去卫生署兼职，薪津由总会支付（后林辞卫生署兼职未准）。再则，林“秉承总会”办理一切救护工作，但1940年理监事联席会议上，即有人抱怨救护总队成立两年以来从未呈报工作报告，颇有尾大不掉之势。更有甚者，1940年10月1日，林犯了官场越级报告之大忌，抛开总会，径直上报《呈蒋委员长报告书》，提出救护总队“军管”主张。此事立即引起总会领导层的震动，在香港办事处的中国红会会长王正廷与常务理事林康侯、

① 于怀卿：《红会救护总队在贵阳》，《贵阳文史资料选辑》第22辑《红会救护总队》，第92页。

② 朱崇演、张建军：《荣独山教授谈红会救护总队》，《贵阳文史资料选辑》第22辑《红会救护总队》，第87页。

③ 陈韬：《领导战时救护之林可胜先生》，《贵阳文史资料选辑》第22辑《红会救护总队》，第196页。

王晓籁联名致电在重庆的副会长杜月笙、刘鸿生，指责林“事先既未具报，又违定章”，请杜、刘“就近查明实情，应即设法制止”。林可胜“擅自条陈”，激起与总会矛盾的白热化，由是导致林氏的去职①。

上述两点，都是林可胜被迫辞职的“激素”，尤其是张建俅先生的研究，揭示出林辞职的深层原因。换句话说，林的去职，也有其自身的问题。但，导致林可胜辞职的“根本原因”，在我看来，则是他的“左倾嫌疑”引起官方注意，辞职避嫌，不得已而为之。

所谓“左倾嫌疑”，不言而喻，是指他与共产党多有交往。1941 年 2 月 21 日，蒋介石在致驻美大使胡适的“马电”中透露：“近据密报，林左倾颇甚，且有利用交通工具，阴助延安情事。最近美红会代表贝克向索车辆，林竟以破车搪塞，致贝不满，电美停止接济云，亦可注意，特并知照。”

蒋介石之所以将“林左倾颇甚”之事透露给胡适，是因为胡适对林可胜辞职事件表示出严重关切。2 月 7 日，他曾密电蒋介石（通过国民政府军事委员会侍从室主管政务的第二处主任陈布雷转呈），表达他对红会内部风潮林被迫辞职的震惊与不解，电文称：“极密。乞呈介公（蒋介石——引者）。今日美国红十字会副会长 Swift 特电告适（胡适），谓得香港讯，中国红十字会救护总队部总队长林可胜因内部风潮，被迫辞职，已定以红会秘书长 C. Pan（潘小萼——引者）继任云。Swift 并云，此实为中国最大不幸之消息云。适按中国红会自王儒堂兄用其私人刘云舫替代 C. Y. Wc（伍长耀）任驻港办事处，国外已多疑虑。若林可胜去职，国外必有甚不幸之猜测。中国红会近年在国外之信用与声誉，实由林可胜在科学医学界素负重望，又其办理救护事业勤劳清（谨）慎，实足令人敬服。美国红会本已决定陆续运送医药救济材料，其总额由罗总统内定为五百万至七百五十万美金，其主任 Norman Davis 与 Swift 两君及其派遣赴华人员贝克等，皆对林可胜绝对信任。故适不敢缄默，特电请公留意此事，勿令群小把持破坏我国红会在海内外辛苦造成之荣誉，国家幸甚。将来若能进一步根本改善红会组织，使主持者皆为公忠谋国能得海内外信任之人，则更幸甚。”在胡适看来，林可胜人才难得，为中外人士所器重，国府应以大局为重，“垂注维持”。所以，胡适在接

① 张建俅：《抗战时期战地救护体系的建构及其运作——以中国红十字会救护总队为中心的探讨》，（台北）《“中央研究院”近代史研究所集刊》总第 36 期（2001 年 12 月），第 148—151 页。

到蒋介石“马电”后，2 月 24 日“敬电”蒋介石（仍通过陈布雷转呈），为林可胜辩冤白谤：“马电云据密报林左倾颇甚云云，足证实有人造此排挤谗毁之空气。其所云林以破车供贝克，致贝不满，电美停止接济云云，最可证其有意谗毁。盖美红会所得贝克一行人报告，均无不满林可胜之语。美红会所需车辆，原定由我政府运输机关供给，本不由林供给也。贝克深感我政府交通工具困难，故曾主张将原定药物暂减去一部分。适与子文（宋子文）均力劝美红会当局勿减损。但此中关键在于交通工具之管理支配。贝克本是交通管理专家，曾任我旧交通部顾问多年。鄙意颇盼公电召贝克与林可胜等来渝报告各项救济事业之运输状况，以明真相，并图改善之方。此事关系美红会七百万金之救济工作，实甚重要。林为中外人士所器重，如实有左倾情事，亦可嘱翁咏霓（即翁文灏，时任经济部长）、周诒春（即周寄梅，时任贵州省财政厅长）诸兄恳切劝导之。乞尊裁。”①

其实，蒋介石所得密报，并非空穴来风，胡适谓有人谗毁，亦非子虚乌有。

在救护总队开办之初，林可胜即与共产党有所交往。1938 年，由十八集团军驻武汉办事处出面，与林可胜建立关系。林对中共全面抗战主张和抗日民族统一战线政策表示赞同，要求派人到战时卫生人员训练班帮助开展政治宣传工作。办事处叶剑英出面，介绍中共党员毛华强（又名毛维如）、冯骥（又名方纪）、黄群三人，以非党流亡青年身份入班受训，毕业后编入救护总队第 58 队。这个队是训练班的教导队，负责辅导学员学习，毛、冯、黄三人任生活指导员，在学员中进行政治宣传。救护总队迁长沙后，在八路军驻湘代表徐特立的指示下，建立了中国共产党红十字会支部，隶属于中共长沙市委北区委员会，郭绍兴任支部书记，高忻为组织干事，杨震为宣传干事，冯骥为青年干事（领导民族解放先锋队），公开宣传党的抗日民族统一战线政策，秘密发展党员和民先队员，动员医务人员积极投入抗战救护工作。在林可胜总队长的支持下，支部工作开展顺利，发展党员 10 余人、民先队员 20 余人。

救护总队进驻图云关后，在中共南方局和八路军贵阳交通站站长袁超俊领导下，成立了中国共产党红十字会总支委员会，郭绍兴任总支书记，高忻、毛华强、章宏道（又名章文晋）为总支委员，下分贵阳、桂林、运输股三个分支部，分别由郭、高、章兼任分支书记。1939 年冬，

① 周谷：《胡适为林可胜辩冤白谤》，（台北）《传记文学》1999 年第 9 期，第 25 页。

郭绍兴在党的指示下，接受林可胜委派，担任救护总队第 70 队队长，带队赴陕、晋、豫国民党战区做军队卫生工作。红会总支领导工作经上级同意，先后由毛华强、高忻、章宏道三人负责[①]。

国共合作，共同抗日，救护总队吸纳共产党人，原本不足为奇，林可胜自然也无所谓有“左倾”之嫌。但问题是，国民党消极抗日，积极反共，共产党在救护总队的活动，终究为国民党所不容。1940 年起，国民党采取了一系列针对性措施，如派中统特务进行监视，派特务搜查救护总队运输股，抄走书报供应社发起人名单及一批马列著作、毛泽东著作和进步书刊，逮捕汽车队队长张世恩（未暴露党员身份，后经林可胜保释）等[②]。这些事实表明，救护总队长林可胜不说“包庇”“纵容”，至少也有“失察”之责。

红十字会是一个救死扶伤的人道主义组织，在战地救护中，无分敌我，一视同仁，以体现其“博爱”本旨。这种“红十字精神”，为世界各国所遵循。“林可胜先生也是本着这个精神办事。对于国外爱国华侨捐赠的药物，是为一致抗日用的，在国内也不分彼此，凡是抗战的军队均可享用它”[③]。所以，在救护总队的“林可胜时期”，在“任何战区的红十字会救护物资均按当时当地的需要，积极运送。在西北的救护医疗物资，常向延安八路军地区运送，在东南地区的救护物资向皖南和江北的新四军输送”[④]。这原本不成“问题”的问题，却引起国府的强烈不满，林可胜因此受到指控。口述资料有关这方面的记载很多，不妨摘引两段：

《荣独山教授谈红会救护总队》说：“（林可胜）到香港接受了一批国外左翼人士捐赠的药品、器械，直接运交了白求恩医院。为此，他曾受到指控，说他亲共。他据理反驳说：这是人家指名叫交白求恩医院的，我不能违背国外友人的委托。”[⑤]

《参加红会救护总队部工作的回忆》谓：“林可胜总队长还派一些医

① 郭绍兴：《回忆抗战时期党在中国红十字会救护总队的工作》，《贵阳文史资料选辑》第 22 辑《红会救护总队》，第 4—7 页。

② 郭绍兴：《回忆抗战时期党在中国红十字会救护总队的工作》，《贵阳文史资料选辑》第 22 辑《红会救护总队》，第 7—8 页。

③ 施正信：《回忆图云关》，《贵阳文史资料选辑》第 22 辑《红会救护总队》，第 81 页。

④ 吕运明：《林可胜教授在抗日战争期间的卓越贡献》，《贵阳文史资料选辑》第 22 辑《红会救护总队》，第 190 页。

⑤ 朱崇演、张建军：《荣独山教授谈红会救护总队》，《贵阳文史资料选辑》第 22 辑《红会救护总队》，第 87 页。

疗队到解放区及新四军工作，并赠送大量药品器材，这是个很大胆的行动，因此（包括邀请一些东欧共产党医生来救护总队工作）他被控告为救护总队有赤化嫌疑而获罪。此外救护总队的许多青年人（流亡青年）有爱国热忱，能吃苦耐劳，不贪污，敢说敢做，也被认为赤化嫌疑罪名之一。据说，林可胜被蒋介石召见，宋美龄当翻译（林可胜的汉语说不好）。蒋问：‘你为什么派队及送药给八路军及新四军?’林答：‘红十字会是国际组织。’蒋厉声说：‘这是中国’!”[①]

此外，林可胜与美籍左派女记者史沫特莱交往密切，中共之获得林可胜的医药援助，很大程度上得助于史沫特莱的穿针引线[②]。这也是林总队长售人以“左倾”把柄的口实。

救护总队中共产党组织的活动频繁，林总队长“左倾颇甚”的“密报”也呈递到蒋介石手中，引起蒋介石的关注。1940 年 9 月 7 日，林可胜被蒋召到重庆，面谈一个多小时，要点有三：“（1）对林以本身的国际声望关系，给红十字会争取到大量国外（包括爱国华侨）捐赠的药品器械、救护车辆（附担架），以及军毯和捐赠款项等，加以赞赏。（2）由于林缺少中国行政经验，人事管理制度不够健全，总队部、卫生人员训练所，所属各大队、中队、小队，还有四个卫训分所，人数庞杂，难免有乱党分子（指中共党员——引者）混入。（3）我（指蒋）要你回去好好整顿一下。为此近期内，我会命令有关部门派个能干的人来贵阳成立政治部协助一切。”[③] 这意味着国府要向救护总队“开刀”。

果然，没过多久，以王洽民为首的一伙政工人员入驻图云关，成立政治部（1942 年改为特别党部），王出任政治部主任；接着，查封由进步青年团体主办的红十字工作者书报供应社[④]；大力发展国民党员，办理集体签名入党[⑤]；大肆进行反共宣传[⑥]，把整个图云关搅得乌烟瘴气。

① 林竞成：《参加红会救护总队部工作的回忆》，《贵阳文史资料选辑》第 22 辑《红会救护总队》，第 70 页。

② 吕荣斌：《周恩来在国统区》，中共中央党校出版社 1996 年版，第 78 页。

③ 汪犹春：《在红会救护总队部的回忆》，《贵阳文史资料选辑》第 22 辑《红会救护总队》，第 106、113 页。

④ “红十字工作者书报供应社”于 1939 年秋成立，其宗旨为：“做好前线浴血抗战将士的救死扶伤工作；宣传抗日到底；加强学习时事，关心国家大事，提高政治思想觉悟；提倡正当文化娱乐活动，发挥团结友爱精神，支援救亡工作。”（汪犹春：《在红会救护总队部的回忆》，《贵阳文史资料选辑》第 22 辑《红会救护总队》，第 103 页）

⑤ 施正信：《回忆图云关》，《贵阳文史资料选辑》第 22 辑《红会救护总队》，第 82 页。

⑥ 郭绍兴：《回忆抗战时期党在中国红十字会救护总队的工作》，《贵阳文史资料选辑》第 22 辑《红会救护总队》，第 8 页。

中共在图云关的活动被遏制[1]，而有“亲共”之嫌的林总队长，据说一度“被军统局的人弄走，后来是通过陈诚把他保出来的”[2]。此情此景，林总队长颇不自安，乃决意辞职。

1941 年 1 月，林可胜辞职的消息一经传出，便引起中外人士的关注。如前所述，驻美大使胡适特电蒋介石，极力为林可胜鸣冤抱屈。蒋向胡适表示：“林可胜并无更调之说。即有此事，亦必嘱令该会（中国红十字会）慰留也。”[3] 加上与宋子文及蒋夫人关系匪浅的刘瑞恒从中协调，中国红十字会在随后召开的第 60 次常务理监事会上决定将辞呈退回[4]。

林可胜暂时打消辞意，但导致林可胜辞职的因素并未烟消云散，特别是国共两党关系日趋恶化，“左倾嫌疑”时时困扰，使他无法施展，1942 年 8 月再次提出辞职。总会考虑林氏辞职恐影响海外捐款，乃给假半年，总队长职务由秘书长潘小萼兼任[5]，但林可胜辞意已决，9 月 5 日再度请辞，总会乃派人前往贵阳办理交接事宜[6]。担任救护总队长近 5 年之久的林可胜博士，离开救护总队部，被派往海外负责中国远征军的救护工作。

“内部风潮”导致林可胜辞职事件，对中国红十字会抗战救护事业的影响非同一般，有人说，正是由于林的去职，“盛极一时的中国红十字会救护总队就逐步衰落下去”[7]。揆诸史实，斯言诚是。

林可胜在海外久享盛名，他的去职势必影响海外友人捐赠救护物资

---

① 据郭绍兴回忆说，红会总支鉴于形势恶化，贯彻执行党中央关于“隐蔽精干，长期埋伏，积蓄力量，以待时机”的方针，决定停止公开活动，疏散党员。具体措施是：“将集中在贵阳图云关红十字会总部的一部分党员以总队名义，分别调到西北、华中、西南各救护队去工作；红会运输股各汽车队的一批清华大学生党员，回到西南联合大学复学；政治面貌较‘红’的卫训总所组织科的党员毛华强自行离职，秘密送往解放区工作；李壬练辞职，到重庆《新华日报》工作；查立平随组织科主任马家骥一同调往湖北卫训三分所工作。由于采取了这些措施，红会党组织没有遭到破坏。”（郭绍兴：《回忆抗战时期党在中国红十字会救护总队的工作》，《贵阳文史资料选辑》第 22 辑《红会救护总队》，第 8 页）

② 朱崇演、张建军：《荣独山教授谈红会救护总队》，《贵阳文史资料选辑》第 22 辑《红会救护总队》，第 87 页。

③ 周谷：《胡适为林可胜辩冤白谤》，《传记文学》（台湾）1999 年第 9 期，第 25 页。

④ 张建俅：《抗战时期战地救护体系的建构及其运作——以中国红十字会救护总队为中心的探讨》，（台北）《“中央研究院”近代史研究所集刊》总第 36 期（2001 年 12 月），第 153 页。

⑤ 《林总队长可胜休假半载》，《会务通讯》总第 11 期（1942 年 10 月），第 25 页。

⑥ 《总会项事纪要》，《会务通讯》总第 12 期（1942 年 11 月），第 44 页。

⑦ 于怀卿：《红会救护总队在贵阳》，《贵阳文史资料选辑》第 22 辑《红会救护总队》，第 92 页。

的热情；同时也会影响及救护总队工作人员的情绪，许多人纷纷离去，“由于总会办红十字会的宗旨是在大城市办大医院，改变了林先生创建救护总队为战地军民服务的大方向，救护总队的使命也就从此结束。其成员大部分转调总所及各分所，小部分自动离去，各奔前程，有的返回原侨居国家和地区，东欧籍友人也相继归国”①。由于人员流失严重，继任者潘小萼不得不对救护总队进行缩编：每个战区设医疗大队一个（共10个），每个大队配属5个中队（共50个）、10个区队（共100个）。人员编制削减了一半②。这种江河日下之势，直到1944年仍未有改观，如下表所示③：

人数＼人员		高级医师	医师	医护员	医护助理员	药师、司药	非医务人员	总计
总队长室	男	2	8				3	13
	女							
医务股	男	1	126	133	124		179	563
	女		12	186	258		40	496
材料股	男	1	1			10	32	44
	女					2		2
运输股	男	1					133	134
	女							
总务股	男	1					16	17
	女							
总计		6	147	319	382	12	403	1269

① 薛庆煜：《在贵阳图云关的红会救护总队》，《贵阳文史资料选辑》第22辑《红会救护总队》，第48页。陈韬先生在回忆文章中也述及：“救护总队工作人员大部响应林氏之号召来自国外华侨从事义务服务。林氏去后，因政策之改变，该队效忠国家人士，多返回侨居地，原属于国内之人士，亦有部分星散于民间。”（陈韬：《领导战时救护之林可胜先生》，《贵阳文史资料选辑》第22辑《红会救护总队》，第197页）

② 潘小萼：《三十二年元旦告全体工作同仁书》，《会务通讯》总第14期（1943年3月），第3页。

③ 资料来源：王化棠：《红会救护总队的组织简况》，《贵阳文史资料选辑》第22辑《红会救护总队》，第99页。

从表中可见，救护总队各类人员总计为1269人，与林可胜辞职之前的3420人相比，减少了三分之二，这就使救护总队的救护效能大打折扣，不能不使人感到遗憾。

以上对中国红十字会救护总队部的“林可胜时期”——总队部的组建、空间及内部组织结构变迁、与卫训总所的关系以及“内部风潮”的潜滋暗长对抗战救护事业的多元效应，进行了较为系统的考察，至于总队部领导下的战地救护工作，另文专论。

（原载《南通工学院学报》2004年第2、3期）

历史事件

庚子救援：成功背后的无奈与辛酸[①]

——陆树藩及其中国救济善会人道行动述论

1900年，八国联军发动了旨在瓜分中国的侵略战争。6月17日，八国联军攻占大沽炮台；7月14日，占领天津。义和团虽浴血鏖战，但无力阻止八国联军北进；8月15日，慈禧太后挟光绪皇帝西逃；16日，北京沦陷。战火在天子脚下蔓延，生灵涂炭，死伤累累。血腥呼唤人道慈悲，呼唤红十字的关怀。为救死扶伤，浙江著名绅商陆树藩等人在上海发起“中国救济善会”，遵照国际红十字运动的基本精神，救护伤兵难民。这是国人自办红十字会之开端。毫无疑问，陆树藩和其创建的中国救济善会，唱响了中国红十字会之“先声”。但庚子救援中，陆树藩竭力而为，虽历尽艰辛，取得令人瞩目的业绩，但仍不免陷入尴尬难堪的境地。本文就此问题进行考察，以就教于方家。

一、陆树藩：中国救济善会缔造者

陆树藩（1868—1926），字纯伯，号毅轩，1868年出生于浙江湖州。其父陆心源，曾任广东高廉道、福建盐法道[②]，因谤罢官。陆心源“薄于富贵而厚于书”，酷爱收藏，是清末著名四大藏书家之一。这种特殊的家庭背景，使陆树藩对书画、版本目录学，多有心得。

关于陆树藩生平，史书记载不多。陆树藩玄外孙徐桢基在《陆树藩其人与皕宋楼藏书售日事》文中有简要记述，谓：“树藩是我的曾外祖父，字纯伯，号毅轩，生于1868年农历五月二十四日。他实际上是陆心源第三子，因其上二兄夭折而遂为长子。其母邓氏，是广东人。1875

① 本文系国家社会科学基金后期资助项目“晚清时期中国红十字运动研究”（编号：16FZS028）成果之一。

② 陈旭麓等主编：《中国近代史词典》，上海辞书出版社1982年版，第375页。

年，陆心源隐退故里后，他一直随侍在侧，并在父亲及馆师指点下学习。1885 年，他与同乡道光甲辰榜眼周学濬的孙女周氏完婚，周氏因祖父幼时喜爱而没有缠足，故而在湖州有半身美女的外号。树藩成婚前后入县学。1888 年，因陆心源捐家藏宋元版及秘抄本给国子监，朝廷下旨嘉奖，特赏树藩与树屏国子监学正衔。次年，树藩先到江阴求学，后参加乡试，中恩科举人。因家境优越，见多识广，他与教会洋人颇有接触，对一些时髦事反应极快，如摄影、骑洋车（即自行车）、收集洋玩意儿。但又在其父严格监督下，对经史之学亦不敢放松，与其弟树屏共同参与刊印其父著作的校订工作，并熟悉收藏之业。"[①] 这时期的陆树藩，远离官场，究心学业而已，直到 1892 年他才踏上仕途。

1891 年，陆心源得旨升复原官，交吏部引见。次年，陆树藩即随父去京候聘。抵京后，在陆心源一些故旧好友提携下，陆树藩得加侍读衔，赏戴蓝翎。不久陆心源南旋，陆树藩留京任内阁中书本衙门撰文，后任庆典撰文方略馆、会典馆校对官。

1894 年，陆树藩丁父忧回籍守制，其间常去上海、苏州探亲访友，料理在沪企业。1897 年回京，任户部郎中、山西司行走。"时正值光绪新政前后，而户部尚书为光绪帝之师翁同龢。陆树藩因年轻，思想较开明，对新政较易吸收，但因光绪年代一些旧官为其父之上司及好友（如李鸿章、孙毓汶、陆润庠、瞿鸿禨等），因而受老一辈的影响，不敢于锋芒毕露"。在陆树藩看来，"改革新政难于成就，因而于戊戌年请假回乡，欲不求仕途。其后即返沪利用当时在沪祖传家业，进行建屋与经商"[②]，同时投身公益事业，其中发起创办湖州中西学堂就是一例。1898 年 7 月 26 日，《申报》刊登了他和弟弟在"天贶日"（阴历六月六日）草拟的《募助湖州中西学堂启》："本年叠奉谕旨，开办京师大学堂并各省府厅州县一律开办中学、小学以广造就。伏念浙西为人文渊薮，吴兴乃富有名邦，亟应实力振兴，遍开风气，广设学校培养成材。况值此天步艰难，民心浮动，多财适足以贾祸，毁家即所以保身。今树藩等敬遵先荣禄公遗命，将守先阁所藏中西书籍全数归公，捐入学堂，并再措捐巨款，备器建堂。惟延聘教习，供给学生，常年需费，独力难支，不得不广为募助。想诸君子情关桑梓，自必药子成全，慷慨输将，多多益

① 徐桢基口述、虞云国整理：《陆树藩其人与皕宋楼藏书售日事》，《史林》2007 年增刊，第 1 页。

② 徐桢基：《陆树藩其人其事》，《湖州文史》第 21 辑，2002 年编印，第 31 页。

善。倘他日教化有成，人才蔚起，不独乡里增光，兼为朝廷生色，此树藩等所私心祷祝者耳。”[①] 不难看出，陆树藩虽在沪经商，但心系桑梓，为湖州教育事业奔走呼号。

在沪期间，陆树藩“暇时与友交游，并在沪娶妾徐氏（而发妻周氏仍携子女在湖州）。孰知休闲不长，仅仅二年至光绪二十六年（庚子，1900 年），庚子之难发生。陆树藩出于义气，在沪筹组京津救济善会”，从而使陆树藩的人生“起了一个大的转折，经历了一段传奇式的生活”[②]。

1900 年，八国联军发动了旨在瓜分中国的侵略战争，因该年为中国旧历庚子年，史称“庚子之变”（亦称“庚子国变”“庚子国难”）。是年 6 月，英、俄、法、美、意、日、德、奥八国，组成侵华联军，以英国海军将领西摩尔为统帅（后由德国陆军元帅瓦德西接替），自大沽口登陆后，大举侵犯京津地区；7 月 14 日，攻陷天津后，挥师北上，进逼京师。义和团和清军虽然浴血奋战，但无力阻挡八国联军的进攻；8 月 12 日，八国联军占领京师门户通州，清王朝岌岌可危；15 日，慈禧太后偕光绪皇帝仓皇出逃；16 日，京城沦陷。

京畿之地，烽烟滚滚，官绅商民，均遭池鱼之殃，流离失所，苦不堪言。面对如此浩劫，江浙一带的绅商发起救援行动，其中陆树藩发起成立的中国救济善会，成为救援的主导力量。

关于中国救济善会的发轫，朱浒认为：“这个动议可能是由杭州鼎记钱庄执事潘赤文提出的，因为根据陆树藩的说法，他是得知潘赤文‘大发善愿，拟救济北京被难官商，先垫巨款’后，才产生创设救济会念头的。而且，潘赤文后来也成为救济会的重要主持人之一。”[③] 这里所说的潘赤文，即潘炳南，原名世虔，字赤文，浙江上虞人。他热心公益，乐善好施，人称“潘善人”[④]。潘炳南的确参与了中国救济善会的发起。据《虎跑佛祖藏殿志》卷三“灵应”所载“创办京津德州救济会鸾谕”称：“光绪庚子春，佛谕以秋间有非常变端，着觉道子预筹善举。当与潘觉虔谋，因王事多坚，恐滋物议，碍难举行。夏秋之交，拳匪肇祸，各国联军藉势陷京师，两宫蒙尘西狩，畿辅糜烂，民鲜孑遗。虔、

① 《募助湖州中西学堂启》，《申报》1898 年 7 月 26 日。

② 徐桢基：《陆树藩其人其事》，《湖州文史》第 21 辑，2002 年编印，第 31 页。

③ 朱浒：《地方性流动及其超越——晚清义赈与近代中国的新陈代谢》，中国人民大学出版社 2006 年版，第 464 页。

④ 陈秋强：《潘炳南参与筹建“中国救济善会”》，《上虞日报》2011 年 9 月 12 日。

道二君，回忆佛示，发起京津救济善会，往拯被难灾黎，掩埋遗骸。以轮舶救回南人，存活数万生命，名振中外。”[1] 引文中的“虔、道二君”，即指潘炳南（玄名觉虔）、丁晓舫（玄名觉道，杭城绸缎商人，即引文中的觉道子）。因此，有学者认为：“救济善会的发起者是潘炳南和丁晓舫这两位寓居杭城的浙商，而丁晓舫才是真正的最初动议者，潘炳南以浙江候补道身份，担当起了上书浙江布政使恽祖翼的任务。”[2] 这也意味着发起人并非陆树藩一人，还有潘炳南、丁绍芬（字晓舫，或作晓芳）、恽祖翼等，但陆树藩无疑是中国救济善会的“灵魂”人物，他为此负债累累，轰动一时的“皕宋楼事件”，基因于此。

陆树藩走上慈善之路，与其父陆心源的“言传身教”不无关系。陆心源不仅是著名的文人学士和大藏书家，而且热心社会公益事业，常捐款捐物赈济各地灾荒。造福故里的善举颇多，“积谷、育婴、造桥诸事，无不任之”[3]。他曾出资兴建升山桥，修复安定、爱山书院和仁济善堂，举办义学等等[4]，颇得乡里称誉。公益善举的熏陶，使陆树藩深受教益，“自小儿受父母的教训，乐善好施，爱国爱民”[5]，因而“平日见亲故人之匮乏者，莫不竭力扶持”[6]。当庚子国难发生后，陆树藩自然不会置若罔闻。在他的奔走呼吁下，中国救济善会得以创立。如他与友人信中所说：“弟于庚子秋间，念时艰之迫切，悯民生之涂炭，创兴救济善会。”[7]

1900 年 9 月 9 日，《申报》发布《救济善会启》称，为救助北方难民，“先集同志筹捐举办，拟派妥实华人并延请洋医华医赴津沽一带，遇有难民广为救援，名曰中国救济善会”[8]。中国救济善会，简称救济善会、救济会，在上海正式宣告成立。而此时距帝都陷落已 20 余日，距离天津陷落将近两个月。

中国救济善会姗姗来迟，对陆树藩而言，有两大关键问题需要解

---

① 《虎跑佛祖藏殿志》卷三，转引自刘正平：《虎跑藏殿湖隐佛祖报本团与清末民初江南绅商的慈善救济——兼论〈虎跑佛祖藏殿志〉的性质》，《宗教学研究》2011 年第 2 期，第 210 页。

② 刘正平：《虎跑藏殿湖隐佛祖报本团与清末民初江南绅商的慈善救济——兼论〈虎跑佛祖藏殿志〉的性质》，《宗教学研究》2011 年第 2 期，第 210 页。

③ 周越然：《言言斋书话》，陕西师范大学出版社 1998 年版，第 95 页。

④ 参见徐桢基：《潜园遗事——藏书家陆心源生平及其他》，上海三联书店 1996 年版。

⑤ 孙乐园：《京津救济善会图说》，石印本，出版时间不详，第 1 页。

⑥ 陆树藩：《陆纯伯文稿·与宝子常太守书》，上海图书馆藏稿本。

⑦ 陆树藩：《陆纯伯文稿·与宝子常太守书》，上海图书馆藏稿本。

⑧ 《救济善会启》，《申报》1900 年 9 月 9 日。

决：一是寻求支持，二是如何运作。而恰恰在这两大问题上，颇费周折。

陆树藩自身有经济实力，潘炳南也热情高涨地表示“先垫巨款”，救援经费并不是无法解决的难题，关键在于如何得到上海慈善界的支持，毕竟陆树藩资历浅，相对慈善大家严信厚、席裕福、杨廷杲、庞元济、施则敬等人来说，他在上海慈善界的地位不足以组织一场规模巨大的救援行动，因而特别渴望得到慈善界领袖人物严信厚的臂助。为此，陆树藩曾专程拜会严信厚等，但遭到“婉辞谢绝”①。陆树藩无奈，只好向李鸿章求助。

原来，清政府为了与八国联军议和，下诏将两广总督李鸿章调任直隶总督兼北洋大臣，委以和谈“全权大臣”。1900年7月21日，李鸿章抵达上海，直至10月5日离沪北上。其间陆树藩多次拜访，提出组建中国救济善会的构想。“由于李（鸿章）是陆（树藩）之父的上司，以前在京为官时亦受李之指点”②，陆树藩的设想得到李鸿章的赞赏和支持③，这使陆树藩深受鼓舞。

那么，救济善会如何运作，则成为困扰陆树藩的一大难题。毕竟战争状态下的人道救援非同一般性自然灾害的救助，更何况8个国家组成的联合军队对华作战，没有交战方的认可、保护，贸然前往，不啻为自投罗网。在这样的“非常时期”，单纯的善会善堂已经无济于事，也不可能取得八国联军的承认。

在战争状态下，也只有红十字会才能得到交战方认可而出入战地，除此之外，别无选择。红十字理念在上海的传播，给予陆树藩以灵感。因此，他设想能够创建一个红十字会组织来执行救援使命。他在致江苏布政使陆元鼎函中曾谓：“侄不揣愚陋，为援救亲友起见，创立红十字会。”④ 可以想见，陆树藩原本拟组建红十字会，之所以创设中国救济善会而非红十字会，原因其实不难理解，因为中国还没有独立的统一的红十字会组织，事起仓促，一时间也很难组建起来，更谈不上得到红十字国际委员会的承认。那么，如何“植入”红十字“元素”，使救援行动能够顺利开展，在陆树藩看来，只有“变通”将传统的善会组织赋予红十字的新内涵，才具有可行性。

---

① 《救济文牍》第4卷，《致余晋珊观察附启》，苏省印刷局光绪三十三年铅印本。
② 徐桢基：《陆树藩其人其事》，《湖州文史》第21辑，2002年编印，第31页。
③ 《救济文牍》第3卷，《禀李中堂》，苏省印刷局光绪三十三年铅印本。
④ 《救济文牍》第4卷，《复陆春江方伯》，苏省印刷局光绪三十三年铅印本。

表面上看，中国救济善会与传统的善会别无二致，但运作方式在经陆树藩“植入”红十字后已经大不相同。《救济善会启》称，中国救济善会“亦如外国红十字会之例，为救各国难民及受伤兵士起见”①，正是对“旧瓶”装“新酒”或“移花接木”的诠释。

有学者认为，陆树藩组织中国救济善会，意在救助旅居北方的南方人，是“东南意识”的表达②，这一观点，当然有充分的事实依据，中国救济善会创办的目的正在于此。但既然“植入”红十字，就必须遵照红十字会的规则行事。红十字会是中立性国际组织，不允许抱有种族、宗教、政治偏见，救助无分敌我、国别，一视同仁，这一点，陆树藩有理智的认识，这就不难理解为什么中国救济善会宣称“为救各国难民及受伤兵士起见”了。毫无疑问，这是对“东南意识”的超越，也决定了中国救济善会的“红十字”性质。

遵照红十字会的规则行事，还必须通过外交途径，取得八国联军的认可。为此，陆树藩就创建中国救济善会事特咨上海道台余联沅（字晋珊）：“伏乞迅赐照会德总领事，声明此系江浙善士募资创办，亦如外国红十字会之例，为救治各国难民及受伤兵士起见，务请德总领事颁给护照，俾救济会之人准向北方军前随时救护。”③ 余联沅不负所望，照会驻沪各国总领事，“请烦查照俯如所请办理”④。经交涉，“已蒙各国领事会议，允由德总领事发给护照”⑤，希望救济善会本着红十字精神，“按照各国规矩并西美各官向来办法，如有病人或受伤之人，无论友国敌国，理当一律和衷相待救济”⑥。至此，具有红十字会性质的中国救济善会，登上了“庚子救援”前台。

二、中国救济善会的人道行动

中国救济善会自成立后，不断在《申报》等新闻媒体刊发《救济善会启》，募集捐款，号召各界爱心人士“好行其德，慷慨解囊，伏乞惠

① 《救济善会启》，《申报》1900年9月9日。
② 冯志阳：《庚子救援研究》，华东师范大学2012年博士学位论文。
③ 《救济文牍》第2卷，《咨上海道余》，苏省印刷局光绪三十三年铅印本。
④ 《照录上海道照会各国领事创兴（救）济善会稿》，《申报》1900年9月11日。
⑤ 《救济善会启》，《申报》1900年9月9日。
⑥ 《照会照登》，《申报》1900年9月23日。

赐”[①]，并公布代收捐款处所，计有：上海北京路庆顺里救济善会公所、申报馆协振所，杭州清和坊巷鼎记钱庄，苏州东大街同元钱庄、中市仁和钱庄，广东源丰润票号，宁波北江下富康钱庄，绍兴保昌钱庄，杭州庆福绸庄等[②]。所收善款，及时登报征信。鉴于北方很快秋尽冬至，中国救济善会亦发布《劝募寒衣启》，号召爱心人士伸出援手[③]。中国救济善会的呼吁得到广泛响应，“一时解囊助款者，颇为踊跃”[④]。款物源源而来，为北上救援奠定了基础。

万事已经俱备，但在陆树藩看来，“事不躬亲，难期实践”[⑤]，乃决定亲自北上，10月15日遂“慷慨启行”。当日中午，陆树藩偕德国医官贝尔榜、德人喜士以及著名外交官陈季同（字敬如）、思想家严复（字又陵）、德文翻译洪中（字肇生）并司事、家丁、小工等共计82人，登上了招商局“爱仁”号轮，开出吴淞口停泊。16日，陆树藩同贝尔榜、喜士、陈季同一起登上德船“汉那威”号，受到礼遇，也感受到“红十字”的魅力。陆树藩不无自豪地记述道：“至德公司船名汉那威，船上有兵官四十二人，兵士一千五百人。各兵官下梯握手相迎，兵皆擎枪鹄立。延至官厅，酌酒相敬，极言外国设立红十字会之有益，并出纸索书姓氏以为日后纪念。由敬如通语至两句（点）钟之久。辞出，各兵官复送下梯，握手珍重而别。下午四句（点）钟，爱仁轮船展轮出口，兵船升旗发号致敬。”[⑥] 这艘被称为“救命船”的“爱仁”号轮，还有随行的“德生”号轮，装载“米三千三百石，面二千一百三十二包，饼干五千二百念磅袋，寒衣三万五千五百四十件，棺木大小五千余具，药料数百箱”[⑦]，扬帆北上，开始人道主义之旅。

10月19日，“爱仁”号轮抵达天津大沽口下碇。“当爱仁泊塘沽时，各国巡舰绕船巡视，均不上船。凡系红十字会中人，别国兵轮船均

① 《救济善会启》，《申报》1900年9月9日。

② 《代收救济北省被难士商捐款处》，《申报》1900年9月12日。落款为“陆纯伯、樊介轩、席子佩、胡二梅、杨允之、胡仲巽，寿康庄屠云峰，中国银行陈笙郊，崇余庄袁联清，裕庄谢纶辉，源丰润王眉伯，广东源丰润王晋叔、苏葆生、丁小舫，苏州仁和庄倪锡畴，同元庄陈瀚如，延元庄卢少棠，杭州保泰庄丁信之，宁波富康庄彭集龄，绍兴保昌庄高云卿，煤炭公司陈乐庭，杭州鼎记庄潘赤文，镇江申义善源票号焦乐山，浙绍绍厚孚钱庄许笑云同启”。说明这些人同为中国救济善会的合伙人。

③ 《上海救济善会劝募寒衣启》，《申报》1900年10月3日。

④ 《救济善会杂记》，《申报》1900年10月20日。

⑤ 陆树藩：《救济日记》，1900年上海石印本，第1页。

⑥ 陆树藩：《救济日记》，1900年上海石印本，第1页。

⑦ 《救济文牍》第1卷，《筹创中国红十字会启》，苏省印刷局光绪三十三年铅印本。

升炮并悬中国龙旗相敬，此不可多得之事也”①。显然，“红十字”具有了“保驾护航”的功能。

陆树藩和“爱仁”轮的到来，给濒临绝境的难民带来曙光。据称，“天津被难士商，均知有救命船到塘沽，纷来求渡”②。10月27日，救济善会在天津火神庙设局办公，同时发布《塘沽轮次告被难南旋各士商》的通告，声明“爱仁轮船专供本总局来往津沪救济之用”，“准士商纷纷来局报名登轮，刻期起程南返”。为规范救助行动，救济善会特制定《章程》8条，包括：“各官商登轮后望即到本善会轮船账房报名注册备查”；“船中人数众多，必须男女分居，以示区别”；“水脚饭食均由本局供应，不取分文”；“到沪后路远不能即归者，可向本善会轮船账房声明，发给凭条，送往名利、长春两栈房暂住”，等等③。所有这些，无不体现出红十字的人道关怀和对人的尊重。

11月2日，“爱仁”号载着270余位难民返沪，这是中国救济善会救助的第一批难民。“回申被难之人欢声雷动，津地均以救命船呼之，北方绅商士民见此义举，无不交口称羡，以为东南人有此善心，所以得免浩劫”④。10天后，即11月13日，“安平”号轮开往上海，“载回北省被难官民三百四十余人”⑤。

救助行动在天津当地绅商的协助下有序推进。一是继续安置救助南旋难民，“京都南旋官绅商民现已陆续到津，即蒙盛京卿派公平、安平、爱仁、泰顺四轮赴津分配送沪，所有寓津官商亦即附搭四轮同来”⑥；另一方面掩埋、平粜陆续展开。11月3日，在南门城内丁公祠后设掩埋局。5日，陆树藩与当地士绅商定平粜办法，拟设平粜局7处，议定白米每包4.5元，籼米每包3.5元，“每人粜米以一斗为度”⑦。此外，设立施医舍材局，为贫病者施医送药，为家道贫寒无力棺殓者提供帮助⑧。

11月8日，谢汝舟率同司事工役6人赴保定办理救济事宜⑨，设立

① 《救济善会杂记》，《申报》1900年10月30日。

② 陆树藩：《救济日记》，1900年上海石印本，第3页。

③ 《救济文牍》第1卷，《塘沽轮次告被难南旋各士商并章程八条》，苏省印刷局光绪三十三年铅印本。

④ 《陆纯伯部郎致上海救济善会第三号公函》，《申报》1900年11月10日。

⑤ 《救济善会第二批轮船载回被难官民名单》，《申报》1900年11月19日。

⑥ 《指日南旋》，《申报》1900年11月16日。

⑦ 陆树藩：《救济日记》，1900年上海石印本，第7页。

⑧ 《救济文牍》第1卷，《天津设立施医舍材局启》，苏省印刷局光绪三十三年铅印本。

⑨ 《署直隶臬司孙麟伯廉访致陆纯伯部郎函》，《申报》1900年12月24日。

保定救济善会分局[①]。沧州一带“亦派人分投前往举办”[②]。京师被难士商，也为陆树藩所牵肠挂肚。11日，陆树藩踏上京师之旅，其间历经波折，直到19日才行抵通州。作为京师门户，通州“仓米抢掠一空，城内房屋都被焚毁，较之天津遭祸更烈”[③]。20日，与李友之、杨彝卿商议京中被难官商赴津事宜，据称有2000余人之多。陆树藩旋即由石道进京，“沿途房屋虽未尽毁，室空人杳，甚觉凄凉”，而京城更是一片狼藉，“城内地安门及西四牌楼一带，均成焦土。前门外至珠市口及崇文门内东交民巷，无不被焚”[④]，这使曾经的京官陆树藩唏嘘不已。

11月21日，陆树藩到贤良寺谒见李鸿章，“蒙奖在津所办各事甚妥，并勖以勉力行善”[⑤]。陆树藩不负所望，经多方斡旋，美国方面允派兵保护被难官商出京。30日，陆树藩至贤良寺向李鸿章辞行，“蒙以办事能干，颇有胆识奖许，并由济急会拨助银二千两，电谕上海招商局再拨两轮来津候用”[⑥]。

12月1日，陆树藩护卫被救“官商眷口等车三百数十辆”离开京师，一路风餐露宿，艰苦备尝[⑦]；4日，抵达天津。

鉴于寒冬来临，洋面冰封，陆树藩海路输送官商难民行动计划暂停，“所有避居附近州县赶来不及者，仍租公所三处以备留住，俟开河后再运回沪，并恳德法统兵官给照保护，以臻周密”。同时，陆树藩“酌留数人在津办理、平粜、施衣等事”后，乃于12月10日乘“协和”号轮回申，“俟明春再行北上”[⑧]。北上救援告一段落。

三、功勋卓著与难以言表的遗憾

为庚子救援，陆树藩发起组建的中国救济善会，在次年的春赈以及善后中仍发挥了一定的作用，直到1902年初，我们还可以看到《申报》有这样的报道：“救济善会陆君纯伯备就棉衣运赴京津施振，计共八十包，禀请苏松太兵备道兼江海关监督袁海观观察照会洋关税务司，免于

① 《救济文牍》第1卷，《保定救济善会分局章程》，苏省印刷局光绪三十三年铅印本。
② 《陆纯伯部郎致上海救济善会第四次公函》，《申报》1900年11月20日。
③ 陆树藩：《救济日记》，1900年上海石印本，第15页。
④ 陆树藩：《救济日记》，1900年上海石印本，第15页。
⑤ 陆树藩：《救济日记》，1900年上海石印本，第15页。
⑥ 陆树藩：《救济日记》，1900年上海石印本，第19页。
⑦ 《救济会纪事》，《申报》1901年1月3日。
⑧ 《陆纯伯部郎在津禀李中堂稿并批语》，《申报》1901年1月14日。

征税。观察准之。”[①] 这应该是中国救济善会运往北方的最后一批物资。

庚子救援，无疑是救济善会最辉煌的经历，功勋卓著。陆树藩在其《救济日记》中谓：“是役也，共援出被难官民三千五百八十三人，运回旅（灵）柩一百三十六具，拾埋碎骨七十六箱，又装大包三十七包，检全男骨六十一箱，女骨五十五箱，安埋碎棺四十八具，医药惜字等项另有细单。兹将历次人数开列于后：爱仁轮船于九月十三日出口，载难民一百七十一名；安平轮船二十一日出口，载一百五十一人；公平轮船二十七日出口，载二百十五人；协和轮船二十九日出口，载一百七十一人；泰顺轮船十月初二日出口，载七百六十人；爱仁轮船第二次于初八日出口，载二百十人；安平轮船第二次于初九日出口，载七百十五人；新裕轮船十二日出口，载四百九十六人；普济轮船十四日出口，载三百二十八人；泰顺轮船第二次于十六日出口，载一百四十四人；协和轮船第二次于十九日出口，载二百二十二人。”[②]

这个统计是陆树藩离津回沪时的记载，虽然详细具体，但并不完整，加上随时“附搭便船回南”者，总数当有“五千余人”[③]。这与陆树藩“核计前后报名南渡者约有五千余人，封河前当可赶运完结”的说法是吻合的[④]。

事实上，陆树藩一回到上海，便立即纠正了此前的统计。他在1900年12月22日《申报》发布的《救济善会筹办京津善后事宜启》中正式声明：“树藩创办善会，不避艰险，与各友乘轮船赴津设局，拯救被难官商。先后载归已有五千余人之多，并运回各省灵柩一百三十六具，请登各报为海内诸大善长所共见共闻。”[⑤]

显然“五千余人”之说是可信的。至于“余”出多少人，无法精确统计。再加上1901年春“新丰”和“丰顺”轮载回之难民，总数当在6000人左右。

除此之外，陆树藩在天津开办医药局、惜字局也有建树，“医药局至十月十九日止，共治男妇内外科三百八十八名口。惜字局至十月十九日止共收字纸废书三千五百斤”[⑥]。而京津平粜善举，受益人群更是难以数计。

---

① 《挟纩怀仁》，《申报》1902年1月20日。
② 陆树藩：《救济日记》，1900年上海石印本，第15—16页。
③ 冯志阳：《庚子救援研究》，华东师范大学2012年博士学位论文，第188页。
④ 《陆纯伯部郎致上海救济善会第七号公函》，《申报》1900年12月17日。
⑤ 《救济善会筹办京津善后事宜启》，《申报》1900年12月22日。
⑥ 《救济善会津局纪事》，《申报》1900年12月27日。

对陆树藩及其中国救济善会卓著功勋，时人交口称赞[①]。陆树藩及其中国救济善会“似此济众博施，好行其德”，堪称“诚晚近所罕逢者也”[②]。

中国救济善会之所以取得如此辉煌业绩，固然与李鸿章的鼎力支持、陆树藩和救济善会同仁艰苦努力分不开，而社会各界的爱心捐助，毫无疑问，提供了强有力的后援保障。从《申报》公布的捐助者名单来看，“囊助款者，颇为踊跃”[③]，也涌现出许多感人事例。

如，前上海道台蔡钧（字和甫），“因救济会第一批派轮北上，特变产捐洋六千元交入会中，为同官之倡”。为资助救济善会的北上救援行动，变卖家产，难能可贵，“古人毁家纾难，无以过此”[④]。

又如，“有某善士踵门请见，并交经募洋一千五百元，（丁）绍芬迎入接谈，知胡姓，籍隶湖北，询其沪上寓处，笑而不言，盖隐德君子也”。募集巨款而不留名，令人感慨，“第咫尺龙门，无从答谒，殊深惆怅，惟有代北省灾黎焚香遥谢而已”[⑤]。类似的“无名氏”，在捐款捐物者名录中，不胜枚举。

再如，中国救济善会“昨接蒋云洲大善士来函，略谓京津被难官商，锋镝余生，难免疾病相侵。他日慈航旋沪，弟愿照名利、长春两栈不取房赀之例，请将病人送至南画锦里义生钱庄敝寓，自当力为医治，不受分文”[⑥]。为南旋难民提供免费服务，温暖人心。

“仁浆义粟，点滴恩波”，汇聚成爱的江河，让身陷窘境的难民看到了曙光，使他们重新扬起生活的风帆，同时也为救援行动的遂行提供了后援保障[⑦]。

“北方构乱，变起仓皇”，陆树藩“念京师为人文渊薮，一旦兵戈所指，玉石俱焚，势必英俊亡沦，典章散失。焦思终夜，莫晨一筹，是以邀集同志，创办救济善会，劝募巨资，舌敝唇焦，不遗余力”[⑧]。正因为如此，救援行动取得了巨大的成功。而陆树藩“此次慷慨北行，力任艰

---

① 《廖尚书代募救济善会顺直春振公启》，《申报》1901年2月28日，3月1日、2日、3日等。

② 《善士南旋》，《申报》1900年12月18日。

③ 《救济善会杂记》，《申报》1900年10月11日。

④ 《救济善会杂记》，《申报》1900年10月20日。

⑤ 《惠泽宏敷》，《申报》1900年10月11日。

⑥ 《救济善会杂记》，《申报》1900年10月15日。

⑦ 《廖尚书代募救济善会顺直春振公启》，《申报》1901年2月28日，3月1日、2日、3日等。

⑧ 《北方救济并归顺直春振启》，《申报》1901年3月22日。

巨，远离老母，舍己从人”[①]，更是可歌可颂，不仅赢得社会各界的盛赞，而且也得到朝廷褒奖。1902 年 1 月 18 日，“奉上谕，三品衔直（直隶）试用道陆树藩着赏加二品衔，并交军机处存记，钦此”[②]。

不过，纵观整个救援行动，也有不能尽如人意之处，并最终给陆树藩带来终生遗憾。这主要体现在两个方面。

一方面，从外部环境而言，陆树藩和其中国救济善会，受到济急善会的排挤。

如上所述，作为上海慈善界的“无名之辈”，陆树藩创建中国救济善会之时，特别渴望得到严信厚等慈善界大佬的支持，但陆树藩的求助遭到拒绝，乃寻求李鸿章的臂助，幸运的是，李鸿章鼎力支持，中国救济善会始孕育而生。尽管如此，“诸公颇多蜚语”[③]，使陆树藩欣喜之余，承受着巨大的心理压力。陆树藩“自顾德薄力微，恐难担此巨任，不得已乞合肥相国劝谕诸公，略为接济”[④]。而“诸公”则以“上海银根奇紧，商货滞销，艰窘万分，颇难筹集巨资”[⑤]，陈述种种困难的同时，通过李鸿章向其施压，要求“迅饬陆树藩等克日派人带款先行往办，不得任意延缓，负厥初心”，甚至提出“如因一时无人可延，卑府则敬情愿约友往办，不假他人之手，致有不实不尽情弊”。李鸿章遂“饬陆郎中等遵照，先将倡集捐款二万两，速派妥实可靠人员前赴津沽一带，竭力援救，切勿徒托空言”[⑥]。面对“诸公”咄咄逼人的挑战，陆树藩只好向李鸿章表示：“一俟护照领到后，司官当约同司事人等迅速往办，有一分力尽一分心，做一分事。此次往北各友均出自愿，谅不至假手他人，有不实不尽情弊。司官等因时局一变至此，富贵浮云，人生幻梦，不如实力行善，为子孙留一余地，决不敢徒托空言，改厥初心，有负中堂保卫官商成全善举之美意。”[⑦] 由此亦不难想见，无论陆树藩愿意与否，都得亲自北上，别无选择。

尽管陆树藩不被“诸公”信任乃至排挤，但他仍幻想通过李鸿章

① 《陆纯伯部郎致救济善会同人书》，《申报》1900 年 10 月 27 日。

② 《本馆接奉电音》，《申报》1902 年 1 月 20 日。

③ 《救济文牍》第 4 卷，《致余晋珊观察附启》《复陆春江方伯》，苏省印刷局光绪三十三年铅印本。

④ 《救济文牍》第 4 卷，《致余晋珊观察附启》，苏省印刷局光绪三十三年铅印本。

⑤ 《照录李傅相札文》，《申报》1900 年 9 月 21 日。

⑥ 《救济文牍》第 3 卷，《八月十七日奉李中堂札》，苏省印刷局光绪三十三年铅印本。

⑦ 《救济文牍》第 3 卷，《禀复李中堂》，苏省印刷局光绪三十三年铅印本。

“札饬候选道严信厚等分投劝助，陆续接济”[①]。但出人意料的是，在中国救济善会成立8天后，“诸公”非但没有为救济善会筹款，反而另起炉灶，发起成立济急善局。

济急善局，后称东南济急善会，简称济急会、济急局，1900年9月17日由严信厚“诸公”发起成立。济急善会的成立，毫无疑问，增强了救援力量，值得肯定，自然得到李鸿章、盛宣怀的支持。但“诸公”之所以要另立山头，显然也是出于对中国救济善会的极度不信任。对中国救济善会而言，这也是一种打压，毕竟慈善“蛋糕”就那么大，此消彼长。事已至此，陆树藩无奈之下，希望能够联手“合办”。他在给上海道台余联沅的信中表达了内心的苦衷和设想，谓：“侄处创办之初，曾向济急局诸公商议，均不以为然，婉辞谢绝，种种情形，早邀洞鉴。彼此同一善举，本可不分畛域，奈侄所办救济事宜，与洋人交涉，且开办以来，已与洋人立有往来案件，目前更改，窒碍甚多，倘或事废半途，必见笑于外人，亦何以对天下？筱舫观察诸公能鉴愚忱，与侄合办，实所欣愿，务恳将此意转告少耕观察，并求见原勿罪，无任企感。”[②]

济急善局一经成立，便发布《分头办理》的启事[③]，使“合办”也化为泡影。

既然已成事实，陆树藩也不得不面对。按照《分头办理》约定，“清江等处归严君筱舫诸公筹办，京津一带归陆君纯伯诸公筹办”。陆树藩也透露，经双方“商议，彼此共办善举，自应不分畛域，由丁君晓芳与施君子英议定，所有清江浦至德州等处归严君筹办，京津一带归树藩等筹办，庶几事有专责，款不虚靡”[④]。但这个“君子协定”很快被打破。救济善会在京设局由刘鹗主持救济事宜，而济急善局也在贤良寺开办济急分局，由杨文骏主持。随后严信厚、庞元济、施则敬联名发表《济急会声明》，强调“东南诸同志所设救济会及济急会，分济京津被难官商。其救济会系陆纯伯部郎，专办天津一路；济急会系盛京堂及诸同仁，专办京城、德州两路”。由于两会名称相近，极易混淆，因此“声明”也提醒公众辨别，“现蒙四方善长邮寄信件及捐款银两，往往互相

---

① 《救济文牍》第3卷，《禀复李中堂》，苏省印刷局光绪三十三年铅印本。

② 《救济文牍》第4卷，《复余晋珊观察》，苏省印刷局光绪三十三年铅印本。

③ 《分头办理》，《申报》1900年9月22日。

④ 《救济文牍》第4卷，《复福建江西湖南湖北广东广西云南贵州诸绅董》，苏省印刷局光绪三十三年铅印本。

错递，特此登报声明，以免转折，伏乞公鉴”[①]。凭借“诸公”的影响力和号召力，所收捐款后来居上，遥遥领先，远远超出救济善会，救援行动结束之时，济急会用银多达 50 余万两，而救济会不到 20 万两[②]。不难想象陆树藩的尴尬与无奈。

救济善会侧重海路，济急善局偏重陆路，虽然“各自为战”，但也难免有所交叉。如德州，原为济急善局办赈之地，但“办理之法不甚妥洽，且有晏振卿观察之公子领去济款，徒供滥费，以致山东人士啧有烦言”，大批落难官商难民，转而前往天津向救济善会求助，这使陆树藩压力巨大而又不能置身事外，袖手旁观，因此致函救济善会总局同仁，希望能与济急善局商量，“可否转恳严筱舫诸公将解汇德州之款拨助津局，德州、济南一带被难官商亦由津局设法，一律援救。彼此同为善举，岂可揭人之短，形己之长？无如避难东省之人纷纷来此，均系眷属，羁留求救甚迫，至令树藩左右为难。言之，似有意相攻；不言，则此心安忍？只求有济时艰，曷敢稍分畛域？恐于大局有碍，不得不冒昧上陈。知我谅我，惟诸公鉴之”[③]。矛盾、彷徨与无奈，跃然纸上。又如在京师，陆树藩“由京护送南省被难官商三百余人到津”，历经千辛万苦，如上所述。而“此项人士均系济急会所不及护送出京者”[④]。虽然“代劳”，但费用却由救济善会承担，陆树藩有难言之隐，不难理解了。

不能否认，两会亦有合作之举，如救济善会海路运送回沪的难民，济急善会提供力所能及的照顾，1900 年 10 月 25 日的《申报》就发布救济善会丁绍芬等与济急善会庞元济、施则敬联名的启事：“启者：顷接招商局郑陶斋观察函开，敝局袁仲蔚、唐韶笙两君，已与长发、泰安、名利、长春、全安、晋升、鼎升、天保各客栈主商定，将来北省被难绅商来沪投栈，不计房钱，只收饭金，每口每日钱一百二十文。即凭济急善会凭条住宿，五天为限等因。祗遵之余，仰见陶斋观察暨各宝栈主，顾全乡谊，宏济时艰，曷深感荷，谨请登报奉扬仁风。”[⑤] 说明在难民安置方面，两会互相配合，难能可贵，但从整个救援过程来说，“竞争”的局面始终存在，使中国救济善会陷入被动的局面。

另一方面，从内部管理方面来说，中国救济善会本身也存在漏洞，

---

① 《济急会声明》，《申报》1900 年 12 月 7 日。

② 李文海、朱浒：《义和团运动时期江南绅商对战争难民的社会救助》，《清史研究》2004 年第 2 期，第 22 页。

③ 《救济文牍》第 4 卷，《致上海本会诸同人》，苏省印刷局光绪三十三年铅印本。

④ 《陆纯伯部郎致上海救济善会第七号公函》，《申报》1900 年 12 月 17 日。

⑤ 《逆旅施仁》，《申报》1900 年 10 月 25 日。

尤其在善款的筹集与使用方面，更是问题多多，终致陆树藩负债累累，深陷泥潭。对此，陆树藩长房玄外孙徐祯基先生做了探究，认为“在筹集救济善会时，陆树藩未了解北方的真实需求及募捐的实际可能，因而在开始时多次作了过分的允诺，如：外军对中国官商军民救护费用如数由善会缴还；去津时对所有翻译人等川资薪水均由陆捐及不取善会分文；以及在捐款时采取各地方及绅士先垫银方式并以募款扣还而导致最后欠垫银众多。到1902年后，京津救济善会前后全部账目公开，由于捐款不足支出，加之他人先垫之银因各地募款不足须由救济善会总会归还，时救济善会基本上已自动解散，所欠之款须由董事长陆树藩归还。想不到做了一场好事却使他负债累累。到1903年陆树藩欠他人之款已达十数万两银，只好出售家中部分古董，但仍不足垫此数”，最后不得不将“皕宋楼”藏书出售日本静嘉堂文库[①]。“皕宋楼事件”使他成为千夫所指的历史罪人[②]，所付出的代价之沉重，难以想象。从某种程度上说，“皕宋楼事件”更凸显出陆树藩人道主义救援行动的可贵，尽管留下无可挽回的损失[③]。

（原载《河北学刊》2018年第3期）

① 徐桢基：《中国红十字会的前奏：上海京津救济善会》，载池子华、王国忠、吴玉林主编：《〈红十字运动研究〉2016年卷》，合肥工业大学出版社2016年版。

② 来新夏：《关于“皕宋楼事件”罪责之我见》，《中国文化》2007年第2期。

③ 顾志兴：《书去楼空的皕宋楼》，《浙江日报》2010年7月2日。

从中国救济善会到上海万国红十字会

中国红十字会成立于1904年3月10日，历经清朝、中华民国、中华人民共和国三个历史时期，是近代以来历史最为悠久的社会团体。百年来，中国红十字会抱牺牲志愿，本博爱襟怀，救死扶伤，扶危济困，谱写出一曲曲人道赞歌，在中国近代史和中华人民共和国史上留下闪光的足迹。本文耙梳史料，对中国红十字会创建过程做一概述。

一、中国救济善会：红十字会的先声

中国红十字会虽"一朝分娩"，但经历了一个"十月怀胎"的过程。

红十字会导源于西方。1863年2月9日，"红十字运动之父"亨利·杜南促成"伤兵救护国际委员会"（1880年改称"红十字国际委员会"）在瑞士日内瓦的成立，标志着红十字的诞生。次年在日内瓦召开有12国全权代表参加的外交会议，签署了《1864年8月22日改善战地陆军伤者境遇之日内瓦公约》，红十字运动由此蓬蓬勃勃发展起来。

当红十字运动在西方兴起之时，中国社会还处在半封闭状态。甲午战争后，红十字开始为社会舆论所关注。战争中，日本红十字组织赤十字社成员"驰赴战地者多至十万人，不特日兵临阵受伤蒙其医疗，即华兵之中弹而仆者，亦不分畛域，一体留医"①。此情此景，深深打动了中国人，在中国创办红十字会的呼声此起彼伏。著名维新人士谭嗣同在1894年末所作《报贝元徵书》中，对日本赤十字社的博爱之举，大加赞赏，流露出效法之意②。而《申报》《大公报》《中外日报》等权威报纸的宣传鼓动，更具影响力。随着红十字启蒙运动的兴起和推进，红十字被越来越多的人所认识、所理解、所接受，因而创建红十字组织的尝试也时有所闻。据1897年2月8日《申报》记载，甲午战争中，有

① 《中国亟宜创兴红十字会说》，《申报》1899年4月10日。

② 刘松洲：《最早论及红十字会的历史名篇》，《博爱》1996年第3期，第33页。

“中国妇人金氏者，前在美国习医，至此适卒业而归，遂与泰西某女医同立红十字会，……募诸各善士，集得洋银三千元，受伤者遂医药有资，渐渐痊愈”。这位中国妇人“金氏”，十有八九为金韵梅（又译为金雅妹）女士。她是中国最早留美毕业回国的留学生，学习医学，后与孙淦共同发起成立天津红十字会。这一推测如果能够得到证实，金韵梅该是中国人创立红会组织的率先实践者。

金氏之后，1899 年春，上海绅士汪炳等人，经苏松太道批准，创设了“中国施医局。”

中国施医局的出现，本不足为怪。施医局，属于善堂的一种。善堂是一种慈善组织，在中国有着源远流长的历史。中国是“仁”的国度，乐善好施，扶危济困，为中华民族优秀传统。因此，历朝历代均设有慈善救济组织，实施“赈贫恤患”的工作，特别是明清以来，民间慈善事业兴起，各地善堂林立，蔚成人文景观。“善堂者，经理地方之善举也”，“所行善举，则育婴焉、恤嫠焉、施棺焉、掩埋焉，冬则施衣，夏则施药，地方之穷而无告者养生送死之事，皆于是赖焉，凡此善举，无论通都大邑、城乡市镇之间，皆大略相同”①。在此背景之下，“中国施医局”的开办，寻常之极，不值得大惊小怪。

但是中国施医局绝不是传统善堂的翻版，而是赋予了红十字精神的新内涵，其章程称：“同人酌照红十字会章程办理，有事施于军士，无事施于贫民。”② 战时救伤，平时济困，原本是红十字会的主要职能。去掉“中国施医局”的外包装，其实就是红会组织，至少也是中西合璧的新型慈善组织。不过，中国施医局局限于上海一隅，不具有普遍性和全国意义，而翌年组建的中国救济善会，则成为中国红十字会的先声了。

1900 年，旧历庚子年，是中国近代历史上最惨痛的一页，这一年，八国联军发动了旨在瓜分中国的侵略战争。6 月 17 日，联军攻占大沽炮台；7 月 14 日，占领天津。义和团虽浴血鏖战，但无力阻止联军北进。8 月 14 日，国都北京沦陷，慈禧太后挟光绪皇帝西逃。

战火在天子脚下蔓延，生灵涂炭，死伤累累。血腥呼唤人道慈悲，呼唤红十字精神的关怀。

为救死扶伤，周济难民，江浙一带一批著名绅商如严信厚、陆树

---

① 《论清查善堂事》，见《申报》1897 年 3 月 15 日。

② 《照录中国施医局章程》，《中外日报》1899 年 5 月 5 日，转引自闵杰：《近代中国社会文化变迁录》第 2 卷，浙江人民出版社 1988 年版，第 184 页。

藩、庞元济、施则敬等，在上海发起“中国救济善会”，经上海道员余联沅批准成立。中国救济善会，既名“善会”，便烙上旧式善堂的印记，但“旧瓶装新酒”，它所具有的红十字会性质，格外引人注目。1900年9月17日《中外日报》刊登中国救济善会的“公启”称：“近因京师拳匪（指义和团——引者）为非，激成大变。列国师船连樯北上，竟以全球兵力，决胜中原。炮火环轰，生灵涂炭，兵刃交接，血肉横飞，……某等不忍坐视，先集同志，筹捐举办，拟派妥实华人，并延请洋医、华医，赴津沽一带，遇有难民，广为救援，名曰中国救济善会。呈请上海道照会各国领事，声明此系东南各善士募资创办，亦如外国红十字会之例，为救各国难民及受伤兵士起见，已蒙各国领事会议，允由德国总领事发给护照，善会中人携向军前救护。”这个“公启”，正如闵杰先生指出的那样，有三点值得注意：（1）该团体由东南地区（以江浙两省为主）绅商联合发起，为一全国性组织，而不像旧式善堂那样局限于一城一邑；（2）它救护的对象是中外双方伤兵及难民，而不仅限于己方；（3）它按照国际惯例，由中国地方官照会各国领事，发给前往战区的护照。所有这一切都表明，中国救济善会是一个遵照国际红十字会的基本精神和行动惯例成立的一个团体，与旧式善堂已有显著区别①。也正因为如此，我们把中国救济善会的成立，视为中国红十字会的先声。

中国救济善会成立后，上海道按照国际惯例，照会驻沪各国领事。照会称：“中国救济会，此系江浙善士募资创办，亦如外国红十字会之例。为救各国难民及受伤兵士起见，请照会贵总领事，颁给护照，俾救济会之人准向北方军前，随时救护。”② 当年10月，中国救济善会在领取护照后，驰赴华北前线，展开广泛的人道救护。

探赜索隐，可以发现历史：具有红十字会性质的慈善社团的组建，是红十字启蒙宣传的直接产物，而社团的不断出现，也扩大着红十字的社会影响，推动着启蒙宣传向纵深和宽广方向发展。启蒙宣传和实践尝试，双向互动，相得益彰，组成启蒙运动的协奏曲。只是这类具有红十字性质的慈善组织，应急而设，大多是临时性的，事毕撤销，很难维持长久。不过，人们相信，在中国仁爱的沃壤中，红十字的幼苗，定会茁壮成长。历史在期待着。

① 闵杰：《近代中国社会文化变迁录》第2卷，浙江人民出版社1988年版，第185页。

② 《上海道余观察致各国领事照会》，《中外日报》1900年9月18日，转引自闵杰：《近代中国社会文化变迁录》第2卷，浙江人民出版社1988年版，第185页。

二、日俄战争与东三省红十字普济善会

历史往往有惊人的相似之处。国际红十字的诞生得自于战争的强力推动，那场战争就是众所周知的索尔费里诺之战。中国红十字会的诞生，同样得自于战争的强力推动，这场战争就是发生在中国领土上的日俄战争。

历史上，日本、俄国都是掠夺中国、将近代中国一步步推向半殖民地深渊的恶魔。俄国曾通过逼签《瑷珲条约》《北京条约》《勘分西北界约记》等不平等条约，将中国北方150余万平方公里的领土划入俄国版图；日本则通过《马关条约》攫得两亿两的战争赔款和对台湾、澎湖群岛等地的殖民统治。但欲壑难填，沙俄有"黄俄罗斯计划"，日本制定"大陆政策"，双方均想独占东北进而扩张殖民统治的"势力范围"，为此明争暗斗，剑拔弩张，随时准备厮杀。

1900年，沙俄在参加八国联军进攻京津的同时，单独出兵侵占东三省。战争结束后，借故拖延，拒不履行《俄国撤兵条约》，希图独占，激起日本强烈的敌对情绪，几经交涉无效，在英、美的怂恿支持下，日本不惜一战。1904年2月8日，日军突袭旅顺，日俄战争爆发。

可悲的是，懦弱无能的清政府力难阻止战火在自己国土上燃烧，竟将辽东划为交战区，宣布"局外中立"，只呼吁交战双方尊重清王朝在沈阳的陵寝。

战争意味着流血。战前，各国侨民陆续撤离东北，交战双方伤病兵员均由两国红十字会救护。唯有我东三省同胞在滚滚硝烟中，在战火烧焦的土地上流离迁徙，"呼号宛转"，受尽磨难。

清政府可以严守"局外中立"，但对难民潮的涌起，地方官却不能视而不见，置身事外。为此，直隶总督及山东巡抚曾派出船队前往旅顺等处，拟救难民出险，不料"俄人称，各口已经封闭，不准别国船只驶进"[①]。直督东抚诚恐阻格朝廷坚守中立之局，不感轻举妄动，徒呼奈何。

日俄之役，战地在中国领土，受祸为中国人民，而中国政府却因是

① 《施君肇基笔译上海创设万国红十字支会会议大旨》，中国红十字会总会编：《中国红十字会历史资料选编，1904—1949》，南京大学出版社1993年版，第21页。

“别国”而无权施救，“不平之事，莫甚于此”。政府无能为力，民间善堂无济于事，看来，只有具独立、中立品格的红十字才能解燃眉之急。这样，沉寂了4年之久的红十字呼之欲出，而打破沉寂的便是在中国红会史上具有举足轻重地位的关键人物、时任上海记名海关道的沈敦和。

沈敦和，字仲礼，1866年生于浙江宁波。早年留学英国，就读于剑桥大学，回国后历任江南水师学堂提调、上海自强军营机处总办、山西冀宁道洋务局总办、张家口洋务局总办、上海记名海关道等职。他是一位知名的社会活动家，“不独为军界之干材，也是外交界、慈善界、企业界出类拔萃的人物”①。1911年，上海集成图书公司出版茗水外史所编《沈敦和》一书，对其一生活动记述甚详②。

日俄战事发生后，沈敦和激于义愤，与前四川川东道任锡汾、直隶候补道施则敬等奔走联络，“拟援万国红十字会例，力筹赈救北方被难民人之策”。沈敦和的号呼，得到上海绅商的积极响应。

1904年3月3日，沈敦和、施则敬等20余人集会于上海英租界六马路仁济堂，发起成立“东三省红十字普济善会”并“商议开办之法”。会上，沈敦和首先介绍了万国（即国际）红十字会的缘起、章程等基本情况，接着与会同仁就东三省红十字普济善会的立会宗旨、救济方式、资金筹措等具体事宜，各抒己见，最后达成共识：关于立会宗旨，“本会援泰西红十字会例，名东三省红十字会普济善会，专以救济该省被难人民为事”；开办方式，由发起人“垫银十万两，以应急需”，“延请中西大善董，就近开办。在沪设立总局，专为筹款之所，而另设分局于京津，招留救援出难之人，以期一气贯注救之之法”，“各省如有助款入会者，不拘多寡，请寄上海总局，刊发征信录，并随时登报，以照核实”；救济宗旨及办法，“本会救济宗旨，无论南北方人，务先举令速离危地，以避大难”，而后“赈抚兼施，医药互治，用符西国红十字会之本旨”，参加救护的人员，“左袂缀有红十字旗式，以便行军一望而知，其制均归一律”，“建旗之处，与两国行军利害无碍，西国不得在此界限线内，互施炮火”，“红十字旗所到之处，遇晚应即住宿，不得惊扰”，“遇救诸人，无论在舟在车，男女必分别，老幼必扶持，不得稍有陨越，以示慎恤”；组织架构，采用董事制，“公举才望夙著，熟悉中外以及北方情形

① 何克明：《中国红十字会创始人沈敦和先生事略》，中国红十字会总会编：《中国红十字会历史资料选编，1904—1949》，南京大学出版社1993年版，第555页。

② 《沈敦和》一书共8章：一绪论，二发迹，三兵家，四、五外交，六慈善，七教育，八结论，内附照片多幅。1912年该书再版时，引起日本商界的广泛关注，《申报》数度报道此事。

大员为董事，总理局务”，“另举西董事，与东三省教士联络举行，以免外人拦阻”，“中西董事外，应另举筹款董事数人”①。

东三省红十字普济善会的成立，表明国人红十字意识的增强，这是难能可贵的进步。不过，话又说回来，尽管东三省红十字普济善会的运作方式力图遵行国际红十字的基本规则，但“善会”二字，却给红十字蒙上一层浓重的传统善堂的阴影，不伦不类。实际上，它仍然不是真正意义上的红十字会，也很难取得交战双方的认可、享有红会本应享有的权利。东三省红十字普济善会刚一成立，就遇到了自身无法克服的难题。

东北难胞，嗷嗷待援，刻不容缓，而新成立的东三省红十字普济善会爱莫能助，面对如此尴尬的局面，沈敦和等慈善家们不得不改弦更张，另谋救护善策。

三、中国红十字会的诞生

日俄战争仍在激烈地进行中。难民欲逃无路，欲行无门，不死于刀兵，亦将成饿殍。呼救之声响彻云际，救援急如星火。

东三省红十字普济善会，不是真正意义上的红会组织，不可能取得国际红会组织的确认，更得不到交战国的认可。但除了红十字会之外，没有更好的拯救之法。时论呼吁建立真正意义上的红会组织，3 月 5 日，《申报》发表鲰生文章《中国宜入红十字会说》，指出，东三省红十字普济善会“特中国红十字会之先声耳”，言外之意，却也不言而喻。鲰生建议创设红十字会，并请政府报请红十字国际委员会核准，使中国成为国际红会大家庭中的一员，让闪光的红十字真正“照耀于中国二十一行省”。

其实，清政府对中国加入国际红会组织一直表现出比较高的热情，一个最突出的例子，即 1899 年 5 月派遣原驻俄公使杨儒赴荷兰海牙出席减兵保和大会（即“世界和平会议”）。杨儒代表清政府在 7 月 29 日通过的《推广日来弗原议行之于水战条约》（即《关于日内瓦公约原则推行于海战的海牙公约》）上画押。“日来弗”，即“日内瓦”的最初译名，“日来弗原议”是指《1864 年 8 月 22 日改善战地陆军伤者境遇之日内瓦公约》（又称“红十字公约”“蓝本公约”）。尽管杨儒在条约上画

① 《东三省红十字普济善会章程并启》，载《申报》1904 年 3 月 3 日。

押，但荷兰外务部大臣提出："日来弗原约，中国应先画押入会，方能将这次画押批准之件存储。"① 在此之前，中国并未加入红十字原约，由于1900年八国联军侵华的干戈扰攘，也没来得及补办加入原约手续。实际上，没有全国统一的红十字会组织这一先决条件，其他一切努力，无异于缘木求鱼。不过，清政府加入国际红会组织的热情之高，可以想见。

救援急如星火，创办红会组织同样急如星火。红十字会是群众性组织，只能由民间发起，尽管清政府对中国加入国际红会态度积极，但不能一手包办。历史的重任还是落到沈敦和等慈善家身上。

东三省红十字普济善会，原是情急之中仓促成立的，所谓"俄日构兵，奉天告急，辽东各郡邑生灵涂炭，载道死亡。在俄日两军，各有会中人互相救疗，独我中国孑遗黎庶，不死于兵火，即死于疾病流离，援手无从，呼天莫应。同人爰拟变通其法，创兴普济善会，一面电商各国红十字会及瑞士万国总会准用红十字徽章，一面禀求俄日诸国驻沪领事官，准往辽东救援被难之黎庶，先自垫经费十万，然后四处募捐，仍公举朴实耐劳之人，亲身前赴战场，力行救护之事，此外恪守局外中立之旨，一切战务略不与闻，但使无损红十字旗声名"②。但正是由于"急中生智"的"变通其法"，使东三省红十字普济善会陷于窘境。沈敦和认识到这一点，立即加以补救。他找到李提摩太，请求臂助。

李提摩太（Timothy Richard），英国传教士，1870年受英国浸礼会差会派遣来华，先后在山东、东北、山西等地传教，1890年在天津主办《时报》，1895年在北京参加康有为领导的强学会，附和中国的维新运动，1898年拟出任光绪皇帝的顾问，因慈禧太后发动政变而未成。他是在华传教士中极具影响力的人物。

对沈敦和之请，李提摩太表示万苦不辞，鼎力相助。令人振奋的是，李提摩太卓有成效的活动，使尴尬的局面出现转机，朝着成功的方向迈出关键的一步。李提摩太追述这一过程时，不无感慨地说："上海华商绅宦，深念旅居北方华民之苦，故彼此筹谋拯救之法，特请沈敦和观察前来与余商量此事。查各国在东三省教士避难于牛庄。余遵沈观察之请，电商牛庄教士可否拯救难民？旋得复电，允许前往赶救，愿效力者甚众。因此设立红十字会之议始起。红十字会之用意，救被难民人与

① 转引自中国红十字会总会编：《红十字手册》，辽宁科学技术出版社1988年版，第10页。
② 《申报》1904年3月5日。

受伤兵士。遂往商英、法、德、美四国领事，佥以为然。然后又往商工部局董安特生，安特生因属余与总董培恩商议之后，始定。”①

1904年3月10日，历史将永远记住这一天。下午五时一刻，中、英、法、德、美五国代表会集于上海英租界公共工部局议事。会议由工部局值年总董培恩主持。培恩致开会辞：“今日五国董事聚集于此，所为何事？我请李提摩太宣明。”李提摩太起身，简明扼要述说沈敦和等急切救助东北难民请求援助情形，说：“今日之会拟先在中国设立红十字会分局，设局之意，首在筹款。惟所筹之款，并非交付俄人日人支用。且将来拯救难民，不分中外。”接着，沈敦和介绍东北难民嗷嗷待救苦情，谓：“上海拯救难民之诸华董，闻战地左近惨酷之状，预拟极力设法拯救。中国已有多人允资助华董，最妙者请诸洋董合力办理。”对李提摩太在中国设立红十字会的提议及沈敦和合办红会的设想，与会者均无疑义。培恩请工部局董安特生“定议”。安特生提出，“所议创设红十字会，系局外之会”，“宜预举各董及派定办事之董事数人”，“共襄此举”。安特生宣布了他与李提摩太议定的45名董事会组成人员名单（其中西董35人、华董10人），大会以举手表决的方式通过；另从45名董事中推出9名组成办事董事（其中西董7人、华董2人），西董为英刑司威金生、公共租界工部局总董、法租界工部局总董、李提摩太、律师麦尼而、医生巴伦、傅密生，华董为沈敦和、施则敬（后增任锡汾），以举手表决方式通过。由于与会者多为洋人，会上使用的正式语言是英语，李提摩太“复将会议大旨，用华语告知在场诸华董”。会议记录也是用英文，由精通英文的施肇基（字植之，浙江杭县人，16岁时随杨儒赴美，任使馆翻译，民国时期几度出任驻英、驻美公使）秉笔，经大会同意，由施译成中文，“分送在场各华董及来探问情形者”，会后以“施君肇基笔译上海创设万国红十字支会会议大旨”为题，登于《申报》《中外日报》等报。

这次集会，在中国红十字运动史上具有非同寻常的意义，它宣告上海万国红十字支会的成立②，它的成立，标志着中国红十字会的诞生。

① 《中外日报》1904年3月14日。

② “万国”，即国际之意，“支会”，即分会，以与瑞士总会相区别。7天后，也就是3月17日，正式定名为“上海万国红十字会”，五国合办。日俄战争结束后由中国自办。

四、中国红十字何以首先诞生于上海？

中国红十字会为什么首先在上海发起成立，这是一个令人感兴趣的问题。根据笔者的研究，至少可以归纳出如下几点：

其一，上海是首批开放的商埠城市，1843 年开埠后，得益于“江海要津”的特殊地位而迅速崛起，很快形成沟通中外的东方巨埠。这种区位优势，使上海较之其他城市更具有“创始”条件，如时论所评：“沪上交通之地，耳目易周，苟办理之得法，即足以模范全国，办理而稍有成效，即可以推广内地，故不办红十字会则已，苟欲办之，必自上海始。”①

其二，作为传播西方文化的中心，上海成为“西学东渐”的桥头堡。西学，无论在物质层面、制度层面抑或文化层面，总是首先在上海找到生长点，红十字也不例外，它最先在上海登陆，并以当时上海几大报如《申报》《中外日报》《时报》《新闻报》为媒介，进行“启蒙”宣传，走近上海民众，进而向全国扩散。毫无疑问，得风气之先的上海人对红十字的了解远过他处，这是中国红十字会首先在上海发端的民众和社会心理基础。

其三，作为中国第一大近代都市，上海工商业发达，经济实力雄厚，如对外贸易方面，始终保持占全国对外贸易总值的50%左右②；工业方面，从 1895 年到 1911 年，上海外资开设的工厂计 41 家，开办资本为 2090.3 万元，分别占这一时期外资在华设厂总家数的 45.1%，总开办资本的 42.8%；同一时期，民族资本在上海经营的工厂有 112 家，占全国在这个时期新办民族资本工厂总数的 25.1%，开办资本 2799.2 万元，占全国总额的 28.6%③。金融业方面，上海金融中心的地位是国内任何其他城市无法替代的，“所以上海之在中国，正和伦敦在英国，纽约在美国，巴黎在法国一样，它的金融市场确实有左右全国金融商业的势力”④。雄厚的经济实力，为兴办慈善事业创造了条件。“上海为中外

① 王熙普：《创设红十字会之理由》，《申报》1907 年 7 月 4 日。

② 隗瀛涛、谢放：《上海开埠与长江流域城市近代化》，《城市史研究》第 10 辑，天津古籍出版社 1985 年版，第 2 页。

③ 茅家琦等著：《横看成岭侧成峰——长江下游城市近代化的轨迹》，江苏人民出版社 1993 年版，第 14—15 页。

④ 《上海研究资料续集》，上海书店 1984 年版，第 686 页。

交通巨埠，……善举亦唯是为最多，善量为最大，筹赈粥恤，各省靡不挹注”[①]。这种相关性，为中国红十字会肇始于上海做了诠释。

其四，“财富可转化为仁慈的德行。”这是“国际红十字运动之父”亨利·杜南之父雅克·杜南的一句名言[②]。这句名言，可以从上海得到验证。上海“缙绅名流，硕腹巨贾，车马辐辏，靡不毕集”[③]。这些富商巨贾，热心于把财富转化为“仁慈的德行”，回报社会，以致上海“城中租界，善堂林立”[④]。每当天灾人祸降临，上海绅商总是慷慨解囊。随着灾荒的频繁发生，义赈活动“相继而起”，到19世纪末，已是“风气大开”，蔚然成风了[⑤]。中华民族“乐善好施”的传统，一旦有“财富”作保障，就会有行善壮举的层见叠出。当红十字“登陆”上海滩后，很快被接纳并在民间义赈的基础上付诸行动，中国施医局、中国救济善会、东三省红十字普济善会等以红十字宗旨为宗旨的慈善团体的出现，就是例证。实现新的跨越，首先在上海发起成立中国红十字会是极其自然的，也是顺理成章的。

总之，中国红十字会首先在上海诞生，不是偶然的，它是天时、地利、人和等多种因素的合力交叉互动的产物，以上所述，只是几个主要方面。

（原载《史林》2005年第2期）

① 中国红十字会总会编：《中国红十字会历史资料选编，1904—1949》，南京大学出版社1993年版，第18页。

② 马克·德斯贡伯：《亨利·杜南传》，《中国红十字报》1992年1月24日。

③ 《申报》1904年3月3日。

④ 《申报》1895年12月16日。

⑤ 李文海：《世纪之交的晚清社会》，中国人民大学出版社1995年版，第408页。

辛亥革命中红十字会江苏战场救护述论

1911年10月辛亥革命爆发后，以救死扶伤为天职的红十字会迅速行动起来，组织救护医疗队奔赴战地，展开广泛的救援。本文以江苏战场为视点，再现红十字会战地救护的风采。

一

江苏是辛亥革命的主战场之一。在江苏战场上，红十字会有4个方面的生力军穿梭于硝烟弥漫的战地中。

第一个方面军，即以江苏上海为总部的中国红十字会。为救护辛亥之役，1911年10月24日在上海成立了“中国红十字会万国董事会”，以发起人沈敦和与英国按察使苏玛利为总董。除了组织救护队派往战地外，中国红十字会万国董事会还采取了两大措施筹措善款，以保障包括江苏战场在内的救护行动的顺利推进。第一大措施是以理事总长沈敦和的名义刊登劝捐广告，号召“海内外大慈善家热血一喷，解囊相助，集腋可以成裘，聚沙可以为塔，多固益善，少亦不拘，惟冀源源接济，同襄善举”[①]。劝捐广告揭诸《申报》《民立报》《大公报》等报刊，激起社会各界的普遍关注，尤其是江苏人，捐款热情高涨，善款“源源而来”[②]。第二大措施是“征集会员”。11月1日，理事总长沈敦和在《申报》上刊登《红十字会征集会员广告》，决定“援照红十字会万国条例，得征集名誉会员、特别会员、正会员三项”。名誉会员另当别论，特别会员、正会员宜“先行征集”，以“赞助会务”。红会规定：“凡纳会费

① 《申报》1911年10月29日。

② 中国红十字会总会编：《中国红十字会历史资料选编，1904—1949》，南京大学出版社1993年版，第257页。

二百元以上作为特别会员，二十五元以上作为正会员。”愿入会者，向三马路《新闻报》馆三楼红会办事处“索取介绍单式”，逐项填写，另请“当地公正绅商一人介绍，会费一次交足”，即可取得会员资格①。至于外埠入会之人，“会员费兑汇不便，上海亦苦无熟人介绍”。有鉴于此，征集办法略加变通：“外埠入会诸君经商会、学堂主任介绍，盖有商会、学堂印章为凭，会费由邮政局保输信汇寄”，即可认定入会成为会员②。会员入会后，由红会“函电民军、官军、各地方民政长一体保护，并将各会员姓氏、籍贯陆续通告各府州县一律优待在案。凡吾会友当如何恪遵会章，束身自爱，严守中立，以博爱、恤兵为宗旨，必能受两军敬礼，幸勿自失信用，损害本会名誉”③。一旦发现会员“有违背博爱、恤兵之宗旨及干预战事、侦探军情，犯两敌国军律者，即失去会员之待遇”④。从11月1日起至次年1月下旬，月余时间，中国红十字会先后征集3届会员，入会人数逾千。会费收入成为救护经费的一大来源。

第二个方面军，是中国赤十字会。赤十字会的发起人是被称为“穗城奇女”的张竹君⑤，广东番禺人，中国妇女解放运动的先驱者之一，人称“女界的梁启超”⑥。1904年，她来到上海，在伍廷芳、李平书及犹太大富商哈同夫人罗迦稜的臂助下，兴办女学，1909年出任上海医院监院（院长）。她与沈敦和颇有恩怨，决意自树一帜⑦。辛亥革命爆发后，以救死扶伤为己任的她，经多方奔走、联络，促成了中国赤十字会的成立。10月19日，成立大会在南市上海医院召开，到会者约500人。会上，张竹君报告中国赤十字会发起缘由、宗旨，宣布草章。中国赤十字会会董有伍廷芳、宋跃如、虞洽卿、李登辉、曹锡根、顾馨一、李平书、王一亭、莫子经、吴怀久、王培生、沈缦云，会长张竹君，汉口事务所长何乃全，上海事务所长王维廉，干事员田北湖、朱少屏、杨千里、王宝仑⑧。“赤”十字即“红”十字，色彩一样，内容也相同，《民

① 《红十字会征集会员广告》，《申报》1911年11月1日。

② 《外埠入会诸君鉴》，《申报》1911年11月26日。

③ 《红十字会特告》，《申报》1911年11月26日。

④ 《红十字会复协济会姚君函》，《申报》1912年1月27日。

⑤ 关于张竹君生平事迹，参见池子华：《张竹君与中国赤十字会》，载《上海市历史博物馆馆刊》第2辑，上海社会科学院出版社2004年版。

⑥ 陆丹林：《广东女志士张竹君医师》，《广东文史资料》第34辑，第166页。

⑦ 池子华：《红十字与近代中国》，安徽人民出版社2004年版，第110—112页。

⑧ 《赤十字会开会记》，《申报》1911年10月20日。

立报》发表的振公所译《赤十字社之历史》①，就是红十字运动发生发展的简史。一篇题为《女子红十字会之可敬》的文章对张竹君组织赤十字会的义举称赞有加，云："中国女子久为男子所轻视者，以其柔懦无能也。今张竹君女士组织女子红十字会，往汉口施救受伤兵队，诚中国从来未有之创举，英雄肝胆，儿女心肠，虽须眉亦莫能及。女士此举，非特有光于女界，亦且有光于国，有益于同胞，吾不禁为女界前途贺。呜呼，巾帼生色，须眉有愧多矣！"② 把红十字会与赤十字会"混为一谈"。上海五洲药房经理项松茂甚至把张竹君与红十字运动史具有重要影响的关键人物南丁格尔相提并论，赞为"南丁格耳（尔）之再见"③。《中国赤十字会临时章程》也明确立会宗旨为"本人道主义，救护因战受伤之人，不论何方面人，视同一体"④。所有这一切，无不说明赤十字即红十字，两者没有实质性的区别。张竹君如是称呼，无非标明她在沈敦和之外自树一帜，尽管如此，中国赤十字会却不是"另类"，而是中国红十字运动的"旁系"⑤，在江苏和中国红会史上应有一席之地。

第三方面军为留日医药界红十字团。在留日学生中，有不少人学习医学，他们大多加入了日本赤十字社。辛亥战事发生后，留日医学生以天职攸关，乃决意回国参加战事救护，据10月26日东京电称："留学日本各处之中国医学学生皆入赤十字队。"⑥ 他们以东京为中心，联络医学生，组成颇见规模的"留日医药界红十字团"⑦，11月18日由东京启程，19日在横滨登上"博爱丸"轮，泛海驶沪。11月26日，以王曾宪为团长的留日医药学界红十字团到达上海，受到沈敦和等人的热烈欢迎

① 振公译：《赤十字社之历史》，《民立报》1911年10月29日、30日。

② 思雪：《女子红十字会之可敬》，《民立报》1911年10月19日。

③ 《上海五洲药房经理项松茂致上海医院院长张竹君女士书》，《申报》1911年10月21日。

④ 《中国赤十字会临时章程》，《民立报》1911年10月27日。

⑤ 池子华：《红十字与近代中国》，安徽人民出版社2004年版，第104页。

⑥ 《申报》1911年11月19日。

⑦ 关于留日医药学界红十字团的人数，据1911年11月20日《申报》报道："千叶医学专门学校及东京女子医学校中国学生三十名组织红十字队，又东京中国学生百五十名并中国红十字会长嘱托之有贺长雄等皆乘博爱丸于二十八日前赴上海。"毫无疑问，30名医学生是"留日医药学界红十字团"的骨干，至于另外150名留学生是否全是医学生，是否都加入到红十字团，则不得而知。根据《红十字会研究大会纪事》记载："日本回华医士六十人赴长沙，又六十人赴滁州、临淮关一带救护"（《申报》1911年12月13日），加上"大阪、长崎二校诸君已赴镇江"（《留日医药学界红十字团广告》，《申报》1911年12月4日）有几十人，红十字团总人数当在150人左右。或认为"留日医药学界红十字团"由140名成员组成（周秋光：《晚清时期的中国红十字会述论》，《近代史研究》2000年第3期，第170页），待考。

和盛情款待[1]。留日医药学界红十字团抵达上海后，即整装待发。为保证救护行动规范、有序进行，特制订《中国红十字会留日医药界红十字团章程》（以下简称《章程》）。《章程》规定："本团由留日医药界组织而成，定名为留日医药界红十字团"；"本团以博爱为宗旨，凡军人及因公服务于军队之人员有负伤及罹病者，不问其为南军、北军，悉殷勤救护"；"万国红十字条约有可适用于本会（团）者悉行遵守"；"本团援万国红十字条约得用白地（底）红十字徽章、旗帜"；"本团出发队至交战地后，务与各国及中国各红十字团为一致之行动"；"本团对于南、北两军皆毫无偏袒行为"；"本团出发队至交战地后即通知南、北两军，并援万国红十字条约第三章第九条，请求其对于本团人员与各国红十字人员加同等之保护"；"本团出发队在交战场内所收容之受伤人及罹病人，遵万国红十字条约第一章第四条，于南、北两军之死伤者及伤病者之人数及人名，俟本团查明后即行通告南、北两军"；"本团出发队在交战场地以救护受伤军士为责任，如南、北两军有以罹病军士嘱托本团治疗者，本团当随时斟酌办理"；"无论南、北两军有以卫生材料及捐款寄赠本团者，本团皆可领受"；"本团所有之卫生器械、药品、固定营造物及一切应用物品，得援万国红十字会条约第二章第三条，请求南、北两军悉行尊重保护"；"本团人员遵万国红十字会条约悉于左腕备用白地红十字臂章，在胸备中国红十字会总会徽章并持本会证明书"；"本团之卫生器械、药品、固定营造物及应用物，遵万国红十字会条约，悉附红十字旗章（本团人员所持腕章、旗章，均盖有红十字总会印章，其所持证书除总会盖印外，并盖有团长及该队长之印为凭）"；"本团出发队皆本团成员，但本团人员缺乏时，得（聘用）酌量以本国或外国人补充"；"本团一切经费，除已承各慈善家直接寄赠本团外，均由（中国红十字会）总会担任"；"各出发队应用经费由各队会计每月作决算报告总会"；"本团所收捐款，由会计盖印掣付收条时，以盖有团长或队长公私两印为凭。"[2] 这个《章程》包括了宗旨、红十字团与万国红十字会条约上之关系、"对南北两军之地位"、徽章之佩用、经费等。由《章程》不难看出：（一）"留日医药界红十字团"隶属于中国红十字会，冠以"中国红十字会"留日医药界红十字团，命意即在此，所以"所有此次后援，

---

① 《留日医药学界红十字团广告》，《申报》1911 年 12 月 4 日。

② 《中国红十字会留日医药界红十字团章程》，《民立报》1911 年 12 月 24 日。"万国"即"国际"之意。

一切均由沈（敦和）先生规画，商同本团合意办理”[1]；（二）尽管留日医药界红十字团为“后援”，但是中国红十字会辛亥战时救护行动的有机组成部分；（三）留日医药界红十字团的救护行动“不问其为南军、北军，悉殷勤救护”，表明它的中立性，这与中国红十字会“救人宗旨不分革军（革命军）、官军”完全一致，体现出红十字会的“博爱”本色。

第四方面军，是江苏各地分会为配合中国红十字会而组织的救护行动，这其中金陵分会以及在辛亥风云中诞生的沪城分会、苏州分会、镇江分会、江阴分会、无锡分会、常熟分会等分会，发挥了重要作用。它们是江苏红十字运动的“主体”，翻开了江苏红十字运动的新页。

上述4个方面的生力军，相互激荡，汇合成波澜壮阔的红十字运动立体画卷。

二

武昌起义不久，江苏战场燃起熊熊战火，其中两江总督所在地的南京成为清军与革命军争战最为激烈的“角斗场”，战争救护也以此为中心展开。

1911年11月8日，新军统制徐绍桢发动起义，兵临南京城下，终因子弹缺乏，兵退镇江待援。苏军统领刘之洁、浙军司令朱瑞、沪军统领黎天才以及扬州都督徐宝山、镇江都督林述庆等各率部来会，组织苏、浙、沪联军，推徐绍桢为总司令，另由沪军都督领衔，联名电请江苏都督程德全出山督师。11月24日，联军向南京进发，声势浩大。

宁战爆发，伤亡累累，救护迫在眉睫。中国红十字会、中国赤十字会以及留日医药界红十字团积极行动，组织救护。救护情况分述如下。

先看中国红十字会的救护情况。11月24日，即联军挺进南京的同一天，中国红十字会及时派出侯逸如诸医士组成的救护医队赴宁，并于沪宁铁路沿线的镇江、常熟、苏州、吴淞等处，设立临时医院，红会总医院“亦已预备一切”[2]，随时准备接纳伤兵。南京开战后，中国红十字会采取了5大救护措施：一是与美国红十字会江安分会、旱西门金陵医院、螺丝湾贵格医院、鼓楼基督医院联手，救治伤兵病民；二是商请沪

① 《留日医药学界红十字团广告》，《申报》1911年12月4日。

② 《辛亥年中国红十字会大事记》，中国红十字会总会编：《中国红十字会历史资料选编，1904—1949》，南京大学出版社1993年版，第287页。

宁铁路医长齐福果医士、总办朴爱德，“特备红十字医车数辆，由宁镇一带往来驶救，一遇伤兵，即行抢救至伤车内，随到随医”[①]；三是以南京尧化门车站为战地医院，该战地医院可容纳伤兵50人；四是请齐福果医士会商白廉医生，“借镇江金鸡岭医院为本会临时机关，以便救护医车运送伤兵留养”[②]；五是雇工百人编为担架队，“倩（请）西友十余人督队，专供抬送伤兵之用”[③]。南京大搏战期间，中国红十字会首次使用的救护医车发挥了特殊的作用，据报道：“宁镇烽烟，生灵涂炭，沪宁铁路总办朴爱德君恻然悯之，特备红十字医车数辆，由宁镇一带往来驶救，一遇伤兵即行抢救至伤车内，随到随医，一路开驶，至镇江红十字分会医院留养，倘病榻不敷再运至上海车站（沪宁铁路医院），或徐家汇红十字总医院、天津路红十字分医院。该会理事总长沈仲礼君与朴君协商妥则，职掌医车之医士为英人齐福果君、培林君两医博士。该医车镌就红十字标识，往来驰救，并不搭客。”[④] 大战期间，“由医车救治之伤兵共约五百余人”[⑤]。

再看中国赤十字会的战地救护。与中国红十字会一样，中国赤十字会救护的重点亦在武汉战场，但对江苏战场也给予了力所能及的救护，为此组织了中国赤十字会第二团开赴江苏各地“普救受伤之人”[⑥]。该团在11月初陆续出发苏州、扬州、崇明等处，建立事务所或支部[⑦]。这些地方战事不烈，伤兵无多，但“军士抱病者要求疗治，几于日不暇

① 《急募红十字会捐款启》，《申报》1911年11月25日。

② 《辛亥革命时中国红十字会暨各分会活动成绩》，中国红十字会总会编：《中国红十字会历史资料选编，1904—1949》，南京大学出版社1993年版，第290页。

③ 《辛亥革命时中国红十字会暨各分会活动成绩》，中国红十字会总会编：《中国红十字会历史资料选编，1904—1949》，南京大学出版社1993年版，第290页。

④ 《救火救难之医车》，《民立报》1911年11月21日。

⑤ 中国红十字会总会编：《中国红十字会历史资料选编，1904—1949》，南京大学出版社1993年版，第290页。

⑥ 《中国赤十字会第二团广告》，《民立报》1911年10月23日。另见《申报》1911年10月24日。

⑦ 在江苏上海，另有以胡二梅为会长、费朴安为副会长合并普济善会而成的赤十字会，原打算与中国赤十字会第二团合并，因第二团“田北湖君、郑普一君等无意合并，自愿仍办中国赤十字会第二团，公议本会更名赤十字社，以免混淆。”（《赤十字会大会纪》，《民立报》1911年11月16日）赤十字社与中国红十字会、中国赤十字会性质一样，为慈善组织，但其主要工作不是战争救护，而是慈善救济，该社在苏州办有苦儿教育院，在南京办有贫女工艺厂，1912年5月又发起“赤十字社江淮难儿救济会”，救济难童。（《赤十字社江淮难儿救济会缘起并简章》，《民立报》1912年5月9日）因赤十字会与赤十字社一字之差，所以容易混淆。

给”[①]。南京开战后，第二团又于11月19日派出由20位男队员、21位女队员组成的救护队开赴镇江，转进南京[②]。他们在南京西华门中西医院收治伤兵，成绩可观[③]。另据报道：“民军自初二起至十一晨，连日攻夺天保山，昨晨六（点）钟占领，惟伤者甚多，死者不少，经余医疗者有五十人。马群一带有赤十字社三十人驻扎，均甚踊跃。”[④] 他们不辞辛劳，救护伤兵[⑤]，对伤民也给予热心救治，《民立报》所载江宁王顺昌的“感谢信”，就是一个实例，信中说：“鄙人有子家庭，年十八岁，在雨花台附近嬉戏，误触炸弹，右手碎如齑粉，左足损去其半，头部及身体被伤三处，血肉狼藉，气息奄奄，见之者均以为虽遇华佗再世，莫可救药矣。鄙人于无可设法之时，姑招赴中国赤十字会第二团临时医院，当蒙大医士吕守白、杨子羽、瞿缦云、赵□（字迹模糊）江、阮其煜、倪伦元、陈凤翔、张之佩、董国贤、崔贤增、虞心炎、董鼎松悉心疗治，刀药并施，已日就痊，可起死生而肉白骨，其吕、杨、瞿、阮、陈、赵、张、董、崔、虞、董诸大医士之谓乎？小儿受此再造之恩，无可以报，用特登报以扬神医而志不忘。”[⑥] 他们中有人甚至献出了宝贵的生命，据《民立报》报道：“泰兴朱竹生女士毕业于女子医学校，本年（1911）为上海医院女医。九月中，上海光复，民军攻制造局，受伤来医，女士为治愈者甚众。十月攻南京，女士以中国赤十字会女医，率同男女会友，往来于镇江、金陵间，不辞劳瘁，医愈受伤军士尤多。”1912年1月27日，她随张竹君会长乘夜车赴宁，至下关“喉痛发热”，在张竹君力劝下次日返沪，不治病逝[⑦]。2月11日，中国赤十字会特在上海医院开追悼会，缅怀她在辛亥救护行动中的骄人业绩。总之，正如时论所评：“上海医院自武汉事起，即行组织赤十字会，以院长张竹君为会长。（阴历）九月三日由会长率同第一队赴汉口，继复分队驻汉阳，计两月中两处救疗受伤战士一千三百余人，事务殷繁，常至不遑寝食。两军战

---

① 《赤十字会第二团报告》，《申报》1911年11月16日。

② 《赤十字赴镇记》，《民立报》1911年11月21日。

③ 《赤十字第二团之成绩》，《申报》1911年12月27日；《赤十字会第二团救疗记》，《民立报》1911年12月4日。

④ 《南京观战记》，《民立报》1911年12月4日。

⑤ 《民立报》报道说：“赤十字会中有女医，有看护女士，皆曾受高等教育，由龙潭前赴马群时，皆步行，不辞艰苦。现在龙潭、镇江两处医院中，伤兵住满，共约三百余人，分布三处，而以镇江之泰西医院为尤多。每一看护人，约服侍三四病人，喂汤喂水，跪而就之，医士则忙迫更甚。”（《民立报》1911年12月2日）

⑥ 《江宁王君顺昌答谢中国赤十字会第二团驻宁医员来函》，《民立报》1912年1月21日。

⑦ 《追悼中国赤十字会朱竹生女医士开会广告》，《民立报》1912年1月28日。

酣时，每出入枪林弹雨之中，亲畀伤者至病院，耐劳冒险，中外人皆称道不置，西人至屡载报章以颂扬之。九月二十九日，该医院续发第二队赴镇江，旋即随先锋队入南京，所救疗亦千余人，其勤劳亦为中外人所赞叹。"[①] 张竹君和其会友，"热心办事，可为中国四万万人模范"[②]。

再看留日医药界红十字团的救护情况。留日医药界红十字团到来之时，苏浙沪联军由镇江进攻南京，来自大阪、长崎的留日医学生乃受命先赴镇江前线，迅即投入救死扶伤的行动中，其余分编甲乙两队，12 月 11 日，甲队 60 人以陈任梁为领队开赴湖南，乙队 60 人以孙家树为领队，留江苏进行战地救护[③]。乙队原定赴金陵救伤，并于下关设立临时机关，因战局北移，中国红十字会"特派留日医药团编队往救，于是江北、皖北一带，沿津浦路线遍设临时医院。医生半属教士，而以美国宝琅医生总其成，犹恐救护队员不敷遣派，议定会旗随战旗而进，前敌增设一队，殿后即撤去一队，以其人员移调至前，用是递推递进，费省功溥，并借津浦铁道组织救护医车，机关愈形灵敏"[④]。留日医药界红十字团乙队还沿津浦铁路南段"择要组织病院，无事时专医病兵"[⑤]，扩大救护范围。救护工作圆满结束后，留日医药界红十字团返回日本（返回的具体时间不详，当在 1912 年 2 月后）继续肄业。临行时，中国红十字会特"开会欢送"[⑥]，表达红会同仁对留日医学生慈善懿行的敬意[⑦]。

三

在辛亥战时救护行动中，还有一支重要力量不可忽视，即江苏各地分会的人道救助。

辛亥革命发生后，中国红十字会于沪宁铁路沿线，联络当地人士，

---

① 《赤十字开大会》，《民立报》1911 年 12 月 25 日。

② 《赤十字大会记》，《民立报》1911 年 12 月 26 日。

③ 《辛亥年中国红十字会大事记》，见中国红十字会总会编：《中国红十字会历史资料选编，1904—1949》，南京大学出版社 1993 年版，第 288 页。

④ 《辛亥革命时中国红十字会暨各分会活动成绩》，原载《中国红十字会杂志》创刊号，见中国红十字会总会编：《中国红十字会历史资料选编，1904—1949》，南京大学出版社 1993 年版，第 290 页。

⑤ 《红会布置之周密》，《申报》1912 年 2 月 8 日。

⑥ 《辛亥年中国红十字会大事记》，见中国红十字会总会编：《中国红十字会历史资料选编，1904—1949》，南京大学出版社 1993 年版，第 288 页。

⑦ 参见池子华：《辛亥革命中留日医学生的救护行动》，《徐州师范大学学报》2004 年第 2 期。

设立分会，以保障救护行动的顺利推进。江苏大地由此出现了创立分会的第一次高潮。《民立报》《申报》曾刊登《红十字会第一届分会职员一览表》（截止到1911年11月16日），这是经中国红十字会正式承认的第一批分会，其中有关江苏各地分会及职员情况可摘录如下：

——南京联合会医院：金陵医院（旱西门）、贵格医院（螺丝湾）、基督医院（鼓楼）。医士：美国施尔德、美国包医士、汤润生、章雨农、高映轩、茅拔、杜耀峰、沈镜吾、许竹君、孙龙翔、陈召恩、张维新等。

——常熟分会：（医院在陶家巷）周惠莲女医士、周晋麒女医士，看护孙志英。

——无锡分会：普仁医院李克乐医士。

——苏州分会：天赐庄齐门外福音医院魏医生等二员，博习医院英国柏乐文医士等三员，看护（人名续刊），通商场广仁医院意国白医士等二员。

——吴淞分会：经理员张玉墀，医院广义善堂旧址，医士曹文贵，医士陈森如。

——沪宁铁路协赞会：南京车站红十字专车、上海铁路医院。

——上海城内分会：医师顾宾秋等二十员。

——扬州分会：红十字医院左卫街，经理员袁体仁。

——清江（浦）分会：经理员龚少渤①。

《红十字会第二届分会职员一览表》有没有公布、何时公布，我们没有查到。仅从第一届分会创建情况看，能在辛亥战事发生后的短短一个月零几天时间组建上述分会并投入救护，效率不可谓不高。应该说，这与红十字长期在江苏传播、浸润是分不开的。

江苏各地分会救护情形，由于相关资料的缺乏，我们很难窥其全豹，只能简单进行“复原”，了解大概。

其一，南京分会的救护。南京分会成立于1904年，时称金陵分会，是江苏境内出现的第一个分会。虽然在日俄战灾救援结束后该分会是否继续存在我们不得而知，但这一传统在辛亥革命中被继承下来。南京之战发生后，启泰绸缎商于恩绂（字少章）与宋培之、陈履源诸善士，在雨花台同善堂设立南京分会办事处，组织救护医疗队，进行战地救护，

① 《红十字会第一届分会职员一览表》，《民立报》1911年11月26日；《申报》1911年11月27日。

共救护伤员500余人[①]。血战之余，伏尸遍地，鸟啄犬食，令人不忍目睹。中国红十字会理事总长沈敦和急电南京都督府、民政部及联军司令请派员专事掩埋。这一重任，南京分会义不容辞。1911年12月8日，于恩绂、宋培之等受命组织起中国红十字会南京掩埋队，掩埋尸骸。据史料记载，南京掩埋队在“凤台关埋三十六具，一枝园等处约埋二百具。在五龙桥、将军署、后宰门等处约百余具，皇城数十具，紫金山顶七十余具。其在南门外者，由同善堂派人埋葬，计在雨花台等处葬二十余具。该队在宁共约葬七百具，均立本会（指中国红十字会——引者）石碑，永留纪念”[②]。中国红十字会南京掩埋队的业绩，当然也是南京分会的业绩[③]。在此过程中，于恩绂“躬亲百役，独任筹款，尤为可风”[④]。

其二，镇江分会的救护。1911年11月8日，镇江新军第十八协第三十六标第一营营官林述庆在岘凉山起义，攻占镇江，宣布独立。林述庆为镇军都督，镇江于是成为苏浙沪联军进攻南京的基地（所以南京之战又被称为“宁镇”之役）。月底，联军大举围攻南京，与张勋等部展开激战，“伤痍遍野，救护无人”。镇江近在咫尺，中外慈善家“怒焉悯之”，遂集议创设红十字会，公举瑞记洋行大班址茂生及吴某董其事，组织救护队（除医士外，中西看护男女21名）和担架队（78人），11月26日赴宁，设临时医院于马群，“别设支部于孝陵卫，以随军队前进”。金陵光复时，镇江分会救治伤兵数百人[⑤]，“有血竭骨折者，俱抢救出诸枪林弹雨中”[⑥]。

其三，上海城内分会（又称沪城分会，上海市红十字会的前身）的救护。上海为中国红十字会万国董事会所在地，救护事宜当然以总会为

---

① 江苏省红十字会编著：《江苏红十字运动八十八年（1911—1999）》，东南大学出版社2001年版，第4页。

② 《辛亥革命时中国红十字会暨各分会活动成绩》，中国红十字会总会编：《中国红十字会历史资料选编，1904—1949》，南京大学出版社1993年版，第291页。

③ 江苏省红十字会编著：《江苏红十字运动八十八年（1911—1999）》，东南大学出版社2001年版，第4页。

④ 中国红十字会总会编：《中国红十字会历史资料选编，1904—1949》，南京大学出版社1993年版，第300页。

⑤ 有资料称，“镇江分会在1911—1912年间，为南京之战的病伤兵民335人进行治疗。”见江苏省红十字会编著：《江苏红十字运动八十八年（1911—1999）》，东南大学出版社2001年版，第4页。

⑥ 《辛亥革命时中国红十字会暨各分会活动成绩》，中国红十字会总会编：《中国红十字会历史资料选编，1904—1949》，南京大学出版社1993年版，第292页。

主。11 月 4 日，革命军猛攻制造局，由后院破门而入，据次日《申报》报道，“敢死队施放炸弹，伤亡人数颇多”。沈敦和闻讯，急派汽车两辆，延请洋医亨司德，华医侯光迪、周光松、王吉民、陈家恩及看护李安登女士驰赴现场施救，受到国民军的欢迎和优待，“由李平书君引导，特开制造局大厅作为红十字会临时医院”①。侯光迪医生留住该院相机救援，另以徐家汇路中国红十字会总医院为总养病所、天津路分院为分养病所，收治伤兵，并派调查员袁仲慰等四出调查，20 余名雇员及橡皮卧室马车 2 辆、橡皮病车（相当于救护车）数辆随行，遇有伤兵，立即送养病所救治。刚刚成立于光启路 179 号的上海城内分会予以协助。

其四，苏州分会的救护。苏州为“三吴重镇，军队林立”。战时博习医院、福音医院以及广仁医院均成为红十字会临时伤兵医院，救护伤员。“光复后意国医博士白纽昔君，自愿将前办之广仁医院，暂为红十字分医院，义务救治兵民。金陵之役，受伤军士之回苏就治者三十余人，皆应手而愈”②。

其五，常熟分会的救护。作为中国红十字会第一届分会，常熟分会在周惠莲女士的主持下，积极筹备，随时接纳伤兵。据史料记载：“苏沪光复后，常熟女医士周惠莲君，驰函总会愿设临时医院，义务医治伤兵。金陵光复时，伤兵之返常熟者，均由周女士医治之。”③

其六，江阴分会的救护。史书记载：“江阴分会成立于光复之后，救护人员悉借才福音医院，军士之就医者达三千人，住院者二十有六，大割症多至数十起，而诸医士之心力交瘁矣。”④ 成绩相当可观。

江苏其他分会也取得了一定的救护成绩。

四

从上述中我们可以发现，在辛亥革命的腥风血雨中，作为民间社团，红十字会组织的人道救援是积极的、富有成效的，而对其自身发展的影响也是深远的，主要表现在以下几个方面：

首先，扩大了自身的知名度和美誉度，获得了社会各界的普遍认

① 《红十字会医队救伤》，《申报》1911 年 11 月 5 日。

② 《中国红十字会杂志》第 1 号，第 49 页。

③ 《辛亥革命时中国红十字会暨各分会活动成绩》，中国红十字会总会编：《中国红十字会历史资料选编，1904—1949》，南京大学出版社 1993 年版，第 292—293 页。

④ 《中国红十字会杂志》第 1 号，第 48 页。

可。正因为如此，1912 年 1 月 12 日，中国红十字会得到红十字国际委员会的正式承认；也正因为如此，中国红十字会在新旧交替之时倍受政要呵护。1912 年 1 月 1 日，中华民国诞生，中国红十字会面临新的抉择。为争取新政当局“立案”，维持中国红十字会的合法存在，沈敦和代表中国红十字会向黎元洪提出“立案”请求，并于 2 月 17 日致电袁世凯，吁请“维持保护”①。19 日，袁世凯回电，表示“维持保护，责无旁贷”②。21 日，黎元洪致电孙中山，恳请予以立案③。23 日，孙中山特电黎元洪，“准予立案”，并对红十字会救伤葬亡功德，高度赞扬，谓：“民国军兴以来，各战地将士赴义捐躯，伤亡不鲜，均赖红十字会救护、掩埋……救伤掩亡，厥功尤伟……该会热心毅力，诚不可无表彰之处，应即令由内务部准予立案，以昭奖劝。”④ 2 月 28 日，内务部正式为中国红十字会办理了“立案”事宜⑤。中国红十字运动在孙中山等政要的直接关怀之下，平稳过渡，步上健康发展的轨道。

其次，自身力量得以壮大，为事业发展奠定了坚实的基础。1904 年，为救护日俄战争，中国红十字会在东北以及烟台、金陵等地设立数十处分会，但救护结束后，各地分会“功成身退”，蓬勃发展之势急转直下，直到辛亥革命爆发后这种局面才得到根本改观。红会史籍记载：“本会自武汉事起，次第添设分会或临时医院于各省要隘，若庐州，若芜湖，若淮安，若扬州，若清江浦，若吉林，若常熟，若全椒，若绍兴，若安东，若厦门，若杭州，若登州，若梧州，若颍州，若莱州，若安庆，若烟台，若福州，若无锡，若宁波，若苏州，若重庆，若宜昌，若六合，若滁州，若牛庄，若怀远，若徐州，若嘉兴，若吴淞，若南京，若临淮关，若正阳关，若凤阳，若蚌埠，若固镇，若新桥，若宿州，若长沙，若岳州，若常德，若京口，若镇江，若江阴，若广东，若南昌，若香港，若青州，若济宁，若黄县，若潍县，若奉天，若辽阳，若成都，若上海城内等处均是。其办事成绩，已据正式报告者，条列如

① 《申报》1912 年 2 月 21 日。

② 《申报》1912 年 2 月 21 日。

③ 转引自池子华：《红十字与近代中国》，安徽人民出版社 2004 年版，第 122 页。

④ 《复黎元洪电》，《孙中山全集》第 2 卷，中华书局 1982 年版，第 125 页。

⑤ 池子华、郝如一主编：《中国红十字历史编年，1904—2004》，安徽人民出版社 2005 年版，第 21 页。

上，亦有成立未久，成绩未据报告者，则暂付阙如，留待续刊云尔。”①出现了可喜的局面，而且，中国红十字会总会通过1912年首届会员大会和“统一”大会，实现了对分会的规范化管理，辛亥革命救护成果被巩固下来，奠定了红十字事业可持续发展的基础。

再次，江苏战场救护也推动了江苏红十字运动的发展。在人道救援行动中，江苏红十字会组织纷纷涌现，如雨后春笋，成为全国组建分会最多的省份。从上引资料我们可以发现，辛亥革命中据“正式报告”添设的分会或临时医院的省份有江苏、安徽、吉林、浙江、福建、山东、湖南、湖北、广东、辽宁、四川11省，分会或临时医院共计56处，而江苏就占了13处，即淮安、扬州、清江浦、常熟、无锡、苏州、六合、徐州、吴淞、南京、镇江、江阴及上海城内分会，占总数的23%强。其中，除淮安、六合、徐州难以确认是分会还是临时医院，其他10处，结合上文，都可以确定是分会。分会的增加，表明江苏红十字运动的高涨，这是前所未有的。同时，江苏各地分会经过辛亥革命洗礼，积累了救护经验，为“二次革命”的战事救护准备了条件。

总之，在辛亥革命这场中国近代史上开天辟地、改朝换代的重大历史变革中，在江苏等战场救护的实践中，“发轫于俄日之战”的中国红十字运动“大彰”于时②，取得了跨越式发展，举世瞩目。这是辛亥革命史研究中不应“遗忘的角落”。

---

① 《辛亥革命时中国红十字会暨各分会活动成绩》，中国红十字会总会编：《中国红十字会历史资料选编，1904—1949》，南京大学出版社1993年版，第294页。按本书“若清江，若浦口”，核对原文，实为“清江浦”之误。

② 沈敦和：《中国红十字会杂志》弁言，载《中国红十字会杂志》创刊号（1913年5月）。

中国红十字会救援1923年日本震灾行动述略

中国红十字会自1904年成立以来，救死扶伤，拯灾恤难，不仅尽职于国内，而且采取援外行动，弘扬国际人道主义精神，即如1906年美国旧金山地震，中国红会捐银2万元，“汇寄灾区，从事抚恤”①。进入民国后，“援外”行动有增无减。据《中国红十字会二十年大事纲目》记载，1914年日本鹿儿岛地震，“本会谊切同盟，又为近邻，乃以国币二千元合当日时价日币一千元之约数，聊助急赈。事后承日本赤十字社惠赠银杯以为纪念”；1918年，中国红十字会派出救护医疗队19人，赴海参崴参加国际救护工作；1919年，为救济西伯利亚俄国难民，红会募款7700元、棉衣1500套托美国红十字会驻沪办事处携往施赈；1922年俄国旱灾，“上海设立俄灾赈济会分部，为募捐起见，组织游行运动队，本救灾恤患之谋，寓亲仁善邻之意。本会加入队团，尽国民外交义务，为灾民请命，出水火而解倒悬。事后由俄灾赈济会上海部，赠纪念状”；同年，中国红会以“欧战之余，土耳其灾民待救，本会酌赠二千佛郎，交彼国红十字会（红新月会）助赈，稍尽恤邻之谊”；1923年，募捐2万元，救助避难来沪的俄国难民，等等②。在“援外”行动中，1923年对日本关东大地震的人道救援，颇有声色，堪称“范例”。本文梳理有关资料，对此略作考察，展示中国红会援外行动的一个侧影。

① 中国红十字会总会编：《中国红十字会历史资料选编，1904—1949》，南京大学出版社1993年版，第452页。

② 《中国红十字会二十年大事纲目》第12页、第18页、第21页、第36页、第40页、第43页。

一

1923年9月1日，日本关东地区发生8.2级强烈地震，东京、横滨、横须贺均遭灭顶之灾，14.3万人死亡，20万人受伤，50万人无家可归①。这是日本历史上罕见的大浩劫。

关东地震，举世震惊。作为邻邦的中国，更是备极关注，社会各界纷纷伸出援手，发起成立“中国协济日灾义赈会”“上海中华教育团体救济日灾会”“中国留日同学协济日灾会”“佛教普济日灾会”“宝山赈济日灾分会”等团体，筹募捐款，给予救助。在此过程中，中国红十字会起着举足轻重的作用。

9月2日，无线电波播出日本大地震的消息，立即引起上海中国红十字会总办事处的关切，“救灾恤邻，本为天职，何况侨胞学子，殃受池鱼?”② 遂决议出发医队，驰赴救护。总办事处牛惠霖医务长“愿亲自赴救，此外自告奋勇前往者甚多”③。救护医队一呼毕集，热情之高，不难想见。

不约而同，北京中国红十字会总会也已组织救护队，准备即日东渡。9月4日，总会致电总办事处云：“日本发生亘古未有之灾，人民生命财产及我旅日华侨，伤害不可计数，惨痛情形，殊堪怜悯，善后救济，刻不容缓。总会现已组织救护队，刻日出发，并电各埠分会，设法集项（款），汇总办理，贵处谅已竭力提倡进行，情形若何，急盼电复，时通消息为荷。”④ 尽管总会与总办事处之间未能及时沟通，但心同此想，并无轩轾。

总办事处职司救护，是中国红十字会的执行机关，日震救护，自然一力承担。救护医队组织起来后，总办事处一方面与驻沪日本总领事矢田七太郎接洽赴日事宜，一方面奔走联络，动员社会各界参与赈灾，促成9月6日“中国协济日灾义赈会”的成立。加入义赈会的团体，除中国红十字会外，还有仁济堂、中国济生会、联义善会、上海总商会、宁波同乡会、海员工会、闸北慈善团、上海慈善救济会、工商研究会、广

① 赵咏等：《世界100灾难排行榜》，中国经济出版社1994年版，第207页。

② 《中国红十字会二十年大事纲目》第50页。

③ 《申报》1923年9月7日。

④ 《中国红十字会救日本震灾纪事本末》，见中国红十字会总会编：《中国红十字会历史资料选编，1904—1949》，南京大学出版社1993年版，第417页。

益堂、银行公会、公教进益会、中华学艺社、青年协会、普善山庄、绍兴同乡会、上海慈善团、妇孺救济会、纱厂联合会、中国义赈会、江苏防灾会、玻璃制造同业会、面粉公会、煤业公会、女青年会全国协会、沪南慈善会、县商会、上海女青年会、位中善堂、至圣会、城北慈善会、书业商会、书业公所、上海青年会等数十家之多①。中华民族之乐善好施，于此可见一斑。"中国协济日灾义赈会"公推朱葆三为会长，盛竹书、王一亭为副会长，三人均系红会中人，难怪红会史籍称："成立中国协济日灾义赈会，上海各团体合组，而本会领袖之。"②

中国红十字会不仅参与"中国协济日灾义赈会"的发起，而且率先垂范，在9月6日的成立大会上当场认捐万元赈款。在红会的"表率"下，其他团体亦纷纷解囊，据次日《申报》报道，成立大会共集款65000元。这为救护工作的展开，奠定了坚实的物质基础。

红会的善行义举，得到了官方的首肯与激励。9月5日，亦即"中国协济日灾义赈会"正式成立的前一天，上海护军使何丰林致函总办事处，称道不置："兹闻贵会集合沪上各善团，合组救灾大会，筹商赈济事宜，先得我心，至深钦佩。除派本署陆秘书守经，业于昨日前往日总领事署，代表慰问，并嘱加入救灾大会共同进行外，特由敝处勉捐国币五千元，聊资涓滴之助，尚希贵会迅予筹划进行为荷。"③ 外交、交通等部门，也为中国红十字会的扶桑之行铺平道路。

二

万事俱备，9月8日晚，救护医队在理事长庄录的亲自率领下，登上"亚细亚皇后"号轮，扬帆东渡。救护医队组成人员有：队长庄录，医务长牛惠霖，医生焦锡生、汤铭新、华阜熙、张信培，女医生刘美锡，日文顾问陆仲芳，会计沈金涛，英文书记李桐村，看护生杜易、朱继善、张惠理、陈威烈、史之芬、孙有枝、钱宝珍、孙文贤，女看护曾德光、刘振华、王秀春、钱文昭，连同队役4人，共26人，携带现款2

① 《救济日本地震大灾消息种种》，《申报》1923年9月7日。

② 《中国红十字会救日震灾概要》，见中国红十字会总会编：《中国红十字会历史资料选编，1904—1949》，南京大学出版社1993年版，第442页。

③ 《中国红十字会救日本震灾纪事本末》，见中国红十字会总会编：《中国红十字会历史资料选编，1904—1949》，南京大学出版社1993年版，第417页。

万元，药品器具 90 余箱[①]。经过 4 天乘风破浪，救护医队于 12 日安抵神户，受到神户商业会议所副会长西川庄之、外事课长西川涉及神户市长石桥为之助代表的接待，临时下榻前田旅馆、田中屋旅馆、西村旅馆三处[②]。

9 月 14 日，中国红十字会救护医队抵达东京后，一方面与中国驻日使馆取得联系，了解灾情及旅日侨胞被灾情形，一方面与日本赤十字社往返联络，“接洽本队协助救护事宜”[③]。有消息说：“该会救护队，前由庄（录）君率领至日本东京，先调查灾况，即与日本赤十字社共同合作，不分畛域，救拯灾民。”[④]

19 日，庄录理事长前往横滨勘察灾情，22 日复至神户，沿途所经，但见“昔者锦绣交错之场，今则胥为灰烬，前为轮奂崇墉之所，斯时俱是颓垣，碧血青磷，四野频闻鬼哭，断肢折足载道，途见残骸，触目伤心，其情形有非特别筹募不足以资援救者”。有鉴于此，庄录一行 4 人于 25 日由神户搭乘“塔虎脱”轮先行回国（27 日至上海），“筹商捐务”[⑤]，东京救护事宜，全权委托牛惠霖医务长代理。

救护医队在东京麻布区高树町设有临时医院，主要为日本灾民提供医疗服务，同时“日赴华侨收容所，为华侨诊治病症，并分遣队员至横滨从事救护难民”[⑥]，繁忙异常，不言而喻。

中国红十字会救护医队在东京从事医疗救护三个星期，其间，还与日本赤十字社甘苦与共，精诚合作，“东京赤十字会（社）病院往日容病榻约四百五十具，自地震以后，复增病榻四百具，所诊病人，均为受火伤压伤甚重者”，其中“中国红十字会所担任医治者，计有病榻四十号”，他们尽心尽责，直到该院病人“病势伤势，均已恢复，无复须其诊治”，才于 10 月 6 日乘“约弗生总统号”离开东瀛返程。由于此次“在日服务，中日双方，感情极洽，故当救护队动身时，赤十字院（社）

① 《红会医队今日出发》，《申报》1923 年 9 月 8 日；《中国红十字会救日本震灾纪事本末》，见中国红十字会总会编：《中国红十字会历史资料选编，1904—1949》，南京大学出版社 1993 年版，第 417 页。按《中国红十字会救日震灾概要》将“史之芬”作“史之芳”、“孙有枝”作“孙有杖”、“刘振华”作“刘赈华”、“王秀春”作“黄秀春”，见中国红十字会总会编：《中国红十字会历史资料选编，1904—1949》，南京大学出版社 1993 年版，第 442 页。

② 《各方赈济日灾之昨闻》，《申报》1923 年 9 月 18 日。

③ 《中国红十字会救日震灾概要》，见中国红十字会总会编：《中国红十字会历史资料选编，1904—1949》，南京大学出版社 1993 年版，第 443 页。

④ 《红会救济日灾续闻》，《申报》1923 年 9 月 29 日。

⑤ 《中国红十字会敬告各慈善团公启》，《申报》1923 年 10 月 3 日。

⑥ 《中国红十字会敬告各慈善家公启》，《申报》1923 年 10 月 5 日。

医院均冒雨到站欢送”。临行前，中国红会救护医队将“所有未经用去之药料，约值五千元，均赠日本赤十字会（社），此外并四千元支票一纸，俾该会（社）得以于日后留治其他病人”①。10月11日，牛惠霖一行21人抵达上海，赴日救护使命圆满完成。

三

中国红十字会救护医队日本之行的目的，固然是“救灾恤邻”，但于“恤邻之外，原以疗治灾胞，及救运灾胞，为第一要义”②。不言而喻，旅日侨胞在这次大浩劫中并不能幸免。据统计，地震中死难华人约2000人，伤约3000人，尚有近万人流落街头，苦不堪言。他们绝大多数为工人，次为学生、商人，遭此大难，思归心切。“救援灾侨，也就是救援日本”③。因此，中国红十字会救护医队在与日本赤十字社合力救治日本难民的同时，与神户中华会馆合作，以资遣难侨为“第一要义”。

回国难侨由中华会馆发给绒毯一条，现金5元，救护医队则给予协助，如联系船只、电告总办事处难侨抵沪日期以备接护等。而总办事处显得更为忙碌，每次难侨抵沪，中国红十字会“领袖”的“中国协济日灾义赈会”负责接待、安置，总办事处则派出医护人员，收治伤病同胞。以下是总办事处公布的“返国难民逐日到沪统计表”④。

抵沪日期	所乘船只	人数	备　注
9月8日	加拿大皇后号	37	
9月17日	熊野丸号	171	
9月19日	麦克来总统号	412	
9月20日	新铭号	741	
9月21日	千岁丸号	575	其中学生208人

① 《红会赴日救护队返沪》，《申报》1923年10月12日。

② 《中国红十字会救日本震灾纪事本末》，见中国红十字会总会编：《中国红十字会历史资料选编，1904—1949》，南京大学出版社1993年版，第430页。

③ 李灼华：《1923年日本关东大地震后中国红十字会在救援难侨中所作的努力》，《中国红十字》1991年第2期，第13页。

④ 资料来源：《中国红十字会救日本震灾纪事本末》，见中国红十字会总会编：《中国红十字会历史资料选编，1904—1949》，南京大学出版社1993年版，第434—435页。

（续表）

抵沪日期	所乘船只	人数	备　注
9月21日	俄皇后号	156	
9月24日	近江丸号	119	
9月27日	千岁丸号	501	其中1人已故
9月27日	山城丸号	108	学生，其中女生6人
9月27日	阿里梭纳丸号	448	
9月28日	大洋丸号	20	
10月1日	熊野丸号	140	
10月1日	德加大号	450	
10月4日	月光丸号	30	
10月4日	弘济丸号	497	
10月6日	博爱丸号	449	其中学生20人
10月11日	千岁丸号	741	
10月12日	山城丸号	63	
10月14日	长城丸号	524	
10月16日	熊野丸号	97	其中学生13人
10月18日	白野丸号	42	
总　　计		6321	共21批

40天接待21批6321位难胞，加上10月22日（97人）、29日（11人）和11月4日（107人）、8日（36人）、18日（52人）陆续抵沪难侨，总数达6624名，任重事繁，不待言可知。

上海只不过是一个中转站。抵沪后，要根据难侨籍贯，分批资遣，所费不赀。难侨以浙江、山东、江苏省籍为多，尤以浙江温州籍为最。截止到12月11日，有8批3000余名温州人，在中国红十字会医护人员的护送下，“回里安业”①。其他省籍的难胞，也在红十字会的人道关怀下，回到故乡。

① 中国红十字会总会编：《中国红十字会历史资料选编，1904—1949》，南京大学出版社1993年版，第440页。

四

对日震灾的救援行动，是一项繁重的“生命工程”。中国红十字会全力以赴，有序推进，取得此次“援外”行动的成功。但成功的背后，毫无疑问，有许多现实的条件做保证，如社会各界的支持、“中国协济日灾义赈会”的“后盾”保障等，而中国红十字会各分会的“后援”之功亦未可小视。

如前所述，9 月 4 日，设在北京的中国红十字会总会发出“支电”，号召各分会筹集款项，一致进行。南京分会首先响应，捐款千元。9 月 6 日，南京分会会长于恩绂电报总办事处称：“此次日本地震，日民暨旅日中西人士受灾甚巨。昨奉北京总会支电，以事关国际，饬即广为劝募，以尽救灾恤邻之谊等因。奉电之下，理应遵办，惟际此时局艰难，劝募不易收效，绂惟有勉竭棉薄，仅自助大洋一千元，兹嘱舍侄近农，就沪立交钧处察收转解。明知戋戋之款，杯水无济车薪，不过藉济急需，聊尽寸忱而已。”① 天津分会对救灾行动表示关切，“元电”（13 日）询及“出发医队若干人？更带米粮若干石？救回华人若干人？待救华人尚有若干人？”云云②。

分会的“后援”，当然主要表现在善款的筹措上。经济凋敝，时局动荡，筹款为难，尽管如此，分会还是量力接济。除南京分会会长于恩绂自捐大洋千元之外，翻检红会资料，其他分会的捐助情况，可以汇总如下：沙市分会 1000 元，临汝县汝郏分会 50 元，天津分会捐助和服 1000 件，商邱分会 61 元，仪征十二圩分会 100 元，宜都分会 100 元，新野分会 53 元，正阳分会 10 元，郧县分会 119 元、债票 15 元，洛宁分会 5 元，汕头分会 400 元，玉山分会 150 元，阿城分会 52 元，经棚分会 35 元，襄阳分会 100 元，曹县分会 30 元，上洋分会小洋 1090 角，樊城分会 100 元，大荔分会 30 元，沘源分会 25 元，仙游分会 30 元，蚌埠分会 30 元，禹县分会 25 元，扬州分会 21 元，屯溪分会 67 元，武安分会 4 元，广州分会 20 元，武功分会 64 元，高密分会 4 元，西平分会 12 元，黎川分会 100 元，鄱阳分会 50 元，泰县分会 5 元，安顺分会 44 元，临淮分会 5 元，潜江分会 12 元，安阳分会 30 元，兴化刘庄分会 35 元，

① 《各方赈济日灾之昨闻》，《申报》1923 年 9 月 15 日。
② 《申报》1923 年 9 月 15 日。

万安分会10元，昆明分会100元，贵阳分会62元，荣县分会10元，南宛分会50元，朝阳分会25元，浦城分会60元，南昌分会500元[①]。总计不过4000余元，算不上巨款，有的分会仅能捐助数元，但“款不任多，热心正同”[②]。这种体现国际人道主义精神的“热心”，是可歌可颂的。特别值得一提的是，西安分会会长杨鹤庆，还受陕西省政府“特派”，带队赴日“调查灾况”，慰问灾民[③]，表达了中国人民“恤邻”的深情厚谊。

日震救助，据红会史籍记载：“共用款一万七千二百十七元六角四分，各分会多有捐助。”[④] 实数当不止此，《中国红十字会救日震灾概要》中提及：“（9月15日）北京总红会有代表到东京：汤尔和、孙柳溪、戴棣龄、侯毓汶四君。据云已有赈款二万元，由北京红会交现驻京日本公使等语。此款系向北京税务处商借，即以上海总办事处昔年借与中国政府遣归德奥华侨之二万元垫款划抵。”[⑤] 这笔款，理应算在红会救助日震款内，尽管它是以捐款的形式捐出。

对中国红十字会的“热心”捐助以及遣派医队漂洋过海、冒风涛之险莅灾地救援的善行义举，日本各界由衷感激。红会医队回国后，日本赤十字社、神户商业会议所均具函申谢。日本赤十字社社长平山成信谢函云：“此次东京、横滨等地方大地震，承贵会关心甚切，医务长牛惠霖君率领救护班来此服务，勤勉尽职，不胜感激之至”[⑥]，“自医务长牛惠霖君及队员诸君在东（京）锐意尽瘁于罹灾患者之救护，与本社事业上以多大之补助，此节即敝社总裁仁亲王殿下所深为嘉尚。又承惠赐各种物资并金币（大洋）四千元，尤胜感荷，兹谨表深厚之谢意”[⑦]。神户商业会议所会长泷川仪作、副会长森田、西川庄之致函中国红十字会理事长庄录，谓：“此次敝国遭灾，乃蒙阁下亲临代表贵国对于敝国，

① 中国红十字会总会编：《中国红十字会历史资料选编，1904—1949》，南京大学出版社1993年版，第424—445页；中国红十字会总办事处编：《慈善近录》（1924年刊），第161页。

② 《中国红十字会救日本震灾纪事本末》，见中国红十字会总会编：《中国红十字会历史资料选编，1904—1949》，南京大学出版社1993年版，第435页。角、分忽略不计。

③ 《中国红十字会救日本震灾纪事本末》，见中国红十字会总会编：《中国红十字会历史资料选编，1904—1949》，南京大学出版社1993年版，第438页。

④ 《中国红十字会二十年大事纲目》第50页。

⑤ 《中国红十字会救日震灾概要》，见中国红十字会总会编：《中国红十字会历史资料选编，1904—1949》，南京大学出版社1993年版，第443页。

⑥ 《日本赤十字社函谢中国红会》，《申报》1923年10月16日。

⑦ 《日本赤十字社社长之谢函》，《申报》1923年10月18日。

实心体恤，极为诚挚，吾等不胜感激，且深悉此等美善之意，必使两国，更加亲密。”[①] 感激之情，溢于言表。

为答谢中国人民给予日本震灾的援助，日本派出以臼井哲夫、铃木富久弥、砂田重政、半泽玉城等组成的“超政府超党派之纯粹代表日本国民”的“国民表谢团”，10 月 20 日起程来华答谢。“表谢团”首先抵达大连，而后赴奉天、天津、北京、洛阳、汉口、南京、杭州等地；11 月 21 日，“表谢团”到达上海，特别拜会中国红十字会总办事处，称谢不置，谓：“此次贵国人民，对于敝国震灾所给与伟大之同情，与贵会派遣医队之协助，殊足使敝国上下一致感动。此次来沪，敬表谢意，极希望此后中日两国国民益臻亲善。”[②]

的确，中国红十字会的扶桑之行，对加深中日两国人民的友谊意义重大，而其良好的国际影响亦有不可低估者。这是历史所不能忘却的。

（原载《慈善》2003 年第 4 期）

① 中国红十字会总会编：《中国红十字会历史资料选编，1904—1949》，南京大学出版社 1993 年版，第 432 页。

② 《中国红十字会救日本震灾纪事本末》，见中国红十字会总会编：《中国红十字会历史资料选编，1904—1949》，南京大学出版社 1993 年版，第 439 页。

第一次江浙战争与上海红会组织的战事救护

江浙战争也称“齐卢之战”，是指江苏军阀齐燮元和浙江军阀卢永祥之间发生的战争，前后两次，即 1924 年 9 月的第一次江浙战争和 1925 年 1 月的第二次江浙战争。限于篇幅，本文仅对上海红十字会组织救护第一次江浙战争史实进行梳理，以就教于方家。

一、江浙战争与上海红十字组织体系的建构

1924 年 9 月 3 日，江浙战争爆发。皖系浙江督军卢永祥因通电反对曹锟贿选总统为直系所不容，在曹锟、吴佩孚授意下，直系江苏督军齐燮元、安徽督军马联甲、江西督军蔡成勋、福建督军周荫人结成攻浙联盟。双方投入的兵力各近 10 万人，3 日上午 10 时许，两军前哨相遇于黄渡、安亭间，“各放排枪，正式接触”①。苏军为宫邦铎部约一营一连，浙军为杨化昭部约一营。战前，苏浙两军都进行了相应的战争部署。

苏军方面，齐燮元联合皖、闽、赣等省直系势力，四路进军。齐燮元任总司令，亲率三路军队：一路攻打上海，由宫邦铎、马玉仁等担任指挥；一路攻广德，以王普等任之；一路守宜兴，以陈调元等任之。第四路军由孙传芳统领，攻仙霞岭。

浙军方面，卢永祥浙军联合上海、福建皖系武装力量，组成浙沪联军，分为南北两路。北路由卢永祥任总司令，下设三军：淞沪方面，由何丰林、臧致平、杨化昭等担任指挥；长兴、合溪一带，由陈乐山担任指挥；泗水一线，由王宾担任指挥。南路则由张载扬任总司令，潘国纲任副司令，“坚守杭州，并负责联络奉张”②。

① 丁中江：《北洋军阀史话》第 4 集，中国友谊出版公司 1992 年版，第 152 页。
② 来新夏主编：《北洋军阀史稿》，湖北人民出版社 1983 年版，第 298 页。

战争持续了一个多月，直到10月12日，卢永祥宣布下野，齐卢之战结束。江浙战争，以浙军失败而告终。

江浙战争，“官兵战死，无辜人民罹难，军费消耗，物资被劫，损失之重直使人痛心疾首”[①]。为救护伤兵难民，上海除中国红十字会总会总办事处、沪城分会之外，战区各地亦纷纷组织分会，犹如“遍地开花”。大致情况如下：

吴淞分会：初建于1911年。此次江浙之战，吴淞风声日紧，战祸难免，吴淞绅商乃与公共防疫医院西医曹思句对吴淞分会进行重组，将“徽章、制服、器械、医药等备就”[②]，设办事处于镇西荳市街救火会内，并筹商四明公所为被难妇孺收容所。战争一爆发，则由“总会派员至淞，会同救护队员出发”[③]，赶往前线施救。

嘉定分会：9月1日成立，项如松为会长（戴思恭代理）、朱吟江为副会长、顾吉生为理事长，分会设立了收容所和临时医院。

娄塘分会：9月2日成立，举印沾伯为会长，王侍庭、陈仲衡为副会长，殷子盘为理事长，所聘医生印七襄、张应芹即于9月4日由上海携带药品前往战地，开始了救护行动[④]。

南翔分会：9月初成立，朱庚石为会长。南翔分会成立后，救护掩埋，全力以赴。9月18日，朱庚石会长专程“至总会报告掩埋赴嘉服务情形，于下午五时，仍搭兵车赴翔”[⑤]。

青浦分会：9月3日在明伦堂成立，徐熙春任会长，有会员310人[⑥]。

大场分会：宝山大场于9月4日组建分会后[⑦]，即“由陆、王两会长召集大会，讨论救护事宜。当即组织救护队，设立疗养院及收容妇孺

---

① 涂开舆：《齐卢之战松江、青浦战区暴行录》，载江苏省政协文史资料研究委员会编：《江苏文史资料选辑》第18辑，江苏古籍出版社1986年版。

② 《吴淞筹备红会之续讯》，池子华等主编：《〈申报〉上的红十字》第3卷，安徽人民出版社2011年版，第22页。

③ 《红会救护之筹备》，《申报》1924年9月2日。

④ 《娄塘红十字会分会昨讯》，池子华等主编：《〈申报〉上的红十字》第3卷，安徽人民出版社2011年版，第32页。

⑤ 《救护中之伤兵难民》，《新闻报》1924年9月19日。

⑥ 参见冯学文主编：《青浦县志》，上海人民出版社1990年版，第716页。

⑦ 《大场红会之救济讯》，池子华等主编：《〈申报〉上的红十字》第3卷，安徽人民出版社2011年版，第77页。

暂留所，向沪上汽车公司包定汽车两辆，逐日前往战地分投营救”①。

宝山分会：据《申报》报道，9 月 8 日宝山代表陈石和到中国红十字会总办事处要求设立分会，“按照章程缴费立案，领取旗章，正式成立分会”②。宝山分会由袁叔畲任会长，会所设于一高小学内，“经费由地方公款内支拨”③。

泗泾分会：9 月 24 日，松江泗泾镇派员到总会总办事处，商定成立分会④，公举李文来、徐淮清为正副会长，汪启愚为理事长，程访湖、秦雨生为正副议长，“组织救护队，往就近各战线，救护伤兵及难民”⑤。

闵行分会：10 月 1 日，闵行代表徐亚伯前往总会总办事处，商定成立分会⑥。10 月 2 日举行成立大会，“举定乔念椿为正会长，徐亚伯为副会长，马柳江为理事长，潘村山为理事，顾鹭云、吴履平为正副议事长。并经议定组织救护、掩埋各队及疗养、收容等所，分别进行”⑦。

南汇分会：据《申报》报道，10 月 5 日“组织分会者，有南汇红十字分会会长徐光禄，到总办事处接洽一切”⑧。这说明南汇分会在 10 月 5 日即组织成立，但成立大会在 10 月 11 日召开，“爰于本月十一日在该会（即二高校）开成立大会。下午一时开会，到会者四五百人，公推杜顺之主席，宣布开会宗旨，徐会长报告筹备经过情形，县长代表王警官致词勖勉。教育局、县议会、县商会、商会代表鞠会长致词极力赞助，来宾会员相继演说，语多热心感慨，后由该会职员劝募经费，县长代表慨捐数十元，继起者非常踊跃，达数百元云”⑨。

---

① 《大场红十字分会之救护情形》，池子华等主编：《〈申报〉上的红十字》第 3 卷，安徽人民出版社 2011 年版，第 69 页。

② 《各地纷纷要求设立红会分会》，池子华等主编：《〈申报〉上的红十字》第 3 卷，安徽人民出版社 2011 年版，第 36 页。

③ 《本埠新闻二》，《申报》1924 年 9 月 11 日。

④ 《红十字会消息》，池子华等主编：《〈申报〉上的红十字》第 3 卷，安徽人民出版社 2011 年版，第 64 页。

⑤ 《泗泾镇组织红十字分会之经过》，池子华等主编：《〈申报〉上的红十字》第 3 卷，安徽人民出版社 2011 年版，第 77 页。

⑥ 《红会救护之昨讯》，池子华等主编：《〈申报〉上的红十字》第 3 卷，安徽人民出版社 2011 年版，第 71 页。

⑦ 《红十字会闵行分会成立》，池子华等主编：《〈申报〉上的红十字》第 3 卷，安徽人民出版社 2011 年版，第 76 页。

⑧ 《红十字会救护消息》，池子华等主编：《〈申报〉上的红十字》第 3 卷，安徽人民出版社 2011 年版，第 79 页。

⑨ 《南汇红十字分会成立》，池子华等主编：《〈申报〉上的红十字》第 3 卷，安徽人民出版社 2011 年版，第 92 页。

鲁家汇镇分会：10 月 5 日成立，因“南汇鲁家汇镇，接近浦南战区。现由该镇绅商组织红十字分会，已与总办事处庄得之理事长接洽妥善，选举西联乡议长徐光禄为会长，王保康为副会长，李宝然为理事长，徐庆之为资产委员，并由分会长聘任秦葆青为文牍员，徐典文为书记员，徐信孚为会计员。业已组成救护队，克日前往战地救护伤兵，一面组织难民收容所云”①。

莘庄分会：10 月 8 日，“借孙氏粟阁为会所，开成立大会”，公推金石声、荣善钧为正副会长，孙翰青为理事长，阮书华等 6 人为理事，丁又新、何永江为资产委员，钱亦庄、陈花孙为正副议长，并议员 18 人，“随即呈报总会遵章进行”②。

胡家镇分会：10 月 9 日，“组织分会者，有松江县胡家镇”③。

胡家桥分会：10 月 10 日，奉贤胡家桥分会正式成立，正会长徐伯勋，副会长唐护行，理事长何志梅，“连同正会员等名单，昨均向总办事处报告矣”④。

三林塘分会：当地士绅组织，初名“红十字会支会”，10 月 13 日“报告成立，以备救护云”⑤。但支会（部）与体制不符，10 月 14 日总会总办事处函请易名“中国红十字会上海分会三林乡办事处”。函称：“得悉三林乡汤君拟在该乡设立分会支部，办理救护，事属可行。惟按照定章，应以中国红十字会上海分会三林乡办事处为名义，不得称为支部，其办事人应称为正副主任，亦不得称为正副部长，案关全局，务希注意转知遵照云云。”⑥

上述分会的组建，既是江浙战争的产物，同时，分会组织的“遍地开花”，为战争救护的顺利推展，创造了条件。在上海中国红十字会总会总办事处的主导下，沪城分会、吴淞分会以及新建各分会，协同配合，开始了大规模的救援行动。

① 《南汇组织红十字分会》，池子华等主编：《〈申报〉上的红十字》第 3 卷，安徽人民出版社 2011 年版，第 82 页。

② 《莘庄红十字分会声明事实》，池子华等主编：《〈申报〉上的红十字》第 3 卷，安徽人民出版社 2011 年版，第 103 页。

③ 《红十字会消息》，池子华等主编：《〈申报〉上的红十字》第 3 卷，安徽人民出版社 2011 年版，第 84 页。

④ 《各团体之救济与讨论》，《新闻报》1924 年 10 月 11 日。

⑤ 《浦东三林塘红会分会成立》，池子华等主编：《〈申报〉上的红十字》第 3 卷，安徽人民出版社 2011 年版，第 92 页。

⑥ 《救济中之伤兵与难民》，《新闻报》1924 年 10 月 15 日。

二、上海红十字组织的战争救护

（一）战地救护

在第一次江浙战争中，嘉定受害最深，全邑 34 市乡全部遭受冲击。据调查资料称："两军相持之地，以嘉境为最广，战线最长，历时最久，剧战最多。"① 因此嘉定战场救护成为江浙战争救护的中心。嘉定分会及属镇娄塘、南翔分会，都积极从事兵灾救助。总会、沪城分会也尽其所能，以为支援。

中国红十字会嘉定分会在 9 月 1 日成立后，立即投入救护工作。9 月 7 日，嘉定分会"以该地粮食不给"②，特派人至沪采办面包以及药品，并运送难民 200 人至沪。同时，设立妇孺收容所、掩埋局及临时防疫医院，治疗伤病员，"并发动居民清除街道、河流中的脏物，掩埋遗尸"③。项如松会长、朱吟江副会长、顾吉生理事长在沪募款接济，"救护船只，络绎于途"④。据统计，嘉定分会先后遣送难民万余人；至 9 月 29 日，掩埋局已收殓死尸 128 具。

嘉定娄塘分会作为一个乡镇分会，在救护行动中发挥了重要作用。娄塘地处浏河、嘉定之间，两军争战最为激烈，伤亡累累。9 月 4 日，两军在嘉定激战，娄塘分会随即前往协助嘉定分会救护。6 日前后，嘉定浙军与太仓苏军在黄渡连续剧战，"西北乡、娄塘等处乡间人民，无法逃避、狼狈不堪"⑤，娄塘分会派救护员雇大舟 3 艘，载运难民 300 人抵沪。12 日晨，娄塘分会救获难民三大船，共 400 余名。16 日，又送出难民千余名，分载大船 2 艘、小船 7 艘，由救护员张国英及职员唐耀环、陆道生、潘子久等护送至沪。18 日，救护队张应芹医生等 6 人赴嘉定救出难民男女老幼计 60 余人。经全体职员的努力，娄塘分会连日救护难民 4600 余名，其中，运沪难民有 3000 余人，经旅沪同乡招待，分

① 娄东、傅焕光、黄允之：《江苏兵灾调查纪实 · 嘉定县》，江苏兵灾各县善后联合会 1924 年编印，第 1 页。

② 《红白两会救护》，《民国日报》1924 年 9 月 8 日。

③ 杨于白主编：《嘉定县志》，上海人民出版社 1992 年版，第 923 页。

④ 《嘉定红会致昆山红会函》，池子华等主编：《〈申报〉上的红十字》第 3 卷，安徽人民出版社 2011 年版，第 78 页。

⑤ 《娄塘镇红会救护难民来沪》，池子华等主编：《〈申报〉上的红十字》第 3 卷，安徽人民出版社 2011 年版，第 34 页。

别安插于江宁公所、太王庙、纱业公所等处。此外尚有千余人留本镇，分派各庙宇留养，娄塘分会皆悉心照料，考虑到“粮少人多，恐有断绝之虞”①，遂派人至沪采办。

娄塘分会还设立了临时医院，聘请印七襄、张应芹医生负责诊治。分会对疗伤事宜十分热心，“附近乡民被流弹及土匪击伤者，每日到院医治多至一二十人”②，重伤者，则一律运赴天津路红会医院诊治。该分会中西医士先后施诊计3862人次，其中西医诊视3000人次，中医诊视862人次，救治受伤难民284名，“经治见效，颇得军民感激”③。掩埋方面，娄塘分会共收殓尸体30余具。

南翔分会驻沪办事处李功孚、顾吉生、胡湛华等，9月11日召集紧急会议讨论组织营救部，救济难民，分为两组：甲组乘长途汽车赴大场，乙组乘专轮拖民船至南翔。黄渡连日大战，“阵亡兵士，被害农民，尸首急需掩埋，免至酿为时疫”④，南翔分会派员组成掩埋队前往施救。

总会总办事处、沪城分会对嘉定战场救护施以援手。黄渡、嘉定、南翔、马陆等地位于战争前线，伤兵甚众，总办事处便派遣救护队前往救护，其他分会也将重伤员送沪医治。9月3日，黄渡、安亭间发生战事，有伤兵数人移至南翔，总办事处救护总队长牛惠生率领队员20余人前往救治，轻伤者在南翔车站医治，重伤者运往吴淞海军医院。据报道，从9月7日至10月14日，总会医院共救治嘉定黄渡、嘉定（城厢）、南翔、马陆等地伤兵1200余人⑤。

掩埋方面，9月11日，张卜雄等乘专车赴黄渡督率队员，掩埋死亡兵士。另外还派徐乙藜医生、庶务员王锦城等人赴嘉定掩埋，历经数日，12月9日才返沪。救援队共计掩埋嘉定遗尸18人、黄渡7人、外冈2人、马陆9人，“皆用石灰覆盖深葬，有查考者均用标杆插记”⑥。

---

① 《娄塘镇红会救护难民来沪》，池子华等主编：《〈申报〉上的红十字》第3卷，安徽人民出版社2011年版，第34页。

② 《娄塘红会救护重伤难民到沪》，池子华等主编：《〈申报〉上的红十字》第3卷，安徽人民出版社2011年版，第57页。

③ 《娄塘红十字会分会之成绩》，池子华等主编：《〈申报〉上的红十字》第3卷，安徽人民出版社2011年版，第108页。

④ 《掩埋队赴南翔》，《民国日报》1924年9月15日。

⑤ 根据《救护伤兵与难民》（《申报》1924年9月8日、9日）、《慈善家之救济兵民》（《申报》1924年9月10日）、《红十字会昨讯》（《申报》1924年10月14日）、《红会昨日无锡兵到》（《申报》1924年10月16日）等资料统计。

⑥ 《红会派员赴黄渡掩埋放赈之报告》，池子华等主编：《〈申报〉上的红十字》第3卷，安徽人民出版社2011年版，第114页。

沪城分会，9 月 23 日在南翔黄渡一带救出伤兵 21 名，“皆形容憔悴，或伤手臂，或伤双足”[1]，都送往上海新普育堂及公立医院医治。

嘉定战场之外，遭受池鱼之殃的上海周边各地，依托分会，展开积极救援。

在宝山，宝山分会成立后，便将城中贫苦妇孺一百七八十人先行运沪收容。大场分会成立后设立疗养院及妇孺暂留所，并向沪太汽车公司包定汽车两辆，逐日开往战地营救。分会张初吉医生率队员屡入战线，自 9 月 6 日起，先后救出受伤士兵 40 余人，由疗养院临时安置后转送总会医院治疗。大场分会张行五、邢宾仪等救护队员在浏河、罗店、大场、嘉定等处，先后救出难民达四五千人。

在松江，因该地“南濒大海，北连苏宁，东通沪渎，西接浙江，又是沪杭铁路的重要车站”[2]，因而两军争战激烈，损失惨重。松江战事发生后，总办事处立刻派员救护，10 月 12 日，总会派救护队队长李景畴率领医士、救护员、夫役等 20 余人，出发松江救护。22 日，总会救出松江佘来庙难民数百人。

松江各分会和闵行分会、沪城分会相互积极协助。松江分会成立后，在保婴阁小学成立红十字会收容所，收容受伤难民 300 余人，并雇船护送至上海红会医院诊治[3]。

松江泗泾分会 9 月 24 日成立后，雇定民船 14 艘，专为青浦、松江一带及本镇避难人民之用。分会成立第六天，昆山有难民 59 人到泗，红会除一一收容外，还将伤病者送入临时医院医治。

松江莘庄分会，10 月 8 日成立后，在颛桥和祖师堂分设办事处。13 日，该会在松江附近马桥、沙江一带收容难民千余人。14 日，雇民船 3 艘输送当地难民抵沪避险[4]。

10 月 6 日，闵行分会乔念椿会长派员乘闵馨、闵南小轮 2 艘及民船

① 《沪城红会救护伤兵》，池子华等主编：《〈申报〉上的红十字》第 3 卷，安徽人民出版社 2011 年版，第 63 页。

② 朱曜辉：《松江红十字会工作回忆》，松江县政协文史组编：《松江文史》第 9 辑，第 53 页。

③ 朱曜辉：《松江红十字会工作回忆》，松江县政协文史组编：《松江文史》第 9 辑，第 53 页。

④ 《红十字会消息》，池子华等主编：《〈申报〉上的红十字》第 3 卷，安徽人民出版社 2011 年版，第 92 页。

4只，分往松江、叶榭救济难民[1]。12日上午，松江前线开火，闵行分会雇民船两只前往救护。10日，红会所拨小轮在松江等地载运难民数百人运沪避难。11日，上海县马桥、沙江开火后，男女难民，充塞于途，闵行分会前往收容，数达千余。宝山大场分会也曾派员乘火车往松江一带救护。

在青浦，城厢附近妇女老幼不及逃出者有2500余名，均避入青浦分会。青浦分会初设收容所3处（县立第一小学校、县立初级师范学校、明伦堂），计收容妇孺2372人，后又在佘山教堂设收容所收容300余人，另送往上海至圣善院收容382人，送吴县分会收容99人。另外，青浦分会还附设伤兵疗养院，治愈伤兵和流弹所伤之难民134人。疗养院每日诊治内外科，日有八九十号，“以痢疾疟疾为多”[2]。

沪城分会的救护成绩在各分会中特别突出，救护队不畏艰险，前往松江、嘉定、太仓等前线救护，分会医院也恪尽天职，竭力救伤。9月6日，沪城分会在南市陆家浜施粥厂，设难民收容所，由慈善团凌伯华担任。下午1时，沪城分会特派滕劲等职员会同德国医生史国藩、吴天民赴松江救护[3]。12日晨，沪城分会派员乘长途汽车驶赴浏河等地，广收被灾男女老幼，有亲友者准其自由投奔，其他分送大南门外施粥厂、城内肇嘉路药业公所等处安置。13日，沪城分会在松江等地救出伤兵13名，送入上海新普育堂临时医院医治。15日午后1时，沪城分会用汽车装载受伤兵士3名，由乔家浜送往上海公立医院医治。23日，沪城分会在南翔、黄渡一带救出伤兵21名，“皆形容憔悴，或伤手臂，或伤双足”[4]，送往上海医院和新普育堂医治。因松江战事剧烈，10月9日，沪城分会殷受田副会长特率救护队前往救护，在闵行救得难民5人、小孩1人，交煤炭公所留养院留养。

（二）医院救伤

在战地救护中，为治疗伤兵伤民，战地各分会往往设立红十字临时

---

① 《红十字会之救护》，池子华等主编：《〈申报〉上的红十字》第3卷，安徽人民出版社2011年版，第81页。

② 《青浦红十字分会之成绩》，池子华等主编：《〈申报〉上的红十字》第3卷，安徽人民出版社2011年版，第110页。

③ 《沪城红会分会救护队昨日赴松》，池子华等主编：《〈申报〉上的红十字》第3卷，安徽人民出版社2011年版，第32页。

④ 《沪城红会救护伤兵》，池子华等主编：《〈申报〉上的红十字》第3卷，安徽人民出版社2011年版，第63页。

医院。这些医院实际上也起到了临时救急的作用，但在重伤治疗方面，临时医院在设备、医药等方面存在明显不足，总会总办事处及时组设了13家红十字医院，保证了救伤工作的有效进行。总会各战地救护员和各地分会所救伤兵，除伤势较轻者就近医治外，其他伤兵大都送至总会医院医治。

两军征战，伤亡在所难免，总办事处预做准备，将总医院、天津路时疫医院等作为医治伤兵之所。战争爆发后，医院救治行动紧张有序地进行。9月3日下午，总办事处接上海沪军使来电，“嘱开救护专车，往南翔载运伤兵”[①]。救护队当即前往。4日，红会救回浏河伤兵13人，牛惠生医生将轻伤者留时疫医院，至于伤重者，“须用爱克司光照取枪弹”[②]，便转送至总医院医治。总医院“将三等病房一律改作伤兵之用”[③]。5日下午，天津路时疫医院已收有伤兵30余人，“伤兵由汽车运到时，先由医生在车内检验，凡有一线之希望者，均搭入医院救治”[④]。

6日，总医院已有重伤士兵60人左右，即将住满，而伤兵还在陆续运来，该院紧急施工，搭盖大席篷，铺设地板作临时病房，预计可住200人。是日，时疫医院已有伤兵70余人。总办事处还在西藏路时济医院医治伤兵，至6日，已有70人左右，而医院总伤兵数已达200余人，这些伤兵以浙军为主，苏军只有1人。

伤兵与日俱增，三医院难以容纳，总办事处乃连日增设临时医院近10处。9月5日，总办事处借宝山路商务印书馆俱乐部，开办临时救治诊所。7日，所救获浏河、黄渡伤兵300余人，医院无法满足需要，牛惠生医生又与南洋医院、斜桥医院接洽设立临时救护处。8日，上海各医院之伤兵已达600余人，总办事处遂借南市上海公立医院、新普育堂共同医治。总办事处还与同仁医院妥商，设红十字会第七医院，鉴于第二医院医生日夜手术，异常辛苦，乃与第七医院商定，“凡遇重伤者，

① 《红会之驰救伤兵》，池子华等主编：《〈申报〉上的红十字》第3卷，安徽人民出版社2011年版，第24页。

② 《红会医治伤兵之昨讯》，池子华等主编：《〈申报〉上的红十字》第3卷，安徽人民出版社2011年版，第26页。

③ 《红会医治伤兵之昨讯》，池子华等主编：《〈申报〉上的红十字》第3卷，安徽人民出版社2011年版，第26页。

④ 《红十字会医院之救护忙》，池子华等主编：《〈申报〉上的红十字》第3卷，安徽人民出版社2011年版，第28页。

则在第二、第七两院间日轮流开刀”[1]。

10日，总办事处以小南门南洋医院为第八伤兵救护院。15日，又借北市医院为第九临时养伤所，该院主治前线患病士兵，设立当日即留治22人。17日，再添两处临时医院，一为南市护军营亚东医院，一为法租界金神父路广慈医院。20日上午，庄得之、王培元向粤商医院院长周清泉等商借该院为红会第十一临时医院，并由该院医生孔锡鹏、许华凤进行医治。又经总办事处争取，宝隆医院也成为红十字会医院。至此，总会前后所设医院已达13家之多。这些医院各有所长，各尽其职，积极救治伤兵，取得显著的成效。据统计，9月10日，红会医院伤兵数已达444人，11日有伤兵565人，14日为570人，16日则为605人。据《申报》报道，从9月10日到10月12日，总会医院每日所救伤兵最多达920人，最少也有444人，尤其是进入10月，战事愈加激烈，各医院无不人满为患[2]。

红十字会并不局限于救治本院伤兵，还积极与其他机关接洽，尽最大可能发挥救伤作用。比如，红十字会就治疗管理问题与军方接洽，希望军署“派人常驻调查，以资襄赞”[3]，还协助吴淞总军医院治疗伤兵，连日“各处送吴淞伤兵颇多、房屋不敷安插”[4]。7日上午，军医院将送来之伤兵，“悉数退回上海红十字总会医治”[5]。8日，吴淞军医院特开专车一列，将重伤兵士10余名，送往总会医院治疗。红会还指导其他慈善组织办理救护，如时济医院便担任中国济生会难民暂留所卫生事宜，医生乐文照每日前往济生会所设英租界之第三、四、五、七及灵学会等五暂留所视察，“遇有传染病或重症，即分别送各医院医治”[6]。

松江战事紧急之时，红会第五医院新普育堂之松江分院也成为红十

① 《红会组织第七伤兵救护院》，池子华等主编：《〈申报〉上的红十字》第3卷，安徽人民出版社2011年版，第35页。

② 参见《救济兵民消息》（《申报》1924年10月1日）、《救济伤兵与收容难民》（《申报》1924年10月2日）、《各慈善团之救济讯》（《申报》1924年10月3日）、《红十字会消息》（《申报》1924年10月4、9、12日）、《红十字会昨讯》（《申报》1924年10月8日、11日、13日），等等。此数据系笔者根据1924年10月1日至10月13日《申报》有关江浙战争中总会主要医院救护情况报道统计得出。

③ 《红会救护伤兵之忙碌》，池子华等主编：《〈申报〉上的红十字》第3卷，安徽人民出版社2011年版，第34页。

④ 《吴淞军医院之消息》，《申报》1924年9月8日。

⑤ 《吴淞军医院之消息》，《申报》1924年9月8日。

⑥ 《红会担任各难民所卫生事宜》，池子华等主编：《〈申报〉上的红十字》第3卷，安徽人民出版社2011年版，第80页。

字会临时医院，陆伯鸿教士为主任，周学文任总干事，俞橘芳为医务主任，张绅汝等为董事。分院成立后，新普育堂即派医生、看护、夫役等多人前往疗治伤兵，并救济松江一带难民，大有应接不暇之势。该院前后疗养战地伤兵达2000余人。

沪城分会的医院救伤，亦功不可没。9月29日，沪城分会在肇嘉路太平街喻义堂药业公所，设立了临时医院，至30日下午已救治黄渡、浏河等地伤兵六七十名。因伤兵较多，沪城分会又借新舞台设伤兵第二留医所，将轻伤者转送疗伤。10月9日，太平街临时医院收到伤兵27人，10日前后，已有伤兵200余人。沪城分会乃设立第三疗养所。11日，沪城分会医院收治松江明星桥、新桥、莘庄及嘉定伤兵16人。15日，又收治伤兵3名，伙夫1名。战争期间，沪城分会医院共有伤兵300余名，该会无不根据伤情，设法救治，救伤期间，医院负责人张近枢还请德国医学堂教授彼得希米德带学生协助医治。

（三）资遣与赈济

10月12日，第一次江浙战争结束，但救援并未停止，难民资遣与赈济等事宜随之提上了日程。

资遣工作是善后救援的一个重要方面。10月中下旬，嘉定分会在沪募集经费，将难民安置回乡，“对断炊缺衣者发给粮食、衣着，对房屋被毁无家可归者资助重建，对贫苦农民发放春耕资金”①。娄塘分会也积极遣送运沪难民回籍，25日，备民船8艘，遣送800人，待原船返沪后陆续遣送。沪城分会将临时医院留养之伤兵资遣回籍，购得船票，“分别路程远近，酌给川资”②，至11月4日，已遣送伤兵数十名。12月17日，沪城分会资遣伤兵31人，18日又遣送25人。松江第五疗养所，11月5日结束，“其一般妇孺以及流落松地之男子，亦一律资遣回里”③。

战后赈济，刻不容缓。10月12日，宝山分会召开大会，与会者有邑绅袁观澜，会长袁叔畲、张乾三、董载生及驻会理事长陈六奇等10

① 杨于白主编：《嘉定县志》，上海人民出版社1992年版，第923页。

② 《沪城红会医院消息》，池子华等主编：《〈申报〉上的红十字》第3卷，安徽人民出版社2011年版，第106页。

③ 《红会第五疗养所定期结束》，池子华等主编：《〈申报〉上的红十字》第3卷，安徽人民出版社2011年版，第106页。

余人。大会就募捐、赈济等问题进行磋商[①]。11 月，宝山城中各米铺存米告罄，宝山分会董载生、陈六奇等商借公款洋 500 元，赴沪采办籼米，在办事处设立平粜局，每日上午 8 时～11 时平价出售，“由各米伙轮流服务，以维民食”[②]。

安亭“居民房屋尽遭毁损，衣食均无着落”[③]，吴江震泽分会特赶做大小棉衣 100 套，由庶务长周述先等交安亭分会代为分送。

总办事处不仅积极协调战地救护，而且善后资遣、赈济，尽心尽力。其间，特派徐乙藜医生率队赶赴嘉定放赈，针对各慈善机关尚未赈济之贫苦者，发给“衣米、现洋、面粉、锅只等物”，病者为其诊治给药，“悉经各绅董派员协同地保指引调查”[④]，监督分发。

难民衣食紧张，生活窘困，美国红十字会[⑤]特向各处呼吁，筹集衣被褥 9300 余件，白米 95 石，山芋 100 石，悉数分发难民。如 11 月初，美红会派员数人赴安亭之北望仙桥镇察看灾情，挨户调查难民人数，并详载表册，“一俟调查竣事，即赴昆报告”[⑥]，并购备急需品，实行赈济。

“卢何下野，沪局一变”[⑦]，而难民依然流离于途，总会总办事处职责攸关，特在南市设收容所 10 处，以便收容。为统筹进行，提高效率，总办事处明确规定了救护车路线，由南市至法租界者，一为高昌庙杀牛公司敏体尼荫路，二为南市十六铺；北市至英租界者，一为北河南路界路，二为克能海路界路，三为北四川路靶子路。收容、资遣，井然有序。

总之，江浙战争中，总会总办事处统筹安排，上海各地分会积极配合，圆满完成救护任务。

---

① 《宝山红十字分会开会》，池子华等主编：《〈申报〉上的红十字》第 3 卷，安徽人民出版社 2011 年版，第 90 页。

② 《宝山红会附设平米局》，池子华等主编：《〈申报〉上的红十字》第 3 卷，安徽人民出版社 2011 年版，第 105 页。

③ 《红会运送棉花》，《民国日报》1924 年 11 月 24 日。

④ 《红会派员赴黄渡掩埋放赈之报告》，池子华等主编：《〈申报〉上的红十字》第 3 卷，安徽人民出版社 2011 年版，第 114 页。

⑤ “美国红十字会”系江苏教会同仁为战争救护所设。齐卢之战，江苏破坏相当严重，省长韩国钧特邀南京各教会及青年会中西领袖磋商救济事宜。1924 年 9 月 10 日，教会同仁正式成立美国红十字会，后遵章更名为“中国红十字会难民救济会”。

⑥ 《昆山红会调查望仙桥灾情》，池子华等主编：《〈申报〉上的红十字》第 3 卷，安徽人民出版社 2011 年版，第 105 页。

⑦ 《红会规定救护车路线》，《民国日报》1924 年 10 月 15 日。

三、江浙战争救护成功的原因

江浙战争期间，上海地区红会组织遍地开花。这些分会都积极投入战争救护，在总会统筹下，前后救治受伤兵士、难民数千人，救护难民近10万人出险，掩埋尸体数百具①，取得了战事救护的圆满成功，得到社会各界的肯定，如时论所云："各地士绅组织红会，办理战地救济救护事宜，热心救险，殊甚嘉尚。"② 为褒奖红会办事人员，总会总办事处特定制一种饭碗，上刊"江浙战争救护纪念"八字。

救护成功的原因，当然很多，其中有三点尤其值得注意。

其一，救护准备充分，配合有力。

江浙战争是江浙地方军阀矛盾日益激化的结果。当江浙战争不可避免之时，总会总办事处积极展开行动，一方面组织多支救护队，组织相关人员，置备器具，设立联络队，分赴各战区进行救援；另一方面与各战地联系，组设地方红会，给他们提供救护经费和经验的支持。在总会的统筹安排下，各地分会纷纷兴起，这些分会为救援的新生力量。他们的加盟在壮大红十字会救援力量的同时也便利了红会与地方的联系，有利于救护工作的顺利开展。事实证明，分会的普遍设立为战地救援成功奠定了组织基础。

人事配备和经费筹集是组织正常运作的两大关键。总会经历了20年的发展，人事配备齐全，协调能力大大增强。沪城分会、吴淞分会也都是上海地区的"老牌"分会，组织较为完善，在发挥自身强大能量的同时，也为新设分会提供了"样本"。

在经费方面，主要来自捐款、会费和政府补助。为了缓解经费压力，红十字会十分注重报刊媒体的劝募作用，类似《中国红十字会总办事处乞募江浙兵灾急振启事》（9月7日）、《中国红十字会总办事处劝募兵灾捐款启事》（9月21日、10月5日）等在《申报》等报刊上屡见不鲜。通过此种方式，呼吁社会各界奉献爱心，得到广泛响应。捐款源源不断，为红十字会提供了重要的物质保证。

会员交纳的会费也是红会经费的一个重要来源。根据《中国红十字

① 当然这只是笔者通过查阅相关资料得出的不完全统计，或有缺漏，实际救护绩效当更为突出。

② 《韩省长颁赠红会匾额》，《锡报》1924年12月17日。

会章程》规定：凡独捐洋1000元以上，或募捐洋5000元以上，可以举为名誉会员；凡纳捐洋200元以上，或募捐洋1000元以上，可举为特别会员；凡纳年捐5元满6年者，或一次纳捐25元者，可照章认为正会员①。1922年第二次会员大会的修正章程增补“普通会员，一次纳捐十元以上者”，“学生会员，纳捐一元者”②。总体上，会费与会员数目成正比，会员数目越多，所交会费也越多。此外，政府还对红十字会救济进行补助，如江苏省长韩国钧多次拨款赈济难民。

总会在人员和经费上的制度安排也便利了其对各地分会的指导。在实地救护过程中，总会派往各地的救护队和各地分会紧密联系，并对战地救援工作进行指导，在经费上也给予支持，如总会曾允许红会留取半数会费归当地分会支配。

地方分会大都由地方绅士组成，战争中的地方绅士或许存在为求自保而加入红会的自我考虑，但他们不愧为一方精英，他们不怕艰难，不顾危险，以旅沪同乡会为依托，捐资输财，在红十字精神的感召下，竭力为救护事业奔走呼号。总会与地方分会、分会与分会之间不分畛域，密切配合，尽最大可能实现了绩效的优化。在嘉定、昆山等地，处处可见相互配合、协同救护的感人画面，为江浙战争救护的成功提供了有力的保障。

其二，社会各界的鼎力支持。

战争是一种严重的人道危机。战争给人们带来的各种伤害激发了国人慈善之心，社会各界积极响应总会号召，施以援手。通过检索《申报》可以发现，许多善士慷慨捐款，红十字会也对这些善士的慈善行为，在授予相应级别会员称号的同时，并登报鸣谢，诸如《中国红十字会敬谢哈少甫大善士寿筵助赈200元》（1924年9月7日）、《中国红十字会敬谢诸大善士捐助灾赈台衔列后》（9月26日）、《中国红十字会敬谢卫授经君》（9月26日）、《中国红十字会总医院敬谢诸大善士捐助江浙兵灾台衔列后》（10月5日）、《中国红十字会沪城分会救护伤兵临时医院敬谢各大善士台衔列后》（10月8日）、《中国红十字会总医院敬谢诸大善士捐助江浙兵灾台衔列后》（10月12日）、《中国红十字会沪城分会救护伤兵临时医院第二次敬谢各大善士台衔列后》（10月20日）、

① 参见中国红十字会总会编：《中国红十字会历史资料选编，1904—1949》，南京大学出版社1993年版，第224页。

② 参见中国红十字会总会编：《中国红十字会历史资料选编，1904—1949》，南京大学出版社1993年版，第230页。

《中国红十字会敬谢陆少嵩率子孙等大善士筵资捐助灾振洋二百元》（10月20日）、《中国红十字会沪城分会救护伤兵临时医院第三次敬谢各大善士台衔列后》（10月25日）、《中国红十字会敬谢恒丰面粉厂捐助洋一千元》（10月26日）等，不胜枚举[①]。

其三，其他慈善组织的配合。

社会各界对红会的支援还表现在其他组织与团体对江浙战争的救援上，他们的救援缓解了战争带给红会的压力，有利于其救护目标的圆满实现。江浙战争期间，先后投入救护的社会组织不少，江苏基督教士组织美国红十字会协助救护，类似红十字会的还有白十字会[②]、蓝十字会、黄十字会，此外基督教会、联益善会、旅沪同乡会、保卫团等许多组织也投入到救护中。传统慈善组织、国外慈善力量的加入大大减轻了红会的救援压力，使红十字会可以更多地集中力量致力于营救伤兵难民、掩埋尸骸和善后救援等工作。在浏河、昆山等许多战场，基督教士、旅沪同乡、联益善会都为救护做了许多工作，为救护成功贡献了重要力量。

比如说，白十字会在战争期间着重于难民的救济，大大缓解了红十字会难民救济的压力。战争中，白十字会派出多支救济队活跃在南翔、松江等地。如在南翔，9月11日上午，白十字会特派队员夏小谷、葛雄夫等数人在四马路外滩，乘金和小轮，另挂拖船3艘出发，将难民运载来沪，“俾免流落”[③]。17日晚，白十字救济队派朱醒亚等赴南翔救济。20日夜，南翔难民颇众，会员朱醒亚、姚书绅、张贻孙、陈子范等不顾危险，随带汽油船一只，民船数只，由上海苏州河出发，向南翔、马陆、石冈门一带救护难民，救获156人。所救难民除投奔亲友外，其余百数十人，均安插于各暂留所。10月11日晨，队员朱醒亚、李云门等又雇船两只出发南翔。10月3日，队员郑廷甫、潘子卿等乘帆船，向松江出发。13日，队员姚书绅等3人，至松江泗泾、七宝等处营救难民300余人，收容于第十所。在战浜桥、南桥等地，9月20日前后，队员夏小谷，在战浜桥、西柿梢等处，救出难民130余人；10月11日，队员郑廷甫等还雇船两只出发上海南桥救护。

白十字会还在永锡堂、怡和货栈、振华堂、大王庙、静安寺等10处设立收容所。各收容所每日忙不停息，妥善安置收容来所的难民。遍

① 注：这些感谢均来源于《申报》，详细日期文中括号已注明。

② 根据《民国日报》《申报》等媒体报道，“中国白十字会”也称中国济生会白十字救济队。笔者认为，“白十字”是中国济生会参照红十字会，为救护之便而采用的旗号。

③ 《济生会》，《民国日报》1924年9月12日。

布上海的白十字会收容所，不仅收容各支救济队所救难民，还收纳附近各地前来投奔的难民。战争期间，收容所的救济工作几乎从未停息。

白十字会还积极协同红十字会进行救护。如9月8日，白十字会协助嘉定分会救济难民，不但设法放船前往，还将嘉定分会送到之难民200余人，接纳在该会暂留所留养。15日前后，娄塘分会载来难民200余人，专函恳求济生会收容，济生会白十字队特将之运往大王庙第四暂留所安置。

白十字会的支持有效缓解了红十字会压力，为红十字会江浙战争救援提供了有力支援。无怪乎时人对白十字会高度评价，云："此番所组织之白十字会，厥功甚伟，既从战地施救，又将妇孺收养，不使有流离失所之苦，其热诚宏愿，良堪钦佩。"①

四、江浙战争救护与红十字事业发展

江浙战争救护对红十字会自身发展的影响是多方面的，既有对总会在上海生存与发展的影响，也对上海地区红十字运动的高涨以及可持续发展，具有重要作用。

从总会方面说，江浙战争发生在中国红十字会成立20周年之际。经历了20年的风雨历程，中国红十字会的救援行动发生了深刻的变化，而此次江浙战争救援，使人道行动更加成熟，这主要体现在：

首先，注重救护筹备。一方面统筹全局，组设救护队、收容所，置办药品，并积极办理会员入会事宜，还预备上海海格路总医院、天津路时疫医院、西藏路时济医院等负责救伤，并且多次登报为救护募集资金；另一方面，总办事处与地方军政长官接洽，请求为地方救援提供便利。所有这些方面，都充分表明总会对救护筹备工作的重视，也为此后的战事救护积累了经验。

其次，注重拓展分会。江浙战争期间，整个长三角地区都受到战争威胁，仅靠总会自身力量则势单力薄，总会总办事处便按照红十字会的发展模式，吸取在"二次革命""护国战争"等救护中的经验，与各地联系设立分会，并得到了地方士绅的积极支持。正因为如此，分会很快在江浙战区发展起来，仅上海地区就有近20处。这些分会中有县级，也有乡镇级，基本覆盖了所有战区。总办事处及时给予分会旗帜、徽

① 《福建路商联会致济生会函》，《民国日报》1924年9月13日。

章，并在救护药品、交通工具以及经费上给予支持，制定章程以对妇孺收容所的设立进行规范，还派出多支救护队分往各地协同救护。这也反映出总会救护水平发展到一个新的阶段。

再次，注重社会动员。战争救援需要全社会的参与，尽最大可能整合社会资源是救护成功的一大关键。总会充分认识到这一问题的重要，在战争期间利用媒体，多次进行社会动员，及时公告各地灾情，发动社会各界捐款捐物或直接参与到救护中来。显然，前述众多的慈善捐助和各种组织团体的广泛参与离不开中国红十字会的社会动员。这也表明，红十字会逐步走向成熟。

从上海地区红十字运动发展而言，江浙战争救护行动，使上海地区红十字运动空前高涨，出现了前所未有的新局面，为上海红十字事业的可持续发展奠定了基础。

首先，从分会数量看，江浙战争以前，上海地区只有沪城分会、吴淞分会。而到了江浙战争期间，嘉定分会、青浦分会、宝山分会、闵行分会、南汇分会、黄渡分会、金山分会等县级分会和娄塘分会、南翔分会、大场分会、泗泾分会、鲁家汇镇分会、莘庄分会、胡家镇分会、胡家桥分会、三林塘分会等乡镇级分会也如雨后春笋般涌现。这些分会，既是战争救护的依靠力量，也是上海地区红十字事业发展的“资本”。

其次，救护积极性有了明显的提高。自红十字会登陆中国以来，已进行了不少救援活动，如战争救护、水灾和火灾救助、时疫防治等等。这些救护活动，加强了人们对救护的认识，也提高了人们对救护的警惕。沪城分会就是典型的例子。在江浙问题日益紧张之时，沪城分会未雨绸缪，进行救护准备。《申报》报道说，1924 年 8 月 30 日，“沪城红十字分会，亦以江浙军事，召集救护队员，在分会讨论一切，筹备药品，整装待发，并与红十字总会议定，担任自沪江至嘉兴一路救护事宜。昨日已派员前赴松江、枫泾一带，察看医院及驻扎地点，一俟报告，即当出发”①。同时，应急响应迅速。战争爆发后，沪城分会立即派出救护队、掩埋队，开赴前线，并设立临时医院、疗养所、收容所，收治伤兵难民，及时而高效，反映出沪城分会战事救护的能动性。

再次，从救护水平看，江浙战争十分惨烈，造成了严重损失，这也要求红十字会能够提供全方位、高水平的救援。沪城分会做到了这一

---

① 《沪城红会分会即将出发》，池子华等主编：《〈申报〉上的红十字》第 3 卷，安徽人民出版社 2011 年版，第 20 页。

点。沪城分会与中国红十字会总会总办事处同城，其发展受到总会的积极影响，救护经验较为丰富，江浙战争中，沪城分会就体现出较高的救护水平。战前，沪城分会以伤救急伤科毕业生为主体，设立了两支救护队，派往上海南车站、松江布置，还商定上海公立医院为临时总医院，并查勘地点，设立收容所。实地救护中，沪城分会救护队前赴松江、太仓、嘉定等战场，救护许多伤兵和难民脱险，如9月13日，救出松江等地伤兵13名，9月23日救出嘉定伤兵21名，10月9日救出难民6人。沪城分会还在太平街喻义堂药业公所、新舞台等地设立临时医院，救治伤兵数百名。该会还派掩埋队前往徐家汇、漕河泾等地，掩埋尸骸40余具。其他如嘉定分会、娄塘分会等都在救护伤兵、救济难民、掩埋尸骸等方面做出了重要贡献。显然上海地区红十字会救护的水平有了很大提高。

又次，从救护主体看，红十字会救护成绩的取得离不开红会领袖人物的作用。江浙战争主要战场在长三角地区，因此，以上海为中心组建了许多红会组织，取得了令人瞩目的成绩。在救护过程中，也涌现了一些杰出的红会组织，如沪城分会、嘉定分会等。这些红会组织之所以能积极有效地进行救护与红会本身领导人有莫大关联。如沪城分会的夏应堂会长、殷受田副会长，是战事救护的强有力的组织者，安排井井有条，一丝不苟，且自始至终，亲力亲为。《申报》报道这样一则消息："沪城红十字会夏、殷二会长，以沪埠战事，虽已停止，而沪杭路线各地，运来伤兵难民尚应接不暇，昨日仍派各队员在南火车站守候，以便接运伤兵难民。惟该会临时医院，连日所收伤兵，共有三百余名。九亩地第二疗养院所留伤兵五百余名，满坑满谷，几无隙地。夏、殷二会长，昨日检点二处伤兵，有逾额者数十名，均系无伤，系苏军缴械后放出，该兵无处容身，托名寻友，于忙乱时混入。虽无枪械，但无管束之人，恐防滋事，经该会具函报明淞沪警察厅后，于昨日下午，将无伤之逾额散兵，一并点出，令将军衣脱去，每名给以元色新棉袄棉裤一套，并每名给大洋半元，派员押送令其自往城外旅馆居住，另谋一小营生，安分度日，不得违法强抢，自罹法网。各兵均称谢再三，作揖而去。"①如此恪尽职守，人道关怀，令人感动。再如嘉定分会原推举项如松为会长、朱吟江为副会长、顾吉生为理事长，后因该三人有其他事务缠身，由戴思恭代理会长职务，负责会中一切事务。戴思恭上任后，便组织职

① 《红会昨日之救护讯》，《申报》1925年1月15日。

员投身救护，筹办面包、药品等，并组织救护队、掩埋队，设立临时防疫医院，还发动居民清除街道、河流赃物。据统计，在戴思恭的指导下，该会先后救获难民万余人，掩埋尸骸百余人。连日炮弹袭击，嘉定损失惨重，戴思恭还想方设法联络昆山红会，请求代陈昆山军方减少火力，“为嘉邑稍留元气”①。没有这些杰出的红会领导人的积极作用，救护工作不可能顺利进行。

总之，历经江浙战争血与火的洗礼，上海红十字运动出现了前所未有的新气象，分会组织的大量涌现，在保证了救护使命完成的同时，也为上海红十字事业的可持续发展积累了“正能量”。毫无疑问，江浙战争救护，是上海红十字运动一个新的转折点，开创了上海红十字事业发展的新局面。

（原载《江南社会历史评论》第 12 期，商务印书馆 2018 年版，与曹金国合作）

① 《嘉定红会至昆山红会函》，池子华等主编：《〈申报〉上的红十字》第 3 卷，安徽人民出版社 2011 年版，第 78 页。

近代苏州红十字运动研究

苏州红十字会创会至今，经历了晚清、民国、中华人民共和国三个历史时期，走过了近百年的风雨历程，在中国红十字运动史上具有重要地位。本文梳理有关资料，对苏州地区（今苏州大市范围）红十字运动在近代的演进轨迹进行考察，以弥补相关研究的不足。

一

中国红十字会于1904年3月10日创立于上海（时为江苏所辖），旅居上海的吴江人施则敬是发起人之一①。而苏州之有红十字会，则在1911年。

1911年，即清宣统三年，改变中国历史命运的辛亥革命爆发。武昌起义不久，江苏战场燃起熊熊战火，特别是两江总督所在地南京，争战激烈，伤亡累累。战争救护是红十字会的天职。总部设于上海的中国红十字会闻讯后立即采取救援行动，筹组救护医队赴宁，并于沪宁铁路沿线，联络当地人士，设立分会，以保障救护行动的顺利推进。苏州红十字会由此诞生。11月26日、27日，中国红十字会分别在《民立报》《申报》发布《红十字会第一届分会职员一览表》（截止到1911年11月16日），这是辛亥革命时期经中国红十字会正式承认的第一批分会，其中有关苏州分会及职员情况为："苏州分会，天赐庄齐门外福音医院魏医生等二员，博习医院英国柏乐文医士等三员，看护（人名续刊），通商场广仁医院意国白医士等二员"；"常熟分会（医院在陶家巷），周惠莲女医士、周晋麒女医士，看护孙志英"②。这说明在11月16日之前，

① 池子华：《施则敬与中国红十字会的创始》，见郝如一、池子华主编：《〈红十字运动研究〉2007年卷》，安徽人民出版社2007年版，第83页。

② 《红十字会第一届分会职员一览表》，《民立报》1911年11月26日；《申报》1911年11月27日。

苏州分会和常熟分会即已宣告成立（具体日期待考），并得到总会的承认。

这里要说明的是，关于苏州红十字会肇始情况，《苏州市志》有这样的记载："清宣统三年（1911 年）费璞庵（吴江县人）、田北湖、汪惕予等人，在上海泥城桥汪裕泰茶庄楼上开会，组织成立中国红十字会筹备处。辛亥革命爆发，红十字会受沪军都督陈英士之命，由费璞庵率 50 名红十字会会员，携带担架药品于 11 月 6 日乘火车到达苏州，驻在阊门华步别墅内。后即成立中国红十字会苏州分会，参加者有博习医院柏乐文医生、福音医院魏医生等人。因苏州已'和平光复'，无战事，苏州分会亦未开展活动"①。此说有误。田北湖组织的并非红十字会，而是赤十字会，隶属于 1911 年 10 月 19 日张竹君女士在上海发起成立的中国赤十字会系统，田北湖本人为中国赤十字会干事员②，以"中国赤十字会第二团"的名义参与辛亥战事救护③。尤其值得注意的是，费璞庵（又作费朴安、费璞安，即著名社会学家费孝通之父）发起成立的赤十字会与田北湖组织的赤十字会也不是同一组织。据记载，在上海以胡二梅为会长、费璞庵为副会长合并普济善会而成的赤十字会，原打算与中国赤十字会第二团合并，因第二团"田北湖君、郑普一君等无意合并，自愿仍办中国赤十字会第二团，公议本会更名赤十字社，以免混淆"④。换句话说，费璞庵是赤十字社的副会长。赤十字社与中国红十字会、中国赤十字会性质一样，为慈善组织，但其主要工作不是战争救护，而是慈善救济，该社在苏州办有苦儿教育院，在南京办有贫女工艺厂，1912 年 5 月又发起"赤十字社江淮难儿救济会"，救济难童⑤。因赤十字会与赤十字社一字之差，所以容易混淆。至于徽商汪裕泰茶老板汪惕予的情况，据《汪惕予与中国的医学教育》一文考证："武昌起义爆发时，他（汪惕予）与同志共组中国赤十字社于上海，并在南京、苏州、无锡、镇江及湘汉间设立分社。"⑥ 可证其为赤十字社发起人之一，与费璞庵同一组织。由此看来，《苏州市志》的记载，显然"张冠李戴"了。因此，

① 见苏州市地方志编纂委员会编：《苏州市志》第 3 册，江苏人民出版社 1995 年版，第 434—435 页。

② 《赤十字会开会记》，《申报》1911 年 10 月 20 日。

③ 《中国赤十字会第二团广告》，《民立报》1911 年 10 月 23 日。

④ 《赤十字会大会纪》，《民立报》1911 年 11 月 16 日。

⑤ 《赤十字社江淮难儿救济会缘起并简章》，《民立报》1912 年 5 月 9 日。

⑥ 汪彪：《汪惕予与中国的医学教育》，http：//chengxialin. blshe. com/post/1871/74184。

关于苏州红会、常熟红会成立于1924年说，当然也不确切了[①]。

苏州为“三吴重镇，军队林立”。苏州分会成立后，发起单位的博习医院、福音医院以及广仁医院均成为红十字会临时伤兵医院，救护伤员。“光复后意国医博士白纽昔君，自愿将前办之广仁医院，暂为红十字分医院，义务救治兵民。金陵之役，受伤军士之回苏就治者三十余人，皆应手而愈”[②]。常熟分会则在周惠莲女士的主持下，积极筹备，随时接纳伤兵。据史料记载：“苏沪光复后，常熟女医士周惠莲君，驰函总会愿设临时医院，义务医治伤兵。金陵光复时，伤兵之返常熟者，均由周女士医治之。”[③] 不言而喻，新成立的苏州分会和常熟分会在辛亥革命救护中，发挥了积极作用。

二

中华民国诞生后，中国红十字运动的历史翻开了新的一页。苏州红十字运动也在新的历史条件下发生“适应”性转变。

1912年10月30日，中国红十字会在上海隆重召开“统一”大会，“规定办事章程及应行筹备及推广各事，以固基础，以期统一”[④]。中国红十字会名誉总裁黎元洪，以及奉天都督、江苏都督、外交部、内务部、陆军部、海军部等均派代表参加，极一时之盛。常熟分会孙志英应邀出席盛会[⑤]，这对苏州地区红十字运动的发展是一种推动。

1914年，中国红十字会创始者之一的吴江人施则敬在其家乡震泽发起成立震泽红十字会[⑥]，“原以赈济四乡贫乏为职志，当时会员约四十余人”[⑦]。施则敬“因劝办红十字会有功，由陆军部奖给金色奖章”[⑧]。震

① 苏州市红十字会：《辉煌的80年》，苏州市红十字会2005年编印；常熟市红十字会：《常熟市红十字会纪念册》，常熟市红十字会1996年编印。

② 《中国红十字会杂志》第1号，第49页。

③ 《辛亥革命时中国红十字会暨各分会活动成绩》，见中国红十字会总会编：《中国红十字会历史资料选编，1904—1949》，南京大学出版社1993年版，第292—293页。

④ 《正会长吕海寰君宣布开会宗旨》，见中国红十字会总会编：《中国红十字会历史资料选编，1904—1949》，南京大学出版社1993年版，第265页。

⑤ 中国红十字会总会编：《中国红十字会历史资料选编，1904—1949》，南京大学出版社1993年版，第260页。

⑥ 《震泽镇志》编纂委员会编：《震泽镇志》，中国矿业大学出版社1999年版，第115页。

⑦ 《吴江》第115号。

⑧ 《中国红十字会创始人——施则敬》，载《笠泽施氏支谱》，http：//yhml. gol. icpcn. com/00jp12. htm。

泽曾为县，1912 年撤销县建制并入吴江，因此可以说震泽红十字会为苏州第一个乡镇红十字组织。不过，民国诞生后的 10 余年中，苏州红十字运动相对沉寂，红会组织如昙花一现，这种局面直到 1924 年才有所改观。

1924 年 9 月 3 日，“齐卢之战”（即江浙战争）爆发。皖系浙江督军卢永祥因通电反对曹锟贿选总统为直系所不容，在曹锟、吴佩孚授意下，直系江苏督军齐燮元、安徽督军马联甲、江西督军蔡成勋、福建督军周荫人结成攻浙联盟，双方投入的兵力各近 10 万人。9 月 3 日，苏军向浙军发起攻击，双方展开鏖战，直到 10 月 12 日卢永祥宣布下野，齐卢之战方告结束。但不久，1925 年 1 月 9 日，第二次江浙战争爆发，双方在苏州等地展开激战。战争持续到月底，以齐军失败而告终。战事发生后，“战区以内之各处红十字分会，纷纷筹备救护”①。切近战地的苏州，在人道救援的呼唤下，红十字运动波澜壮阔，出现了前所未有的新气象。

在苏州，吴中知名人士宋铭勋（绩成、积成）、张仲仁（号公绂、民佣，别署大圜居士、红梅阁主）等于 1924 年 9 月重组中国红十字会吴县分会于公园图书馆内，由宋铭勋、钱鼎（梓楚、子楚）先后担任议事长，吴问潮、季小松（厚柏）、吴靖澜等为理事，办理兵燹救护、防疫救灾事务。吴县分会“恐事急时，妇孺无法躲避，特商借学校、教堂及公共场所，分组临时收容所，以便趋避”②。在临顿路小日晖桥保卫团办公处、狮林寺巷临北公社、桃花坞钱江会馆等地设立收容所 80 余处，粮食由官仓供给，经费由红会自筹。仅齐门外，一日就收容难民 500 余人③。为防溃兵游勇骚扰，该会在草桥省立第二中学设立临时妇孺收容所，专门收容城区妇女儿童。吴县分会还商借县立医院、更生医院、福音医院等多家医院为临时伤兵医院。9 月 11 日前后，县立医院已有伤兵 38 人、福音医院有 87 人、苏民医院有 89 人、省立医院有 25 人、博习医院有 2 人、更生医院有 11 人，其中 87 名“系由第四混成旅野战病院军医尹声涛君由太仓直接送往”④。至 9 月中旬，吴县分会各医院已有伤

① 《申报》1924 年 9 月 2 日。

② 《红会分组八十七妇孺收容所》，《申报》1924 年 9 月 14 日。

③ 虞立安：《民国时期的苏州红十字会》，见苏州市地方志编纂委员会办公室、苏州市档案局、政协苏州市委员会文史编辑室编：《苏州史志资料选辑》（季刊）1998 年第 2 期（总第 9 期），第 60 页。

④ 《昆山红十字会救护情形》，《申报》1924 年 9 月 12 日。

兵800余人[①]。1925年，战火重新燃起后，吴县分会钱梓楚议事长等于1月19日开会议决“延长粥厂，以一月为期，每厂由本会补助粥米十石”[②]，并组织收容所20多处。26日，大批溃军聚集齐门、娄门一带，吴县分会负责接待，供应茶饭，直至军队出境。翌日，军阀张宗昌部由无锡抵苏，吴县分会极力维持，使地方免受其害[③]。该分会还在省立医院、苏民医院、更生医院等处成立临时医院，负责救伤，如在四摆渡更生医院内设立伤兵医院（床位100张），治疗伤兵[④]。此外，吴县分会还协助九江分会在阊门外设立伤兵医院，组织救护队；商请上海中国红十字会总会总办事处每日派专轮往返苏沪疏散难民并兼输送沪地日用品来苏，以维持居民需求[⑤]。

在昆山，9月3日，昆山地方名流方还、王沂仲等组织成立中国红十字会昆山分会，方还为会长。设难民收容所9处，收容难民共计3546人[⑥]，派出救护队、掩埋队“办理救护事宜，成绩甚优”[⑦]。鉴于“昆邑城区为后方总兵站，安亭为前方总兵站，事前事后均为兵队屯驻之所，受战争蹂躏最久”[⑧]，安亭乡设红十字会，协同救护。

在常熟，9月26日，中国红十字会常熟分会在石梅图书馆重建，张鸿任会长，张玉、宗舜年为副会长，张建铭为理事长。于北门大街设立伤兵医院，收治伤兵；设难民收容所10余处，留养难民2000余人[⑨]；派出医疗队，实施战地救护。第二次江浙战争爆发后，常熟分会“恢复难民收容所和伤兵医院”，收治从江阴前线突围而出的伤兵数人[⑩]。

---

① 池子华、郝如一等：《近代江苏红十字运动》，安徽人民出版社2007年版，第109页。

② 《苏州》，《民国日报》1925年1月19日。

③ 虞立安：《民国时期的苏州红十字会》，见苏州市地方志编纂委员会办公室、苏州市档案局、苏州市政协文史编辑室编：《苏州史志资料选辑》（季刊）1998年第2期（总第9期），第60页。

④ 《金阊区志》编纂委员会：《金阊区志》，东南大学出版社2005年版，第660页。

⑤ 虞立安：《民国时期的苏州红十字会》，见苏州市地方志编纂委员会办公室、苏州市档案局、苏州市政协文史编辑室编：《苏州史志资料选辑》（季刊）1998年第2期（总第9期），第60页。

⑥ 《昆山红十字分会之成绩》，《申报》1924年11月9日。

⑦ 《红会昆山救护之成绩》，《申报》1924年10月6日。

⑧ 宋琨辑：《江苏兵灾调查纪实——太仓、昆山》，见苏州市地方志编纂委员会办公室、苏州市档案局、苏州市政协文史编辑室编：《苏州史志资料选辑》（半年刊）1990年第2辑（总第16辑），第99页。

⑨ 江苏省红十字会编著：《江苏红十字运动八十八年》，东南大学出版社2001年版，第10页。

⑩ 常熟市红十字会：《常熟市红十字会纪念册》，1996年编印，第3页。

在吴江，震泽“毗连吴兴，形势尤为危险”①。9月初，震泽分会进行重组，选举施肇曾（省之）为会长，沈建冲（秩安）为理事长②，倪次阮为副理事长，及理事10人，分会下设内务、医务、救护、会计、庶务等股。震泽分会重组后即组织救护队4队，分驻平望、梅堰、秋石村、半路亭等处，并设立妇孺收容所8处，收容妇孺。救护队还雇轮开赴前线，救回难民近百人，收容留养③。

吴江盛泽于江浙战争期间，由盛泽商会首任会长张庆镛设立红十字分会，“分收容所、救护队二部”，救护伤兵难民。12月13日，江苏省长韩国钧特赠匾额一方，题“见义勇为”四字，加以表彰④。

吴江芦墟“适当两军之冲”，中医许半龙先生有鉴于此，“秉其贤母陈太君之懿训，组织红十字会，热心公益，不辞劳悴，中医而为此者，实不多观”⑤。

震泽、盛泽、芦墟红会救护力量分散，需要整合。1925年1月30日宣告成立的中国红十字会吴江分会城区办事处，就是“系集合吴江城区会员全体组织”。办事处启用分会颁给之印信并报告中国红十字会总办事处及吴江县公署备案。办事处征得正会员44人、学生会员27人，组织救护队1队，筹备妇孺收容所6处，征求救护船10号，商定松陵医院为吴江红分会第二“代用医院”。办事处推定唐闰生为主任，王希禹为副主任；杨秋思、倪荻舟为资产委员；吴铭刚、张圣瑜、陶甸夏为文牍员；费石嵚、吴吉贤、徐晋卿、陈味道、王忠甫、张伯英、吴少珊、唐英如为庶务员；周中怡、沈亦园、吴季贤、陶甸夏、张圣瑜、庄颂声、王而农、吴铭刚、倪荻舟、沈叔兼为议事员；顾旭照、杨天倪、王幼砚、黄霭如为书记员；林应璧为第二代用医院院长；沈叔兼、王挽澜为医务长⑥。办事处成立近一年里，疗治病兵500余人，“并曾拯救过路难民，施送时疫药水等”⑦，受到广泛认可。11月1日，经中国红十字会总会总办事处核准，中国红十字会吴江城区分会（前身即中国红十字会吴江分会城区办事处）正式成立，费树蔚（仲深）为会长，钱强斋为

---

① 《筹备救护消息一束》，《申报》1924年9月3日。

② 沈建冲，《震泽镇志》作“沈建勋”，见《震泽镇志》编纂委员会编：《震泽镇志》，中国矿业大学出版社1999年版，第302页。

③ 颖川一客：《红十字分会之经过》，《吴江》第115号（1924年11月2日）。

④ 困龙：《盛泽红十字会得奖》，《吴江》第123号（1925年1月1日）。

⑤ 拜许：《红十字会之组织》，《吴江》第119号（1924年11月30日）。

⑥ 《吴江红分会城区办事处成立》，《吴江》第126号（1925年2月8日）。

⑦ 《江城红十字会之过去与现在》，《吴江》第176号（1926年1月31日）。

副会长，唐昌言（闰身、闰生）为理事长，吴铭刚等为理事，张圣瑜、费石嵌为正副议事长，李汝航等为议事员[①]。

江浙战争中，太仓成立了红十字分会[②]，并开展了力所能及的慈善救护工作。

两次江浙战争（统称江浙战争）中苏州红十字运动发展势头喜人，也取得有目共睹的成绩。战争结束后，红会工作重点由战地救护转为服务地方社会。1925 年 5 月，苏州一带时疫流行，吴县分会设立临时时疫医院 2 处，分院 6 处，光福、东山、黄埭、木渎、角直等处均有设立，累计就诊者达 7000 余人，住院者 500 多人[③]。次年 7 月，吴县分会在旧长洲县属和四摆渡铁房子设立临时时疫医院，分别聘请方嘉谈、陈鲁珍为院长，上海同济大学宝隆医院也派医护人员前来相助，开诊一周，共诊治 2000 余人。此后，为防治疫病，吴县红会“每年均援旧例，设立临时时疫医院”[④]，直到 1929 年时疫医院改由苏州地方人士组织的公共卫生委员会办理，红十字会给以人力、物力支持[⑤]。

1925 年 8 月，常熟发生时疫，常熟分会拨款 500 元，于老城隍庙后宫开办时疫医院，聘请刘见山、邵预凡、胡心如等 11 位医师治疗疫病患者。次年“承办时疫医院”，1930 年 8 月“与县医师协会联合开办时疫医院”[⑥]。

1925 年春，昆山广仁医院创办。该医院“由地方出资，红十字会主办，院址半茧园（今县人民医院内），院长陈天枢……除诊疗外，还开展戒烟、时疫防治业务”[⑦]。本年底，昆山分会还参与了奉浙战争的救护。

吴江城区红十字分会也以“平时有所工作，以福利邑人”为宗旨。1926 年 2 月 24 日，费仲深会长、钱强斋副会长假座苏州韩家巷

① 《红十字分会欢迎会长纪》，《吴江》第 175 号（1926 年 1 月 24 日）。

② 池子华、郝如一等：《近代江苏红十字运动》，安徽人民出版社 2007 年版，第 130 页。

③ 虞立安：《民国时期的苏州红十字会》，见苏州市地方志编纂委员会办公室、苏州市档案局、苏州市政协文史编辑室编：《苏州史志资料选辑》（季刊）1998 年第 2 期（总第 9 期），第 60 页。

④ 江苏省红十字会编著：《江苏红十字运动八十八年》，东南大学出版社 2001 年版，第 15 页。

⑤ 虞立安：《民国时期的苏州红十字会》，见苏州市地方志编纂委员会办公室、苏州市档案局、苏州市政协文史编辑室编：《苏州史志资料选辑》（季刊）1998 年第 2 期（总第 9 期），第 61 页。

⑥ 常熟市红十字会：《常熟市红十字会纪念册》，1996 年编印，第 3 页。

⑦ 王道伟主编：《昆山县志》，上海人民出版社 1990 年版，第 725 页。

庞氏鹤园，治酒邀集旅苏同乡30余人，劝募基金，费会长“发表红分会应办事业”，为施医药、种牛痘、平民戒烟医院、防疫、掩埋，计5项。他强调：“红分会在非战时，似乎无甚要处，要不知凡百事业，非在平时固立基础，临时张罗，亦大费功夫，况红十字会本来包含无数慈善性质之救济事宜，吾人应趁此太平期内，将根基打好，则可以有备无患云”[①]。吴江城区红十字分会平时即开展施医送药、播种牛痘等“福利邑人”的慈善活动[②]，业务范围甚至扩展到环境保护领域：“（一）通函警所，请设法取缔通道间任意设置尿桶，及抛弃瓜皮秽物于河中，凡有不洁或腐烂食物，严行禁售；（二）向上海购置卫生教育挂图多帧，揭示通衢布告，注重卫生，免除疫疠；（三）分送神功济众水科发痧药水蟾酥丸；（四）雇用清道夫一人，与市公所原有夫役及警察所城内市民公社所雇临时夫役，协同清洁街道，每日扫除两次，并分段委托住户，随时稽察；（五）备有石炭酸水，分送病家，以为消毒之用；（六）会员中若费石嵚张伯英黄绍娱诸君，亦另配药方，合制避疫药酒，广为分送。”[③] 工作领域的拓展，使“该会之日有进步也”[④]。

民国时期，战争不断，战事救护几乎成为红十字会不变的主题。

1927年3月，国民革命军出师北伐，直逼苏沪一带，直鲁联军节节败退。吴江一带发生战事后，吴县分会议事长钱鼎以“治疗伤兵事宜应亟早筹备”，乃与省立医院、县立医院及各私立医院商组急救医院，购置药品，救治伤兵，至10月底开支2000余元[⑤]。7月23日，常熟县署会议决议，由常熟分会办理时疫医院，并于北伐军到达时举办军人治疗所[⑥]。

① 《红十字分会之募金》，《吴江》第178号（1926年2月28日）。

② 《吴江城区红十字分会布种牛痘公告》，《吴江》第182号（1926年3月28日）。

③ 《江城红十字分会之夏令设施》，《吴江》第201号（1926年8月8日）。

④ 《江城红十字分会之夏令设施》，《吴江》第201号（1926年8月8日）。

⑤ 虞立安：《民国时期的苏州红十字会》，见苏州市地方志编纂委员会办公室、苏州市档案局、苏州市政协文史编辑室编：《苏州史志资料选辑》（季刊）1998年第2期（总第9期），第61页。

⑥ 江苏省红十字会编著：《江苏红十字运动八十八年》，东南大学出版社2001年版，第13页。

三

1931 年 9 月 18 日夜，日本关东军炸毁沈阳北郊柳条湖铁道，并以此为借口向中国驻军发动进攻。九一八事变拉开蓄谋已久的侵华战争的序幕，短短 4 个多月时间，整个东北沦落敌手。

1932 年 1 月 28 日，日本海军陆战队向上海发起大规模的军事进攻，一·二八事变爆发。红十字会开始了抗战救护的伟大事业。

淞沪战争爆发后，吴县红十字分会即在阊门宁波会馆设后方办事处[①]，由钱鼎、王畿道、刘赓华、诸重华等负责救济事宜。3 月 18 日，吴县分会仅从昆山一地就收容难民 149 人，并将他们安置在干将坊骧王庙战地同胞收容所内留养。吴县分会还“多次携带慰问品去上海战区慰问，激励前方将士”[②]。

沪战一开始，常熟分会就组织两个救护队：救护第一队由时寿芝、陈德公、邓虎生、钱味青、俞炳益、钱君安、丁伟成、丁秀英、归红渠、张霖、吴青育、顾诵共 12 人组成；救护第二队由谢开热、俞寿甫、陈开甲、黄家樑、张振英、高桐森、陶公义、归仲飞、张沧帆、沈重光、花韵声、杨定熙共 12 人组成[③]，奔赴太仓、昆山等地救护伤兵、转运难民。同时“举办难民收容所及军士治疗所”[④]。3 月 9 日至 5 月 15 日间，常熟分会在西门李王宫关帝殿设立伤兵医院（后改称临时治疗所），聘请医护人员邵预凡、顾见山、黄承熹、朱炳文、胡人镜、戴逸震、孙家骥、庞定、庞颖、李俊才等人担任医护工作，先后收治八十八师伤兵 122 名、四十七师伤兵 91 名、八十七师伤兵 43 名、警卫军等伤兵 8 名、平民 5 名，共计 269 人，其中经救护治愈有 257 名，救治无效而死亡 12 名。另外，门诊伤病兵民 1641 人次[⑤]。

---

① 詹一先主编：《吴县志》，上海古籍出版社 1994 年版，第 1013 页。

② 虞立安：《民国时期的苏州红十字会》，见苏州市地方志编纂委员会办公室、苏州市档案局、苏州市政协文史编辑室编：《苏州史志资料选辑》（季刊）1998 年第 2 期（总第 9 期），第 61 页。

③ 《中国红十字会常熟分会民国廿一年纪念册》，中国红十字会常熟分会 1933 年编印，苏州市红十字会 1983 年复印，第 22—23 页、第 25 页。

④ 《常熟分会整顿会务的报告》，中国第二历史档案馆档案，全宗号 476，卷号 2872。

⑤ 江苏省红十字会编著：《江苏红十字运动八十八年》，东南大学出版社 2001 年版，第 18 页。

从2月28日起，常熟分会先后开办6处难民收容所，如下表[①]：

中国红十字会常熟分会难民收容所一览表

名称	借用房屋	地址	主任名称
第一难民收容所	邑庙后宫	石梅	顾寿南
第二难民收容所	曾府	山塘泾岸	许维之
第三难民收容所	金府	练塘镇	金南屏
第四难民收容所	房府	东始庄镇	房墨章
第五难民收容所	戴府	莫城镇	戴次沅
第六难民收容所	郑府	李市镇	郑通声

6处难民收容所“收容安置嘉定、太仓、昆山三县来常难民534人”[②]，其中宝山、青浦难民141人，太仓鹿河、茜泾、浏河难民255人，嘉定、娄塘、昆山、蓬阆难民138人，战火平息后又全部护送回籍[③]。

战后霍乱流行，常熟分会于城内西弄孝友小学设时疫医院，并于7月12日开诊，先后诊治门诊病人349人、住院病人204人。同时，分批组派医务人员奔赴东始庄、妙桥、福山、谢桥等地免费注射霍乱预防针6106人次，施送时疫药水28175瓶。疫情平息后，有35名工作人员获中国红十字会总会嘉奖[④]。

为纪念“一·二八淞沪抗战”，弘扬红十字会“尽力于社会”的服务精神，1933年4月，常熟分会编印《中国红十字会常熟分会民国廿一纪念册》，于右任题写书名，国民政府要员及十九路军将领题字志贺：国民政府主席林森的题字为“同心急难”；军事委员会委员长蒋介石的题字为“惠彼伤残”；行政院院长汪精卫的题字为“慈故能勇　俭故能广”；十九路军总指挥蒋光鼐的题字是“贤能多劳”；第五军军长张治中的题字是“救国之道　各尽所能　勇猛行动　博爱精神”；十九路军军长蔡廷锴的题字是“惠及军民”；第五军参谋长祝绍周题字“仁慈”；第五军参谋处长张觉吾题字“民族之光”；第五军参谋科长陈公哲题字

① 资料来源：《中国红十字会常熟分会民国廿一年纪念册》，中国红十字会常熟分会1933年编印，苏州市红十字会1983年复印，第64页。

② 《中国红十字会常熟分会》，《常熟市卫生志》1990年版，第180页。

③ 朱君辑、李纯华主编：《江苏省志·卫生志》，江苏人民出版社1999年版，第937页。

④ 常熟市红十字会：《常熟市红十字会纪念册》，1996年编印，第4页。

"博爱"；第五军参谋科长卢少谷题字"一视同仁"；第五军文书科长林森木题字"生死人而肉白骨"；第四十七师师长上官纪青、副师长裴同野题字"慈航普济　博爱为仁"；第八十八师师长俞济时题字"惠被军民"；第八十七师参谋科长黄勉民题字"博爱济众"；第八十八师参谋长宣铁吾题字"救国之道不一，要在人尽所能，各为国家民族而努力"；第八十八师参谋处长马君彦题字"共抒国难"；江苏省政府主席顾祝同题字"恤难宣勤"；第十九路军一五二旅旅长翁照垣题字"为国医伤"，等等[①]。如此众多的军政要员为地方红会题字勉励，在中国红十字运动史上是不多见的。

战争阴霾笼罩。为担负起全面抗战救护的重任，红十字会未雨绸缪，做好应对准备。

从1934年开始，中国红十字会举办大规模地征求会员运动，以募集事业经费，壮大救护队伍。1935年8月1日，总会高举"为国人谋福利，为国际增光荣"的旗帜[②]，发起第二次征求会员运动，包括昆山分会、常熟分会、吴江城区分会、吴县分会在内的全国445处分会"同时举行"[③]。其中吴县红十字分会聘请各界知名人士担任征求会员委员会委员，共征得会员200余人[④]。

征求会员，募集基金，是为抗战救护做准备的。随着时局的日趋紧张，红十字会也加紧了应对的步伐。1937年4月1日，吴县分会在县政府会议室正式重建[⑤]，各机关团体均派代表参加，选举钱梓楚为会长，潘子义、范君博为副会长；程翰卿、宋绩成、钱梓楚、丁春之、潘振霄、潘子义、范君博、吴曾善、单东笙、程叔履、杨和庆、邓翔海、张寿鹏、庞

① 《中国红十字会常熟分会民国廿一年纪念册》，中国红十字会常熟分会1933年编印，苏州市红十字会1983年复印，插页。

② 《中国红十字会第二次征求会员委员会启事》，《申报》1935年8月1日。

③ 《中国红十字会今日征求会员二月》，《申报》1935年8月1日。

④ 江苏省红十字会编著：《江苏红十字运动八十八年》，东南大学出版社2001年版，第33页。

⑤ 据档案记载："吴县分会原于齐卢之役成立，历来办理救护赈灾诸工作，成绩卓著，维持至数年之久，乃于三年前因事遽告停办。旋于去年本会第二次征求会员时虽有恢复分会之动机，但未能顺序进行，迄至本年第三次征求会员开始，由吴县县长邓翔海及张云搏、刘正康、潘明卿、潘振宵、钱梓楚、丁春之、杨合庆、宋续臣、程翰卿、严庆祥、刘幕宇等发起组织，先成立分会筹备处，推举邓县长为筹备主任，于三月间经总会核准成立，已将图记、印旗、承认书、保护布告及会员证书、徽章等寄出，俾于最短期间召集全体会员大会，照章选举理监事等，以利进行。其会所则暂假玄庙观方丈云。"（《吴县分会已正式成立》，中国第二历史档案馆馆藏档案，全宗号476，卷号1974）

天笙、诸仲华、蒋青嵌等为理事；潘振霄、宋绩成、丁春之为常务理事；孔陟岵、沈挹芝、潘明卿为监事；吴曾善、单东笙等为常务监事①。

1936年秋后，常熟分会在多次派出扑疟队前往四乡医治恶性疟疾的同时②，举办救护训练班以"应付万一"③。是年冬，常熟分会连续举办两期训练班，其中第一期30人，训练科目有救护常识、初步治疗、防毒法、抬架术及人工呼吸法等，为期两个月④。1937年八一三事变时，又"借学前小学举办为期一个月的救护培训班，受训会员50人，由八十七师军医官暨分会医师朱炳文等任教"⑤，并与常熟妇女会合办一期看护训练班。常熟分会依据《中华民国红十字会设立亿元储备救护材料及造就救护人才详细计划书》，制定了《中国红十字会常熟分会救护训练班简章》，"所有训练经费均由分会自行筹募，各科教官亦由分会聘定本邑医学专家及县政府驻军当局所属专门人员担任"⑥。通过救护训练班，培训出了一批救护骨干，为全面抗战救护奠定了坚实的基础。

1937年7月7日卢沟桥事变爆发，日本发动了全面侵华战争。战火不断蔓延，尤其东南地区，成为日军进攻的重点。为此，刚刚重建的吴县红十字分会在"与总会方面接洽后，已在着手筹备组织"救护队⑦，由县立医院院长杨和庆和张卜熊医师筹组救护总队，定名为"中国红十字会吴县分会救护总队"，杨和庆、张卜熊分别担任正、副总队长，由蒋育英、范补程、徐维达、王畿道、林苏民等医生任分队长的救护分队亦相继组建，众多青年学生和店员纷纷志愿加入。上海八一三事变后，吴县分会立即组织救护总队在公共体育场举行大检阅和救护演习，"队员均身穿草绿色制服，臂带白底红十字袖章，接受检阅和参加救护演

① 虞立安：《民国时期的苏州红十字会》，见苏州市地方志编纂委员会办公室、苏州市档案局、苏州市政协文史编辑室编：《苏州史志资料选辑》（季刊）1998年第2期（总第9期），第62页。

② 《常熟红会扑疟队出发》，《申报》1936年10月25日；《常熟东乡疟病死千人》，《申报》1936年11月3日；《常熟流行疟病遍全邑》，《申报》1936年11月11日。

③ 《常熟分会来呈：关于征集会员，训练救护队事宜》，中国第二历史档案馆馆藏档案，全宗号476，卷号1973。

④ 《常熟红会训练救护队》，《申报》1936年10月28日。

⑤ 江苏省红十字会编著：《江苏红十字运动八十八年》，东南大学出版社2001年版，第22页。

⑥ 《常熟分会来呈：关于征集会员，训练救护队事宜》，中国第二历史档案馆馆藏档案，全宗号476，卷号1973。

⑦ 《红分会组救护队》，《申报》1937年7月31日。

习，县立医院的救护车也随队参加演习”①。

随着上海战事的日趋紧张，中国红十字会总会在苏州成立重伤医院。县立医院、博习医院、福音医院、更生医院等成立了红十字救护站或伤兵医院（更生医院一度改为吴县红十字会医院）。除积极配合总会在苏州的救护行动外，吴县立足自身，又成立若干救护机构，如下表②：

1937 年吴县分会主要救护机构

救护机关名称	地址	负责人
中国红十字会吴县分会	城内悬桥巷	钱梓楚会长
吴县分会急救队	普益社	林苏民队长
吴县分会城外办事处	普益社	诸仲华主任
吴县分会车站办事处	平门口	唐克敏主任
吴县分会伤兵转送所		
吴县分会掩埋队		
吴县分会担架队		
吴县分会药材管理处	乐群社	

急救队驻在城外办事处，“为全县收发转送伤兵之总站”，有队长 1 人、分队长 8 人、医官 8 人、护士 12 人、担架队员 160 名，“专司受伤官兵到苏时分派各医院收容”，任重事繁“日夜工作，最为紧张”③。

城外办事处设于阊门普益社，与急救队在同一地点办公，有主任 1 人、助理 1 人、职员 4 人，主任由诸仲华担任，主要担任城外救济、受伤官兵食物供给、车辆调拨、初级护理及护送赴院等事务。

车站办事处设在火车站，有主任 1 人（唐克敏担任）、职员 22 人、救护队员 18 人、护士 6 人，“分司照料受伤官兵及分派车辆护送等事”④。办事处在车站附近建伤兵招待所，供给伤兵临时休息之用。

---

① 虞立安：《民国时期的苏州红十字会》，见苏州市地方志编纂委员会办公室、苏州市档案局、苏州市政协文史编辑室编：《苏州史志资料选辑》（季刊）1998 年第 2 期（总第 9 期），第 62 页。

② 资料来源：《中国红十字会总会上海市救护委员会驻苏办事处报告》，中国第二历史档案馆馆藏档案，全宗号 476，卷号 1975。

③ 《中国红十字会总会上海市救护委员会驻苏办事处报告》，中国第二历史档案馆馆藏档案，全宗号 476，卷号 1975。

④ 《中华民国红十字会吴县分会、吴县救护委员会救护事业报告》，转引自池子华、郝如一等：《近代江苏红十字运动》，安徽人民出版社 2007 年版，第 173 页。

伤兵转送所“专为收容自前方来苏之伤兵，以后方其他各处挤满或交通不便而不能离苏者，暂时予以换药及休息，俟运输有便，有地可送时，即转送后方各处”①。

掩埋队两队，“均选深于掩埋经验者任之”②，每队42人。

担架队“原有一百二十人常川驻苏服务嗣奉”，后添设4中队，每队150人，连长官在内人数共计800左右③。

药材管理处设在宫巷乐群社，聘请专员5人，专事药材管理，分配各项治疗应用物品。

这些机构的设置，保障了战事救护的顺利开展。从八一三事变至11月苏州沦陷，吴县分会及其各救护机构克服重重困难，展开救援行动，其中急救队会同城外办事处分送各伤兵医院和伤兵临时转送所伤兵12318人，经急救队换药后派员护送军警署所办各医院者2775人，经救护队会同车站办事处转送军警署所办各医院者计37707人。急救队还派员分赴前方黄渡、南翔、太仓、昆山等处临时救护诊治受伤官兵约13300人，6所红十字伤兵医院收容伤兵共计1500名，城外办事处也门诊治疗约3790人④。7个难民收容所，经常收容难民数千人⑤。据统计，“截至十月三十一日计，遣送回籍者达十一万一千一百九十九人，其无家可归者尚有五千六百五十五人不得不留苏收容供以给养，所需粮食先由本会救济组委托粮食行业公会赴锡采购籼米三百石，继由本会两次函请吴县县政府拨济仓谷六千石”⑥。苏州陷落后，吴县分会工作停顿，20名救护队员在队长蒋雄率领下历经艰险，11月30日徒步到达南京，投身于首都保卫战的救护，“重要命令的传达，伤兵过江的护送，都是由他们不避艰险地负责担任的。队长蒋雄君尤富胆识，的确是可以担负重

---

① 池子华、郝如一等：《近代江苏红十字运动》，安徽人民出版社2007年版，第173页。

② 《中华民国红十字会吴县分会、吴县救护委员会救护事业报告》，转引自池子华、郝如一等：《近代江苏红十字运动》，安徽人民出版社2007年版，第173页。

③ 池子华、郝如一等：《近代江苏红十字运动》，安徽人民出版社2007年版，第174页。

④ 《中国红十字会吴县分会工作报告》，《中国红十字月刊》总第29期。

⑤ 虞立安：《民国时期的苏州红十字会》，见苏州市地方志编纂委员会办公室、苏州市档案局、苏州市政协文史编辑室编：《苏州史志资料选辑》（季刊）1998年第2期（总第9期），第63页。

⑥ 《中国红十字会吴县分会工作报告》，《中国红十字月刊》总第29期。又据统计，三个月中，吴县分会“收容及转送后方之伤兵共达七万人以上，又自战区救会难民约二十万余人，即经分别转送并筹设临时收容所一百余处以资收容。其时局势紧张，在事各人均能不避艰险，异常努力，支出各款约共十四万二千元左右”，见《关于吴县红十字会组织整顿的函》，中国第二历史档案馆馆藏档案，全宗号476，卷号2880。

大责任的人，今日（12 月 12 日）受命护送千余伤兵过江，二时许派队员来报告：‘江面缺乏船只，无法运送’。正拟向卫戍部洽商拨发，又悉他们已在上游找着了一只破坏的汽船，经他们自行修理，居然可以开行了，当即输送过江数百名。及后情形混乱，他们能否安然转回，则不得其详了”①。

常熟分会也在八一三事变后立即动员起来，8 月 15 日，发出“紧急征募”启事，号召各界捐助被褥、衣裤、毛巾、食粮、茶叶等物品，慰问抗战将士和支持后方医院工作，得到社会各界响应②。同时，在西门逍遥游设伤兵医院，收治受伤兵士；在城内百忍堂设总救护处，旋因遭日机轰炸，迁西门外黄家祠堂办公；在东市河俞宅和庞宅设救护分站 2 处；在大东门总官庙设一难民收容所，配备轮船 2 艘专事接送前线伤员和救护难民。据统计，在沪战爆发后的两个月中，常熟分会“每日从前线转移到常熟的伤兵病员和难民数以千计，均由该会救护、安置并及时转移”③。10 月 13 日，日舰连续向常熟长江边的高浦口、野猫口一带炮击，救护队冒着生命危险实施战地救护。由于日军强行登陆，常熟沦陷。难能可贵的是，常熟分会并未因与总会失去联系而销声匿迹，而于 1938 年策略性地转入“地下”，进行“潜伏工作”，以“集成善团”的名义“办理施诊给药及冬令救济等事，均由私人集资，并未间断”④。

四

抗战胜利后，中国红十字运动进入“复员”时期。吴县分会在钱鼎会长、范广宪（君博）副会长、常务理事宋铭勋主持下率先恢复工作，并呈报总会，表示于 12 月 1 日在范庄前 38 号原址开始办公⑤。这是江苏省内最早与总会取得联系的分会。

吴县分会恢复后，即把筹建“抗战英雄坟墓”作为善后重要工作提上了日程。因“八一三抗战军兴，苏州接近淞沪，为后方重要据点。本分会担任救护工作频繁，而前线运苏之殉难将士均饬由掩埋大队先后在

① 蒋公毅：《陷京三月记》，南京出版社 2007 年版，第 10 页。

② 常熟市红十字会：《常熟市红十字会纪念册》，1996 年编印，第 4 页。

③ 《中国红十字会常熟分会》，《常熟市卫生志》1990 年版，第 180 页。

④ 《常熟分会整顿会务的报告》，中国第二历史档案馆馆藏档案，全宗号 476，卷号 2872。

⑤ 《吴县分会呈报该会开始办公》，中国第二历史档案馆档案，全宗号 476，卷号 2211。

县属善人桥及陈家山等处觅地丛葬，因陋就简，原属一时权宜之计。现在胜利完成，河山重光，自非重行建筑坟墓不足以资旌表而慰忠魂”[①]。为此，1946 年 5 月，吴县分会组建抗日英雄坟墓委员会，推举李印泉为主任委员，许星垣、范君博等 10 人为委员，决定就善人桥原有墓地为苏州抗战英雄墓址，建筑抗战英雄坟墓。

6 月 20 日，吴县分会召开全体理事会议，按新时期的组织要求进行增选改选，增选宋铭勋为副会长[②]。这样调整后的吴县分会组织情况如下：

会长：钱鼎；

副会长：范广宪、宋铭勋；

常务理事：蒋仲川、许宪民；

理事：单东笙、潘明卿、沈挹芝、余生佳、吴赓夔、张卜熊、苏髯孙、刘赓华[③]。

常熟分会在常熟沦陷后以“集成善团”的名义继续从事符合红十字会宗旨的慈善活动，直到抗战胜利后，才于1946 年6 月筹备恢复，会长俞承枚[④]。

尽管吴县分会、常熟分会相继恢复，但整个“复员”时期，工作局面并没有实质性的改观，显得死气沉沉。

从以上的缕述中，我们不难发现，无论在战争救护，还是在社会救济、环境保护等方面，苏州红会均取得了值得肯定的成就，对中国红十字运动在近代的历史发展起到了一定的积极推动作用。尤其在江浙战争、抗战初期救护中，绩效骄人，功勋卓著。但是，组织建设的跌宕起伏，也具有不可忽视的负面影响。红会组织应急而设，缺乏持久性和长效机制，如江浙战争中苏州地区“一片红（会）”的可喜局面，随着硝烟的散去，而如过眼云烟，抗战时期、复员时期也不例外，这使苏州红十字运动在近代的历史发展中留下许多“断层”与“空白”，这些历史教训值得记取。

① 《为电陈组织筹建抗战英雄坟墓委员会祈鉴赐备考由》，中国第二历史档案馆档案，全宗号 476，卷号 2880。

② 《为电陈遵令加推副会长暨常务理事开具名单仰祈鉴赐核聘由》，中国第二历史档案馆档案，全宗号 476，卷号 2880。

③ 《中国红十字会各地分会理事名册职员履历表》，中国第二历史档案馆档案，全宗号 476，卷号 1956。

④ 常熟市红十字会：《常熟市红十字会纪念册》，1996 年编印，第 5 页。

史实考订

关于中国红十字会首任会长的考证

关于中国红十字会首任会长，近一个世纪以来，众口一词，即吕海寰，从未有人怀疑过。其实这是一个历史“误会”，首任会长并非吕海寰，而是盛宣怀。本文就此问题进行一些考察，不妥之处，敬请方家指正。

一

1904 年 3 月 10 日，为援救日俄战争中遭受兵燹的东北难胞，在著名慈善家沈敦和、施则敬以及传教士李提摩太的奔走呼吁下，中、英、法、德、美五国在上海发起成立红十字会，时称“上海万国红十字会”。“万国”即“国际”之意，体现该组织的国际性。上海万国红十字会虽“经五中立国权宜联合”，但“在中国地方创始承办，中国遂永有红十字会主权”[①]。也正因为如此，人们才有理由把上海万国红十字会组建日亦即 1904 年 3 月 10 日视为中国红十字会的诞生日。上海万国红会会内运作机制为董事会，由中西董事推举 9 名“办事董事”（又称“总董”，西董有李提摩太等 7 人，华董 2 人即沈敦和、施则敬，不久增补任锡汾为办事董事）负责日常事务，不设“会长”。

上海万国红十字会的组建与运行，毫无疑问，得助于清政府强有力的推动。清廷命在上海主持商约谈判的钦差大臣吕海寰、盛宣怀、吴重熹就近经理、掌控，吕、盛、吴三大臣“钦遵电旨”，不仅促成了上海万国红会的组建，而且被推举为“领袖”[②]，有关事宜，中西办事董事得“就近秉承中国钦差吕（海寰）、盛（宣怀）、吴（重熹）三大臣，随时

① 《晚清关于红十字会开创之奏折》，见中国红十字会总会编：《中国红十字会历史资料选编，1904—1949》，南京大学出版社 1993 年版，第 9 页。

② 中国红十字会总会编：《中国红十字会历史资料选编，1904—1949》，南京大学出版社 1993 年版，第 7 页。

随事，电牍咨商中国外务部、商部、南北洋大臣、各省大府，钦遵中国皇太后、皇上旨意，与中国出使日俄大臣、日俄驻京大臣商酌维持，有劝捐办事之全权”①。慈禧太后还“颁发内帑银十万两，以资经费”②，表示鼎力支持。清政府显然成为“五国合办”的主角。

1907 年，日俄战争救护及战后赈济等宣告结束，上海万国红十字会使命完成，理应解散。“永有红十字会主权”的中国何去何从，自然提上议事日程。这年 7 月 21 日，也就是光绪三十三年六月十二日，吕海寰、盛宣怀联衔上奏朝廷，缕陈上海万国红十字会办理情形及善后持久事宜。这份奏折向我们传递一个重要信息，即中国红十字会开始“脱胎换骨”走上独立发展之路。奏折中说：“各国红十字会各有佩章，重以国家之命，由会制备。今中国红十字会成立，西董亦愿得中国红十字会佩章以永纪念等语。臣等因饬总董仿照各国红十字会佩章式样，酌拟中国红十字会佩章。派员测绘各地设会办事情形，拟具图说，俟石印成册，咨送外务部核议呈进，并分送京外中西捐助之官绅士商，表明此次办法，即为中国红十字会商订专章之据。”③ 这里应特别注意的是“今中国红十字会成立”的表白，显而易见，“今”即意味着折上之时中国红十字会已正式“成立”，至于“成立”的具体时间，我们不得而知，“极有可能没有举行相关仪式，否则，《申报》《大公报》等媒体会有消息发布。因此，说中国红十字会‘成立’，倒不如说中国红十字会从上海万国红十字会中‘脱胎’或‘流变’而出，更为恰当，因为……‘中国红十字会’的底牌，在上海万国红十字会组建时即已亮出，只不过格于‘合办’，非常隐晦。如今万国红十字会全局终结，中国一方自然而然旗帜鲜明打出‘中国红十字会’品牌。这是顺理成章之事。由此我们可以说，上海万国红十字会终结之时，也是中国红十字会‘自立’之始”④。在没有相关资料发现以前，我们完全有理由把 1907 年 7 月 21 日吕海寰、盛宣怀上奏之日视为中国红十字会“自立”走上自我发展之路的起点。

中国红十字会“脱胎换骨”，走上自我发展之路，这是中国红十字运动史上新的里程碑。适应这一变化，“会长”应运而生。

① 《申报》1904 年 7 月 29 日。
② 中国第一历史档案馆馆藏《外务部》档，第 5082 卷。
③ 《本会开创时之奏折》，《中国红十字会二十周年纪念册》，第 2—3 页。
④ 池子华：《红十字与近代中国》，安徽人民出版社 2004 年版，第 65—66 页。

二

实现转型的中国红十字会，在组织建设上面临一个重要问题，那就是选出首任会长取代上海万国红会时期的“办事董事”。那么，什么人有资格担当此任呢？根据当时的情况，笔者认为首任会长的候选人至少应具备两个条件：

一是要有官方背景的朝廷重臣。虽然红十字会组织是非政府组织，但没有中央政府的支持，很难形成全国统一性，毕竟中国红十字会是全国性的组织，不是地方性的慈善团体，会长一职非一般人所能胜任。

二是参与上海万国红十字会的运筹，具有创办人的资历。

沈敦和、施则敬、任锡汾，都是上海万国红十字会的创始者、“办事董事”，也都有一官半职，但不是官方大员，权威性、影响力都很有限，很难掌控全局。

看来，会长的合适人选也只有吕海寰、盛宣怀、吴重熹三人了，他们既是朝廷重臣，同时“由中国联合英、法、德、美五中立国，创设上海万国红十字会，公同推举臣海寰、臣宣怀及臣重熹为领袖”[①]，当然是绝佳候选人。

吕海寰（1842—1927），字镜宇，山东莱州掖县人，1862 年以童生资格取得顺天府大兴县县籍，1867 年中举，捐官员外郎，签分兵部[②]，因关心时务，受到协办大学士、总理各国事务衙门大臣李鸿藻的赏识，迭膺优保，历任兵部车驾司总办兼则例馆提调、总理各国事务衙门总办章京、司务厅收掌、兵部员外郎、圣典馆协修官、清档房提调、记名海关道赏加二品衔等职[③]。1894 年，吕海寰外放任江苏常（州）镇（江）通海道，任内“首倡保婴局，开浚荷花塘船坞和京口救生会等社会福利事业，缴价承领镇江租界滨江滩地收租救生事，已属慈善之端倪”[④]。其间，办理泰安、淮阴两教案，有理有节，颇为得体，赢得善办外交的美

① 中国红十字会总会编：《中国红十字会历史资料选编，1904—1949》，南京大学出版社 1993 年版，第 7 页。

② 徐凌霄、徐一士：《凌霄一士随笔 · 吕海寰轶事》，山西古籍出版社 1997 年版，第 1546 页。

③ 李石孙：《吕海寰的一生》，《天津文史资料选辑》第 35 辑，第 119 页。

④ 转引自孙兴林：《血雨腥风聚正气，爱国救民献丹心——纪念中国红十字会先师吕海寰诞辰 150 周年》，《中国红十字》1992 年第 3 期，第 52 页。

誉。1897 年，经李鸿章保荐，他被任命为出使德国大臣，回国后，“以中国皇帝之使往往贻笑邻邦”，乃辑历代奉使事绩为《奉使金鉴》，进呈光绪帝。又著《庚子海外纪事》一书，记述使德始末，“盖隐寓忧殷启圣之意”①，表达了他对祖国前途命运的强烈关注。1902 年 2 月 23 日，官至工部尚书的吕海寰被朝廷任命为钦差办理商约大臣，在沪与西方列强进行商约谈判，盛宣怀、吴重熹会办，予以协助。因在沪办理商约的关系，吕海寰与红十字结下了不解之缘。上海万国红十字会的成立、维持以及救助行动的顺利实施，都倾注了他大量心血②。他是一面旗帜，应该说是会长的最佳人选。

盛宣怀（1844—1916），字杏荪，又字幼勖，号愚斋、止叟，江苏武进人，出身于一个官宦之家。“幼慧，有深沉之思”，但科举之路颇不平坦，“弱冠补县学生，屡试秋闱不第”③。1870 年，经杨宗濂推荐入李鸿章幕府办文案。盛宣怀之父与李鸿章交谊甚厚，加上盛宣怀精明能干，深受李鸿章赏识，遂得大用。1873 年，任轮船招商局会办（后升任督办）；1880 年，筹办中国电报局，任总办；1893 年，筹办华盛纺织总厂，任督办；1896 年，从湖广总督张之洞处接办汉阳铁厂、大冶铁矿，经办芦汉铁路；1897 年，在上海成立中国铁路总公司，开设中国通商银行。他一跃成为当时屈指可数的洋务企业家。上海是盛宣怀的大本营和活动中心，1900 年义和团运动期间参与“东南互保”，运动两江总督刘坤一、湖广总督张之洞与驻沪各国领事订立“东南互保章程”，以避免因义和团运动和八国联军侵华战争而可能引发的社会震荡，事后受到慈禧太后的赞赏，目为“不可缺少之人”④。1902 年始出任会办商约大臣、办理商税事务大臣，协助吕海寰与各国进行增加关税、改订商约的谈判，由此与红十字会结缘。他是上海万国红十字会的领袖人物之一⑤，也是首任会长的合适人选。

吴重熹（1841—1921），字仲怡，山东海丰县人，光绪初年任河南

---

① 中国红十字会总会编：《中国红十字会历史资料选编，1904—1949》，南京大学出版社 1993 年版，第 553、554 页。

② 参见池子华：《红十字与近代中国》，安徽人民出版社 2004 年版。

③ 陈夔龙：《皇清诰授光禄大夫太子少保邮传大臣盛公神道碑》，见盛宣怀：《愚斋存稿》卷首。

④ 盛宣怀：《愚斋存稿：附录 · 行述》。

⑤ 《愚斋存稿》记载说：“府君与尚书吕公海寰、侍郎吴公重熹为领袖，联合各中立国，创始经画，嗣得加入瑞士国总会，中国遂永有红十字会主权。”见盛宣怀：《愚斋存稿：附录 · 行述》。

陈州府知府。1900 年八国联军攻占京师，慈禧太后与光绪皇帝出逃西安。吴重熹即在途中恭请圣安，得太后欢心。后又仿唐代杜甫诗作“麻鞋见天子”，集一诗册《麻鞋草》，对慈禧朝政极尽歌功颂德之能事，渐见大用。1907 年，护理直隶总督，又署理江西巡抚，后调任邮传部侍郎，继出任河南巡抚；1911 年，又调任邮传部侍郎，直至清帝逊位，吴始解职，寓居天津①。他在江苏上海会办商约大臣期间与吕海寰、盛宣怀秉承朝廷旨意，鼎力支持上海万国红十字会的开办与运作，他是朝廷大员，也是万国红会的领袖人物之一，当然也是首任会长的合适人选。

由上述可知，吕、盛、吴三大臣都具备荣膺首任会长的资格，不过从资历、阅历上说，吕海寰最佳，盛宣怀其次。事实上，民国以来至今，中国红十字会出版的各种读物也都认定吕海寰为首任会长。我们可以随意举出几个例子，如：

《红十字手册》云：“1907 年清政府颁发关防，将上海万国红十字会改名为大清红十字会，会长为商务大臣吕海寰。”②

《闪光的红十字》谓：“1907 年，上海万国红十字会改名为大清红十字会，商约大臣吕海寰监临会务（称‘盛大臣’，即会长——原注）。”③

《中国红十字会的九十年》称：“1907 年 7 月 21 日（光绪三十三年六月十二日）清政府批准将上海万国红十字会改名大清红十字会，任吕海寰为会长。”④

《中国红十字事业》说：“1907 年，清政府颁发关防一颗，将‘上海万国红十字会’改名为‘大清红十字会’，并派‘办理商约大臣’吕海寰‘监临会务’（称‘盛大臣’，即会长之职——原注）。”⑤

台湾出版的《九十纪要》亦云：“清廷因于一九〇六年派驻英公使张德彝赴瑞士签订救护伤病员兵条约，并于一九〇七年组织大清红十字会，由政府颁发关防，令派吕海寰为会长，（沈敦和为副会长）一九〇九年接收上海万国红十字会余款，上海万国红十字会解散，大清红十字

---

① 张达骧：《吴重熹生平记略》，见《天津文史资料选辑》第 35 辑，第 127 页。
② 中国红十字会总会：《红十字手册》，辽宁科学技术出版社 1988 年版，第 14 页。
③ 尤德新编著：《闪光的红十字》，湖北科学技术出版社 1992 年版，第 90 页。
④ 中国红十字会总会：《中国红十字会的九十年》，中国友谊出版公司 1994 年版，第 9 页。
⑤ 曲折主编：《中国红十字事业》，广东经济出版社 1999 年版，第 30 页。

会遂取而代之。”[①]

从上面的随机列举中不难发现，吕海寰为首任会长，可谓众口一词，不容置疑。

三

的确，吕海寰是中国官方“监临”上海万国红十字会事务的头号人物，由他出任“脱胎”而出的中国红十字会会长应该是天经地义、理所当然的。这是历史常识。但当我们溯本求源、检视这一说法的出处时，发现这实在是一个“误会”。

上述说法，源自中国红十字会总会总办事处1924年所编《中国红十字会二十年大事纲目》（以下简称《纲目》），载入1924年出版的《中国红十字会二十周年纪念册》，1993年中国红十字会总会编辑出版《中国红十字会历史资料选编，1904—1949》时亦将《纲目》收录其中。这份资料，记载1904年至1924年中国红十字会活动大事，是研究中国红十字会早期历史的重要文献。关于1907年，《纲目》记载说：“（纲）改名大清红十字会，吕海寰为会长。（目）吕海寰、盛宣怀、吴重熹奏上海创设红十字会，缕陈办理情形及善后持久事宜并请立案，奖叙在事出力员绅一折。光绪三十三年，奉朱批，着徐世昌查明具奏。该部知道，钦此。旋改名大清红十字会，政府颁发关防，派吕海寰充会长。”[②]

这是吕海寰为首任会长的最原始的资料，上引诸书，均依据于此。不过，这一记载，与史实颇有出入。

首先，1907年没有改名大清红十字会，改名大清红十字会是三年以后的事（根据中国第二历史档案馆外交部档案记载，1910年6月5日正式启用大清红十字会关防[③]），在此之前的近三年中，无论红会往来函件，还是最具权威影响的《申报》，均称中国红十字会或红十字会[④]。

其次，遍检《吕海寰奏稿》及函电，以及《光绪朝东华录》《清实录》《光绪朝朱批奏折》等史籍，没有找到吕为会长的记载，谓“派吕

---

① “中华民国红十字会总会”：《九十纪要》，台湾致琦企业有限公司1994年印行，第16—17页。按清政府派张德彝赴瑞士补签日内瓦“原约”的时间，为1904年，并非1906年。

② 《中国红十字会二十年大事纲目》，原载《中国红十字会二十周年纪念册》，见中国红十字会总会编：《中国红十字会历史资料选编，1904—1949》，南京大学出版社1993年版，第452—453页。

③ 周秋光：《晚清时期的中国红十字会述论》，《近代史研究》2000年第3期，第145页。

④ 参见《申报》1908年4月28日、9月4日、9月23日。

海寰充会长”之说，难以令人信服，而且，一“派”（即朝廷任命）字，根本不符合1910年前红会运作机制（董事会选举制）。官派会长也是从三年以后的1910年开始的，对此《纲目》也有明确的记载，《纲目》记1910年事说：“（纲）正月，盛宣怀为会长。（目）盖至是清政府派充会长，以前则称盛大臣，监临会务，不称会长。”[①] 这就等于否定了“派吕海寰充会长”的前说。

又次，《纲目》谓1910年前，会长不称会长，称“盛大臣”，视“盛大臣”为职官，更是不伦不类，翻检红会函件，有“盛大臣”的记载，那是对盛宣怀的称谓，相应地称吕海寰为“吕大臣”，吴重熹为“吴大臣”[②]，从未见把“盛大臣”与“会长”画等号。这一错误产生的原因比较复杂，其中不排除一时疏忽的可能，如在1910年5月12日《申报》刊登的《中国红十字会医学堂添招新生》广告中，就有“本会奉旨派盛大臣为会长”之句，这是指清政府任命盛宣怀为会长事，《纲目》编者可能产生“盛大臣为会长”的错觉，臆断“以前则称盛大臣，监临会务，不称会长”，以致以讹传讹。其实1910年前，红会会长照样称会长，会长由董事会推举，政府认可即可，无须另“派”。

那么首任会长究竟是谁呢？不是吕海寰，而是盛宣怀。理由如下：

其一，《纲目》所载1910年“以前则称盛大臣，监临会务，不称会长”的记载虽然不实，但由此衍生的“盛大臣为会长”，却透露了一个重要信息，被称为“盛大臣”的盛宣怀其实就是“会长”。这从下面的记载中可以得到证实。

其二，“盛大臣为会长”，在《吕海寰往来电函录稿》中有明确的记载：“洎乎一千九百零四年创立之万国红十字会解散后，中国会员遂于上海开会，议决另行组织中国红十字会，以为久远之计。适商约大臣盛宣怀驻沪，遂公推为会长。一千九百零七年盛大臣（盛宣怀）将组织会务情形奏达朝廷，当奉谕旨，准照办理，并派盛大臣为会长。其时本会并未请领敕旨书，亦未订立规章，故其范围未见推广。”[③] 很显然，“盛大臣为会长”即盛宣怀为会长，与上述资料，正好形成证据链。这份资料是1912年中国红十字会向在美国举行的国际红十字会第九次大会提

① 中国红十字会总会编：《中国红十字会历史资料选编，1904—1949》，南京大学出版社1993年版，第453页。

② 如《申报》报道说：“广东督抚宪来电：盛大臣、吕大臣、吴大臣钧鉴：现饬王丞拨解二万元交尊处备东三省红十字会之用。”《万国红十字会电文》，《申报》1904年4月5日。

③ 《近代中国史料丛刊》第3编第58辑，第885页，（台北）文海出版有限公司印行。

交的《中国红十字会中央部赴会报告》，抄件则存《吕海寰往来电函录稿》中了。该资料比《纲目》编写的时间要早得多，且吕海寰对此并无疑义，它的可靠性是毋庸置疑的。就是说，盛宣怀才是中国红十字会的首任会长，而且是“公推”的，得到朝廷的认可而已，所谓“派”，只是顺水推舟，并非实质性的“官方任命”。

其三，首任会长为盛宣怀而非最佳人选的吕海寰，其实并不足为怪，这实际上是吕海寰与盛宣怀达成的一种默契。早在1904年冬，吕海寰就曾致函盛宣怀，告以拟请其出任红十字会会长，函称：“红十字会折定于十八日呈递，折底已呈庆、询、涛三邸及世、那、鹿阅过，均甚赞成。大约会长拟派吾兄就近经理。至关防一节，或饬部镌，或自己刊木质关防奏明，亦是一样，朝廷即遵来函更正曰大清帝国红十字会关防云。”[①] 就是说，早在中国红十字会成立之初，朝廷即有意让盛宣怀出任会长，这显然得自于吕海寰的抬举，他们是儿女亲家，而且朝廷确有将上海万国红十字会更名为“大清帝国红十字会”之想，只不过碍于五国合办，不好公然“派”盛宣怀为会长，更不好更名。至1907年“自立”之后，盛宣怀出任首任会长，只不过兑现三年前的承诺而已。

另外，当时吕海寰已回北京供职，鞭长莫及，而盛宣怀仍留上海，正好“就近经理”，出任会长也在情理之中。

红会事业的进步，离不开官方的支持。因此，1910年1月吕海寰、吴重熹联衔会奏《酌拟中国红十字会试办章程请旨立案折》特别强调：“惟会务头绪繁多，关系中外交涉，可否简派大臣作为会长，以昭郑重，如蒙俞允，即由会长督率该董等妥为筹办，并将办事情形随时报部查核以期核实”，提出了“官派”会长的正式请求[②]。朝廷准奏。1910年2月27日降旨“著派盛宣怀充红十字会会长”[③]。盛宣怀因此又成为政府正式任命的首任会长。因为盛宣怀自1907年后一直担任着红会会长职务，故此次任命是顺理成章的，否则，倒有些不近情理了。

综上所述，吕海寰并不是中国红十字会的首任会长，首任会长为盛宣怀。

① 盛宣怀：《实业朋僚函稿》（中），第1064页，见夏东元：《盛宣怀年谱长编》下册，上海交通大学出版社2004年版，第821页。

② 盛宣怀：《愚斋存稿》第15卷，《奏疏》。

③ 《宣统政纪》第30卷。

《中国红十字会二十年大事纲目》订误

《中国红十字会二十年大事纲目》（以下简称《纲目》），由中国红十字会总会总办事处编制，载入1924年出版的《中国红十字会二十周年纪念册》。1993年，南京大学出版社出版的由中国红十字会总会所编《中国红十字会历史资料选编，1904—1949》，亦将《纲目》收录其中。毫无疑问，《纲目》是研究中国红十字会早期历史的最重要、最权威的文献资料。但是毋庸讳言，由于编者或囿于资料，或限于时间，或是其他原因，《纲目》中多有疏漏，而且错误之处亦复不少，本文拟对此进行一些考订，以免传讹。

之一：第一年（光绪三十年，1904年）"（纲）本会成立于上海，初名曰上海万国红十字会"。（《中国红十字会二十年大事纲目》复印本第1页，以下仅注明页码）不够准确。1904年3月10日，为救助日俄战争难民，经沈敦和等人的奔走联络，中、英、法、德、美五国代表集会于上海，决定发起成立红十字会，初名应为"上海万国红十字支会"①，而非上海万国红十字会。"万国"即"国际"之意，"支会"即"分会"。不过，上海万国红十字支会存在的时间短暂，仅一个星期，3月17日，中西董事集会，始正式"定本会之名"为上海万国红十字会②。

之二：第三年（光绪三十二年，1906年）"（纲）（西历）七月六日，中国在保和会，签押日来弗红十字条约。（目）此即陆战时救护病伤条约，清政府派驻英公使张德彝，赴瑞士缔盟加入"。（第2页）误。张德彝赴瑞士签约的时间是1904年6月29日，而非1906年7月6日。至于说"中国在保和会签押日来弗红十字条约"，更是驴唇不对马嘴。实际情形大致如下：

① 《施君肇基笔译创设上海万国红十字支会会议大旨》，《中外日报》1904年3月14日。
② 《二月初一日上海万国红十字会初次集议问答》，《申报》1904年3月21日。

1899年5月，世界和平大会即“保和会”在荷兰海牙召开，清政府派遣原驻俄公使杨儒赴会。大会于7月29日通过《推广日来弗原议行之于水战条约》（即《关于日内瓦公约原则推行于海战的海牙公约》。“日来弗”，即“日内瓦”的最初译名，“日来弗原议”是指《1864年8月22日改善战地陆军伤者境遇之日内瓦公约》，该公约又称“红十字公约”“蓝本公约”），杨儒“当即在会言明，亦须详告政府，再酌画押”。返俄后，杨儒即上奏清廷，建议中国加入《水战条约》，“以示中国善与人同”[①]。清廷“依议”。12月27日，杨儒抵达荷兰，遵旨在《推广日来弗原议行之于水战条约》上“画押”。《纲目》所谓张德彝在“保和会”签押“陆战时救护病伤条约”，张冠李戴了。

尽管杨儒在条约上画押，但荷兰外务部大臣强调：“日来弗原约，中国应先画押入会，方能将这次画押批准之件存储。”[②] 这就意味着中国还应补签“原议”。作为推广约的《水战条约》，毕竟是从“原议”中派生出来的，“今推广条约既已画押，瑞士政府必须声请补签日来弗之原议，以免纷歧”，而且“别国有允从现约而未与原议者，均已向瑞士补签”[③]，中国自然也不能例外。但是，由于1900年八国联军侵华的干戈扰攘，没来得及补办加入“原议”手续，于是才有1904年张德彝的瑞士之行。

1904年3月26日，出使美国大臣梁诚上奏朝廷，“请联约各国仿设红十字会”[④]。接着，3月28日，御史夏敦复有“奏请成立中国红十字会片”上达[⑤]。在创建中国红十字会的一片呼声中，在上海万国红十字会成功组建的推动下，补办加入“原约”手续取得创建红十字会资格的时机已经成熟。1904年4月25日，外务部上奏朝廷，请颁驻英大臣张德彝补签日内瓦红十字会原约全权敕谕[⑥]，朝廷准奏，颁给驻英使臣张德彝补签原约“敕谕”：“兹特命尔为全权大臣，办理入会事宜，会商大

① 《使俄杨儒奏遵赴和（荷）都保和公会蒇事返俄情形折》，《清季外交史料》总第2392—2393页。

② 转引自中国红十字会总会编：《红十字手册》，辽宁科学技术出版社1988年版，第10页。

③ 《使俄杨儒奏遵赴和（荷）兰画押请补签日来弗原议并筹办救生善会折》，《清季外交史料》总第2406页。

④ 《出使美国大臣梁奏拟联约各国仿设红十字会折》，《东方杂志》1904年第11期，第417—418页。

⑤ 《御史夏敦复奏请成立中国红十字会片》，参见《历史档案》1984年第2期，第41页。

⑥ 《外务部具奏补画红十字会原约折稿》，《大公报》1904年5月10日。

瑞士国驻英使臣，知照总会补行画押。尔其敬谨将事，毋负委任。特谕。”[①] 张德彝奉到“敕谕”，即启程前往瑞士，6 月 29 日，在日内瓦补签“原约”即《1864 年 8 月 22 日改善战地陆军伤者境遇之日内瓦公约》。中国由此成为国际红会会员国。

1906 年 4 月 14 日，清政府任命出使荷兰大臣陆徵祥赴瑞士日内瓦，出席《红十字会公约》修订会议。7 月 6 日，《日内瓦改正红十字条约》颁布，共 9 章 33 款，除第六、八章外，余由出使荷兰大臣陆徵祥“从众画押”。《纲目》应该指此而言，只是所签押的不是“日来弗红十字条约”，而是“改正”条约，签押人不是张德彝，而是陆徵祥。

之三：第七年（宣统二年，1910 年）“（纲）正月，盛宣怀为会长。（目）盖至是清政府派充会长，以前则称盛大臣，监临会务，不称会长”。（第 3 页）所谓“以前则称盛大臣，监临会务，不称会长”，实误。考订见《中国红十字会首任会长考实》一文。

之四：第七年（宣统二年，1910 年）“（纲）出发救疫医队赴皖北，治愈者六万七千五百余人。（目）是年之夏，皖北旱灾，继以大疫，死亡枕藉。本会急派医士学生，携带救疫药物器具，组织救疫医队……竭力拯救”。（第 3—4 页）谓 1910 年夏“皖北旱灾”，误。揆诸史实，该年皖北并未发生旱灾，而是水灾。据《大公报》的报道：“六月二十七、八、九等日，猛雨三日夜，皖北之宿州城垣衙署民房倾倒无算；灵壁（璧）、固镇则水涨二丈五尺，……淹毙人口牲畜随流而下，难民麇集，宿露风栖。其余怀远、寿州、五河、蒙城、涡阳、亳县，房屋倾毁，粮食荡尽，饥殍载途，灾状相同，实属惨不忍闻”[②]；传教士罗炳生报告称：“此次皖北百姓，多言今年灾状为历史上所罕见，以今年夏秋之交之暴雨，实为历史记载中所罕见，故秋禾全数悉被淹没，核其面积约占七千英方里（一万八千一百三十平方公里）之广，人民被灾而无衣食者，约有二百万”[③]；又据《东方杂志》记载说：“颍州府属亳州于六月二十六日起，烈风暴雨彻夜通宵，直至七月初二日止，城垣倾倒四十余丈，雉堞崩塌十余丈……涡（河）水涨二丈余深，桥梁漂没，船只沉溺，四岸数百家，尽付东流，田中秋禾，摧折已尽，城厢内外压毙二十余人。至七月初三日，又被倾盆大雨，城厢房屋倾塌益多……水势之

① 《颁给驻英使臣张德彝补签红十字原约敕谕稿》，参见《历史档案》1984 年第 2 期，第 42 页。

② 《大公报》1910 年 9 月 9 日。

③ 李文海等：《近代中国灾荒纪年》，湖南教育出版社 1990 年版，第 776 页。

大，为数十年所未见。……涡阳于六月二十五日亥刻，大雨倾盆，五日夜绝未稍歇，四境汪洋，涡河高与岸平。北关沿岸，房屋漂流殆尽，城内外倒房者不可胜计……蒙城于六月二十六日大雨倾盆，狂风拔木，通宵达旦，直至七月初一、初二始息，以致涡河外溢，一望弥涯，沟渠莫辨，百余村尽成泽国，人畜漂没，房屋崩坍者，不计其数。……五河县于六月二十七日突遭大雨，水涨甚剧，所有田地概行淹没。"① 是年皖北水灾，殆无疑义。《纲目》记为"旱灾"，显然错误。一字之差，差之毫厘，谬以千里。

之五：第八年（宣统三年，1911 年）"（纲）吕海寰复为会长，沈敦和、福开森为总董，会同办理救护武汉战事"。（第 4 页）如前所述，吕海寰此前并未担任过红会会长职务，"复为会长"说，误。

之六：第八年（宣统三年，1911 年）"（纲）改名中国红十字会，组织万国董事会于上海，公举沈敦和及英按察使苏玛利为总董"。（第 4 页）改名中国红十字会，与组织万国董事会是两码事，此处混为一谈，误。

辛亥革命爆发后，具有浓重官办色彩的大清红十字会无法适应战时救护的需要，于是，10 月 24 日，沈敦和在上海发起成立"中国红十字会万国董事会"，推举古柏、麦尼尔、包克斯、吴板桥、马医生、爱德华医生、福医生、亨司德医生、施则敬、任锡汾、丁榕、江趋丹、汪汉溪、王西星为董事，沈敦和与英国按察使苏玛利为总董。沈敦和在本日召开的特别大会上宣布"红十字会救人宗旨：不分革军（革命军）、官军。凡革军受伤医治送还革军，官军亦然"②，而此时大清红十字会依然存在，盛宣怀依然是会长。

在中国红十字会万国董事会组建后的第三天，也即 10 月 26 日，清廷发布上谕，以"盛宣怀不能仰承德意，办理诸多不善。盛宣怀受国厚恩，竟敢违法行私，贻误大局，实属辜恩溺职"，著革去大清红十字会会长等所有职务，"永不叙用"③。盛宣怀被罢免，但朝廷并没有立即委派继任会长，直到 11 月 13 日，也就是盛宣怀被罢免的第 18 天后，清廷终于颁发谕旨："命前外务部尚书吕海寰充中国红十字会会长，仍兼办慈善救济会事宜。"④ "大清红十字会"由此正名为"中国红十字会"，

① 《东方杂志》第七年第 8 期，第 235—236 页。

② 《红十字会大会志盛》，《申报》1911 年 10 月 25 日。

③ 《宣统政纪》第 62 卷。

④ 《宣统政纪》第 64 卷。

即《纲目》所谓“改名”之举。这一“正名”，实际上等于对沈敦和此前抛弃钦定的“大清红十字会”另行组织“中国红十字会万国董事会”这一既成事实的承认，同时又可以名正言顺地对“中国红十字会万国董事会”施加影响，一举两得，但却因此造成京会、沪会矛盾的骤然升温，沈敦和致函吕海寰，明确表示“沪会断（难）与之合办，设勉强行之，恐将东南各省分会暨中外会员，定将瓦解，功败垂成，敦和不能任责”①。在辛亥革命的救护中，京会、沪会实际上各自行动。1912 年 10 月 30 日中国红十字会“统一”大会召开后，京、沪会之间的矛盾才得以化解。

之七：第八年（宣统三年，1911 年）“（纲）组织医队，驰赴战地，设临时医院于汉口、武昌、汉阳，疗治伤痍数千人，并出发掩埋队，掩埋尸骸八千余具。事竣，特刊武汉战地写真一册，以留纪念”。（第 4 页）此处所说“掩埋尸骸八千余具”，有误。关于武汉掩埋队的掩埋情况，较《纲目》更早的 1913 年出版的《中国红十字杂志》创刊号有详细的记载，谓：“时北军力攻汉阳，弹雨枪林，奋勇前往。适红十字小轮由汉阳拖来炮船一艘，划子两叶，兵士舟子，统已击毙，血水满船，尸横其中，乃将尸骸拖至岸上，解其衣服，录取姓氏，用席裹葬计二十八具。旋至赫山，队员皆携干粮，襆被露宿山头，越三日而始竣事。在三山收葬亦多。在汉口由义门左右，则捞葬河中腐尸，又聚善堂所殓棺柩而葬之。至汉阳朝宗门外，见江滩黑点累累，皆军士号帽，因知江中遗尸甚多，雇工购长钩捞之，凡五日，得尸约五百具，爰卜地大别山之麓垒成三大冢，均树牌标识。至汉家墩，见群尸为群犬聚噬，血肉狼藉，秽气逼人，将石炭酸水遍洒尸身，然后裹埋。至大智门，见河中及粪坑中小河内，各有遗尸发现，乃合破柩残骨而聚葬之，计八穴。此外零肢残骸，散见荒郊，犬雀争食，为状至惨，乃复四处寻觅，聚葬无遗。渡江至武昌中和门外义冢界内，见所埋之尸覆土过浅，有被犬扒出者，有已暴露者，雇工重埋，共计八处。至梅家山，得尸益多，又二大坑填尸积压，上覆浮土，拨视则腐尸枕藉，乃雇工开地宣泄积水，将暴露者重埋，未暴露者亦加土成冢，计成十二处。复派人至城厢内外搜寻，遇暴尸移送该处，凡二十余具，并白骨乱发，汇理一处，复成二冢。壹是工竣。除树立木牌外，并勒石书上海红十字会掩埋队葬字样，

① 《上海沈观察来电》，《吕海寰往来电函录稿》，沈云龙主编《近代中国史料丛刊》第 3 编第 58 辑，（台北）文海出版有限公司版，第 643 页。

以垂永久。武汉掩埋队收葬及改葬之尸，合汉口、武昌、汉阳而共计之约二千二百具。”[①] 这个“约二千二百具”的记载是可信的。武汉、南京是辛亥之役的主战场，伤亡惨重。南京掩埋队共掩埋尸骸700余具[②]，这样合起来共计3000余具。当时的报刊亦作如是报道，如《申报》报道说中国红十字会“掩埋汉、宁义骨不下三千余具”[③]，这就反证“约二千二百具”的传真性、可信性。《纲目》“八千余具”之说，显然夸张、失实。

之八：第九年（中华民国元年，1912年）“（纲）日本赤十字社介绍本会于瑞士万国红十字会联合会，加入联盟。（目）辛亥之役，本会救护掩埋，成绩大著。日本赤十字社特派员有贺长雄博士经驻沪日本领事有吉明君介绍，来沪参观成绩，深为嘉美。本会理事长沈敦和，与有贺长雄博士暨日本医士，迭经商榷，参照东西各国成法，制定本会章程六章二十条，旋经会员大会通过，即行刊布，由是本会规模粗具，基础渐巩。日本赤十字社社长松方侯爵，特为介绍于瑞士万国联合会。联合会会长阿铎尔君电允加入”。（第5页）按“联合会会长阿铎尔君电允加入”事在1912年1月12日，时间上没问题，但有贺长雄博士莅沪协助修订《中国红十字会章程》及日本赤十字社社长松方侯爵介绍中国红会加入联合会，均为上年之事，《纲目》不审，以致以讹传讹，如《中国红十字会大事记略》即谓“（1912年）1月上旬，日本红十字会特派有贺长雄经驻沪日本领事介绍，到沪参观……”[④]

关于有贺长雄上海之行的具体时间，根据他自己说，是从1911年11月26日到沪至12月11日回国，其间“该会理事总长沈仲礼（即沈敦和）君，每日带秘书、通译前来……谘询红会详细办法。有贺博士于二十七日先将条约缔盟，与万国红十字会联合之故，详细说明。沈氏闻之，深为致谢，并谓中国红十字事业，将来如能发达，皆为博士之赐。

① 《辛亥革命时中国红十字会暨各分会活动成绩》，原载《中国红十字杂志》1913年创刊号，见中国红十字会总会编：《中国红十字会历史资料选编，1904—1949》，南京大学出版社1993年版，第290—291页。

② 《辛亥革命时中国红十字会暨各分会活动成绩》，原载《中国红十字杂志》1913年创刊号，见中国红十字会总会编：《中国红十字会历史资料选编，1904—1949》，南京大学出版社1993年版，第291页。

③ 《中国红十字会谨告中外大慈善家》，《申报》1911年12月21日。

④ 孙树宏编写《中国红十字会大事记略》，《中国红十字》1990年第9期，第11页。

当将该会试行章程，求请修订”[1]。这是有贺长雄上海之行帮助中国红会“制定本会章程”之实情。由于出自有贺长雄之口，时间上当然不会有误。

日本赤十字社社长松方侯爵致函国际红会联合会会长阿铎尔介绍中国红会加盟事在1911年12月26日，其函称：“中国红十字会已开办，设总会于上海地方。该会组织完全，办理合法，愿具保结，请即知照万国承认，以利进行。”[2] 虽然此函刊登在1912年2月7日的《申报》上，但时间写得清清楚楚，不至于引起误解。另外，国际红会联合会会长阿铎尔复函松方侯爵，也说得明白：“十二月二十六号函悉，……遵将中国红十字会在上海设立总会得因，分咨各国红十字会总会，查照联盟，并谢介绍盛情。”[3] 这些原始材料，红会自然“先睹为快”，而《纲目》竟“大意”出错，令人费解。

之九：第九年（中华民国元年，1912年）“（纲）推举张德彝、荣揆、黄鼎、福开森参预美国华盛顿开第九次万国红十字会联合大会。（目）时值美国华盛顿开第九次联合大会，电请本会派员与会，爰即商准政府，推举驻美公使张德彝、参赞荣揆、留美学生监督黄鼎及本会顾问福开森，参与大会，宣布本会成绩，深为全会注意，由是本会成绩，万国皆知”。（第5页）这里的“荣揆”，实为“容揆”之误。容揆为清末著名学者、外交家容闳之侄，广东香山人，哈佛大学毕业，曾任驻美公使馆参赞、留美学生监督等职，亦为近代著名外交家。这是历史常识。就算《纲目》编者一时疏忽，将“容揆”笔误为“荣揆”，但将此时的驻美公使说成是张德彝，则是大错特错。张德彝（1847—1918），汉军镶黄旗人，1901年以记名道赏三品卿衔任出使英、意、比大臣，1902年专任使英大臣，1905年即任满回国，而且，在他的外交生涯中，从未出任过驻美公使[4]，所谓“驻美公使张德彝”，纯属无稽之谈。此时的驻美公使不是张德彝，而是广东新会人张荫棠，他于1908年任外务部右参议，1909年任左丞，旋即出任出使美、秘、墨、古大臣。他之就近参加第九届红十字国际大会，乃顺理成章之事。对此，红会史籍多有记载，仅举一例，可以为证，如吕海寰致沈敦和电称：“红十字第九次

---

① 有贺长雄：《中国红十字会过去及将来》，见中国红十字会总会编：《中国红十字会历史资料选编，1904—1949》，南京大学出版社1993年版，第447页。

② 《中国红十字会特别广告》，《申报》1912年2月7日。

③ 见中国红十字会总会编：《中国红十字会历史资料选编，1904—1949》，南京大学出版社1993年版，第58页。

④ 陈旭麓等主编：《中国近代史词典》，上海辞书出版社1982年版，第413页。

开会在即，业由大总统派驻美张星使代表莅会，敝处现请外（交）部转电张憩翁（张荫棠字憩伯——引者）加派驻美参赞容揆暨福开森为弟代表，随同张使莅会与议。”① 红会史籍俱在，而《纲目》编者不加深究，看到“张星使”，即认定曾经受命前往瑞士补签《1864年8月22日改善战地陆军伤者境遇之日内瓦公约》的张德彝，轻率如此，令人遗憾。

之十：第九年（中华民国元年，1912年）“（纲）九月二十九日，开第一次会员大会，通过章程六章二十条，公举常议员朱佩珍、施则敬等三十四人。十月六日常议会成立，公举大总统、副总统为本会名誉正、副总裁，吕海寰为正会长、沈敦和为副会长兼常议会议长……（目）……常议员集会，参照东西各国定章，公举大总统、副总统为名誉正、副总裁”。（第5—6页）此处所谓“公举大总统、副总统为名誉正、副总裁”，从理论上或逻辑上讲，都不存在什么问题，也符合官场上的“游戏规则”，但事实上，首届会员大会后所召开的常议会，并没有区别“正、副”总裁，尽管总统有正、副之分。1912年10月21日，吕海寰会长致常议会诸公电中说得明白：“感谢此次本会得邀袁大总统、黎副总统为总裁，声望愈隆，日后事更顺手。”② 在不久之后召开的中国红十字会统一大会上，外交部代表陈征宇、王继曾《演说中国红十字会与外交部之关系》亦称中国红会“公请袁大总统、黎副总统为总裁，永久之规模，业已成立，将来一切会务，自必更多进步”③。1913年3月出版的由中国红十字会总会总办事处编印的《人道指南》第1号刊登了袁世凯、黎元洪照片，均题“中国红十字会名誉总裁”④，同样没有正、副之分，如有正、副，红十字会当不会犯此“低级”错误。值得注意的是，作为副总统的黎元洪，在致统一大会的“祝词”中，有“承诸君子不弃，公推元洪为名誉总裁”之语⑤。果如《纲目》所言副总统为名誉副总裁，黎元洪岂敢如此不识大体？总之，无论从当时媒体报道，还是红会自身原始资料看，名誉总裁无分正、副，这是毫无疑问的。《纲目》

① 《致上海沈仲礼电》，载《吕海寰往来电函录稿》，见《近代中国史料丛刊》第3编第58辑，（台北）文海出版有限公司印行，第839—840页。

② 《红十字会要电》，《申报》1912年10月25日。

③ 《外交部代表陈征宇、王继曾君演说中国红十字会与外交部之关系》，见中国红十字会总会编：《中国红十字会历史资料选编，1904—1949》，南京大学出版社1993年版，第268页。

④ 《人道指南》第1号封面，影印件见中国红十字会总会编：《中国红十字会历史资料选编，1904—1949》，南京大学出版社1993年版，第70页。

⑤ 《中国红十字会名誉总裁黎副总统祝词》，见中国红十字会总会编：《中国红十字会历史资料选编，1904—1949》，南京大学出版社1993年版，第264页。

编者对大量史料的记载视而不见，仅凭“思维定式”，臆断“公举大总统、副总统为本会名誉正、副总裁”，实难辞“玩弄”历史之讥。

之十一：第十年（中华民国二年，1913 年）“（纲）抚恤峨利生医士。（目）峨利生，丹麦人，生有特操，好医术，弱冠毕业于大学，以精解剖术名于世。庚戌，本会总医院之医学堂落成，特聘为解剖专门医员，热心服务。辛亥武汉事起，举充救护医员，偕全队赴汉。医治伤兵，应手即愈，有一兵，弹穿脑部，为之剖脑检取枪子，未几而愈。其他贯胸洞腹断股折肱者，或为之剖腹，或为之截腿，都庆更生，术亦神矣。维时战事甚烈，伤兵满院，早夕临治，未尝少息，卒以积劳致病，犹复力疾从事，竟以不起，时辛亥十月二十二日也，年仅二十有五。名医不寿，不仅本会之私痛，中西士绅无不悼之。本会武汉救护队员及中西士绅，为葬之汉口，且立碑石。旋议抚恤三千五百两”。（第 7—8 页）按“年仅二十有五”当为“年仅三十有五”之误。

关于峨利生的事迹及病逝时的年龄，当时的报刊有详细报道，如《民立报》报道说：“中国红十字会于庚戌三月设立总医院及医学堂，聘请丹国解剖专门名医峨利生教授解剖学并充剖割专门医员，服务热心，不遗余力。武汉事起，红会医队前往救护，峨医亦最出力，有枪弹洞穿脑部之伤兵，均经峨医救活，名誉益隆。今红会接得噩耗，据云该医初以积劳成疾，嗣变腹泻，带疾从公，犹复不肯休调，竟致因病逝世，年仅三十有五。名医不寿，深堪悼惜。红会总、分各医院及事务所均下半旗三日，以志悲悼。”① 同样内容的消息亦见之于《申报》②。消息来源均出自中国红十字会，当然不会有误，从行文来看，当是《纲目》的出处，只是《纲目》编者颟顸，将“年仅三十有五”误作“年仅二十有五”了。

之十二：第十年（中华民国二年，1913 年）“（纲）总医院归哈佛包办五年，订立合同。（目）举常议员钟紫垣、施子英、王阁臣、沈仲礼与之磋商订立合同”。（第 8 页）误。当事人沈敦和“谨述”中国红十字会总医院“与哈佛合办缘起”甚详，谓：“本总医院为造就医学人材起见，于宣统元年开办，初由敦和自任院长，延英、丹、那（挪）威各国内外科医生为教员兼充医院医士。民国元年，美国哈佛大学拟设分校于中国，因见本会院宇器械并剖解（解剖）室等一切设备适合医学堂

① 《红会名医逝世》，《民立报》1911 年 12 月 14 日。
② 《申报》1911 年 12 月 14 日。

制度，请与合办，以成一完备之大医校，由哈佛每年补助银九万元，以作经费。敦和得常议会之许可，遂与订立合同七年。当经哈佛派胡医士为院长驻院管理校务、医务，敦和以副会长节制之。民国五年，本会与哈佛各学生先后毕业，遂将学堂停办，专办医院，每岁除收入医费三万七千余元外，尚缺经费四万七千余元，议由美国煤油大王在慈善基本金内如数拨助。此本总医院先与美国哈佛合办医校继经美国慈善家补助经费之大略情形也。"[①] 由此可见，系"合办"而非"包办"，合同订立的时间是民国元年即1912年而非民国二年，合同规定的"合办"年限为7年而非5年。

之十三：第十年（中华民国二年，1913年）"（纲）救护南京战事，引渡出险者四千人，避难来沪复资遣回籍者一万余人。（目）宁垣围攻日急，难民困处危城，绝食堪虞，其在四乡者，则皆纷集江边，呼吁无应。本会既派救护队，驰赴战线以内抢救伤兵以外，复派大通红十字救护医船，星夜上驶，竭力驰救，计往返二次，引渡难民出险者达四千人"。（第9—10页）这个出险难民人数在统计上是有问题的。

1913年"二次革命"中，中国红十字会租赁英国太古洋行商轮"大通"号作为红十字救护医船，前往南京救援，往返二次。

第一次，8月24日出发，28日返回，有报道称："红十字会所租之大通轮船已载避难人民二千名离宁。"[②] 根据红会自己的报道，"大通"抵达南京，"值两军开战，弹越船身而过，为状至危。苏荔棠（裳）率队员乘民船分赴四乡，引救难民。王培元则入城引渡难民出险，躬冒枪林弹雨，卒救出难民二千数百人"[③]。综合各方报道，第一次行动救出难民2000多一点。

第二次，8月29日出发，9月1日回到上海，据确切统计，此次共计救出"难民八百零八人，伤兵伤民五十三人"[④]。

两次行动"成绩"相加，援救难民约计3000人。这个数字应该是客观的。对此，红会曾在《申报》"广而告之"："南京人民困处险地，情形危急，本会特派救护队组织救护，医船租太古行大通轮船，归王君

① 沈敦和：《中国红十字会总医院与哈佛合办缘起》，《申报》1918年1月24日。

② 《南京访函》，《申报》1913年8月30日。

③ 《中国红十字会癸丑成绩撮要》，见中国红十字会总会编：《中国红十字会历史资料选编，1904—1949》，南京大学出版社1993年版，第298页。

④ 《救护医船二次抵沪纪事》，《申报》1913年9月2日。

培元，率全体救护员二次赴宁城，救护难民出险来沪共计三千余人。”①至于“余”数多少，也有据可查，据亲自指挥难民救援事务的王培元说：“南京救护难民二次共三千数十人。”② 这个统计应该说是最可靠的。把3000挂零，说成“引渡难民出险者达四千人”，显然有意“注水”。

之十四：第十一年（中华民国三年，1914年）“（纲）助日本地震灾赈。(目) 1914年鹿儿岛地震，虽不及1923年之空前大地震，然在当时，已觉被灾剧烈，遍地哀鸿。本会谊切同盟又为邻近，乃以国币二千元合当日时价日币一千元之约数，聊助急赈。事后承日本赤十字社惠赠银杯，以为纪念”。(第12页) 地震实为火山喷发之误，尽管火山爆发基因于“地动”。鹿儿岛是日本火山的主要分布地区，火山喷发，为该地主要地质灾害。1914年的火山喷发，就给当地造成重大生命财产损失，《盛京时报》连篇累牍报道说，本年1月12日，鹿儿岛“突发爆裂，黑烟弥漫，远及鹿儿岛市之上，红焰冲天数十丈，轰轰暴烈之声不止，喷出巨大之岩石火柱，乱下于附近各地，光景凄惨，岛中村落为火烟之所包，不见岛影，人畜伤亡甚多，岛民叫唤纷纷避难”③。类似报道也充斥于当时的其他报刊。灾情发生后，中国红十字会伸出了援手，《申报》报道称：“日本鹿儿岛火山发焰，死亡甚众，上海中国红十字会沈副会长悯之，以红十字会有救灾之责，先行拨助日金一千元交日本赤十字社汇解，仍俟募有成数，再行续汇。”④《纲目》对当时的报道视而不见，把火山喷发误作地震。

之十五：第十一年（中华民国三年，1914年）“（纲）救护张家口等处蒙匪灾区。(目) 上年十一月二十九日第七次常议会，提议张家口华军失利，伤兵三四百人，乞医拯救，拟先资助二千元。是年春，蒙匪南犯，张家口等处伤亡枕藉，本会急集医队，携带药物器具，由北京出发，疗治受伤兵民为数尤众”。(第12页) 按：向张家口派出医疗队，并非本年春天之事，而是上年的救护行动。

1913年11月28日，北京中国红十字会总会致电上海总办事处，以张家口伤兵“无人调治，呻吟痛苦”，天职攸关，总会已在京组织起救

---

① 《中国红十字会谨谢盛杏荪君经募广仁善堂捐助大通租船费（银）元四千五百两》，《申报》1913年9月4日。

② 《红会宴劳职员记》，见中国红十字会总会编：《中国红十字会历史资料选编，1904—1949》，南京大学出版社1993年版，第309页。

③ 《盛京时报》1914年1月14日。

④ 《红十字会救灾恤邻》，《申报》1914年2月7日。

护医队，拟“星夜前往”救治，要求总办事处拨款资助[①]。沈敦和副会长接电后，即于次日召开第七次常议会，“提议蒙匪猖獗，华军失利，业由北京总会出发医队，日内起程赴张家口医治，先汇路费二千元，以后陆续劝募再汇”[②]。款到之后，救护医队即于12月2日由北京起程，3日抵达张家口，开始投入救治伤兵的工作[③]，直到次年春完成救护任务后始撤回北京。媒体报道綦详，《纲目》编者未曾留意，以致出错。

之十六：第十四年（中华民国六年，1917年）“（纲）救皖北水灾，设安徽义赈会。（目）皖北大水，漂没数十县，灾民荡析离居，栖风宿露，嗷嗷不可终日。乃与皖绅组织安徽义赈会，举沈敦和、余寿平、李伯行为会长，竭力筹募款项，派员驰赴灾区，调查实况，分别重轻，散放急赈，灾民获沾实惠者，数逾十万”。（第17页）误。皖北水灾以及设安徽义赈会，均为上年之事，且安徽义赈会不设会长，而设干事部长。大致情形如下：

1916年夏秋之交，安徽大雨滂沱，河湖并涨，山洪怒发，据中国红十字会的报告：“江淮一带，上而豫之固始、光、息，皖之阜阳、颍上、霍邱、寿县、凤台、怀远以迄于临淮、五河、盱眙等县，汪洋千里，一望无际。而沿村庐舍、大地、禾黍悉浸入洪涛骇浪之中，累累浮尸，触目皆是，甚者森森树木，竟如沿岸芦柴飘摇水面，孑余穷黎，无家可归，无食可觅，类都穴山巢树，露宿风餐，号哭之声，昼夜不绝。一种惨酷情形，断非郑侠流民图所能曲绘。”[④] 告灾乞赈，函电交驰。总会总办事处一方面通过传媒向社会各界劝募急赈，一方面于9月17日与安徽旅沪同乡会合组中国红十字会安徽义赈会，沈敦和、余诚格（字寿平）、李经方（字伯行）任干事部长，共筹皖赈。23日，召开第一次干事会，决定由义赈会垫洋2万元，分请灾区传教士会同义赈会查赈员择被灾尤重之户先为酌放，而后募集捐款，次第放赈[⑤]。12月16日，查赈员回沪复命，据报告，此次沿淮淮北被灾各县以淮远、凤台、五河为最重，凤阳之淮北岸、寿州之正阳关、颍上之东乡、霍邱之三河尖、灵璧之南四区、盱眙之水七堡、阜阳之南八保为次。中国红十字会安徽义赈会遂决议，购白米3000石、棉衣3000件，刻日运抵蚌埠转运怀远、凤台、五

① 《张家口伤兵待救》，《申报》1913年11月30日。

② 《红会第七次常议会纪事》，《申报》1913年12月2日。

③ 《西北救护医队出发》，《申报》1913年12月9日。

④ 《中国红十字会敬募江皖水灾急赈》，《申报》1916年8月17日。

⑤ 《中国红十字会安徽义赈会通告成立并谨募急赈》《筹办皖赈之垫款》，《申报》1916年9月23日、24日。

河三县，又购买高粱万石、黄豆3000石，散放被灾各县以为籽种[①]。转瞬交春，“各灾区田皆被淹，颗粒无收，非特无度日之粮，抑且无耕田之种，非广购高粱、黄豆、绿豆、珠（芝）麻等种籽及时散放，则浩浩哀鸿，将永无出水火而等衽席之一日”[②]。赶办春赈迫在眉睫。在社会各界的资助下，中国红十字会安徽义赈会于1917年2月在上海、镇江分购红粮1600余包、豆饼29000张装运蚌埠分转灵璧、盱眙、阜阳、涡阳、蒙城等5县散放[③]。皖北赈务直到1917年夏初始告结束。

之十七：第十六年（中华民国八年，1919年）“（纲）海参崴医队开办临时医院。（目）允林总司令之请也。其规模虽不及美会，尚能与英、法相埒，月支经费约一千五百元，自一月出发医队，至八月终结，全队撤回，共费二万六千余元”。（第20页）此处所说“自一月出发医队”，与上年“出发海参崴参战救护医队”（第18页）的记载相矛盾。实际上向海参崴派出救护医队，为1918年11月事而非1919年1月。鉴于一战后期协约国与苏俄在西伯利亚争战甚烈，“东北风云扰攘，为主权民命所关”[④]，乃决定组织“边防医队”，出发海参崴参与战事救护。经陆军部同意，11月20日，中国红十字会派出以理事长朱煜为领队的救护医疗队19人，由京城开赴海参崴[⑤]，12月14日辗转抵达。1919年2月1日开办临时医院。大致情形如此。

之十八：第十七年（中华民国九年，1920年）“（纲）九月，会长吕海寰辞职。（目）公推吕公为名誉会长。（纲）政府令，汪大燮为会长”。（第29页）误。准吕海寰辞职及任命汪大燮继任会长的时间均为10月2日：“十月二日大总统令：中国红十字会正会长吕海寰呈请辞职，吕海寰准免本职，此令；又令：派汪大燮充中国红十字会正会长，此令。”[⑥]

以上考订是否正确，敬请读者批评指正。

（原载《〈红十字运动研究〉2007年卷》）

① 《安徽义赈会记事》，《申报》1916年12月17日。

② 《中国红十字会安徽义赈会之最近报告并敬募冬春赈》，《申报》1917年1月5日。

③ 《赈济皖北灾黎》，《申报》1917年2月28日。

④ 《红十字会出发边疆之请示》，《申报》1918年9月14日。

⑤ 《红会组边防第二医队》，《申报》1918年11月26日。一说11月24日（周秋光：《民国北京政府时期中国红十字会的国际交往》，《湖南师范大学社会科学学报》2002年第4期，第84页）。

⑥ 《申报》1920年10月5日。

《红十字会第一届分会职员一览表》跋

1911年11月26日《民立报》、11月27日《申报》相继刊登了《红十字会第一届分会职员一览表》。这个“一览表”称得上是中国红会史上的重要文献，本文进行整理分析，供研究者参考。

一、原文

（第一届报告九月廿六日止）。

驻沪医队医院总医院（徐家汇路七号）、分医院（天津路八十号）、事务所（三马路十八号）医士：哪咸亨司德、江苏侯光迪、安徽黄子敬、宁波徐生棠、广东王吉民、广东关日襄、浙江陈家恩、广东邓祥光、湖北周光松、英国士美女医士。看护：江苏邵莹珍女士等十人。武汉战地医队：医士英国柯师、丹（麦）国峨利生、英国班纳、江宁王培元、广东杨智生；会计员杨仲言；医学生曹洁卿、朱恒璧、约瑟、王锡炽、郑咏春、方景和、周赓诗、蒋士焘、王耀、曾松龄、曹晨涛、朱恪臣、朱寿田、郁廷襄、李其芳、王翕、曹省之、章子玉、邱仁高、孙国镇、陈鲁珍、王韬；救护队长盐谷铁钢（前日本陆军医队）；看护妇丹国克立天生女士（本会医院看护）、日本细谷松子女士（日本赤十字看护）、英国李安登女士（沪宁铁路医院看护）、袁增瑛女士、徐祉君女士、傅光宇女士、范孟园女士；调剂看护人林春山、陈玉麟、曹桂卿、陈侠毅、俞鸿昭。

武汉分会医院：武圣庙普爱医院英国普富医士、英国魏女医士；同仁医院美国马医士、美国梅医士；普济医院美国雷盛休医士、美国雷盛休夫人；仁济医院英国吉立生医士、孟医士；天主教医院英国汤医士、英国艾医士，看护英国富女士，帮看护英国克迪女士。

南京联合会医院：金陵医院（汉西门）、贵格医院（螺蛳湾）、基督医院（鼓楼）医士：美国施尔德、美国包医士、刘仲□（字迹模糊）、相又新、汤润生、章雨农、高映轩、茅拔、杜耀峰、沈镜吾、许竹君、孙龙翔、陈召恩、张维新。

常熟分会（医院在陶家巷）：周惠莲女医士、周晋麒女医士，看护孙志英。

厦门分会：医士史惠敦。

无锡分会：普仁医院李克乐医士。

苏州分会：天赐庄齐门外福音医院魏医生等二员，博习医院英国柏乐文医士等三员，看护（人名续刊），通商场广仁医院意国白医士等二员。

长沙分会：英医李福而，英医许谋，英医刑医士。

宜昌分会：医院地址、医士衔名续刊。

安庆分会：美国□（字迹模糊）荣华医士，美国铁楼医士。

杭州分会：广济医局美国梅□（字迹模糊）根医士。

芜湖分会：美国赫怀仁医士。

九江分会：经理员饶敬伯法政博士。

吴淞分会：经理员张玉墀，医院广义善堂旧址，医士曹文贵，医士陈森如。

沪宁铁路协赞会：南京车站红十字专车、上海铁路医院。

南昌分会：经理员饶敬伯法政博士。

上海城内分会：医师顾宾秋等二十员。

福州分会：耶稣联合会会长戴勒医士，会计梅教士，书记何教士，西医四员。

扬州分会：红十字医院左卫街，经理员袁体仁。

清江分会：经理员龚少渤。

此外，尚有“名誉经理员”“经理捐款处”“总收捐事务所”“第一届特别会员”“第一届正会员”。此略。

二、跋

红十字会“第二届分会职员一览表”有没有公布、何时公布，我们没有查到。就“第一届分会职员一览表”（截止到九月廿六日即1911年11月16日）而言，有以下几个方面的问题值得关注。

首先，产生了辛亥革命时期经中国红十字会正式承认的第一批分会。

组建分会并不是辛亥革命爆发后才开始的，早在1904年，为救护日俄战争中罹难的东北同胞，中、英、法、德、美联合发起成立上海万国红十字会——中国红十字会的前身，即将“所有附近战地之紧要地方，由总董会议遴延中西绅董，缮给凭信，前往添设分会”的动议揭诸7月12日出台的《上海万国红十字会暂行简明章程》，以期“广设分会，辗转筹设医伤救难之法，以副中国圣旨，英法德美国同心联合，特行创办之义举”①。接着，牛庄、新民屯、沟帮子、辽阳、开原、奉天、铁岭、安暑河、海城、山海关、塘沽、烟台、金陵等分会相继添设，有力地保障了大规模救援行动的进行。救助日俄战灾之所以“成绩特佳”（救护出险、收治伤病、留养资遣、赈济安置总人数达46.7万人）②，与分会的添设密切相关，但这些分会都是临时性的，随着救护使命的完成，它们大多“功成身退”，以致我们在史籍中很难觅到它们的活动踪迹。

日俄之战救护使命完成后，虽然中国红十字会经过了几年建设，建医院，办学堂，发展会员，但要遂行辛亥革命救护重任，单靠总会显然力不从心，“若仅恃本会救护人员，断断不敷调遣”③，动员一切可用人力资源投入救援是必需的，而借鉴日俄战争救护经验，添设分会，亦势在必行，中国红十字会第一届分会应运而生。

毋庸讳言，倚靠分会救死扶伤，与日俄战灾救护一样，为“应急”之需，所不同的是，分会之设，直接为次年会员大会、统一大会的召开和分会常设的制度安排准备了条件，其意义有不可低估者。

其次，第一批分会的分布是不平衡的。

除原文所列驻沪医队医院总医院、分医院、事务所医士、看护，武汉战地医队医士、会计员、医学生、救护队长、看护妇、调剂看护人以及名誉经理员、经理捐款处、总收捐事务所、第一届特别会员、第一届正会员等直属总会外，分会分布情况如下表：

① 《上海万国红十字会暂行简明章程》，中国红十字会总会编：《中国红十字会历史资料选编，1904—1949》，南京大学出版社1993年版，第30页。

② 胡兰生：《中华民国红十字会历史与工作概述》，中国红十字会总会编：《中国红十字会历史资料选编，1904—1949》，南京大学出版社1993年版，第499页。

③ 《辛亥年中国红十字会大事记》，中国红十字会总会编：《中国红十字会历史资料选编，1904—1949》，南京大学出版社1993年版，第287页。

中国红十字会第一批分会分布情况

省份	分会数量	分会名称
江苏	9	南京联合会、常熟分会、无锡分会、苏州分会、吴淞分会、沪宁铁路协赞会、上海城内分会、扬州分会、清江分会
湖北	2	武汉分会、宜昌分会
安徽	2	芜湖分会、安庆分会
江西	2	九江分会、南昌分会
福建	2	厦门分会、福州分会
湖南	1	长沙分会
浙江	1	杭州分会

显然，7 省中，江苏分会最为集中，在 19 处分会中几乎占到一半。这种局面的出现，不难理解，一则江苏为中国红十字运动的发祥地，红十字长期在江苏传播、浸润，深入人心，一呼百应也是自然的；二则江苏上海为中国红十字会总会所在地，鼓动、督促较为便捷；三则江苏为辛亥革命主战场，有着对红会救护的强烈渴求。这几个方面的因素所形成的张力，推动分会在江苏大地纷纷崛起，如雨后春笋。而另一主战场武汉，是辛亥革命的策源地，争战激烈，但战火波及范围相对较小，主要集中在武汉三镇，加上总会的主力救护力量投放于此以及武汉分会医院力量雄厚，整个湖北省对分会的组建不是非常迫切，分会数量少也在情理之中。

分会分布的不平衡，总的来说，取决于战争的态势以及激烈程度，是中国红十字运动初级阶段的一种常态，即因需而设。整个辛亥革命时期，这种不平衡状态始终存在，红会史籍记载说：“本会自武汉事起，次第添设分会或临时医院于各省要隘，若庐州，若芜湖，若淮安，若扬州，若清江浦，若吉林，若常熟，若全椒，若绍兴，若安东，若厦门，若杭州，若登州，若梧州，若颍州，若莱州，若安庆，若烟台，若福州，若无锡，若宁波，若苏州，若重庆，若宜昌，若六合，若滁州，若牛庄，若怀远，若徐州，若嘉兴，若吴淞，若南京，若临淮关，若正阳关，若凤阳，若蚌埠，若固镇，若新桥，若宿州，若长沙，若岳州，若常德，若京口，若镇江，若江阴，若广东，若南昌，若香港，若青州，若济宁，若黄县，若潍县，若奉天，若辽阳，若成都，若上海城内等处均是。其办事成绩，已据正式报告者，条列如上，亦有成立未久，成绩未据报告者，则暂付阙如，留待续刊云尔。”[①] 这种局面当然是可喜的，但分会分布依然不平衡。不平衡状态的存在，说明中国红十字会基层组织建设缺乏长效机制，只是应急而设。这也预示着中国红十字会组织建设任重而道远。

再次，第一批分会职员名单的公布，也廓清了一些地方红会“源流”上的历史迷雾。

名单所列分会，今人在追溯源流时，大多没能够穷追不舍，溯至“源头”，即如苏州，“红十字会组织出现较早，自民国9年（1920年——引者，下同）成立万国红十字会苏州分会后，继为中国红十字会吴县分会。11年（1922年）4月26日，由美籍医生柏乐文发起成立中国蓝十字会，会址设于天赐庄博习医院内”[②]。中国红十字会常熟分会“民国13年（1924年）9月26日成立，会长张鸿，会员590余人”[③]。无锡，“市红十字会的前身是解放前成立的无锡县红十字会。无锡县红十字会创建于民国13年（1924年）8月27日，孙鹤卿任会长，华艺三、高映川任副会长”[④]。如此等等。显然，这些分会成立的时间要比《红十字会第一届分会职员一览表》公布的时间晚得多。这与历史事实不尽符合。这也意味着《红十字会第一届分会职员一览表》的“浮出”，对一些地方红会澄清历史，具有极为重要的意义。当然，在具体成立时间难以确定的情况下，“源头”追溯至第一届分会报告截止之日即1911年11月16日，也不失为“权宜”之计。而有的分会，如南京（金陵）分会，1904年即宣告成立，则另当别论了。

又次，我们也可以发现，在第一届分会中，传教士以及教会医院扮演了重要角色，这其实是对日俄战争救护时期分会之设做法的延续。日俄战灾救护由中、英、法、德、美联合组建的上海万国红十字会——中国红十字会的前身遂行，依靠传教士及教会医院体现了“联合”“国际性”，同时也可以增强救护力量。辛亥革命救护也是如此，1911年10月24日，沈敦和发起成立了“中国红十字会万国董事会”，推举古柏、麦尼尔、包克斯、吴板桥、马医生、爱德华医生、福医生、亨司德医生、

---

① 《辛亥革命时中国红十字会暨各分会活动成绩》，中国红十字会总会编：《中国红十字会历史资料选编，1904—1949》，南京大学出版社1993年版，第294页。按本书“若清江，若浦口”，核对原文，实为“清江浦”之误。

② 陈晖主编：《苏州市志》第3册，江苏人民出版社1995年版，第430页。

③ 瞿鸿烈主编：《常熟市志》，上海人民出版社1990年版，第618页。

④ 庄申主编：《无锡市志》第3册，江苏人民出版社1995年版，第2287页。

施则敬、任锡汾、丁榕、江趋丹、汪汉溪、王西星为董事，沈敦和与英国按察使苏玛利为总董。所谓“万国”，即“国际”之意。不过，中国红十字会万国董事会已与上海万国红十字会董事会有了天壤之别，上海万国红十字会为五国合办，中国红十字会万国董事会，不言而喻，为中国独自拥有，只不过董事会由中外慈善家组成，显然，这是一种超越[①]。尽管如此，“联合”“国际性”的色彩依然浓重，但这并不影响我们对一些分会“源流”的探究。

总之，《红十字会第一届分会职员一览表》是一份长期以来没有受到关注的重要历史文献，它的“浮出”，对我们研究中国红十字会救护体制的演变，尤其对一些地方红会“寻根探源”，具有非同一般的意义。

（原载《〈红十字运动研究〉2008 年卷》）

① 池子华：《红十字与近代中国》，安徽人民出版社 2004 年版，第 90 页。

一份弥足珍贵的红会历史资料

——《中国红十字会常熟分会民国廿一年纪念册》述评

《中国红十字会常熟分会民国廿一年纪念册》（以下简称《纪念册》）藏于常熟市图书馆，1933 年常熟分会编印，1983 年苏州市红十字会将之作为《红十字会史料》复印若干份以便收藏。承蒙苏州市红十字会郝如一副会长见赠，笔者得窥《纪念册》全豹。这是一份难得的红会史料，弥足珍贵。本文于此简要述评，以飨读者。

一、《纪念册》概述

常熟分会之所以要编印民国廿一年即 1932 年《纪念册》，是因为常熟分会在这一年投身于抗战救护的伟大事业，有足资彪炳红会史册的骄人业绩，值得垂后世而昭永远。如常熟分会张鸿会长在"序"中所说："去年（1932 年）暴日构兵，大祸将至，邑中人士逃避一空，理事会诸君及热心救济同志，奔走急难，俾红十字之旗帜不至闻军笳而消散。大兵之后继以大疫，又假孝友校舍设立医院，救济兵民，不辞劳瘁，可为尽力于社会者矣。爰集成绩编葺纪念册，命余序之，自愧衰老不克随诸君子少尽心力，援笔之际，惟望同志继起，绵延光大，非特地方之福，抑亦斯会之幸也。"（《纪念册·序》，第 1—2 页，以下引文仅注页码）显然，编印《纪念册》，不是为了自我陶醉，而是"继起"传承"尽力于社会"的红十字精神，并使之"绵延光大"。这是"纪念"的真正意蕴。

这里要说明的是，张鸿"序"中谓"吾邑之红十字分会始于甲子兵祸救护防疫，赓续不绝"（第 1 页），把常熟分会的创会时间认定为甲子年即 1924 年的江浙战争救护，是不确切的。其实，早在 1911 年，常熟分会即已存在，是辛亥革命时期经中国红十字会认可的第一批分会之一。根据《红十字会第一届分会职员一览表》（截止到 1911 年 11 月 16

日）透露的信息："常熟分会（医院在陶家巷），周惠莲女医士、周晋麒女医士，看护孙志英"[①]，说明在11月16日之前，常熟分会即已宣告成立（具体日期待考）并得到总会的承认。不仅如此，常熟分会在周惠莲女士的主持下，积极救治伤兵，如史料记载说："苏沪光复后，常熟女医士周惠莲君，驰函总会愿设临时医院，义务医治伤兵。金陵光复时，伤兵之返常熟者，均由周女士医治之。"[②]不言而喻，常熟分会在辛亥战时救护中，做出了力所能及的努力，取得了一定的成绩。正因为如此，1912年10月30日中国红十字会在上海隆重召开"统一"大会时，常熟分会孙志英应邀出席盛会[③]，实际上也是对常熟分会工作业绩的一种肯定。如此看来，常熟分会的创会时间，追根溯源，实应为1911年，而不是1924年，尽管这中间出现了"空挡"。

《纪念册》共20目，分别为：《序》《题字》《职员照相》《摄影》《创始红十字会南丁女士传》《红十字会十大利益说》《红十字会白话浅说》《中国红十字会分会通则》《取缔违用红十字会旗帜袖章条例》《会员录》《职员录》《工作日记片断》《灾区观察记》《收支报告》《治疗所门诊人数表》《难民收容所一览表》《施送时疫药水一览表》《时疫医院比较表》《掩埋队收殓兵民姓名表》《注射防疫针人数表》，正文凡73页，插页28页。从目录看，内容涉及国际红十字运动的源流、相关规章制度、常熟分会组织架构以及工作业绩等，其中重点自然是工作业绩的记录，这是《纪念册》中最值得"纪念"的内容。

二、可贵的墨宝与插图

《纪念册》史料价值极为珍贵，这其中的插页，让人震撼且留下抹不去的深刻印象。《中国红十字会常熟分会民国廿一纪念册》书名，由国民党元老于右任题写，国民政府要员及十九路军将领题字志贺：国民政府主席林森的题字为"同心急难"；军事委员会委员长蒋介石的题字

① 《红十字会第一届分会职员一览表》，《民立报》1911年11月26日；《申报》1911年11月27日。

② 《辛亥革命时中国红十字会暨各分会活动成绩》，中国红十字会总会编：《中国红十字会历史资料选编，1904—1949》，南京大学出版社1993年版，第292—293页。

③ 中国红十字会总会编：《中国红十字会历史资料选编，1904—1949》，南京大学出版社1993年版，第260页。"统一"大会召开时，中国红十字会名誉总裁黎元洪、奉天都督、江苏都督、外交部、内务部、陆军部、海军部等均派代表参加，极一时之盛。

为“惠彼伤残”；行政院院长汪精卫的题字为“慈故能勇　俭故能广”；十九路军总指挥蒋光鼐的题字是“贤能多劳”；第五军军长张治中的题字是“救国之道　各尽所能　勇猛行动　博爱精神”；十九路军军长蔡廷锴的题字是“惠及军民”；第五军参谋长祝绍周题字是“仁慈”；第五军参谋处长张觉吾题字“民族之光”；第五军参谋科长陈公哲题字“博爱”；第五军参谋科长卢少谷题字“一视同仁”；第五军文书科长林森木题字“生死人而肉白骨”；第四十七师师长上官纪青、副师长裴同野题字“慈航普济　博爱为仁”；第八十八师师长俞济时题字“惠被军民”；第八十七师参谋科长黄勉民题字“博爱济众”；第八十八师参谋长宣铁吾题字“救国之道不一，要在人尽所能，各为国家民族而努力”；第八十八师参谋处长马君彦题字“共抒国难”；江苏省政府主席顾祝同题字“恤难宣勤”；第十九路军一五二旅旅长翁照垣题字“为国医伤”，等等（插页）。如此众多的军政要员为地方红会题字勉励，在中国红十字运动史上是罕见的。这些珍贵的墨宝手迹蕴涵的意义更有价值，称之为中国红十字运动的宝贵精神财富，实不为过。史料价值之高，不言而喻。

同样给人以抹不去的记忆是《纪念册》的插图。在一般人的观念中，图片不能称之为“史料”，“史料”是历史上遗留下来的文字资料。其实，留传下来的文字资料是史料，历史图片以及声音、影像资料等同样是史料，特别是“老照片”，其史料价值得到越来越多的学人的认可。在《纪念册》中，相关“老照片”有：中国红十字会常熟分会时疫医院全体职员摄影；会长张鸿；副会长张玉，副会长宗舜年；议长瞿启甲；副议长狄恩霖；议员钱万青，议员黄农，议员王振孙；理事长俞承枚；理事胡塍，理事杨以嬴；资产保管员杨以均；会计蔡闻樵；交际黄炳元，交际曾栋，交际陈忏因，交际郝社伯；李市分办事处主任朱乐天；总务俞志千，总务庞丙良，总务俞叔高；第一救护队时寿芝、邓虎生、钱味青、陈德公、丁伟成、钱君安、俞际湜、丁秀英、吴庆育、归红渠、顾诵、张霖；国医于中和，国医陆兰斯，国医蔡树声；第一收容所顾寿南，第一收容所顾光裕，第一收容所庞取威；第二收容所许维之；第三收容所金南屏；第六收容所陈（郑）遹声；第二救护队蔡开热、归仲飞、张振英、黄家樑、陈开甲、俞寿甫、沈重光、陶公义、张沧帆、高桐森；通讯队周振华，通讯队尉剑英；运输队蔡钧培；掩埋队何可人；时疫医院事务蔡裕昆；临时治疗所医务主任邵预凡，医师顾见山，医师黄承熹，医生孙家骥，医生朱炳文，医生戴逸震，医生胡人镜；时疫医院主任医师吕富华，医师吴国卿，医师李浩泉，医师汤诚，医师屈振华，医师曾光叔，义务医师杨定国，医师沈汝冀；本会救护队至岳王市时在该镇收容所门前（即大悲殿）留影；救护队往战地救护灾民运常（熟），上图系在太仓上船时所摄；本会救护队在杨林口海滩休息时摄影；救护灾民到埠时摄影；灾民到第一收容所被军警检查时摄影；灾民到达第二收容所俟军警检查时之摄影；第三收容所；第四收容所；第五收容所；本会救护队护送灾民回籍上船时摄影；治疗所门诊室；治疗所病房之一；治疗所病房之二；治愈出院登报道谢一束；时疫医院男病房；时疫医院女病房之一；时疫医院女病房之二；时疫医院蒸馏水工作间；赴乡注射防疫针摄（影）；新塘市被焚之一；浏河被炸之一；仪桥被焚之一；杨林口被焚之一；七丫口被焚之一，共97幅照片。这97幅“老照片”，是对常熟分会职员、志愿者救死扶伤、扶危济困事迹的写真，其直观性、传真性是文字资料所不能替代的，史料价值之高，不言而喻。

三、抗战救护的组织架构

抗战是全民族的抗战。抗战救护，从某种程度上说，也是抗战的一部分。中国红十字会是抗战救护的主导力量，而地方分会作为中国红十字会的有机组成部分，其作用同样不可小视。惟战争等因素，地方分会自身留下的资料少之又少，使人常有难识分会救援行动“庐山真面”之憾，由是观之，《纪念册》的留存，更显难得。它为我们审视地方分会的战地救护提供了宝贵的史料。

常熟分会的抗战救护，如上所述，即淞沪抗战救护，“淞沪之役，中国红十字会常熟分会救死扶伤，劳苦功高”（行政院汪院长精卫题字附记，见插页）。而成绩的取得，离不开组织架构的高效运作，具体体现在如下几个方面：

其一，领率机关，即中国红十字会常熟分会，由会长张鸿（字隐南）、副会长宗舜年（字子岱）和张玉（字用舟）、议（事）长瞿启甲（字良士）、副议长狄恩霖（字子怡）、理事长俞承枚（字九思）和钱万青（字莲士）等14位议员及胡塍（字受伯）等3位理事组成管理层，以会长为核心，主持救护及日常事务。常熟分会下设会计、文书、交际、总务、庶务等股以及驻沪交际处、分办事处，分工明确。在李市设分办事处（朱乐天负责），是为了更有效地施行救援计划；而在上海厦门路尊德里设驻沪交际处（俞承修负责），显然是为了加强与总会和上海社会各界的联系，如是之举，实属罕见。

其二，救护主体，为常熟分会组织领导下的救护队。在抗战救护中，常熟分会组织了两个救护队，即以时寿芝为领队的救护第一队，有邓虎生、钱味青、陈德公、丁伟成、钱君安、俞炳益（字季湜）、丁秀英、吴庆育、归红渠、顾诵、张霖等11名队员；以蔡开热为领队的救护第二队，有归仲飞、张振英、黄家樑、陈开甲、俞寿甫、沈重光、陶公义、张沧帆、高桐森、花韵声、杨定熙等11名队员。他们出入于枪林弹雨之中，抢救伤兵难民，恪尽天职。另有以何可人为领队的掩埋队一队，负责掩埋尸骸。

其三，救护机关，为治疗所和收容所。救护队救下伤兵伤民，即送往治疗所医治。治疗所医务由邵预凡主持，医务人员有顾见山、黄承熹、朱炳文、胡人镜、戴逸震、孙家骥、庞定、庞颍、李俊才等，另有事务人员王涌森、赵子翼、路翼之、苏松岩、朱国霖、张世民等。从《中国红十字会常熟分会治疗所住院医治伤病兵士姓名一览》（第62—63页）统计，经治疗所治愈出院的第88师、第47师、第87师以及军校教导队等伤病兵士共计257人，重伤医治无效死亡12人。

所救难民，则安置于收容所内。淞沪抗战期间，常熟分会先后开办6处收容所，如下表（根据第64页附表及中国红十字会常熟分会职员录编制）：

中国红十字会常熟分会难民收容所一览表

名　称	借用房屋	地址	主任姓名	职员	备注
第一难民收容所	邑庙后宫	石梅	顾寿南	顾止何、庞取威、顾纭孙	第24页作庙街
第二难民收容所	曾府	山塘泾岸	许维之	朱芸阁、朱再卿	第24页作石梅
第三难民收容所	金府	练塘镇	金南屏	钱鸿勋、管海泉	
第四难民收容所	房府	东始庄镇	房墨章	张履吉、朱云山	第24页作莫城
第五难民收容所	戴府	莫城镇	戴次沅	戴荫阶、朱松森	第24页作东始庄
第六难民收容所	郑府	李市镇	郑遹声	李志鸿、浦福生、陆森林、陆骏儒、周兰孙、张毅、王友良	第24页作陈遹声

上述6处收容所，为难民提供了临时的“家”。根据《中国红十字会常熟分会收容难民姓氏汇刊》所载名录（第64—67页）统计，6处收容所收容各处难民共计534人。除此之外，掩埋队先后收殓兵民30人（第72页）。

大兵之后往往伴有疫灾发生。为此，常熟分会特设时疫医院，院董有庞树森（字甸才）、王绳高、尹鹏（字郇夫）、王昆山（字振华）、石民佣、沈鼎芬（字芳谷）、汪凤书、季谷三、屈树培（字钧艺）、金平（字一鸣）、金鹤清（字敏君）、郝社伯（字迂公）、俞寿甫、俞可师（字启汉）、时秉刚、徐鸿翊（字君坦）、徐君怀（字铭光）、戴良耜、陈忏因（字佑之）、程元鼎（建新）、张谷如、张幼南、刘珽（字勤圃）、归廷璐（字孟坚）、归谨庵、庞秉逊（字洁公）、缪竹平、戴次沅、顾光裕（字止何）、张鸿（字隐南）、宗舜年（字子岱）、瞿启甲（字良士）、胡塍（字受伯）、杨以嬴（字玉沧）、俞承枚（字九思）；主任医师吕富华，医师有吴国卿、李浩泉、曾光叔（字秉轩）、沈汝冀（字志豪）、朱炳文、汤诚、屈振华（字志明），义务医师顾树桀（字缵南）、杨定国（字孟一）、俞炳益（字季湜）；义务事务员则有蔡裕昆、时永福（寿芝）、顾彭龄（字寿南）、浦同端（字治一）、陈开甲、陈念宗（字德公）、陈念埈（字兆光）、邓秉球（字虎生）、庞寅（字取威）、许维之、高怀德（字桐森）、张楚（振英）、钱元鼎（字味青）、何峙（字可人）、庞丙良、沈重光、蔡源谰、黄家楳、归鸿（字仲飞）、鲍大文（春芷）、杨玉清。根据《中国红十字会常熟分会夏令施送时疫（药）水一览表》（第68页）统计，共施送时疫药水28175瓶；根据《中国红十字会常熟分会时疫医院比较表》（第69页）统计，住院人数180人，门诊病人370人；根据《中国红十字会常熟分会注射防疫针人数表》（第73页）统计，注射霍乱预防针6106人次。

战时救护、疫情平息后，据《中国红十字会总办事处奖赠本分会义务职员》（第20页）记载，有35名工作人员获中国红十字会总会嘉奖，其中二等奖章获得者为蔡闻樵、时寿芝、顾止何、俞志靖；三等奖章获得者为庞取威、俞寿甫、胡受伯、黄家楳、顾寿南、陈开甲、俞仲飞、陈德公、俞采笙、张振英、许维之、俞觐如、邓虎生、归仲飞、张沧帆、钱君安、周梦旦、蔡树声、陆兰斯、于中和、俞亮如、浦治一、俞季湜、钱味青、花韵声、沈重光、何可人、高桐森、陈兆光、周振华、蔡朴孙。他们是常熟分会的骄傲。

四、"日记"与"观察记"里的风采

如果说上述介绍比较"枯燥"的话，那么《纪念册》所载"日记"和"观察记"，则生动再现了常熟分会人道救援的风采，具体而翔实，具有极高的史料价值。"日记"和"观察记"不知何人秉笔，但为当事人的记事是毫无疑问的。出于"存史"的需要，此处"复制"如下，添加标点，供研究者参考。

（一）工作日记片断

二月二十八日：天不厌乱，东寇西侵，自"一·二八"事起后，淞沪附近一带被灾来常者络绎不绝，其稍有资斧者均由申赴苏或由浙绕道来常自觅亲朋暂住，辗转迁徙者约千余人。本会鉴斯情势，知接近战区之老弱贫苦者非急事援救不可，遂召集会员议决，先行成立第一收容所，假邑庙后宫开始收容，并公函各机关查照。

三月二日：本日收到县商会公函一件，系请设法收容战地灾民。

三日：本会因事务渐趋紧张，襄办乏人，爰即函知前曾在本会热心办事之职员于下午四时在会所开会讨论一切，届时到会六七十人，结果推定各股主任，即日起负责分担工作。

四日：前线战事愈形紧张，灾民陆续而来。本会恐第一收容所不敷容纳，爰特派员至西门外晒麦场何家祠堂商借全部房屋作第二收容所，当蒙允许并即布置一切。

六日：连日防军云集，本会第二收容所亦被八十八师部队商借，当即派员将所有物件收回并另觅城内西山塘泾岸曾姓房屋为第二收容所，同时即开始收容。

七日：本日派职员黄家樑往大义桥与黄义庄接洽商借房屋作第三收容所。盖鉴于战事尚在相持中，昆、太之灾民亦已渐有来常矣。

八日：本日接地方自卫委员会公函一件，系请设立医院救护伤兵。

夜十时许，得悉大东门外有江北船数艘因与哨兵发生误会，枪伤二人，即派救护队时寿芝、蔡开热等十余人率同担架夫役驰往该地，至则小孩一名业已气绝身死，伊父单伟祥尚能言语，当即抬至旱北门内集善医院医治。

九日：上午九时，据医院电告，谓昨由本会送去枪伤之单伟祥已于上午三时不及救治，创重身死，当即派职员陈德公率领担架夫随带棺木至医院收殓，舁往本会公地埋葬，并通知其家属。

由本会及地方自卫会、医学会合组之常熟伤兵医院于本日正式成立，设在西门内李王宫关帝殿后，并由本会补助经费洋一百元。

十日：第三收容所于今日改设于练塘镇金宅，因原有大义桥第三收容所已为四十七师士兵所驻扎，更无余屋可资收容也。

十一日：上海红总会救护队十余人由苏到常，由本会招待一切，并商借银楼公会为该队临时宿舍。

十二日：昆山分会会员陶公亮等到会，要求本会设法收容昆、太灾民二百余人。当即在莫城设立第四收容所、东始庄设立第五收容所，专收昆、太方面灾民。

今日发现本邑常熟民众救护队亦以红十字为标帜，当即函请该队更换以昭郑重，旋得覆函，云系仿照上海暨南大学救护办法，不允更换。本会得覆后即向暨大调查一切，以凭核办。

十三日：关于暨南大学救护事宜援用红十字旗帜，经调查以后，即由本会再函民众救护队，声明一切并嘱迅即更换。

十四日：战事日急，敌机每晨必盘旋于空中，白茆并有敌机伤人之事，因是城中迁徙他方者竟达十之六七。本会为预防万一起见，除在乡置备收容所外，又派职员俞忏生、俞仲久密运麦粉五百余袋、旗灯药品应用之品于西门外宝岩寺中，并授该寺住持指示应变方法。复向西南附近四五里预择相当地点数处以便民众仓卒（促）走避之所，计尽一日之长，方克竣工。此事当日除本会重要职员外未尝流露于外间以（免）引起无谓之恐慌也。

十六日：下午二时，派（救）护员一队用轮拖带民船至太仓一带救护灾民。晚九时得该队在支塘电话报告，云明晨出发至沙溪等处。

十八日：上午十二时，救护队救得沙溪一带灾民共计七十五人，运送至小东门外教场湾，由本会职员前往照料上岸，并引导至城分别发所收容，其有年老或患病者均用人力车代步，职员并代灾民抱孩负囊，务使锋镝余生感受安慰。

十九日：所内灾民有欲投亲他往者，经本会函商各轮局免费运送，并发给免费凭票以示郑重。

廿一日：本日派职员丁伟成至无锡分会调查一切，因闻该处办理收容救济等事项至为周密。

下午四时，得民众救护队函覆，准将红十字标帜即日更换，不再滥用矣。

廿三日：本会救护队又在附近战区救得灾民六十三人，运送到埠即分发各所收容，其中有一妇将生产，即用人力车缓缓运至报本街志和医院，翌日诞生一女，大小均安。

廿四日：本会为便利收容所管理起见，特派职员俞觐如装置临时电话两具。

廿五日：因本会等合办之医院住院者将有人满之患，爰将病势较重者十七名派员护送至苏州总会，由该会救护队设法安插第一病院治疗。

廿七日：本邑民众救护队又滥用红十字旗帜在西门外封船，经船主钱惠贻向本会报告，当即派员前往将红十字旗帜妥慎收下，送交公安局保管。

廿八日：本会医务方面因药品缺乏甚多，特电请上海总会尽力补助以资应用。

三十一日：本会等三机关合办之伤兵医院结束，由本会接收办理，并改为本会临时治疗所，照常工作。

四月三日：本会救护队又从昆、太等处救来灾民一百四十八人，分别安插城内第一、第二收容所，一时颇有人满之患，因是在李市乡又成立李市分办事处及第六收容所。

六日：日来各收容所小孩患痘疹天花者颇众，除派医务股中西医分别诊视并隔离分住外，为预防传染计，特派医员俞季湜、李俊才分布施种牛痘，遇有重病急症之男妇，各中医更无分昼夜，随招随到，悉以诊治。

九日：今日接到第四十七师公函一件，系因本会呈报该师士兵二名病重身死并经埋葬，特专函复以申谢忱云云。

十一日：上午收到第八十八师公函一件，系感谢本会收殓埋葬该师士兵一名。下午接上海快邮代电，并收到海碘仿等药品。

十七日：近日城乡各处仍有无知之徒假借本会名义募捐等情，殊深痛恨，爰特登报声明，凡本会职员均有袖章执照（贴有本人照片），袖章非执行职务时并不应用，以志识别。

二十二日：因近日天气渐热，各收容所内灾民尚多御棉衣者，洗涤更换，障碍丛生，殊非卫生之道，爰特登报征求夹单衣衫，以便分发，不数日间，慈善家纷纷布施，且多不道姓名者，灾民受惠不浅。

下午接驻常红十字会特组救护队公函一件，系有病妇一名，须住院诊治，商请本会转送医院疗治云云。

二十七日：连日仍有假冒本会名义四出募捐情事，屡经受累人来会陈述。本会为郑重起见，特编印六言通告分贴各乡镇，以杜流弊。

三十日：本日再登报，“紧要通告”本会并不派人在外募捐。

五月十日：据由前线归来之救护员报告，谓昆、太附近日军已渐次撤退，地方情形亦稍恢复，而留所灾民眷怀故乡，屡请送回原籍。本日本会即徇其所求，一律运送各地。七时集合西门外，各收容所由多数职员导至轮埠，船中设备点心、茶水、旗灯药品等以资应用，并由理事长向之演述愉快安慰之词，遂摄影数帧，十时解维而去。

十一日：分别派员前往各收容所办理结束，并运回一切用品。

十五日：战事告终，驻军亦渐开拔，本会治疗所于本日派员前往结束，病兵多人临行时表现依依不舍之情状。

十六日：本会救护员护送灾民回籍，并赴昆、宝、太一带灾区观察，业已事毕，于本日返常，其灾区观察记及战地摄影均分刊另页。

六月十五日：太仓沙溪治安分会来函申谢本分会前次往该处救济灾民。

援旧例定制时疫药水一千盒，每盒二十瓶，计二万瓶。

二十二日：时疫药水已制就半数，当即登报通告，“凡具正式团体或机关函件前来索取，即予照发”。

二十八日：连日天时不正，城厢内外已渐有虎疫发现。本分会拟即着手筹备开办时疫医院，一方面征求院董三十余人以便协助进行。

二十九日：俞理事长赴申，由邑人蒋益生医师介绍聘定国立同济大学医学士、曾任宝隆医院等医师职务之吕富华担任本分会时疫医院医务主任之责，并由吕医师先派助手医师吴国卿、李浩泉等到常预备一切。

七月三日：俞理事长回常，助手医师李浩泉、吴国卿等亦随带药品并大批防疫霍乱苗到会。

四日：登报通告并分发传单，声明自五日起先行免费注射防疫针，并规定上午门诊下午出诊，如需要注射者，在百人以上者并可随时出发注射。

五日：分发聘任院董函三十余件以资赞助。

十日：东始庄、莫城等区公所要求本分会派医师下乡注射防疫针，当派医师吴国卿、职员陈开甲乘汽轮下乡注射，至下午七时始回。

下午（晚）九时觅定西弄孝友小学校为本分会时疫医院院址，并着手布置一切。

十一日：时疫医院原定十六日正式开幕，讵患疫病者已有来会求治，幸医院所需物件均已预备完毕，当即登本邑各报通告于明（十二）

日起先行开始工作，收疗被疫同胞。

十二日：本日除职员业已聘定（义务职）外，计聘有义务医师顾树桀、杨定国及医师曾光叔、吴国卿、李浩泉、沈汝冀、朱炳文、屈振华、汤诚等九人，共计三十余人，开始工作，收疗被疫同胞。

十五日：主任医师吕富华到院，当即开职员会议，指定日夜班工作人员，以专责成，并分函各机关：本会时疫医院先行工作，定十六日正式开幕，日夜诊治，不限时间，希代宣传等语。

十六日：时疫医院正式开幕。事前曾通知各界，今日因到者人数殊少，故未举行开幕仪式。同时函请总会备案，并附第一次报告表。

二十三日：应妙桥、港口等区镇公所要求，派定时疫医院医师沈汝冀、职员时寿芝等赴乡注射防（疫）针，下午七时始回常。

二十九日：应第八区公所要求，派时疫医院医师杨定国、职员邓虎生等下乡注射防疫针。

三十日：应妙桥等区镇公所要求，派医师汤诚、职员陈德公等赴乡注射第二次防疫针。

三十一日：应第三区公所要求，派医师李浩泉、职员张振英等赴该区横泾镇等注射防疫针。

八月二日：接上海总会函复，本会办理时疫医院，照准备案。

四日：应第八区公所要求，即派医师屈振华、职员高桐森等赴该区福山、港上等处注射第二次防疫针。

五日：应十二区公所要求，即派医师朱炳文、职员陈兆光等至该区新桥乡、归家城等注射防疫针。

六日：应练塘区公所要求，派医师俞季湜、职员顾寿南等至该镇注射防疫针。

八日：应第十二区（公所）要求，派医师曾光叔、职员许维之等前往该区大义桥、董浜等处注射第二次防疫针。

十一日：应练塘区公所要求，派医师顾树桀、职员时寿芝等前往该地施行第二次注射防疫针。

十二日：应第十四区（公所）要求，派医师吴国卿、职员何可人等赴该区吕舍等地注射第二次防疫针。

二十五日：函各机关，因现已入秋，疫疠减少，本会时疫医院定二十八日行闭幕典礼，请派员参加，并呈报总会。

二十八日：本日举行闭幕典礼，由俞理事长设宴慰劳全体职员，并摄影一帧以留纪念。

三十日：接总会函覆，准本会时疫医院闭幕备案。

九月八日：时疫医院业已结束，所有出力人员特于本日开单呈请总会奖赠，以示鼓励。

十四日：接总会函覆，准予分别嘉赠，以昭激劝，所有奖章等随发（详载二十页）。

（二）灾区观察记

同人等于五月十日晨偕同遣回灾民一百五十余人至西门外，分坐预定之民船五艘，临时分指挥、交际、经济、医药、摄影诸股，以行者担任之。迨十时许，由鲸鸿汽船拖带，启碇绕城而东行。沿途水浅，轮行极缓。道出李市，过三泾桥，不料因军事上之关系，该桥被炸，不能通行，事前无人知之者，不得已而折回，由尚湖泾过直塘而达沙溪。经此往返迂回，抵沙已在下午七时半矣。当推职员张振英、许维之二同志持函至区公所接洽，蔡开热、顾寿南二同志至治安分会接洽，其余职员黄家樑、高桐森等在船埠照料灾民上岸及起卸行李，一时啼笑并作观者如堵，至九时方得交付沙溪收容所，职员等即侨寓于沙溪旅社。

十一日晨七时，承沙溪特种保卫团选派义务团员杨振铨、蒋根生、汪许诸君伴同，乘坐鲸鸿汽船出发，十时船抵岳王市，又因水浅，汽船不能再进，当由镇长金耀先出而招待，陪同午餐。座间，金君述言，日军并未常驻该市，惟步哨则无日不至大悲殿，来时每队二三十人不等，而对十九路军则极现恐怖之象，每来必惴惴先询有无吾军便衣队。记有一次，日军放哨来镇，乡民恐惧奔走，日军误为便衣队，即相率曳枪狂逃而去云。十一时步行向新塘市进发。满目萧瑟，不堪言状，较之甲子之战惨厉逾倍。由岳王市至新塘市，约距十二三里，途中遇两乡人，见余辈制服而过，犹误为日军，缩立道旁，脱帽鞠躬，口称先生，并殷殷问好，其神情于庄敬之中寓恐怖之态，即经说明，方皆释然，具见日军铁蹄淫威与我人民所感惨痛，其被刺激之神经，尚未达恢复之境也。下午一时抵新塘市，由该处镇长罗墨卿偕往，途中闻其所述云：日军于旧历一月二十九夜十时抵该市，自后常驻日军二百余人，司令部设镇中李姓屋内，全镇周围俱掘有战壕，并敷设铁丝电网，防范极为周密，惜今已被乡民拆去，不得一觇其痕矣。当旧历二月初一晨，日军始放火焚烧民房，计先后被毁者一二十家，现居民迁回者尚属少数，归来亦无屋可住，偶有未毁者，一切用具及门窗等亦多被日军毁作燃料，所余仅不完之空屋耳。二时许，忽逢倾盆大雨，乃觅购雨伞、草鞋，跣足穿之而返。于此风狂雨骤路途泥泞之中，联想昨日运回之灾民，幸未遇雨，而室如悬罄，甚且不得一枝栖息者，此时此际其痛苦有未可言喻者。五时抵岳王市，即返棹沙溪时，已见村中星星灯火矣。

十二日晨七时，鼓棹而行，由沙溪至浮桥二十八里，塘阔水深，舟行尚顺利，阡陌交通而耕者寥落。九时方抵浮桥岸，询问镇中人民，纷（愤）然相告云：日军于旧历正月二十五日由兵舰用重炮掩护在七了口北崔家横闩地处登岸，进占浮桥，侧攻浏河，幸当地居民得信尚早，已逃避一空，而家内之损失及老弱残疾者之流离不可屈指以计矣！现则大部迁回，兼值渔汛，故稍呈热闹气象。午餐后即步行至七了口，最触目者为海城上立有木牌，正面书“陆军步兵伍长佐藤重喜战死之地”，后面书“昭和七年三月一日午前五时四十分战死”，侧面书“昭和七年三月十六日为慰灵祭第二大队建之”。乃敌军为阵亡军士所筑坟墓，惟仅有木牌标志，并不如普通坟墓之隆然突起耳。中华土地，有异国孤魂埋骨，令人起无限之感想。七了口本有一小市集，居民仅二三十家，悉被焚毁，一片残砖断木，望之心酸，尚余有一老农，因年老多病而未去，搭一小茅屋，开设小茶肆以糊口，过路者咸于此得憩息，而散之四方之壮者，一旦归来，罔不兴未有家室之悲痛也。偶询老农如何而得幸免，则泪承于睫，久久不答，想其疮痛之深不复能达之言语矣！又至杨林口，即日军进窥内地之重港也，有名第一村者，原有居民一百七十三家，为日军被焚者一百六十九家，得逃于劫外者仅四家耳。稍高之屋，栉半皆已圮，稍坚之墙壁满著弹痕，睹之令人心悸。大概战地村庄民房，凡足以障碍日军之视线者，均一律加以焚毁而荡平之。口上并有日军所设瞭望台一座，台甚高，得远望数十里，台虽空无人，然其巍然高据，犹有雄视一切之态。当战局沉酣之际，此台不知断送多少人民性命财产也。杨林口至仪桥镇约二里余，镇上有居民一百四十余家，一望平芜，无非残垣颓井，存者仅九家耳。其中以鼎昌花行损失为最大。仪桥至茜泾四里，是处房屋亦有数处被焚，但劫余之屋空洞无所，较新塘市为尤甚。敌之狼夺摧残，有非笔墨所能形容也。时已下午四时，余即离此惨不忍久留之灾区，步行回浮桥，鼓棹返沙而宿也。

十三日晨六时，偕一通讯员蒋君启程，复经岳王、新塘等处，至十时半而达浏河。此镇新闸桥北堍宁绍会馆被日军炮火炸去正厅一角，其旁贞烈祠亦炸去大厅一角，其地陷成一大坑，祠中神位狼藉满地，既伤吾人民，又复扰及贞魂栖息之所，日人之心尚何言哉！其余牺牲于炮火下者计有大昌和号、永丰烛号、立大洋油号、晋泰饼行、同升南北杂货店、恒泰银楼等，被毁房屋一二间不等，或有店面全毁者，中以大昌和轧花厂损失为最大，全部机器及引擎间均毁，一时恐无恢复之望。沪太长途汽车公司损失亦属不赀，计被炸二处，一在停车场上，一在车站正面，所有汽车当时俱被日军征为军用，迨及撤退后俱被毁坏，其未损坏者，亦被攫去，毁坏之汽车约十余辆，有倒于路旁者，有倒于田内者，此物质之损失也。被害同胞尸体已发现者，汽车站自来水管下二具，一系无衣之女尸，一系保卫团员，体已将腐，犹得见创痕累累，尤惨者，两尸均无头颅，想见其凌虐之惨厉矣。盖当日军登岸进攻时，浏河保卫团曾作一度之抵抗，卒因器械不如其锐利，众寡之势又悬殊，阵亡三人后即随大军撤退，然犹击沉敌汽艇四五艘，使敌不敢从正面进攻，得从容退却，未被包围，缴械人民亦得纷然逃避，实该团一击之功也。浏镇有华商旅馆，西面沿河场上有女尸一具，上以浮土掩盖，招寻颇易。据该处居民云，浏镇被难者约二三十人，中以女性为多，现在分别招寻家属，发掘掩埋。其余未毁房屋，均被日人占住，每家门上均贴有“禁止立入”或“立入禁止”、“舍营司令部”或“舍营司令官”之长方白纸条。浏河老浮桥南弄王宅系日兵病院，军医处设在关帝庙，俱贴有“一切疑难杂症皆可免费看治关帝庙医处三月十七日以后下午四时大日本师团长”字样。现浏河接收者系太仓第二区长钱敔椝、公安局长吉增昌，正在招抚居民返家营业。据一般居民云，浏河镇自甲子年齐卢战争以来尚未恢复，此次骤遭巨劫，恐非二十年后不能回（恢）复，所有盬山均被日军卖去，已无些微留存，损失约数十万元。最可异者，此次不论何处，日军于退出之时俱召集军民，宣言八月内行再相见，究不知其是何用意也。下午六时，大雨又盛下，乃乘一民船至陵渡桥，该处曾驻有日军数百人，撤退仅一日又半，故镇上居民寥若晨星，偶得遇而相询，则掩泪不敢言，仅呜咽以答曰“日军无恶不作，不可言状，不可言喻”数语而已。镇之周围日军所筑之防御工事，简陋异常，较之吾军所筑者真有天壤之别，可见日军亦徒有虚名耳。是晚即宿该镇民家，风雨打窗牖，疲极而酣然入梦矣。

十四日晨六时，仍由民船至太仓，中途经过横沥桥，遂上岸行，乡人竞来相告曰：日兵因畏吾军，未曾常驻，仅略有步哨往来耳，故损害较轻，但居民亦已迁避一空矣。十时至太仓，遇十九路军营长某，畅谈当日杀敌事，且云：每遇步哨接触，日人皆畏缩不前，吾军皆抱肉搏主义，苟闻敌人放枪，吾军均置诸不理，待至距离二十步外，乃起与之肉搏。曾记某次有敌十余人至吾军警戒线内，时吾军仅有步兵一队，计五六人，即起而与之肉搏，当即俘虏日兵二人，击毙数名，余皆逃去，即将俘虏在太仓枪毙示众，陈尸于东门者一日，凡太仓民众，群往观看，无人不践踏死尸以泄愤，足见民心尚未死也。太仓城内日机曾掷弹炸四五处，惟文昌阁损失最重，居民近已大部迁回，现驻太仓者为十九路军第六团补充团士兵，与民众相处极为融洽，犹如家人子弟，士兵和蔼可亲，实堪钦佩。十一时搭浮昆班，至昆山已十二时。沿途见吾军战壕蜿蜒曲折，巩固异常。昆地市面如常，山上并筑有炮台一座。步行至火车站，悉下行车尚未通行，青晹港桥正在修理中，以致原定观察昆山以东及闸北淞沪等处之计划未能果行，乃乘十二时三十分上行车至苏州。路局前因防日机肆虐，列车以铁篷车配置，现仍如旧，乘客尚不拥挤。十二时五十分至正仪，车停有半小时，因七十八师师部驻在该处，即将开赴常州，故装运货物忙碌异常。抵苏已下午二时，至东吴旅社稍憩，三时进城，见景德路一带墙上俱有十九路军七十八师一五六旅所书之标语，激昂慷慨，令人因宣传之力而起敬。城防工作亦已结束，东城上构筑之战壕较之吾邑似觉稍稀，惟亦坚固异常。五时即返旅社而卧，翌日之晨乘早轮返常，会中诸职员已久候于轮埠矣。

以上《工作日记片断》，再现了中国红十字会常熟分会救护防疫的真实场景，而《灾区观察记》则披露了日军残暴行径所造成的人道主义危机，用铁的事实唤起人们对生命的珍视和对受害者的人道关怀。这是历史的“警世钟”，值得后人铭记于心。

五、收入与支出

举办慈善事业，当然离不开经费的支撑。《纪念册》中载有1930年、1931年、1932年共3年的年度收支报告。从这3年的收支报告中，我们大体可以了解地方分会经费的收支构成。考虑到在已公开出版的资料中，我们很难发现有红十字会收支状况的报告发表，因此常熟分会的收支报告显得难得且同样具有史料价值。此处将收支报告摘要简析如下：

（一）中国红十字会常熟分会十九年度收支报告（摘要）

收入项：（1）收中国银行（基金）存款洋一千五百元正；（2）收交通银行（短期）存款洋三百九十五元六角；（3）收中国银行（无息）存款洋九十三元正；（4）收存款息金洋二十三元八角六分（系交行活期

存款利息）；（5）收捐款洋四百三十元五角八分，捐款芳名列后（略）。以上五项共计洋二千四百四十三元四分。

支出项：（1）支选举第三届会员大会出席代表洋十九元八角；（2）支施打防疫针洋一百二十九元九角五分；（3）支施送痧药水洋二百二十二元二角六分；（4）支杂项洋二十元三角二分。以上四项共计洋三百九十二元三角三分。

实在项：（1）存中国银行（基金）存款洋一千五百元正；（2）存交通银行（短期）存款洋三百十九元四角六分；（3）存中国银行（无息）存款洋九十三元正；（4）存账存洋一百三十八元二角五分。以上四项共计存洋二千〇五十元七角一分。

（二）中国红十字会常熟分会二十年度收支报告（摘要）

旧管项：（1）中国银行（基金）存款洋一千五百元正；（2）交通银行（短期）存款洋三百十九元四角六分；（3）中国银行（无息）存款洋九十三元正；（4）账存洋一百三十八元二角五分。以上四项共计存洋二千〇五十元七角一分。

收入项：（1）收借款洋一千元；（2）收书画券洋八百元；（3）收各善士捐款洋二百八十二元五角，捐款芳名列后（略）；（4）收存款利息洋一百五十八元四角一分。以上四项共计洋二千二百四十元九角一分。

支出项：（1）支施送时疫药水洋一百九十七元；（2）支施打防疫针洋五十元四角；（3）支散放水灾急赈洋一千三百四十一元五分；（4）支扇面纸张裱画等洋二百三十五元七分；（5）支杂项洋四十三元二角九分。以上五项共计洋一千八百六十六元八角一分。

实在项：（1）存中国银行（基金）存款洋一千五百元；（2）存交通银行（短期）存款洋三百四十二元八角七分；（3）存中国银行（无息）存款洋九十三元正；（4）存账存洋四百八十八元九角四分。以上四项共计洋二千四百二十四元八角一分。

（三）中国红十字会常熟分会二十一年度收支报告（摘要）

旧管项：（1）中国银行（基金）存款洋一千五百元；（2）交通银行（短期）存款洋三百四十二元八角七分；（3）中国银行（无息）存款洋九十三元；（4）账存洋四百八十八元九角四分。以上四项共计存洋二千四百二十四元八角一分。

收入项：(1) 收会员入会费洋一千〇二十元；(2) 收各善士捐款洋一千四百八十二元四角五分；(3) 收各善士指捐治疗所洋一千五百五十元正；(4) 收各善士指捐收容所洋二百七十三元五角六分；(5) 收各善士指捐时疫医院洋一千七百六十九元一角九分；(6) 收伤兵医院移交九十二元五角二分；(7) 收存款利息洋三百〇五元七角；(8) 收余米变价洋二十三元正。以上八项共计洋六千五百十六元四角二分。

支出项：(1) 支解总会会费洋五百六十元；(2) 支补助费洋二百元；(3) 支治疗所洋二千〇六十四元一角九分；(4) 支收容所洋七百九十三元八角七分；(5) 支救护队洋一百四十三元一角八分；(6) 支九如堂中药洋六十元；(7) 支灾民川资洋六十九元四角七分；(8) 支注射防疫针洋三百三十六元四角七分； (9) 支时疫药水洋三百七十五元；(10) 支时疫医院洋二千二百二十六元七角四分；(11) 支掩埋队洋五十八元六角二分；(12) 支置办物品洋一百九十七元八分；(13) 支文具项洋一百〇一元四角七分；(14) 支纪念章纪念册洋三百零五元二角三分；(15) 支杂项洋一百六十五元七角二分。以上十五项共计洋七千七百五十七元〇四分。

实在项：(1) 存交通银行（短期）存款洋六百四十八元五角七分；(2) 存账存洋五百三十五元六角二分。

从上述收支报告可以看出，常熟分会账目清楚，公开透明，足以征信于人。

从收入结构来看，在十九年度即 1930 年、二十年度即 1931 年，社会捐助应为大宗。虽然我们无法得知此前存入中国银行、交通银行款的具体来源，但从“声明”中所说“本分会所有账目自成立以来均由张故理事建铭经手，曾有征信录报告，自十九年起由（俞）承枚接管”（第 48 页），可以判断经费主要来源于各界捐款，“征信录”应有详细记载。1932 年收入结构中，社会捐助仍为大宗，但会员会费收入成为新亮点，达千余元，这说明常熟分会在组织建设方面迈出新的步伐。此外，所收捐赠物品也占有一定比例。不过，总起来说，收入来源不够多元化，如官方补助、工商企业捐款捐物所占比例极小。

从支出结构看，“一·二八”之前，支出主要用于卫生防疫，这是红十字会的一项传统业务。抗战爆发后，战时救护成为开支的主要方面，同时兼顾到疫病防治。各项开支，均有“说明”，细微而明晰，就拿 1932 年开支来说，如“支出项”中“支治疗所洋二千〇六十四元一角九分”，说明“计支药品项七百二十四元二角七分，薪工项一百八十三元，员工伙食一百十二元五角，伤病兵士伙食六百九十一元三角六分，用品项二百二十四元八角九分，杂支项一百二十八元一角七分，合上数”（以上款项由事务主任王涌森经手）。再如，“支收容所洋七百九十三元八角七分”，说明“计文用具洋一百三十五元九角三分，稻柴项一百四十三元七分，伙食项三百八十六元五角八分，工资项六十七元，杂支项六十一元二角九分，合上数”（以上款项由顾寿南、许维之经手）。又如，“支时疫医院洋二千二百二十六元七角四分”，说明“计支药品项八百二十三元〇一分，物件一百三十元三角八分，煤炭七十五元八角五分，印刷品六十八元三角四分，医务人员津贴（事务员完全义务）、工役工资共五百四十五元二角五分，伙食项三百〇一元，修理费（水木作及搭凉棚）七十元七角三分，其他杂支（电灯费在内）二百十二元一角八分（以上款项由蔡裕昆经手），合如上数”。这样的“说明”，一目了然，款项的去向一清二楚。对于“指捐”，即定向捐款，常熟分会充分尊重捐赠人意愿，按“指捐”事项将款用于治疗所、收容所、时疫医院的支出。

除捐款外，社会各界亦有物品捐赠，《中国红十字会常熟分会二十一年度经收捐款、件（物）细数一览》（第49—60页），为《中国红十字会常熟分会二十一年度收支报告》的附件，既是详细记录了捐款捐物的详细清单，也是一份“征信录”。内除捐款细目外，捐物及物品的流向都有翔实的“报表”，其中部分物品可列表如下：

1932年中国红十字会常熟分会经收物品及支用情况表

品名	收入数	付出数	现存数
白米	五十三石八斗	分发各收容所四十九石五斗，时疫医院二石	余米二石三斗，售现二十三元交会计处
炒米	四十七袋	全数分发各收容所	无
香片萝卜等	五百四十四斤	同上	无
黑枣	二十斤	分送各收容所婴孩	无
云片糕	十条	同上	无
烘片糕	十斤	同上	无
饭碗洋瓷碗	一百四十七只	分送及打破三十九只	一百〇八只
竹筷	三百五十双	各收容所散失六十双	二百九十双
钵头	三十个	各收容所打破十二个	十八个

（续表）

品名	收入数	付出数	现存数
棉被	三十八条	分送各收容所难民十五条、治疗所二条	二十一条
衣服	一百六十六件	分发各收容所难民一百三十四件	三十二件
鞋子	四十八双	分发各收容所难民	无
竹布	六尺	做收容所牌用	无
帆布	二丈	付救护队制抬床用	抬床八付
花旗布	七丈五尺	同上	无
抬床毛竹	十根	同上	无
便桶	四个	第二收容所领去一个送难民	三个
草纸	一捆	第二收容所领去	无
西药	十三瓶八支	治疗所领去十一瓶、时疫医院领八支	二瓶
纱布药棉	八十包	治疗所领去药棉三十二包纱布二十二包、时疫医院领去药棉九包纱布八包	药棉九包
棺木	二十八具	墓埋队领去三十具、第一分驻所领一具	购办五具除付存二具
各种痧药水	三盒七十瓶	全数施送	无

从上表部分物品的支用情况不难看出，常熟分会力求做到“细致入微”，这是难能可贵的。财务运作的良窳，攸关红十字会的声誉。红十字会之所以在民众中享有极高的美誉度，其中一个很重要的原因，就是财务运作的公开透明。常熟分会的典型性也是一个有力的诠释。这对红十字会公信力建设至关重要，颇具借鉴和启发意义。

六、“传播”的路径探索

传播人道理念，是红十字会一项经常性的工作。通过“传播”，不断提高民众对红十字会的知晓率，能更好地动员人力、物力、财力投入到博爱事业中来，推动红十字事业的发展。从《纪念册》来看，常熟分会显然注意到了“传播”的重要性，即如《创始红十字会南丁女士传》《红十字会十大利益说》《红十字会白话浅说》《中国红十字会分会通则》《取缔违用红十字会旗帜袖章条例》等，都是与“传播”直接相关的文献。读了这些文字，人们对红十字会的源流、运作、会员的权利与义务等，有比较深刻的理解。

“传播”的目的之一，在于动员更多的人加入红十字会，而要达此目的，探索传播的路径是有必要的。为了使一般民众了解红十字会，常熟分会用“白话浅说”的方式向民众灌输红十字人道博爱理念，这在当时有一定的创新意义，至今也有借鉴价值，不妨录之如下：

红十字会是英国女子鼐鼎盖儿（即南丁格尔——引）创起的，是前清光绪甲辰年间传来的，尊重的人道主义，包含的慈善性质，办理的救灾恤兵大事，能替国家分忧，能为人民造福，全球万国互相欢迎，凡是文明之国，开通之人，都以不在会为耻，争着缔约联盟，助捐入会，求万国红十字会公认为会员，永享利益。这会不是党派，不是宗教，更不是欺世盗名的异端左道，实在是福国利民的慈善法团。在会的人可避劫数，修福寿保身家博名誉，自君主总统，至平民工役，无不尊崇；自陆海军内务部，至营县官各机关，无不保护。会务虽由国家主持，会款却赖人民担任，只是范围甚大，费用太多，如立医院，救伤兵，办理赈济，防备天灾，都是非钱不可，这钱全仗仁人善士财主富家们的捐，可多（万贯千元），可少（一文一角），可行（愿捐就捐），可止（不愿就罢），随心量力，并不拘情，虽是出闲钱却能积大福。今日我去救人，将来天必报我，自然循环，决无差错。倘若视财如命，为富不仁，则会务不能成，灾来没人救，而时不能保身家，还能护财产吗？孟子说“推恩足以保四海，不推恩无以保妻子”，这两句话谁要下个注解，就请看下列的六条：

一恤兵：两敌争战，必有伤亡，红十字会一到，就教停战，将被围的救出，受伤的抬治，死亡的埋好，人人都教得所。

二救灾：水旱偏荒，人难自救，红十字会不辞艰难去赈济；瘟疫传染，人难自活，红十字会不分轻重去医治，个个都保无事。

三防患：大兵之后，必有凶年，红十字会先期预备，以防未然。临时还将苦情电告总会及各分会，一齐来帮忙，甚者请国家拨款，大众助赀，又可由陆军海军两部，支给车船马匹房屋粮食电报，无红十字会，就无人管。

四免劫：至善获福，自然之理，眼前如刀兵水火瘟疫蝗虫等劫，在会的平安无事，人多不信，然出门将佩章金表挂胸前，居家将证书招牌挂门上，能避兵劫，又是人所共见。

五实际：世人为子嗣功名愈病免灾所许的愿，无非媚神祀孤饭僧放生吃斋惜字念经舍身等事，自己虽有菩（善）行，于人却无功德，所以不能尽德报应，至于亡人殉殓，用证书佩章能修福，恶人悔罪，能舍财助捐得善终又是善愿之报。

六随便入会：欲捐名誉、特别会员，固不容易，然捐正会员，不过二十五元，总会亦给证书佩长，政府亦为注册通告，至于欢迎优待登报扬名尤属小事，且是无拘男女老少贫富贵贱，都可出名，不拘衣物粮食书画玩器，都可折价，下此普通慈航宝塔百岁常年零星刻苦等捐，虽小而得红十字会收据亦可入会。总而言之，此事不在有钱没钱，只在好善不好（善）。

“白话浅说”，娓娓道来，通俗易懂，容易为一般民众所接受，如此可以收到更好的“传播”效果。这是值得肯定的，也是富有启发意义的。从这个意义上说，它是有“史料”价值的。至于善恶之报，“用证书佩章能修福”云云，显然有一定的迷信色彩，是不足取的。但积德行善，行善积德，毕竟是当时普遍的社会心理，从“传播”技巧层面上说，这样的“迎合”更能在民众心理深处产生共鸣，所以不必责之过苛。

如上所述，“传播”的目的之一，在于动员更多的人加入红十字会，那么加入红十字会究竟有什么“好处”呢？“白话浅说”中已有所阐述，但不够系统。为此，常熟分会归纳《红十字会十大利益说》，即：

——本会会员由总会造册，呈报政府及内务部备案认为中国红十字会终身会员。

——入会之后即为本会会员，当尽其待遇保护之责任。

——入本会会员能得总会发给红十字银质佩章。

——本会会员能得总会发给凭照，每年春间新题名录印刷后分寄泰东西红十字万国同盟会，公认为万国红十字会会员。

——本会会员能得总会各种书籍、印刷品、纪念品等，函索即寄，不取分文。

——本会会员可得军政各界保护，免除一切危险。

——本会会员名为慈善而最有荣誉为他会所不及。

——本会会员能享本会各种权利及名誉职。

——本会会员不惟名传乡里，而一县一省并直达中华全国以及五洲万国莫不有会员之名。

——凡属国庆大典、重大宴会以及喜庆等，见佩有红十字徽章者，莫不起敬，平时军警界人员遇红十字会人员亦必举手称敬，其荣誉为如何。

有此“十大利益”，势不能不对人们产生“诱惑”而心向往之了。常熟分会强调：“诸公不欲求真正之幸福而享此最高尚之名誉则已，否则请速到会报名，切勿梭巡错过。丁斯厄运、住此危区，独有本会为救苦救难不二法门，利己利人惟一捷径，吾愿绅富诸公慈善长者悉入斯会为本会之主人翁，不禁馨香以祷祝也。”常熟分会以“十大利益”相号召，无非希望人们“或捐输以策其进行，或仗臂以增其成绩”，以“巩固我至尊无上之慈善法团而实行博爱以救济人民之生命为唯一之宗旨”。（第3页）这才是其目的之所在。

无论“白话浅说”，抑或“十大利益”，都是常熟分会为传播人道博爱精神之路径所做的探索，事实证明，也取得了相当的成效，这从上述“收入”结构的变化中可以得到确认，而《纪念册》所载《中国红十字会常熟分会会员录》（第10—19页），更能直接地反映出这种绩效。在这份《会员录》中，有5名特别会员、110名正会员、458名普通会员、22名参加会员，总计各类会员595名。会员人数大增，毫无疑问，与常熟分会的宣传鼓动是分不开的。

从以上六个方面的缕述中，可以肯定《纪念册》的确为学术研究提供了不少新鲜而难得的历史资料，其价值自不待言，正如苏州市红十字会在《复印说明》中所说，“该纪念册为研究中国红十字会历史提供了丰富可靠的资料，是一部有价值的珍贵史料”（苏州市红十字会《复印说明》）。

当然，《纪念册》的史料价值不止于上述数端，有的文献如《中国红十字会分会通则》，同样具有史料价值，而这一重要文献，在中国红十字会总会选编、1993年由南京大学出版社出版的《中国红十字会历史资料选编，1904—1949》中并未收录。为弥补这一缺憾，今将《纪念册》中所载《中国红十字会分会通则》（第5—9页）附于文后，供研究者参考。

中国红十字会分会通则

总　则

一　国内各县属地方及国外各侨埠有赞同本会宗旨者，得依据本会第二次会员大会通过修正章程，备具愿书报由地方官厅或法团如商会、农会、教育会，或邻近分会证明实心为善，陈（呈）送本会总办事处，交由常议会通过后得设立分会，在未成立之前则称筹备处。

二　凡分会筹备处陆续劝募正会员，会费全数汇交本会办事处，以上海通用银元为准，俟募足三十人以上时得成立分会，定名为中国红十字会某处分会。

分会应设立医院，但因特别情形报经本会总办事处许可者，亦可暂行缓设。

凡分会所在地有旧会员愿参加会务者，须验明本会凭照，并补缴参加费一元，得享有该分会会员同一之待遇。

三　筹设分会俟分会成立后，所介绍之各种会员入会费一律准予截留半数为分会基金（应具基金领证），其余一半随时解交本会总办事处核收。

分会未成立时，其开支由筹备人另筹之。

四　凡一县属地方或一侨埠，只能设一分会，如因地方需要，得由分会择定地点设办事处，名为中国红十字会某处分会驻某办事处，仍将理由陈明本会总办事处备案。商埠巨镇不在此限。

五　分会应择定地点为会所，定期开会，公举会长、副会长、理事长，随将履历报告本会总办事处，经常议会审查确定分别发给通知书后方得就职，并本会总办事处报明外交、内务、陆军、海军各部暨该省军民长官立案，依据日来弗（即日内瓦——引者）条约第五、第六、第九、第十各条，请予尊重保护。其余各职员，由该分会长聘任后陈报本会总办事处备案。

六　分会应用图记、印旗、免费电报执照及救护时需要各物品，均由本会总办事处发给。

七　分会会务每年报告本会总办事处一次，每于开大会时另造总册报告。

职　员

八　分会职员设立如左：

会长、副会长、理事长、理事、资产委员，由议事会选举之，任期各三年，连举得连任。当选者以正会员为限。文牍员、会计员、书记由分会长酌量任用。

九　分会长综理分会一切事务，副会长、理事长、理事辅助分会长执行会务。分会长有事故时副会长代行职权。资产委员保管分会所有资产。

议事会

十　分会设议事会，办理左列事项：

(1) 初审分会预、决算。

(2) 议决会员入会之准否及除名。

(3) 选举分会长、副会长及各职员。

(4) 议决分会重要事件。

以上各事项应由分会长陈报本会总办事处查考。

十一　议事员名额视分会会员之多寡、事务之繁简，由会员会定之，但至少十二人，至多不得过二十四人。

十二　议事员由会员大会选举之，任期三年，每年改选三分之一，第一次、第二次改选用抽签法定之。

十三　议事员选举时须同时选出同数之候补人，遇有议员辞职或缺席半年以上时递补之。

十四　议事会每月开会一次，由分会长召集之，遇有紧要事件得召集临时会。

十五　议事会设议长、副议长各一人，由议员互选之。

十六　议事会非全数议员半数以上出席不得开议，但战时及有紧急事件不在此限。

事　业

十七　分会应随时协赞本会不分畛域办理以下各事：

(甲) 战时应遵守中国海陆军部令及临时军事长官令协助医队救护伤者病者，并救济战地居民出险，如在事人员受有侮辱、损失或危及生命者，得申请所在地军事长官保护、赔偿及相当恤典。

(乙) 平时应筹募捐款设立医院及医学校，造就医学人才，置备医院材料并预备救灾防疫及其他慈善事业。筹设医院、医学校时，得就所在地之医院、医学校与订互助条件，以利会务之进行，俟确有成绩，报明本会总办事处当酌予助力。

惩　罚

十八　本会会员有犯刑事者，或违背会章者，得由议事会公决，详叙事由报明本会总办事处取消其会员资格，如有假冒本会名义招摇诈欺损害本会名誉者，应即报告本会总办事处函知地方官厅查明按律严办。

十九　分会长、副会长及各职员，如有品行不正，违法营私，一经本会总办事处查觉，得知照该分会改选，或撤换情节重大者，并予以相当之处分。

二十　分会执行会务有不妥适者，本会总办事处得分别令其更正或改组之。

奖　励

廿一　凡捐款一千元以上及募捐五千元以上，或对于会务有异常劳绩者，得由分会详报本会总办事处照章推赠会员或分别情形陈请政府呈明大总统从优奖励。

廿二　凡捐款在二百元以上募捐一千元以上，或对于会务著有成绩者，得由分会陈报本会总办事处照章推赠会员或分别优奖以资鼓励。

保　护

廿三　凡分会办理会务场所及战时从事救护，或平时救灾防疫所有租借之房屋、舟车及材料曾经报明官厅加有红十字标记者，如受损害时得由分会报告本会总办事处函知地方官厅负保护、赔偿之责。

廿四　凡分会平时或战时从事救济人员佩有本会袖章者，其身体及居室应由地方官厅尊重保护，如或因公危及生命者，得由分会胪列事实，陈报本会总办事处转呈政府优予奖恤。

廿五　凡分会会员有被人侮辱及诬陷者，分会应负维持申理之责，如分会力所不及时，得将经过情形报明本会总办事处尽力保护之。

医　院

廿六　医院之组织另定之。

救护队

廿七　救护队之组织另定之。

附　则

廿八　本通则如有应行修改之处，由各分会议事会提出理由陈请本会总办事处提交下届会员大会修改之。

学 术 评 论

关于中国红会史研究的资料问题

史料是史学研究的基础，中国红会史研究也是如此。本文就此问题略作陈述（不涉及港澳台地区），供有志于研究红十字运动的学人参考。

一、资料选编

中国红十字会总会在资料建设方面，应该说倾注了大量心血，整理出版了两部资料选编，即《中国红十字会历史资料选编，1904—1949》《中国红十字会历史资料选编，1950—2004》，分别由南京大学出版社、民族出版社出版发行①。这两部资料在时间上相互衔接，具有连贯性，是研究中国红十字会百年史的最基础性的资料。两部资料各有千秋，也存在一些不足之处。分述如下：

《中国红十字会历史资料选编，1904—1949》（以下简称《选编》），共分三编：第一编晚清时期（1904—1911），第二编民国时期（1911—1949），第三编综合资料，共计 50 余万字。“晚清时期”的资料包括“大清红十字会正副会长照片”“大阪华商孙淦呈请裕钦使转咨总署奏设红十字会禀”“晚清关于红十字会开创之奏折”“清廷关于红十字会的外交照会与信札”“《申报》关于红十字会初创与活动的报道”“大清时期中国红十字会活动成绩”“红十字会日记摘存”7 个方面；“民国时期”的资料包括“电文、信函、名人题词、会刊发刊词及论文”“总会与各地分会组织状况”“章程、法规、条例”“历次会员大会与会务活动成绩”“国际交往与活动”5 个方面；“综合资料”包括“中国红十字会 20 年大事纲目”“中国红十字会历史与工作概况”“中国红十字会战时

① 中国红十字会总会编：《中国红十字会历史资料选编，1904—1949》，南京大学出版社 1993 年版；中国红十字会总会编：《中国红十字会历史资料选编，1950—2004》，民族出版社 2005 年版。

工作概要”“总会颁发各分会许可证、图记、奖状等”“总会历届名誉会长、正副会长一览表”“总会部分正副会长生平与简介”“日内瓦红十字公约推行于海战条约”“民国元年陆军部对红十字条约解释”8个方面。这些资料所传达的历史信息，“大体上能够反映出中国红十字会在旧中国几个历史阶段的真实面貌，对于我们了解和研究过去这段历史具有重要的参考价值”①。事实上，这部资料的出版，对推动中国红十字运动的研究，的确发挥了重要作用，这是值得肯定的。

不过，《选编》也存在着不能尽如人意之处，主要表现在以下几个方面：

其一，体例上不统一。编者在《后记》中也说，“原史料印刷不少未加标点符号；有的虽标句，但为同一‘。’号。现对部分原史料未加标点的，分别标出；其中部分重要标句史料，已酌予改为现代标点。但限于时间、人力，对本选编有些史料，未能全部改动，仍保持原貌”②。有的史料加上标点，有的未标点，如《赈抚奖章》、《中国红十字会第一次会员大会记》“附沈君演说词”“国际活动片断”、《中国红十字会武昌市分会报告》、《万国红十字会秘书白郎致送本会备忘录》等，还有的一“。”到底，如《孙中山大总统等给总会的电文》《总会要函、要电节录》《辛亥革命时中国红十字会暨各分会活动成绩》《中国红十字会癸丑之役成绩撮要》《中国红十字总会理事长江绍墀上书沈副会长》《中国红十字会救日本震灾纪事本末》《中国红十字会过去及将来》《中国红十字会二十年大事纲目》《日来弗红十字公约推行于海战条约》《民国元年陆军部对红十字条约解释》等等。汇编资料，务求体例统一，这是基本要求。《选编》体例上的极不统一，给研究者利用资料带来不便。

其二，内容不够全面。如从癸丑之役（1913年）到北伐战争（1926年）救护，有10多年没有相关专题资料，北伐救护也只有一条从1983年5月27日《人民日报》转摘的《宋庆龄、何香凝在北伐中组织红十字会》，寥寥几百字。从北伐战争到抗战爆发前，这10年中，又是一个“空挡”。谋篇布局的不够合理，使《选编》难以再现中国红十字运动的历史全貌，对研究者来说，多少有一些缺憾。而且，从《选编》的内容看，业务方面偏重于战争救护，这在战火连天的近代中国，的确

① 顾英奇“序”，中国红十字会总会编：《中国红十字会历史资料选编，1904—1949》，南京大学出版社1993年版，第1页。

② 中国红十字会总会编：《中国红十字会历史资料选编，1904—1949》，南京大学出版社1993年版，“后记”。

能够凸显红十字会的独特作用，但红十字会的工作领域并不止于战争救护，其他如救灾救荒、难民灾民救济、社会福利事业等等，这些方面的资料显得过于薄弱，很难彰显红十字会在近代所起的广泛作用。

其三，目录中的标题与正文中的标题存在不一致的情况，如：

目录：劝捐万国红十字会经费（申报馆协赈所谨启），正文：劝捐万国红十字会经费《申报》馆协赈所谨启；

目录：总会关于筹组红十字少年会电文（1948 年），正文：中华民国红十字会总会关于筹组红十字少年会的电文；

目录：红十字会基本任务，正文：红十字会的基本任务；

目录：红十字会性质与任务，正文：红十字会的性质与任务；

目录：总会与各地分会组织状况，正文：总会与各分会组织状况；

目录：各省分会分布一览图，正文：中国红十字会各省分会一览图；

目录：中国红十字会各地分会地名录，正文：中华民国红十字会各地分会地名录；

目录：中华民国红十字会分会地址及负责人一览表，正文：中华民国红十字会分会地址及负责人姓名一览表；

目录：中华民红十字会国复员期间（1946—1948）各地分会组织恢复状况，正文：中华民国红十字会复员期间最新设施（1946 年）；

目录：总会接收委员接收日本赤十字社台湾支部的代电，正文：日本赤十字社台湾支部接收委员代电；

目录：接收台北赤十字病院第一号令，正文关于台北帝国大学医学部台北帝国大学医学部（显系重复，原文如此，今照录——引者）附属病院医学专门部热带医学研究所日本赤十字社台湾支部及台北赤十字病院接收事宜之命令第一号；

目录：台湾分会成立呈文，正文：中华民国红十字会台湾分会呈呈为呈报台湾分会成立事；

目录：台湾分会所属支会暂行组织规程，正文：复员期间中华民国红十字会台湾分会所属支会暂行组织规程；

目录：中国红十字会章程及分会章程（1912 年），正文：中国红十字会章程及分会章程；

目录：中国红十字会修正章程（1922 年），正文：中国红十字会修正章程；

目录：中华民国红十字会总会第三次征求会员章程及给奖办法，正文：中华民国红十字会总会第三次征求会员章程；

目录：中华民国红十字会团体会员暂行规则（1937 年），正文：中华民国红十字会团体会员暂行规则；

目录：总会奖励参加抗战有功人员暂行办法及国民政府颁发红十字会抗战胜利勋章，正文：总会奖励抗战有功人员暂行办法及国民政府颁给红十字会胜利勋章；

目录：中国红十字会总会红十字会少年委员会组织暂行简则，正文：中国红十字会总会红十字少年委员会组织暂行简则；

目录：红十字少年训练实施办法，正文：红十字少年会训练实施办法；

目录：中华民国红十字会颁发解放区分会目前会务注意要点（1949年 5 月），正文：中华民国红十字会颁发解放区分会目前会务注意要点；

目录：中国红十字会第一次会员大会记（1912 年 9 月），正文：中国红十字会第一次会员大会记；

目录：黎副总统祝词，正文：中国红十字会名誉总裁黎副总统祝词；

目录：会长吕海寰宣布开会宗旨，正文：正会长吕海寰君宣布开会宗旨；

目录：外交部代表演说中国红十字会与外交关系，正文：外交部代表陈征宇、王继曾君演说中国红十字会与外交部之关系；

目录：内务部代表演说词，正文：内务部代表刘伯刚君演说词；

目录：海军部代表演说词，正文：红十字会与海军之关系：海军部代表谢卫臣医博士演说词；

目录：业医会代表演说稿，正文：红十字会应有医士之协助：中华民国业医会代表演稿；

目录：外交部代表演说禁止滥用红十字记章问题，正文：外交部代表陈征宇君演说禁止滥用红十字记章问题；

目录：谢医博士报告，正文：谢隽甫医博士报告；

目录：总会常议员秘书演说，正文：中国红十字会常议员秘书王阁臣君演说初级救伤关于工艺厂工人；

目录：理事长江趋丹君报告，正文：（上海）理事长江趋丹君报告；

目录：国务院赵秉钧总理等祝电，正文：中国红十字会统一大会祝电北京国务院总理赵秉钧君；

目录：中国红十字会第二次会员大会记事本末，正文：中国红十字会第二次会员大会纪事本末；

目录：总会理事总长沈敦和关于辛亥革命救护工作的报告，正文：红十字会理事总长沈敦和报告；

目录：辛亥年中国红十字会活动大事记，正文：辛亥年中国红十字会大事记；

目录：辛亥革命时期总会暨各分会成绩，正文：辛亥革命时中国红十字会暨各分会活动成绩；

目录：中国红十字会癸丑之役成绩撮要，正文：中国红十字会癸丑成绩撮要；

目录：总会理事长江绍墀上书沈副会长（1914 年会刊），正文：中国红十字总会理事长江绍墀上书沈副会长；

目录：全国第二次征求会员成绩报告，正文：中国红十字会第二次征求会员成绩报告；

目录：抗战胜利前东北及台湾红十字会，正文：抗战胜利前东北及台湾之红十字会；

目录：上海市分会会务报告（1936 年），正文：中国红十字会上海市分会会务报告；

目录：广州分会半年来会务概况报告，正文：广州红十字会分会半年来会务概况报告；

目录：中国红十字会武昌市分会报告（1938 年），正文：中国红十字会武昌市分会报告；

目录：抗战救护事业的一个断面（1937 年），正文：抗战中救护事业底一个断面；

目录：沪战一年来难民救济概况（1938 年），正文：沪战一年来难民救济概况；

目录：延安之山洞医院（1938 年），正文：延安之山洞医院；

目录：远征军救护概况（原载 1944 年“会务通讯”），正文：远征军救护概况；

目录：儿童福利工作在中国（1946 年），正文：儿童福利工作在中国——民国三十五年度的调查；

目录：香港区征募委员会报告中华民国红十字会第五届征求会员香港第一期征募成绩，正文：香港区征募委员会报告；

目录：蚌埠市分会为救急淮海战役兵民向各界人士发出呼救书（1949 年 1 月），正文：蚌埠市分会为救急淮海战役兵民向各界人士发出呼救书；

目录：总会代表参加万国红十字会第9次联合大会的报告（1912年），正文：万国红十字会在美京华盛顿开第九次联合大会中国红十字会特派驻美公使张荫棠参赞荣（应为容——引者）揆留美学生监督黄鼎暨本会顾问福开森诸君为代表赴会事毕报告；

目录：总会代表参加第16届万国红十字会大会报告书，正文：中国红十字会代表参加第十六届万国红十字会大会报告书；

目录：蒋梦麟会长出席太平洋会议的报告（1945年），正文：蒋梦麟会长出席太平洋会议的报告；

目录：中国红十字会救日震灾本末，正文：中国红十字会救日本震灾纪事本末；中国红十字会过去及将来（译日本赤十字社291号月报）；

目录：中国红十字会过去及将来（译日本赤十字社二百九十一号月报）；

目录：总会聘朱宝贤等为驻日内瓦代表，正文：聘朱宝贤等为总会驻日内瓦代表；

目录：中国红十字会20年大事纲目（1904—1924），正文：中国红十字会二十年大事纲目；

目录：中国红十字会历史与工作概况（1946年），正文：中华民国红十字会历史与工作概述；

目录：中国红十字会战时工作概要（1946年），正文：中华民国红十字会战时工作概要（民国三十五年五月）；

目录：总会颁发各分会许可证、图记、奖状等登记表（1946—1948年），正文：复员期间中华民国红十字会总分（会）颁发奖状登记册；

目录：总会历届名誉会长、正副会长一览表（1—11届），正文：中国红十字会总会历届名誉会长、正副会长一览表（1904—1949）；

目录：总会部分正副会长生平与简介（吕海寰、沈敦和、盛宣怀、蒋梦麟等），正文：总会部分正、副会长生平与简介；

目录：日内瓦红十字公约推行于海战条约，正文：日来弗红十字公约推行于海战条约，等等。

目录中的标题与正文中的标题十之八九不一致，情况之严重，令人不寒而栗！这一情况，在中国出版史上也是罕见的。何以至此？不得而知。面对这样的尴尬，选编者固然有责任，出版社也难辞其咎，稍微留心一下，何至于此！如此严重的不一致，使研究者引用资料时无所适从。在该资料没有修订再版之前，为研究者计，在使用该资料选编时，最好以正文中的标题为准，同时在注释中注明与目录标题的不一致。

其四，错误之处不少，其中有职官错误、史实错误、人名错误、时间错误、断句错误，至于错别字就更多了。如：

——“再此折系军咨处主稿，会同外务部筹办，海军事务处、陆军部办理，合并声明谨奏”①。

这其中有两处错误：一是把“军谘处”误作“军咨处”。军谘处成立于1907年6月7日，归陆军部，1909年7月15日脱离陆军部独立②。第二个错误为“海军事务处”，清代官僚机构中倒有“筹办海军事务处”的设置。该处成立于1909年夏，以贝勒载洵、提督萨镇冰为筹办海军大臣，《清史稿》第119卷中记载甚详。所以该段正确的写法应该为“再此折系军谘处主稿，会同外务部、筹办海军事务处、陆军部办理，合并声明谨奏”。这是因对清朝职官制度的不了解而产生的错误。

——“此次民军起义。东西南各省。均设立分会五十余处”③。

此处虽然有断句，但一“。”到底。从字面上看并没有什么语病，但却与事实不符，东南西南各省都设立50余处分会，加起来有好几百处，与史实颇有出入④。经核对原文，漏一“共”字，为“均设立分会，共五十余处”⑤。毫厘之差，而谬以千里。

——“该会热心毅力。诚无可表德之处。应即令由内务部准予立案。以昭奖劝”⑥。

这里也是一“。”到底。其中“诚无可表德之处”，是否定的语气，显然与史不符，经核对，原文为：“该会热心毅力，诚不可无表彰之处，应即令由内务部准予立案，以昭奖劝。”⑦ 漏一“不”字，意思完全相反。

——“时正剧战，车阻不前，高文明、哈达奚尔治、克伦林、宝琅

① 中国红十字会总会编：《中国红十字会历史资料选编，1904—1949》，南京大学出版社1993年版，第33页。

② 李鹏年等：《清代中央国家机关概述》，紫禁城出版社1989年版，第335页。

③ 《武昌黎副总统致南京孙大总统电》，中国红十字会总会编：《中国红十字会历史资料选编，1904—1949》，南京大学出版社1993年版，第57页。

④ 参见池子华、郝如一主编：《中国红十字历史编年》，安徽人民出版社2005年版，第18页。

⑤ 见《申报》1912年8月28日。

⑥ 《武昌黎副总统转孙大总统致总会的电文》，中国红十字会总会编：《中国红十字会历史资料选编，1904—1949》，南京大学出版社1993年版，第57页。

⑦ 《复黎元洪电》，《孙中山全集》第2卷，中华书局1982年版，第125页。

诸医生，乃徒步数十里，得达宿境，及时救护，厥功尤伟”①。

这里的“哈达奚尔治”非一人，而是两人，即哈达和奚尔治，《申报》有报道，称“医院经奚尔治、哈达两医生购置药料、器械，添聘医士，每日治病者约有百人”②，可以为证。

外国人名固然容易弄错，中国人名错误之处也有不少，如“杨杏城、京卿沈仲礼观察以及鲁君少卿……姚君蕉赓……席君子保”③，这里的错误涉及5个人，正确的写法应该是“杨杏城京卿、沈仲礼观察以及曾君少卿……姚君燕庚……席君子佩”④。出现如此多的差错，也令人吃惊的了。

——错字漏字现象十分严重，仅以《晚清关于红十字会开创之奏折》（一）为例⑤，以见一斑。这份选编的奏折中，“奉化”应为“奉天”，“急赈民命”应为“急拯民命”，“柏士琦”应为“杨士琦”，“任苞”应为“任凤苞”，“中西各官绅”应为“中西各国官绅”，“两国伤兵”应为“两国伤兵病兵”，“辽沈等一带”应为“辽沈海盖一带”，“李家鉴”应为“李家鏊”，“该收”应为“核收”，“收支两抵”应为“其间银洋金镑佛郎马克卢布军用手票等类兑解赢耗头绪纷繁，尚须逐细核算。又支旧金山华侨震灾抚款合银二万两。收支两抵”，“造所”应为“造报”，“拟草”应为“拟章”，“会局”应为“全局”，“员神”应为“员绅”，“而战国”应为“两战国”，“择尤”应为“择优”，“此摘”应为“此折”⑥。一段资料中有如此多的错误出现，实在说不过去。这段资料如此，其他资料也是一样，错误很多，此处不再一一列举。

鉴于《中国红十字会历史资料选编，1904—1949》存在问题太多，读者使用起来多有不便，建议总会组织人力加以修订，以免传讹。对研究者来说，在使用《选编》的过程中，尽可能核对原始资料，无法找到原始资料，也应结合其他资料，进行必要的考订，做出准确的判断，切不可照抄照搬。

---

① 中国红十字会总会编：《中国红十字会历史资料选编，1904—1949》，南京大学出版社1993年版，第276页。

② 《红会布置之周密》，《申报》1912年2月8日。

③ 中国红十字会总会编：《中国红十字会历史资料选编，1904—1949》，南京大学出版社1993年版，第21页。

④ 《记普济善会初次议事情形》，《申报》1904年3月4日。

⑤ 中国红十字会总会编：《中国红十字会历史资料选编，1904—1949》，南京大学出版社1993年版，第7—9页。

⑥ 《沥陈创办红十字会情形并请立案奖叙折》，盛宣怀：《愚斋存稿》第13卷，《奏疏》。

《中国红十字会历史资料选编，1950—2004》，实际上是前部资料的续编，故王立忠副会长在“序”中直接称为《中国红十字会历史资料续编》[①]。这部资料共计45万字，由4个部分构成，即第一部分社会主义改造和建设时期（1950年—1965年），第二部分“文化大革命”的十年（1966年—1976年），第三部分国内工作恢复和发展时期（1978年—1992年），第四部分红十字会法颁布施行以后（1993年—2004年）。应该说，这部资料较之前部资料有了很大程度的改进，线索清楚，条理清楚，同时杜绝了前部资料中存在的各种错误，这是值得肯定的，也是研究者值得信赖的一部资料汇编。不过，该资料主要是中国红十字会总会各种文献的汇编，这就不可避免地带来一些缺憾，其中最主要的有两点：一是很少涉及红十字会具体活动，不能够全面再现波澜壮阔的红十字运动的多彩画卷，“骨”多“肉”少，显得不够丰满；二是作为中国红十字运动的有机组成部分，地方红会的资料基本上没有纳入，给人一种“中国红十字会总会历史资料选编”之感，实际上让人难以全面认识中国红十字运动的庐山真面。对研究者来说，这也意味着仅有这部资料是远远不够的，必须有其他资料支撑，方能相辅相成，写出有血有肉、内容饱满的作品来。

总之，尽管两部《中国红十字会历史资料选编》都存在这样那样的缺憾，但瑕不掩瑜，其为研究中国红十字运动的百年嬗变提供了最基础性的资料，其价值是应该肯定的。

二、红十字报刊

红十字报刊，是指由红十字会创办的机关报刊。作为红十字运动的喉舌，报刊除了其宣传效用外，也给我们留下了大量的历史资料。这是我们研究红十字运动必须查阅的第一手资料。中国红十字会机关报刊，有以下多种：

（一）《人道指南》

1913年3月，《人道指南》在上海创刊，月出一册，“分送本、外埠会员、各巨绅宅第、大公司、大商号”。它是中国红十字会最早的机

① 王立忠：《让爱永驻人间》，中国红十字会总会编：《中国红十字会历史资料选编，1950—2004》，民族出版社2005年版。

关刊物。刊物的宗旨在于弘扬人道："世无不尊重人道之国，亦无不尊重人道之人，人道云者，人类之保障也。人类无保障，芸芸众生，将不旋踵而有灭绝之患。是以上古圣人，假神道设教以辅佐人群之进化，而巩固人类之保障。"红十字会则不同，"红十字会者，以博爱恤兵为宗旨，本宗教家尊重人道之遗意，而脱离宗教之范围者也"。救伤葬亡，固然是红十字会的天职，而拯灾赈饥，扶危济困，也是红会分内之事，照沈敦和的话说，"遇战事，疗伤瘗骼，固其天职，而平时济荒赈饥，亦其当尽之义务"，因为红十字会是"最纯粹最硕大之慈善法团"。沈敦和在"发刊词"中呼吁"国人共起而力图之"①，发扬人道主义精神，推进中国慈善事业的发展。遗憾的是，目前仅发现一期《人道指南》。

（二）《中国红十字会杂志》

1913年，经过了辛亥革命和"二次革命"的洗礼，"中国红十字会之成绩之声誉，亦昭闻于世"。为了"发挥人道主义以感动人心"，中国红十字会"常议员诸君，议设编辑部，广摭群言，编为杂志，以策进行"②。5月，《中国红十字会杂志》在上海出版发行，次年出版第2期后停刊。两期杂志刊载了有关中国红十字会第一次会员大会、统一大会及救援"二次革命"的详细史料，还发表了朱瑞五《人道说》的理论文章。不过，由于出版年代较早，利用起来多有不便，例如《金陵晚报》记者在南京图书馆翻拍1914年《中国红十字会杂志》残破的页面时，就无意翻到了该杂志刊发的"南京癸丑掩埋阵亡军士纪念碑"拓片，"这很可能就是研究南京历史的重要线索，可目前的保存状况早就经不起翻阅"③。

（三）《中国红十字会月刊》

1921年10月《中国红十字会月刊》创刊于上海，至1924年停刊，出版31期。1931年复刊，出版两期，再次告停。1935年7月又一次复刊，至1940年6月停刊，出版60期。由此算起来，《中国红十字会月刊》先后存在了近20年，出版刊物合计近百期，颇具规模。

---

① 沈敦和：《〈人道指南〉发刊词》，中国红十字会总会：《中国红十字会历史资料选编，1904—1949》，南京大学出版社1993年版，第104页。

② 沈敦和：《〈中国红十字会杂志〉弁言》，中国红十字会总会：《中国红十字会历史资料选编，1904—1949》，南京大学出版社1993年版，第104—105页。

③ 韦晔：《民国文献濒临集体报废》，《金陵晚报》2006年4月6日。

创办《中国红十字会月刊》之目的，沈金涛在“发刊词”中做了如是陈述：“红十字会创自英，成与瑞士，普及东西洋，中国起而参考之，则创办之历史可汇记也；关于陆战者，如战地病院、陆军病院，关于海战者，如伤病船舶分别规定，是则临时之设施可汇录也；氛祲之预兆，地方之卫生，各处水利之工程，各属连年之丰歉，则平时之筹备可汇载也；若夫千腋集成，众擎齐举，题名有征，会计成书，疗治之人数岁增，分会之添设浸广，成效大著，名誉加隆，则已往之成绩可汇报也；医药器具逐岁改良，手术研求频年精进，与比年来中外灾况，大慈善家及名医技士之传载轶事，则各类之事实可汇报也。篇幅所余，旁及诗文词曲，歌谣戏剧，舆诵农谚，里谈告白之属，广收博采而汇编之，庶几天下阅者，鉴痌瘝于在抱，勤好养之本怀，概焉兴起，相与而成，而本会益臻宏大焉，是则斯刊棣通之明效也夫”①。

《中国红十字会月刊》从1921年创刊，至1940年停刊，常设栏目有：专件、论说、文苑、慈善近录、纪事本末、分会成绩、历史、组织、报告、会讯、纪录、公牍选载、特载、征信录、题名录等，对中国红十字会会务、业务方面的情况，都有翔实的记载，是研究中国红十字运动史不可多得的参考资料。

（四）《会务通讯》

《会务通讯》全称为《中国红十字会会务通讯》（从第11期起全称为《中华民国红十字会会务通讯》），1941年1月在重庆创刊，刘云舫主编，1945年8月停刊，共出34期。《会务通讯》为抗战救护呐喊，“《会务通讯》之创刊其有四义：一是总会同仁散在前线后方，担任神圣救护者不下三千人，而全国分会亦有五百余处，工作情况体验，也各有所得，彼此联络，互通信息，交换意见。二是总会以‘博爱恤兵’为宗旨，使命重大，其价值在战时亦为显著，救死扶伤，虽赖同仁不怕艰险的精神，而医药物资之接济，是为总会事业之原动力，尤赖于国内外之协助。见义勇为，人有同情，仁风播扬，斯易响应。凡分会之推广，会员之征求，必须致力宣传，以树风声。三是战区既广，责任愈繁，凡救护事业有未备者，宜求补充，医药技术问题有待研究，须求解决，《会务通讯》月出一次，总会一切动态，简写实录，检讨工作，增进会务。四是各机关例有公报刊物，《会务通讯》亦有公报性，普通文件，也可

① 沈金涛：《〈中国红十字会月刊〉发刊词》，《中国红十字会月刊》创刊号。

刊载，以省烦牍”[1]。《会务通讯》主要栏目有：会务纪要、法令转载、公文摘录、医药新闻、文艺、工作报告、分会消息、法规辑要、人事动态、会计工作报告、总会琐事纪要、分会诊病统计、队务通讯、特载、人物小志、会员征信录等，同时选登重要新闻图片，使刊物图文并茂。《会务通讯》为抗战时期红会工作最具影响力的机关刊物，是研究抗战时期中国红十字运动最重要的历史资料。

（五）《救护通讯》

研究抗战时期中国红十字运动另一份重要资料为《救护通讯》，该刊为中国红十字会总会救护总队部于1943年10月在贵阳创办，半月刊，1945年8月抗战胜利后停刊，共出版44期。《救护通讯》即时报道救护总队部工作动态，常设栏目有：半月报道、红十字周纪要、救护设施、防疫概况、运输动态、各方联络、业务视导、人事公告、活动纪要、法规选辑、消息拾零、读书专页等，涉及救护总队部救护工作的各个方面。《会务通讯》与《救护通讯》相互补充，可以全面再现红十字会在抗战时期的风采。

（六）《红十字月刊》

抗战胜利后，1946年1月，中国红十字会总会创办了《红十字月刊》，“以尽指导宣传之使命”。蒋梦麟会长在“发刊词”中阐发了办刊旨趣，强调指出，抗战胜利后，“吾人努力之动向，应为以下二事：其一，如何调整各地分会之事业，使起示范作用，而为当地社会福利之中心；其二，创办青年妇女指导部，务求其身心康健，德业日新，敬业以乐群，同人而无咎。若是，则中心刊物之发刊，实为当务之急。人生有限，世界无穷，为人愈多，发愿斯大。此后应如何搜集各国之新猷，广播分会之消息，作理论之探讨，尽报道之责，胥于此一刊物焉见之”。蒋会长希望刊物“内容务求广泛而亲切，发行尤须迅速而准期，一以助本会业务之开展，一以新社会人士之耳目”[2]。

《红十字月刊》从1946年1月创刊到1948年12月停刊，共出版36期，主要栏目有：复员专页、工作纲要、法规选辑、工作动态、中国红十字会新闻、国际红十字会动态、特辑、征募和宣传、意外预防等，图文并茂，同时刊载大量理论文章。《红十字月刊》是研究“复员”时期

---

① 王正廷：《〈会务通讯〉发刊词》，《会务通讯》1941年创刊号。

② 蒋梦麟：《〈红十字月刊〉发刊词》，《红十字月刊》1946年创刊号。

中国红十字运动的最权威的资料。

（七）《新中国红十字》

新中国成立后，中国红十字会总会经过改组，以新的面貌出现在人们面前，在万象更新的时代背景下，《新中国红十字》月刊于 1950 年 9 月 30 日创刊发行。作为中国红十字会的机关刊物，《新中国红十字》既是新的刊物，也是 1913 年创刊的《中国红十字会杂志》的继承。它的办刊方针是：根据“预防为主”的卫生方针，及“动员和组织人民实行自救助人”的救济福利方针，协助各级人民政府，面向人民大众，宣传并推广防疫、卫生、医药及救济福利事业。具体任务有五，即“传达总会各种政策、计划、决议及重要报告”；“报道总会、分会、国际红十字会的动态，及有关团体机关的重要消息”；“提出并讨论红十字会的特殊问题，举出工作中的典型例子，交流经验”；“进行卫生教育和救济福利政策教育”；“进行红十字会工作及红十字会工作者的批评和自我批评”。《新中国红十字》“将努力于中国红十字会总会与各地分会、与会员群众、与红十字工作者、与红会事业有关的机关团体和个人之间，建立密切的联系，使会与群众联为一气，共同为搞好红十字会工作而努力”①。

《新中国红十字》创办后，遵循办刊方针，围绕五大“具体任务”，月月准时出刊，将中国红十字运动的各种信息，传送到全国各地分会，“以帮助他们了解红十字会的政策和会务发展的情况，并从实际中否定旧的，创立新的，找出红十字会今后发展的方向；又寄发中央人民政府有关单位、各民主党派、各人民团体，以及全国卫生民政行政机构，以冀全国行政首长及各级干部对新中国的红十字会有所了解，更好地指导和协助人民红十字会事业的展开；本刊也广泛地寄发全国医药界、救济福利界、各医学校、各大医院、各大图书馆以及北京市工会、文化馆等，希望引起广大群众对红十字会的认识与兴趣”②。用心可谓良苦。

随着红十字事业的发展，《新中国红十字》在探索中不断改进，栏目增多，内容力求饱满充实。以第 1 卷的 12 期刊物为例，1—4 期，主要传达总会改组的情况、红会的方针政策、制定的各种规章和总会本身的活动；从第 5 期开始到第 12 期，当时由于抗美援朝运动的高涨，组织了中国红十字会国际医防服务队开赴前线救护，围绕这一焦点，《新中

① 《新中国红十字发刊词》，《新中国红十字》1950 年创刊号。
② 《〈新中国红十字〉月刊一周年》，《新中国红十字》1951 年第 1 期，第 66 页。

国红十字》第5、6、7、8诸期，做了大量翔实的报道。1951年2月，该刊建立了通讯员制度，使各地分会及各直属单位的活动情况，通过“分会园地”反映出来；又接受读者的意见，从第6期起增辟了“卫生常识讲话”栏目，第7期起又连续介绍兄弟国家红十字会概况；从第8期起除了国际医防队的工作通讯之外，第一医防服务大队在淮河两岸的活动及工作报告也更多地陆续刊载了。月刊容量从第7期起大大增加，由原来的3万多字，增至9万字左右，其中第12期达12万字。从第7期开始，大量增加照片的篇幅，使刊物图文并茂。由此不难看出，《新中国红十字》积极进取、与时俱进的精神风貌，对推动中国红十字会走上“新生”之路，对推进中国红十字事业的发展，起了重要的“导向”作用。

《新中国红十字》月刊是当时为数不多的刊物之一，内容丰富，在社会上有一定的影响，是我们研究新中国成立初期中国红十字运动的不可多得的资料宝库。

（八）《中国红十字》

《新中国红十字》命运多舛，仅出47期，1954年底停刊。它没有完成自己的历史使命而“停刊整顿”，令人惋惜。两年后，1956年4月，它以《中国红十字》的面目再度出现在人们面前。可是，好景不长，1958年底，由于总会机构发生变动，总会国内工作部门（组训部、宣传部）与中央爱国卫生委员会办公室合署办公，中国红十字会的地位一落千丈，《中国红十字》再次停刊，与卫生部《讲卫生》月刊合并为《爱国卫生》，1959年出刊，以宣传报道爱国卫生运动、防病治病常识为主，只保留了一个“红十字园地”栏目。即便如此，《爱国卫生》也没存在多久，1961年停办。

由于中国红十字会的国内工作长期停顿，红十字文化事业也遭“封杀”，“红十字”在人们心目中的崇高形象几乎荡然无存。“红十字”变成陌生的字眼。

粉碎“四人帮”，历史翻开新的一页。春回大地，中国红十字会重振雄风，面目一新，作为机关刊物的《中国红十字》杂志终于在1980年7月又与久违的读者重逢了。《中国红十字》月刊杂志的复刊表明，中国红十字会的工作随着我国社会主义现代化建设的发展逐步地向着正确的方向迈出可喜的坚定步伐。

《中国红十字》月刊仍然是以红十字基层组织、卫生和其他有关部门基层单位、会员以及广大群众为对象的群众性刊物，“着重宣传群众卫生、献血、‘三防’、急救、护理、医药等方面的知识和技术，报道红十字会、血站、人防等基层单位的活动和工作经验，介绍国际红十字组织的重大活动和有关国外科技知识，致力于我国人民群众卫生水平的提高、全民族科学文化水平的提高”[①]。钱信忠会长在复刊号发表文章，号召全国红十字会员和刊物的读者“携手前进”。

1992年的早春二月，改刊后的《中国红十字》杂志第1期双月刊问世了，刊名仍为《中国红十字》。改刊后的《中国红十字》以更丰富多彩可爱的形式展现在读者面前，所设栏目有：独家文章、名人与红十字、海峡两岸、人物专访、昨夜星辰、人道天地、社会广角、服务窗、红十字论坛、警戒线、环宇红十字、史海钩沉、社会问题反思录、红会史料、往事漫忆、红十字经纬、悬壶济世、输血献血、四海之内等，的确新人耳目。当然也保存了大量红会史料，值得参考。

（九）《博爱》

改为双月刊的第一年，即从1993年起，经新闻出版署批准，《中国红十字》双月刊杂志更名为《博爱》（双月刊，2003年1月改为月刊）与广大读者见面。刊物冠以“博爱”，更直接形象地反映了红十字的宗旨和任务。中国红十字会自创立之日起，创始人沈敦和即提出“博爱恤兵，服务社会”为最高宗旨；1946年7月，红十字国际联合会第19届理事会决议第四条规定：红十字会工作以推进人类博爱思想，并服务社会借以防止或减免人类的痛苦为目的。“博爱”体现了人类互助友爱的精神，是人道主义的最形象表述。它不仅避免了与新创刊不久的机关报《中国红十字报》名字的重复，易为广大群众接受，而且可以使更广泛内容的作品刊载本刊，争取到更多的读者。

值得注意的是，《博爱》杂志以孙中山先生手迹为刊名题签，更显凝重，它唤起人民铭刻先生推崇的精神，以博爱的光芒普照人间。

与《中国红十字》相比，《博爱》清新活泼，除继承原有特色栏目之外，增辟名人轶事、水落石出、无影灯下、两性对眼、谈情说爱、心理咨询门诊、人道审判台、五彩世界、天使之歌、歪打正着、开心快餐、爱的呼唤、博爱·亲情篇、博爱·爱情篇、博爱·同情篇、保护儿童、人在旅途、奇闻轶事、热门话题、生命之河、父母须知、开心一刻等几十个新栏目。的确，作为中国大陆第一份以博爱为宗旨的综合性刊

---

① 《〈中国红十字〉复刊词》，《中国红十字》1980年第1期。

物，《博爱》熔可读、科学、服务于一炉，集博大、挚爱、多彩为特色，给人一种全新的感受。

不过，《博爱》杂志越来越“文学化”，虽然读者群扩大了，但红十字会会务、业务方面的内容几乎荡然无存，对研究者来说，它越来越没有了“资料性”，红十字会刊物的“存史”功能在《博爱》中无法体现，这不能不说是一个遗憾。如何增强《博爱》的“存史”功能，是研究者所期待的。

（十）《中国红十字报》

1985 年中国红十字会第四次全国会员代表大会以后，全国的红十字组织迅速发展起来，国内国际工作出现了新的局面。在这种新的形势下，原有的《中国红十字》杂志由于篇幅所限和出版周期长，已不能适应红十字工作的需要，总会决定除继续办好《中国红十字》杂志外，再创办《中国红十字报》作为总会的机关报。一报一刊，犹如一鸟双翼，各有侧重。《中国红十字》杂志相应减少有关会务知识和红十字活动的内容，增加卫生救护和输血献血等方面的分量，侧重于科学知识的宣传，《中国红十字报》作为总会的机关报，其主要任务和基本内容是在“四大”的会章和工作方针指导下，充分反映各地红十字会的活动和工作经验，及时报道国内国际红十字运动的动向、传递信息，为建设有中国特色的红十字会服务，为精神文明建设服务。

《中国红十字报》试刊第 1 期于 1986 年 10 月 5 日出版，出版 3 期后各地红十字组织和会员普遍反映较好，经报请中共中央宣传部批准，1987 年 1 月 5 日正式创刊，在国内外公开发行。《中国红十字报》的创刊可谓生逢其时，它将在全国上下各级红十字组织共同开创红十字工作新局面的进程中，在弘扬人道主义精神的宣传中，充分发挥其舆论工具的作用。

全国政协副主席赵朴初为《中国红十字报》的创刊题词：“为发扬社会主义人道主义精神，救灾纾难谋求人民福利，维护世界和平尽宣传报道的神圣职责”；中国红十字会名誉会长钱信忠题词：“在两个文明建设中发挥红十字会作用”；卫生部原副部长黄树则题词：“发扬人道主义精神，普及卫生科学知识”；中国红十字会副会长谭云鹤题词：“及时交流经验，共同开拓前进”①。

① 《中国红十字报》1987 年 1 月 5 日。

《中国红十字报》月出一期，周期过长，不能适应红十字事业发展的需要。1991年1月起，缩短刊期，改为半月一期。尽管如此，周期仍嫌过长。1992年1月，经新闻出版署批准，《中国红十字报》改为对开周报，逢周五出版（2007年起改为周二报，每周二、周五出版）。扩版后的《中国红十字报》，立足红会，面向社会，以崭新的面貌走近读者。

《中国红十字报》刊头由赵朴初先生亲笔题写，版面安排：一版为要闻版，主要宣传中国红十字会的有关方针政策，国内、国际红十字运动重大活动；二版为"传真"——"亮点·聚焦·集锦·通联"；三版"纪实"——"论坛·基金·救助·校园"；四版"文萃"——"特写·艺苑·史话·百科"（目前则有"人道·关注""国际·视点""生命·健康""东西·南北"以及地方红会专版等新栏目）。2002年3月8日起，为落实中国红十字会与红十字国际委员会达成的2002年至2004年国际人道主义法和其他相关内容的"国际红十字运动基本知识传播工作合作计划"，《中国红十字报》特辟"传播工作专栏"，旨在为各地宣传干部提供分享信息、交流经验的园地。传播是红十字事业发展的基础，发展与传播密不可分。"只有广大专职干部和志愿工作者掌握了红十字运动基本知识，才能通过他们的努力使社会各界了解红十字会，支持红十字会的工作。从这个意义上说，专栏的开办不但有利于交流传播工作的经验，了解传播工作的各种信息，促进传播工作的开展，而且有利于我们整个事业的发展"①。总之，《中国红十字报》以人道主义为宗旨，涉及社会、生活等更多领域。

一报一刊，是中国红十字会传播人道主义的载体，是红十字文化建设的一个窗口，因此需要我们倍加呵护。为办好机关报刊，中国红十字会几乎每年都要召开报刊工作会议，还专门设立全国报刊工作发行工作最佳奖、优秀奖、先进奖、表扬奖以及优秀特约记者工作奖、好新闻奖等，以资推动。

中国红十字会报刊的征订工作是人道领域传播工作的先行条件。多年来，总会倡导"全会办报刊"的方针，使各基层红十字组织以及会员、志愿工作者认识到红十字报刊征订工作，在一定程度上反映了红十字会工作的情况，"多订阅一份《中国红十字报》和《博爱》杂志，就会多扩大一分红十字会影响"。为将征订工作落到实处，总会要求"各

① 王立忠：《努力开展传播工作，促进红十字事业的发展》，《中国红十字报》2002年3月8日。

地红十字会为本会理事每人订一份《中国红十字报》和一份《博爱》杂志，使他们及时了解掌握中国红十字会全国会员代表大会、理事会、常务理事会、执委会、总会的有关方针、政策以各地红十字事业发展情况，充分发挥他们对本地区红十字会工作的指导作用，推动红十字事业发展；在本系统做好订阅工作的基础上，要积极深入机关、厂矿、学校、医院、血站、救护站和社区以及乡镇等社会各个方面，广泛宣传，扩大影响，拓宽订阅的范围；对团体会员单位要明确职责”；“各省、自治区、直辖市红十字会根据本地基层组织数确定并落实订阅范围和读者对象。凡在订阅总会报刊工作中取得业绩的单位可获完成任务奖或超额奖；排名在前的省（区、市）以及院校和企业，均能在报刊上得到常年鸣谢或登载基层组织名录的优惠，同时赠送广告版面等”①。由此亦可见红会对文化建设之重视了。

《中国红十字报》是中国红十字会制作的“文化大餐”，信息量比较大，“资料性”强，是研究 20 世纪 80 年代以来中国红十字运动必备的参考资料。

除此之外，地方各级红十字会报刊工作也在不断加强建设之中。自 1990 年以来，至今已召开十几次地方红十字报刊协作会议，交流经验，探讨共同繁荣红十字文化的途径、办法。在 1998 年的协作会议上，还评选出天津、上海、浙江、山东、江苏等 10 家办得较有特色的地方红十字报。这些地方报纸，多为内部发行，周期也比较长（一般为月报），利用起来颇有不便，但从研究者的角度而言，这些资料同样不可忽视。

以上简略介绍了中国红十字会机关刊物演变的历史。作为喉舌，机关刊物在推进中国红十字运动、传播国际人道主义法诸方面发挥了至关重要的作用，也见证了中国红十字运动跌宕起伏的曲折历程。机关刊物留存有关红十字运动的“海量”信息，是研究者必须利用的资源。

三、红十字出版物

红十字出版物，这里特指红十字报刊之外的具有资料性的印刷品。这类出版物，多数为内部刊印，少量公开发行，对研究者来说，利用起来比较困难，但只要有可能，还是尽量加以利用。

① 《中国红十字会总会关于做好 2002 年〈中国红十字报〉〈博爱〉杂志征订工作的通知》，《博爱》2001 年第 6 期封底。

红十字出版物大致可以分为这样几种：

其一为“特刊”，一般具有一定的纪念性质、专辑性质。如：

1911 年 12 月，中国红十字会编辑出版《红十字会战地写真》一书，再现辛亥战时救护场景，刊登照片 50 余幅，书后附有“本会职员一览表及试行章程”。

1924 年编辑出版《中国红十字会二十周年纪念册》，收录了《中国红十字会二十年大事纲目》《中国红十字会救日震灾概要》等文献。

1933 年 4 月，为纪念“一·二八”抗战，弘扬红十字会“尽力于社会”的服务精神，常熟分会编印《中国红十字会常熟分会民国廿一年纪念册》，于右任题写书名，国民政府要员及十九路军将领题字志贺。国民政府主席林森的题字为“同心急难”；军事委员会委员长蒋介石的题字为“惠彼伤残”；行政院院长汪精卫的题字为“慈故能勇　俭故能广”；十九路军总指挥蒋光鼐的题字是“贤能多劳”；第五军军长张治中的题字是“救国之道　各尽所能　勇猛行动　博爱精神”；十九路军军长蔡廷锴的题字是“惠及军民”；第五军参谋长祝绍周题字“仁慈”；第五军参谋处长张觉吾题字“民族之光”；第五军参谋科长陈公哲题字“博爱”；第五军参谋科长卢少谷题字“一视同仁”；第五军文书科长林森木题字“生死人而肉白骨”；第四十七师师长上官纪青、副师长裴同野题字“慈航普济　博爱为仁”；第八十八师师长俞济时题字“惠被军民”；第八十七师参谋科长黄勉民题字“博爱济众”；第八十八师参谋长宣铁吾题字“救国之道不一，要在人尽所能，各为国家民族而努力”；第八十八师参谋处长马君彦题字“共抒国难”；江苏省政府主席顾祝同题字“恤难宣勤”；第十九路军一五二旅旅长翁照垣题字“为国医伤”，等等。如此众多的军政要员为地方红会题字勉励，在中国红十字运动史上是不多见的。

其他如《中国红十字会癸丑战地写真》（1913 年）、《兵事惨状录》（1913 年）、《纪念红会成立十周年纪念刊》（1914 年）、《好生之德》（1914 年）、《中国红十字会征求会员大会特刊》（1934 年）、《中华民国红十字会上海市分会三十五年度工作特辑》（1946 年）、《中国红十字会成立八十周年纪念画册》（1984 年）、《庆祝中国红十字会成立八十周年》（天津市红十字会 1983 年）、《北京市红十字会成立 60 周年纪念册》（1988 年）、《抗洪救灾中的红十字》（1992 年）、《中国魂——98 抗洪纪实》、《中国红十字会百年》（2004 年）、《中国红十字》（2004 年）、《百年红十字，百年博爱情》（辽宁省红十字会 2004

年)、《百年辉煌——献给中国红十字会建会一百周年》（山东省红十字会 2003 年），等等。

上述“特刊”，除了文字部分外，还配发大量图片，这些图片，尤其是老照片，更具有“传真性”，完全可以作为“史料”加以使用。

其二为“内部资料”。其实没有公开出版的红会资料都可视为“内部资料”，只不过为了分类的需要，才单独列出。事实上，红会有不少这类材料也标明为“内部资料”，供本系统交流或向社会散发做宣传之用。

在中国红十字运动史上，这类“内部资料”应该很多，比如 1946 年中国红十字会在“复员”之初，编印了不少这方面的材料，其中有：

（一）《红十字会的性质与任务》，向社会人士介绍：“一、我们红十字会是种什么组织？二、什么是我们红十字会产生的动机？三、我们红十字会为什么用白地红十字标帜？四、什么是我们红十字会的事业？五、我们红十字会事业经费是从哪里来的？六、中国红十字会曾做和现做什么事业？七、社会人士怎样协助中国红十字会？”

（二）《复员期间中华民国红十字会法规辑要》，包括《复员期间中华民国红十字会总会组织规程》《复员期间中华民国红十字会总会顾问委员会组织简则》《复员期间中华民国红十字会总会区办事处组织规程》《复员期间中华民国红十字会分会组织规程》《复员期间中华民国红十字会总会调整及管理分会办法》《复员期间中华民国红十字会诊疗所暂行通则》《复员期间中华民国红十字会资产管理办法》《复员期间中华民国红十字医药事业资产管理办法》《中华民国红十字会总会任用工作人员暂行办法》《中华民国红十字会总会工作人员考核办法》《中华民国红十字会总会职员给假规则》《中华民国红十字会总会职员领用证章规则》《中华民国红十字会奖励抗战有功人员暂行办法》《中华民国红十字会总会选送国外考察及进修人员暂行办法》《中华民国红十字会分会会计处理纲要》《中华民国红十字会总会所属各单位报销须知》《中华民国红十字会各分会诊疗所（医院）药械请领报销办法》《中华民国红十字会各分会诊疗所、医院工作报表填送办法》《中华民国红十字会救护车服务办法》《复员期间中华民国红十字会总会初步工作实施计划纲要》《复员期间中华民国红十字会会分会工作纲要》等，本身就是资料汇编。

（三）《中华民国红十字会征募手册》，内容包括：征募工作基础认识（如何征求会员，如何筹募基金）；征募工作宣传资料（标语、文字、统计、图画、其他）；征募工作征信手续（征信程序、征信凭执）。

（四）《复员期间中华民国红十字会总会第一次常务理事会议事录》，对会议议程——开会、主席致词、报告事项、交议事项、讨论事项、临时动议、散会，各个环节都有详细的记录。

（五）《中华民国红十字会南京市分会三十五年度工作简报》，对南京市分会1946年工作情况有翔实记载。

（六）《中华民国红十字会战时工作概要》，内容有：总说、救护工作之发展、分会组织之整建、国际服务之推行、经济收支之概况等。

通过这份资料，可以了解抗战时期中国红十字会的救护工作情况。从这几个例子，我们不难想见这类资料的价值。

其他如《中国红十字会会员题名录》《中国红十字会时疫医院征信录》，以及新中国成立后总会及各省红十字会历次会员代表大会及理事会以及其他重要会议的《文件汇编》等，都是宝贵的资料，如2005年中国红十字会总会编印的《中国红十字会第六届、第七届理事会主要文件汇编》，就收录了74份文件。这些《文件汇编》，倘能集中起来，可以为红十字运动研究提供丰富的资料。

其三为年报及年鉴。自改革开放以来，红十字事业蓬勃发展，工作领域不断扩大，国际交流频繁。为总结工作经验，总会每年编印一册《中国红十字会年报》，对总会各个领域的工作进行总结，配发一些珍贵图片。《年报》为内部交流资料，有价值，但因不公开，研究者利用起来有一定困难。好在由中国红十字会总会组织编写的大型工具书《中国红十字年鉴》2006年起由台海出版社出版发行，目前已出版两部。《中国红十字年鉴·2004/2005创刊号》共10篇：《纵览篇》《文献篇》《纪事篇》《专业篇》《人名篇》《研究篇》《数据篇》《资讯篇》《总会篇》《分会篇》，既有全面反映中国红十字会百年历程的编年史，也有综合反映开创中国特色红十字事业新局面的大事记。《中国红十字年鉴·2005/2006卷》分为《文献篇》《纪事篇》《总会篇》《专业篇》《研究篇》《人名篇》《分会篇》《资讯篇》8个篇章，收录了近年来党和国家领导人关于红十字工作的指示、讲话、题词、文章；国家出台的与中国红十字会工作有关的文件和法律法规；中国红十字会2005—2006年的文献、工作成果、大事记等。《年鉴》内容丰富翔实，是研究中国红十字运动的必备工具书。《年鉴》连续出版下去，也会为红十字运动研究积累丰富的资料。

四、红十字档案

档案资料也是史学研究的基础性资料。与中国红十字会有关的档案资料，虽不能用浩如烟海来形容，但也非常可观。这些档案资料，新中国成立前的部分主要藏于中国第一历史档案馆、中国第二历史档案馆、上海市档案馆、贵州省档案馆、贵阳市档案馆等。新中国成立后的部分，各省档案馆以及红十字会系统的档案室均有收藏。如果说查阅新中国成立后档案较为便捷的话，查阅新中国成立前的资料则较为困难，需要耗费人力、物力、财力、时间等，如何开发利用档案，至关重要。目前整理的档案资料主要有：《国家图书馆藏清代孤本外交档案》，全国图书馆文献缩微复制中心 2003 年印行，其中第 37 册为《筹办红十字会案》、第 38 册为《保和会及红十字会入会案》。

《筹办红十字会案》收录的原始档案有：《光绪三十年二月初一日发北洋大臣信一件》《二月初三日收商部文一件》《二月初四日收商约、电政大臣电一件》《二月初五日发驻日本大臣电一件》《二月初五日发驻俄大臣电一件》《二月初六日收驻日本大臣电一件》《二月初六日收道员施则敬等禀一件》《二月初七日代商部发北洋大臣袁世凯、上海侍郎吴重熹电一件》《二月初八日收驻俄大臣电一件》《二月初八日收商约、电政大臣电一件》《二月初九日代商部发杨参议电一件》《二月初九日代商部发商约、电政大臣电一件》《二月十一日收驻日本大臣电一件》《二月十一日收商约、电政大臣电一件》《二月十二日收军机处钞片一件》《二月十三日收商部文一件》《二月十三日代商部发北洋大臣电一件》《二月十三日收驻营口美国领事电一件》《二月十五日收驻俄大臣电一件》《二月十六日发商约、电政大臣电一件》《二月十七日收驻日本大臣电一件》《二月十八日发商约、电政大臣电一件》《二月十八日发商部片一件》《三月初七日收商约、电政大臣电一件》《三月初八日发驻俄大臣电一件》《三月十三日收驻俄大臣电一件》《三月十五日收商部文一件》《三月十九日发日本、俄国公使照会一件》《三月二十日收驻俄大臣电一件》《三月二十一日收驻美大臣文一件》《三月二十三日收日本公使照会一件》《三月二十六日收俄国公使照会一件》《三月二十八日发日本公使照会一件》《三月二十九日发俄国公使照会一件》《四月初一日收军机处钞折一件》《四月初二日收俄国公使照会一件》《四月初五日发商部文一件》《四月初七日收日本公使照会一件》《四月十八日收商部片一件》

《四月三十日收盛大臣电一件》《五月初一日发商约大臣电一件》《五月初三日收商约、电政大臣信一件》《五月初三日收红十字会官绅信一件》《五月初九日发日本、俄国公使照会一件》《五月初十日收日本公使照会一件》《五月初十日收俄国公使照会一件》《五月十一日收驻俄大臣信一件》《五月十二日收红十字会董事禀一件》《五月十二日发俄国公使照会一件》《五月十三日收商约、电政大臣电一件》《五月十五日收商约、电政大臣电一件》《五月十六日收俄国公使照会一件》《五月十七日收商约、电政大臣电一件》《五月十八日发商约大臣电一件》《五月二十六日发商约大臣电一件》《六月初一日收盛京将军电一件》《六月初二日收商约大臣电一件》《六月十四日收商约大臣文一件》《六月十七日收驻美大臣文一件》《六月十八日收红十字会总董信一件》《六月十八日收吕、盛、吴大臣文一件》《七月初九日发日本、俄国公使照会一件》《七月十一日收商约大臣文一件》《七月二十四日收红十字会德员司肯多福禀一件》《八月初一日发日本公使照会一件》《八月初二日收日本公使照会一件》《八月十六日收盛京将军文一件》《八月十六日收牛庄红十字会长信一件》《八月十七日收美国公使信一件》《八月二十三日发美国公使信一件》《八月二十七日收德员司肯多福禀一件》《九月十四日收盛京将军文一件》《十月十二日收商约大臣电一件》《十月三十日收商约大臣文一件》。

《保和会及红十字会入会案》收录的原始档案有：《光绪三十年二月十三日收总税务司信一件》《二月十四日发驻英大臣信一件》《二月十六日收驻英大臣电一件》《二月十六日发驻英大臣电一件》《二月十八日发红十字会总办摩尼业信一件》《二月十八日发总税务司信一件》《二月十九日收总税务司信一件》《三月初五日收驻英大臣电一件》《三月初五日收总税务司信一件》《三月初十日具奏一件》《三月十六日发驻英大臣电一件》《三月十七日发驻俄大臣文一件》《三月十七日发驻英大臣文一件》《三月十七日发总税务司信一件》《三月十七日发商部文一件》《三月十九日发驻英大臣电一件》《三月二十二日收驻英大臣电一件》《四月初七日收驻英大臣信一件》《五月初一日收总税务司信一件》《五月初四日收驻英大臣信一件》《五月十二日收驻俄大臣电一件》《五月十六日发和（荷兰）国公使信一件》《五月十八日收驻俄大臣电一件》《五月十八日发驻俄大臣电一件》《五月十九日收驻英大臣电一件》《五月二十一日收驻俄大臣电一件》《五月二十一日发驻俄大臣电一件》《五月二十四日收驻俄大臣电一件》《六月初二日收驻俄大臣电一件》《六月初五日收

驻英大臣电一件》《六月初五日发商约大臣电一件》《六月初六日收日来弗红十字会信一件》《六月十二日具奏一件》《六月十六日发驻扎俄大臣信一件》《六月十七日收驻英大臣电奏一件》《六月二十一日发驻俄大臣文一件》《七月初一日收驻英大臣信一件》《七月十七日收驻英大臣信一件》《七月二十八日收驻英大臣信一件》《八月十二日收驻俄大臣文一件》《八月十七日收红十字会长信一件》《八月二十八日收驻俄大臣信一件》《九月二十二日收驻美大臣电一件》《九月二十四日收驻俄大臣电一件》《九月二十四日发驻俄大臣电一件》《十月初九日收和国公使照会一件》《十月十六日收和国公使照会一件》《十月十六日收驻俄大臣电一件》《十月二十日具奏一件》《十月二十一日发驻俄大臣电一件》《十月二十二日发和国公使照会一件》《十月二十四日收驻俄大臣电一件》《十月二十四日收驻俄大臣信一件》《十月二十八日收驻俄大臣电一件》《十月二十九日奉旨一件》《十月二十九日收驻俄大臣电一件》《十一月初四日收驻俄大臣电一件》《十一月初九日收驻俄大臣电一件》《十一月十一日收驻美大臣信一件》《十一月十二日收驻俄大臣电一件》《十一月十三日发驻俄大臣电一件》《十一月十四日收驻德大臣电一件》《十一月十四日发驻德大臣电一件》《十一月十五日收美国公使照会一件》《十一月十七日收驻俄大臣电一件》《十一月十八日收美国公使信一件》《十一月十八日收美国公使照会一件》《十一月二十一日具奏一件》《十一月二十一日收驻美大臣电一件》《十一月二十二日发驻美大臣文一件》《十一月二十二日发美国公使照会一件》《十一月二十四日收驻美大臣电一件》《十一月二十五日发美国公使照会一件》《十一月二十九日收驻德大臣电一件》《十二月初一日发驻德大臣电一件》《十二月十二日收和国公使照会一件》《十二月十五日收驻俄大臣文一件》等，共计82件。这些档案资料，对研究中国红十字会初期历史，无疑是至关重要的。

贵阳是中国红十字会救护总队部所在地，救护总队的档案主要集中于贵阳市档案馆，为该馆“镇馆”之宝。贵阳市档案馆曾于《贵阳档案史料选编》总第5、6期油印了《抗战中的中国红十字会救护总队》，公布了部分档案。1995年，为纪念抗日战争胜利50周年，将油印的资料内部出版，书名为《抗战时期的中国红十字总会救护总队》，李筑宁主编。收录的档案有：《救护总队部工作简报》《德籍顾问白乐夫氏工作报告》《救护总队第二中队民国三十年十一月份工作报告》《救护总队第〇七三队在缅工作及自缅撤退情况报告》《新运第六医疗队工作报告》《救护总队部民国三十二年度中心工作报告》《救护总队部民国三十四年度中心工作报告》等10余份（另外几件为回忆文章）。虽然数量有限，但对研究救护总队的抗战救护，还是有价值的。

此外，零星的档案资料也有所刊布，如《历史档案》1984年第2期公布了中国红十字会创会初期的档案，《北京档案史料》1993年第3、4期分别公布了《九一八事变后中国红十字会北平分会组织救护队赴辽经过情形》《中国红十字会的创立及抗战前后的工作》等。

五、口述资料

口述资料这里指红十字会当事人的回忆录。当事人的回忆录，虽然在某些方面难免存在记忆“缺失”，或有“失真”之处，但仔细甄别，完全可以作为辅助资料加以使用。这方面，有两部回忆录特别值得推介：

一部为《贵阳文史资料选辑》第22辑，1987年内部出版。这一辑为《红会救护总队》专辑，收录的回忆文章有：郭绍兴《回忆抗战时期党在中国红十字会救护总队的工作》、过祖源《冯玉祥将军视察贵阳红会救护总队部》、梁钧铤《抗战时期我在“红会”医疗队的一段经历》、姚浩然《去延安》、孙燕《为了中国人民的解放事业》、张荪芬《我在中国红十字会的回忆》、詹姆斯·贝特兰《中国的红十字会》（附录：国际援华医疗队名单）、薛庆煜《在贵阳图云关的红会救护总队》、沈新路《回忆抗日战争时期的救护总队部》、林竟成《参加红会救护总队部工作的回忆》、施正信《回忆图云关》、朱崇演和张建军《荣独山教授谈红会救护总队》、于怀卿《红会救护总队在贵阳》、王化棠《红会救护总队的组织简况》、汪犹春《在红会救护总队部的回忆》、余世法《红会救护总队部的一些情况》、王春菁《参加中国红十字会工作的回忆》、利舜英《我在贵阳图云关红会救护总队工作的经历》、陶天白《抗战期间红十字会生活琐忆》、王从炎《救护总队部医疗队工作简介》、何涛《红会救护工作拾遗》、许恩溥《回忆我在红会医疗队的情景》、刘廷杰《红会六十四医疗队情况》、吴宏宇《记六十四医疗队》、徐植《我在红会救护总队的经历》、邓德尊《救护工作四年》、姚仁星《红会救护总队与卫训所的培训关系》、于怀卿《救护总队卫生材料总库工作简况》、丁春华《参加红会X光队工作一点回忆》、杨锡寿《回忆贵阳陆军医院》、汪犹春《难忘的岁月——记中国红十字会贵阳医疗队在缅甸》、吕运明《林可胜教授在抗日战争期间的卓越功绩》、陈韬《领导战时救护之林可胜先生》、杨锡寿《回忆周寿恺主任》。这些亲历者的回忆文章，丰富了救护总队研究的资料，颇为珍贵。

另一部为中共上海市委党史资料征集委员会主编的《皖南从军纪实——上海红十字会煤业救护队抗战史料选编》，1987年内部出版。红十字会上海煤业救护队是1937年八一三淞沪抗战时规模最大、力量最强的战时服务团体之一，志愿者500多人，汽车四五十辆，在上海罗店、大场、江湾等地抢救伤兵，运送难民。上海沦陷后，救护队辗转到达皖南、南昌，集体加入新四军，成为皖南新四军中的一支"特殊队伍"。《皖南从军纪实》就是亲历者的回忆录，包括：叶进明《红十字会旗帜下的赤子心——忆上海煤业救护队坚持抗战集体参加新四军前后》、忻元锡《从戎记——我与上海煤业救护队》、乐时鸣《上海红十字会与煤业救护队》、杨禀超等《上海煤业的"公民训练"》、冯民铨《革命的桥梁》、姜怀先《一个驾驶员的经历》、蒋传源《从童子军到新四军》、梁洁莲和梁钧铤《姐妹俩的成长》、徐汇鑫《一个伤员的回忆》、顾吉祥《前进途中的三次斗争》、陈昌吉《新四军第一家印刷厂——"皖南军部印刷所"》、郭步洲《入党前后》等。回忆文章之外，尚有纪念文章10余篇。红十字会上海煤业救护队的活动情况，史学记载不详，这部回忆录，正好弥补了这一缺憾。

上述两部回忆录之外，有关红十字会的回忆文章散见于各级政协文史资料中，主要有：季在洲《赤峰红十字会始末》（《红山文史》第1辑）、朱耀辉《松江红十字会工作回忆》（《松江文史》第9辑）、马剑云《南京红十字会与南京红十字医院》（《白下文史》第6辑）、严文朴《无锡县红十字会简况》（《无锡县文史资料》第3辑）、程以平《江阴红十字会概况》（《江阴文史资料》第9辑）、张丰胃《我创办长泾红十字会和医院的经过》（《江阴文史资料》第9辑）、时雨苍《武进县红十字会简史》（《武进文史资料》第4辑）、张荪芬《回忆抗战期间我在中国红十字会的情况》（《泗阳文史资料》第7辑）、李石孙《吕海寰的一生》（《天津文史资料选辑》第35辑）、胡庆昌等《中国红十字会与安庆分会简介》（《安庆文史资料》第7辑）、吴昌桐等《广德红十字会纪实》（《广德文史资料》第2辑）、蒋璧清《亳县红十字会》（《亳县文史资料》第2辑）、詹子明《凤台县红十字会简况》（《州来古今》第1辑）、何光远《中国红十字会洛阳分会》（《河南文史资料》第18辑）、何光远《中国红十字会洛阳分会简史》（《洛阳文史资料》第1辑）、杨乃昆《中国红十字会沘源分会》（《河南文史资料》第32辑）、杨丽圃

《中国红十字会杞县分会》(《河南文史资料》第33辑)、张伯琼《固始红十字会史略》(《固始文史资料》第2辑)、宋德远《追忆中国红十字会息县分会概况》(《息县文史资料》第2辑)、丁振中《中国红十字会修武分会活动始末》(《修武文史资料》第4辑)、王同《我参加红十字会活动的回忆》(《武汉文史资料》第13辑)、黄文涛《王同与中国红十字会武昌分会》(《武昌文史》第2辑)、费同锴《孝感县红十字会》(《孝感市文史资料》第2辑)、张松亭《解放前的中国红十字会大冶分会》(《黄石文史资料》第5辑)、胡全勇《麻城红十字会发展概况》(《麻城文史资料》第3辑)、尹佶垣《洪江旧红十字会史话》(《洪江市文史资料》第2辑)、黄润开《保护和移交红十字会42分库的经过》(《沅江文史资料》第2辑)、卢肇庆《抗战期间清远红十字会的活动》(《清远文史资料》第2辑)、陈新猷《柳州红十字会募捐启》(《柳州文史资料》第2辑)、梁福波《梧州红十字会简史》(《梧州文史资料》第6辑)、杨德称《宜宾红十字会的始末概述》(《宜宾文史资料选辑》第1辑)、杨德称《宜宾"红十字会"史略》(《宜宾文史资料》第13辑)、刘志翔《红十字会泸州分会活动概况》(《泸州文史资料选辑》第5辑)、杨正心《中国红十字会垫江县分会的成立与发展》(《垫江县文史资料》第2辑)、王瑞松等《安岳解放前后的红十字会》(《安岳文史资料》第24辑)、吕本仁等《黔灵公社红十字会组织的建立和演变》(《云岩文史资料选辑》第2辑)、曾炎《中大服务团救伤班》(《龙川文史》第2辑)、赵兴让《中国红十字会一支医防队赴太行山工作经过》(《革命史资料》第17辑)、郭绍兴《中国红十字会救护总队第十一队在豫西的活动》(《河南文史资料》第18辑)、董民生《抗战时期红十字会救护队工作的回忆》(《河南文史资料》第28辑)、简绵堂《中国红十字会救护大在弋阳》(《弋阳文史资料》第3辑)、李白贞《汉口红十字会荆沙救护记》(《沙市文史资料》第4辑)、林韫山《回忆抗战中我参加医疗队抢救伤员的经过》(《谷城文史资料》第1辑)、谭宗英《参加中国红十字会医疗队工作回忆》(《长沙文史资料》第6辑)、简绵堂《图云关一件旧事——记中国红十字会救护总队》(《南明文史资料选辑》第6辑)、孙清连《三河红十字会医院建立始末》(《额尔古纳右旗文史资料》第2辑)、胡承运《红十字会医院》(《江汉文史资料》第18辑)、罗鸿模《梧州红十字会留医院工作忆述》(《梧州文史资料选辑》第11辑)、余跃渊《乐山红十字会医院历程》(《乐山文史资料》第48辑)、卢中人《合江县红十字会医院及合江县立平民医院》(《合江县文史资料选辑》第2辑)、鲁业渊《援助我国抗战的国际友人事迹拾遗》(《成都文史资料选辑》第17辑)、江柘舟《活动在晋东南的国际医疗队》(《山西文史资料》第27辑)、《红十字光彩:红十字在辽宁》(《辽宁文史资料》第45辑)等。这些口述资料,为当事人记当时事,对中国红十字运动研究具有一定的参考价值。

六、其他资料

中国红十字会运动涉及范围广,政治、军事、外交等领域的官方资料都有有关红十字活动的记载,如《清季外交史料》《宣统政纪》《国民政府公报》等。除此之外,还应该广泛搜集与利用其他资料,对红十字运动进行细致研究。其中以下几个方面的资料尤其值得研究者关注:

其一为报刊资料。红十字会报刊之外,其他报刊也有有关红十字会的信息。《申报》就是一例。《申报》,1872年4月30日由英商美查(Ernest Major)在上海创办,"凡国家之政治,风俗之变迁,中外交涉之要务,商贾贸易之利弊,与夫一切可惊、可谔、可喜之事,足以新人听闻者,靡不毕载,务求其真实无妄,使观者明白易晓,不为浮夸之辞,不述荒唐之事"①,深受各界欢迎。该报于1949年5月上海解放时停刊,是旧中国出版时间最久的报纸之一。《申报》中有关红十字会活动的报道可谓连篇累牍,是研究者必须加以充分利用的"资料库"。在旧中国具有广泛影响的《东方杂志》也有一些红十字会的资料。他如《民立报》《时报》《大公报》《新闻报》《中外日报》《光明日报》《人民日报》《文汇报》《新华月报》,以及与医疗卫生相关的报刊如《赈济与救护》《中国护士》《上海医事周刊》《中华医史杂志》等,还有为数众多的地方报刊,如新中国成立前无锡的《人报》《新无锡》以及《苏州明报》等,都有大量报道,红十字会研究者理应查阅利用。

其二为地方志。民国时期出版的地方志多多少少有一些红十字会活动的资料,尤其是遭受兵燹、灾荒严重的地方,红十字会的救助行动也会载入史册。至于新中国成立后出版的新志,都会有"红十字会"的专门介绍,如《常熟市志》《青浦县志》《嘉定县志》《镇江市志》《盐城市志》《金山县志》《盛泽镇志》《如皋县志》《南通县志》《震泽镇志》等等。与红十字会相关的《卫生志》也有一些记载。值得注意是,由郝

① 《申报》创刊号。

如一、池子华主编的《苏州红十字会志》作为“红十字书系”之一种，已由安徽人民出版社推出，是为全国红十字会系统第一部公开出版的志书。它的出版，不仅可以填补红会无志书的遗憾，而且可为中国红十字运动的研究提供史料，其意义有不可低估者。随着编史修志工作的不断推进，“专门志”受到了高度重视，借此东风，期待有更多的“红会志”公开出版，这对研究者来说，不啻为福音。

其三为个人文集类。特别是与红十字运动有关的人物文集中的日记、函件、公牍、奏稿、文论等，有关红十字会运动的资料收录其中，为研究者提供了不少新鲜资料，如台湾文海出版有限公司出版的《近代中国史料丛刊》第3编第58辑，辑有《吕海寰往来电函录稿》，辑录辛亥革命前后红会往来电函，对研究清末民初中国红十字运动跌宕起伏的历史进程，裨益良多。再如商务印书馆1938年出版的中国红十字会秘书长庞京周写的《抗战与救护工作》，以中国红十字会为中心，阐述了“救护与抗战的关系”“抗战中民众应有的救护准备”“动员实施救护时的管理”“抗战大众对救护的责任”等，所使用的资料多为红十字会内部资料，丰富而翔实。又如社会科学文献出版社出版的彭珮云《奋进中的红十字事业》，主要收录了1999年至2004年“五年来，彭珮云会长在各种重要会议和重大活动中的讲话，在调查研究中发表的意见，在她的指导下形成的工作调研报告、出访考察报告，以及有关红十字会工作的信函、批语，反映了我国红十字事业前进的历程，思考了红十字事业发展中的一些重大问题，总结了做好新时期红十字会工作的基本经验，对于指导我们进一步做好红十字会工作具有重要意义”。《奋进中的红十字事业》为我们研究新时期中国红十字运动的发展，提供了重要参考资料。总而言之，中国红十字会历任会长、副会长、秘书长等“红会人物”，有文集者，都应尽可能查阅，以使我们的研究建立在扎实可靠的资料基础之上。

其四为总会及地方红会出版的史书。由中国红十字会总会顾英奇主编的《中国红十字会的九十年》一书，1994年由中国友谊出版公司出版发行。该书分上、下两篇，较为全面系统地反映了中国红十字会九十年所走过的道路，再现了各个时期主要活动的历史场景，讴歌了中国红十字会的业绩，“可以称得上是关于中国红十字会的第一本史书”①。中

① 顾英奇“序”，中国红十字会总会编：《中国红十字会的九十年》，中国友谊出版公司1994年版。

国红十字会总会曲折主编的《中国红十字事业》[1]，则重点突出改革开放20年来中国红十字会在建设有中国特色的红十字事业中之“亮点”博爱系列工程——救援工程、生命工程、爱心工程，台湾事务工作，以及“红十字事业之星”感人至深的事迹等，展示了红十字事业的亮点。这两部书各有侧重，值得研究者参考。

地方红会，尤其是省级红会，依据档案资料，对各该地红十字运动的兴起与发展进行考察。如江苏省红十字会编著的《江苏红十字运动的八十八年》[2]，对1911年至1999年江苏红十字运动的历史发展做了较为全面的梳理。全书分上、下两篇，上篇（1911—1949年）分三章，概述民国初期（1911—1931年）、抗日战争时期（1931—1945年）、“复员时期”（1945—1949年）江苏红十字运动的基本情况；下篇分五章，分别对改组新生时期（1949—1956年）、江苏省红十字会成立至“文革”时期（1956—1977年）、恢复时期（1978—1985年）、发展时期（1985—1993年）、开始依法建会时期（1993—1999年）江苏红十字运动的历史变迁进行探究。本书的出版“填补了江苏省红十字运动有史无书的历史空白，对于我们以及后人了解过去、研究历史、借鉴历史、继承和发展江苏省红十字事业提供了宝贵的资料；同时，为社会各界系统、全面、历史地了解和认识红十字会，进而在民众中弘扬‘人道、博爱、奉献’的红十字精神，促进精神文明建设也有着积极的意义”[3]。其他如计克良主编《福建红十字会简史》（1994年）、孙敬敏编纂《北京市红十字会的65年（1928—1993）》[4]、赵辉主编《天津红十字会九十年》[5]、山东省红十字会编《山东红十字事业九十年》[6]、吴宝璋主编《云南红十字会史》[7]，等等。这些由地方红会主持编纂的史书，都有档案材料支撑，具有相当高的资料性，对研究中国红十字运动有着重要参考价值。

① 曲折主编：《中国红十字事业》，广东经济出版社1999年版。
② 江苏省红十字会编著：《江苏红十字运动的八十八年》，东南大学出版社2001年版。
③ 江苏省红十字会编著：《江苏红十字运动的八十八年》，东南大学出版社2001年版，“前言”。
④ 孙敬敏编纂：《北京市红十字会的65年（1928—1993）》，文津出版社1995年版。
⑤ 赵辉主编：《天津红十字会九十年》，天津人民出版社2001年版。
⑥ 山东省红十字会编：《山东红十字事业九十年》，山东友谊出版社2002年版。
⑦ 吴宝璋主编：《云南红十字会史》，云南人民出版社2004年版。

七、关于资料建设的几点设想

从以上的缕述中可以看出，中国红十字运动的资料是极为丰富的，研究中国红十字运动大有可为。但要推进中国红十字研究向纵深、宽广方向发展，资料建设仍是最基础性的工作，“巧妇难为无米之炊”，资料建设的重要性不言而喻。根据目前红会资料开发利用的情况，笔者以为以后应重点加强以下几个方面的工作：

首先，档案资料的整理出版。红会历史档案资料存量巨大，如贵州省档案馆藏有红会档案3260件，中国第二历史档案馆藏有红会档案3318件，贵阳市档案馆、上海市档案馆、重庆市档案馆等，也有大量馆藏红会档案。至于新中国成立后总会档案室以及各省市档案馆、红十字会档案室，所藏档案就更多了。目前，红会档案虽然公布了一些，但只是九牛一毛，远远不能满足研究者的需要。如何整合人力、资源，对红会档案进行开发，是一个值得关注、探索的问题。红十字运动研究中心计划与档案馆、出版社携手合作，整理出版一批档案资料，也希望红十字会系统及有远见的企业家加盟，共襄盛举。

其次，报刊资料的整理出版。新中国成立前有关红十字报刊资料虽然相对集中，但由于年代久远，利用起来多有不便，对一些重要资料可以适当加以整理。至于其他报刊，由于较为分散，查阅困难，应重点关注，积极创造条件，整理出版。资料搜集的范围，除了有关红十字会慈善活动的报道之外，应有所扩大，如诗歌、散文、广告等，凡能对红十字运动研究有所助益的资料，都可以纳入视野。如1920年黄河流域天干地燥，亢旱异常，河北、山东、河南、山西、陕西5省发生“四十年未有之奇灾”[①]，上千万灾民嗷嗷待哺。为收到更好的劝募效果，中国红十字会作《乞赈歌》，印成传单广为散布，其中一首歌词云：

北方旱灾遍五省，蔓延直鲁豫陕晋，
饥民数达三千万，四五十年耳未听。
说起灾情实惨伤，玉米豆麦棉高粱，
颗粒无收不得食，树皮草根争相鬻。
农民无力养妻子，投井悬梁自寻死，
牛羊驴马价最廉，儿女贱卖不值钱。

① 《北方四十年未有之奇灾》，《申报》1920年9月14日。

饥躯奔走将远徙，旅费缺乏坐待毙。
我今且说避灾民，夫携妻妹到天津，
三人饥饿四五日，路途叫卖馍馍人。
其夫取出四铜子，买得馍馍夫妇分，
阿妹饿极无钱买，夺取数个忙咽下，
卖主争论向索钱，旁有好善代付价。
三人幸得腹一饱，小妹哭啼牵衣道，
哥哥不能养活我，请君慈悲一援救。
道旁太息更咨嗟，力劝善人携还家。
又闻灾民两夫妇，手携孩童年四五，
父欲弃儿不一顾，母不忍抛抱持哭，
霎时将身悬高树，夫不见妻猛回看，
伤心妻命已黄泉，可怜夫亦同时缢树下，
仅留一童稚，叫号跳踯不忍闻。
灾民情况类如是，呜呼此言过路人。
灾区情形实更炽，北京筹设救济会，
外人亦开赈灾议，海上不乏慈善家，
好善之诚岂独后？我思豪富极奢侈，
酒肴动辄百金费，更有杂项可省处，
日日销耗不少钱，诸公苟能稍节省，
灾民已可活多命，奉劝男女各同胞，
大发善心与宏愿，不论金钱或衣饰，
慷慨解囊毋吝惜，众擎易举腋成裘，
施舍灾民都得食，此中造福实靡穷，
功德无量万口同。

这首《红十字会为三千万灾民含泪乞赈歌》[①]，如泣如诉，震撼人心，产生了强烈的社会效应，这对动员社会各界参与赈灾无疑是有力的推动。类似歌谣，完全可以作为史料使用，这是资料整理过程中应该留心的。

再次，鉴于《中国红十字会历史资料选编，1904—1949》存在的问题较多，建议总会组织人力加以修订。在修订过程中，除了上文所说的“盲点”需要填补、错误需要更正之外，增补一些地方红会的资料是必

① 《申报》1920年9月22日。

要的，这样可以使《选编》的内容更加丰富，这是一件功德无量的事，希望能够早日提上日程。

最后，增强“网络”的存史功能。在信息化时代，网络是宣传红十字工作、扩大红十字会在国内外的影响、动员全社会参与人道主义事业的重要手段。在新形势下，红十字报刊倘能真正走进“网络时代”，必将绽放出更加鲜艳的人道之花，同时增强了“存史”功能，为红十字运动研究准备了资料条件。《江苏红十字》报就有网络版，虽然更新比较慢，但确是很好的尝试，值得推广。

一部中国红会史研究的“问题”之作

——评《中国红十字会初期发展之研究》

自20世纪末以来，中国红十字运动研究逐渐受到学界的关注，取得了较为丰硕的成果。不过，红十字运动研究毕竟是一个新兴的学术领域，无论是研究的深度，抑或广度，都有待加强。台湾学者张建俅先生所著《中国红十字会初期发展之研究》，2007年3月由中华书局出版，为红十字运动研究的新成果，可喜可贺。但本书问题多多，同样值得注意。这里谨对张著简要评析，供读者参考。

一

张建俅先生是较早从事红十字运动研究的学者之一，曾发表《抗战时期战地救护体系的建构及其运作——以中国红十字会救护总队为中心的探讨》《近代中国政府与社团关系的探讨——以中国红十字会为例（1912—1949）》《抗战时期救护总队外籍医护人员名单考证》《中国红十字会的起源（1904—1912）》《中国红十字会经费问题浅析（1912—1937）》等论文多篇。这部《中国红十字会初期发展之研究》，就是他多年来研究成果的结晶。

张著30万言，除绪论、结论外，共计4章16节，依时间先后分别将中国红十字会各方面的变迁加以叙述：第一章“萌芽与草创时期的中国红十字会（1912—1927）”（中国红十字会的成立，官办与民办之争——与政府关系的演变，会务的开展，救援工作的推展），主要叙述中国红十字会的缘起及其在北洋军政府时期的人事变迁、会务发展、工作表现等；第二章“从民间团体到官商共治（1928—1936）”（组织运作与政府介入，经费来源与会务推展，功能转化，总会权力核心的转移），主要阐述国民政府借由总会改组的人事矛盾，逐步介入，并干预其经费与会务，且在战事的影响下，导致总会的主要功能配合政府所需开始转化；第三章“战争中的中国红十字会（1937—1942）”（组织结构的重整，战地救护工作，战时医疗与防疫，支持三合一政策，寻求外援襄助抗战），分析因抗战爆发，国民政府如何通过种种方式，加上抗战形势的催化，逐渐对总会加以直接控管的过程，以及红会对抗战的贡献；第四章“变为国家机构的中国红十字会（1943—1949）”（政府控管，政策执行，战后地位变迁），叙述中国红十字会几乎转变成为国家机构，国民政府完全将红十字会纳入军管，而红十字会也成为国家政策执行机构之一。上述4章，构成了张著关于中国红十字会初期发展的研究体系或基本框架。

二

显然，张著有自己的个性与特色，其研究确有不少值得称道之处。

首先，视角新颖。张著的一个鲜明特色就是把中国红十字会的初期发展置于国家与社会的关系这一宏大理论架构之下进行解读。国家与社会的关系，曾是学术研究的热点问题之一，不少学者对明清时期乡村社会与国家之间紧张乃至对立的关系进行探究，而对民国以来城市精英参与慈善事业的研究较为薄弱，因此，在作者看来，“从慈善事业个案的角度，观察民国时期国家与社会的互动，应该是一个相当可行的研究策略”。（《中国红十字会初期发展之研究》第2页，以下引该书只注页码）这是本书研究的动机所在。之所以选择中国红十字会作为研究主体，“系因该会是民国时期全国首屈一指的慈善团体，同时该会也深具超越传统中国慈善团体的特质：第一，红十字会跨越了地域的限制，成为民间举办的全国性的慈善团体，这是过去从来没有的事；第二，获得国际公约的保障，因此具有相当的国际性质，有异于国内其他慈善团体；第三，该会在工作内容方面的多元与战争时期的特殊地位，均是同时期国内慈善团体当中独一无二的”。（第4页）因此本书尝试透过分析中国红十字会的结构、性质、地位、组织、人事和经费、主要工作内容及其贡献，以及政府管理中国红十字会的法令与政策的变迁等议题，探究国家对该会曾经产生什么影响，而这些影响又代表什么意义，以洞察该会与国家的互动关系，以及中国红十字会总会本身角色、地位的变化。这种研究动机和取向，在红十字运动研究领域应该说具有开创性，新人耳目。

其次，资料丰富。除了《申报》《时务报》《民立报》资料以及中国红十字会主办的《人道指南》《中国红十字会杂志》《中国红十字会月刊》《中国红十字会会务通讯》《红十字月刊》等之外，难能可贵的是，作者还不辞辛劳，多次赴大陆，查阅了大量档案资料，如南京中国第二历史档案馆、贵州省档案馆馆藏《中国红十字会档案》，贵阳市档案馆典藏《救护总队档案》，上海市档案馆有关中国红十字会的档案等。档案资料的广征博引，着实引人注目，也成为本书的一大特色。

又次，有所创见。即如关于人事变迁的统计分析，本书列举了“民国元年常议员表”“民国八年常议员表”“民国十一年常议员名单”“第6届红十字会总会常议员名单”“第7届红十字会总会理事、监事名单”“第8届红十字会总会理事、监事名单”“第9届红十字会理、监事名单”“第10届红十字会理事名单”。通过对他们籍贯、年龄、学历、职业经历、在会职务等相关要素的统计分析，不仅可以揭示红会领导层人事更迭、结构嬗变及其所包含的深层意蕴，而且本书的主旨——国家与社会的关系——得到凸显。定量与定性分析结合，提出不少新见解，应该说还是能够使人信服的。其他如对中国红十字会内部“二元结构”的透视，对抗战时期“三合一”政策的解析，对林可胜的历史定位，对国家与社会互动关系的理解等，也都有自己的识见。

三

张著尽管有不少值得称道之处，但也存在错误不实之处。例如，作者称:“本书所称‘中国红十字会’（Red Cross Society of China）是自民国元年以后，国内外对中国地区红十字会组织的通称，同时也是中国红十字会总会一贯采用的名称。而就各时期中国政府而言，北洋政府时期也沿袭这种用法，等到国民政府时期，特别是在制定管理条例时，国民政府便将该条例称为《台湾红十字会组织管理条例》，似有以‘台湾红十字会’这个名称取代‘中国红十字会’的意味，不过当时在上海的总会似并未接受这个名称上的改变，具体的证据是其内部公文或对外宣传的期刊仍以‘中国红十字会’作为会名。直到民国31年9月，当时总会期刊《中国红十字会会务通讯》第10期，其发行者就变为‘台湾红十字会组织’，而从12期开始连刊名也改为《台湾红十字会会务通讯》，因此就总会而言，大致是从民国31年才开始使用‘台湾红十字会组织’作为正式会名，一直延续到1949年。而中国红十字会这个会名，则是在中华人民共和国成立以后，重组红十字会时重新启用，并据此向红十

字会国际委员会申请的会籍”。(第8—9页)

这段文字，错误百出。熟悉中国红十字会历史的人都知道，国民政府从来没有制定过所谓“《台湾红十字会组织管理条例》”，更谈不上以“台湾红十字会”取代“中国红十字会”的意味。事实是，1932年11月25日，国民政府立法院第213次会议讨论通过《中华民国红十字会管理条例》14条。12月16日，该条例公布。1933年6月3日，行政院长汪兆铭、内政部长黄绍竑、外交部长罗文干、军政部长何应钦、海军部长陈绍宽联衔以训令的形式颁布《〈中华民国红十字会管理条例〉施行细则》(43条)[①]。1936年6月30日，立法院修正并通过《中华民国红十字会管理条例》，7月23日公布[②]。很显然，作者把《中华民国红十字会管理条例》“偷换”为《台湾红十字会组织管理条例》。

为了证明“偷换”的合理性，本书竟拿中国红十字会《会务通讯》做“根据”，说什么第10期“其发行者就变为‘台湾红十字会组织’，而从12期开始连刊名也改为《台湾红十字会会务通讯》”，显有捏造之嫌。《会务通讯》创刊于1941年1月，为月刊，1945年8月停刊，共出34期。从第1期至第10期，刊名全称为《中国红十字会会务通讯》，由中国红十字会总会编辑、发行，而从第11期开始，改为《中华民国红十字会会务通讯》，由中华民国红十字会总会编辑发行，直至停刊。有关这方面的情况，任何人都可以通过中国国家图书馆网站数字化期刊“民国期刊”中查询得实，且第10期发行者没有任何变化，有变化也是从第11期开始的，而不是第12期。

此外，中华民国红十字会名称的使用也不是如作者所说“大致是从民国31年（即1942年——引者）才开始”，早在1930年9月22日中国红会常议会通过后呈报国民政府备案的中国红十字会“修正章程”即将“章程名称改为《中华民国红十字会章程》。第一条改为：本会为国际上慈善法团，由本会会员组织之，定名为中华民国红十字会，简称为中国红十字会”[③]。作者研究红十字运动多年，这种常识性的错误实在不应该出现的。

① 《申报》1934年9月25日。

② 见池子华：《红十字与近代中国》，安徽人民出版社2004年版，第292页。

③ 见孙柏秋主编，池子华、杨国堂等著《百年红十字》，安徽人民出版社2003年版，第135页。

四

张著固然提出了一些新见解，但亦不无可商榷之处，关于中国红十字会成立的时间问题就是其中之一。

1904 年 3 月 10 日，中、英、法、德、美联手成功组建上海万国红十字会，这标志着中国红十字会的诞生。这是学界一致的看法。作者提出不同意见，认为民国元年即 1912 年 9 月 29 日，中国红十字会在上海租界工部局议事厅召开第一次全国代表大会。10 月 30 日，为了结合国内各种红十字团体，乃于上海汇中旅馆召开中国红十字会统一大会，“从此中国红十字会宣告正式成立”。（第 41 页）作者又指出：“根据种种迹象显示，民国元年（1912 年）才是中国红十字会正式成立的关键”，理由有三：一是政府立案，“在南京临时政府时期，临时大总统孙中山根据副总统黎元洪的建议，乃命令内务部准予中国红十字会立案，这是中国红十字会首次获得政府正式立案，从此成为正式合法的社团。袁世凯主政后，也同意保护该会，在中国红十字会召开全国代表大会选出正副会长后，袁氏一面表示同意，一面明令发表该项任命。从此中国红十字会在国内的合法地位获得确认和延续”；二是国际承认，“清末中国红十字会虽然加入了日内瓦公约，但最初的上海万国红十字会仅为临时组织，后来吕海寰、盛宣怀所筹设的大清红十字会也胎死腹中，两者都从未与国际红十字委员会取得联系，故亦无从获得国际承认。民国元年上海总办事处负责人沈敦和与日本赤十字社取得联系，由赤十字社社长松方侯爵向红十字国际委员会介绍中国红十字会入会，获得该委员会的同意。同年万国红十字大会第 9 次会议于华盛顿举行，中国红十字会与中国政府首次获邀与会，这是中国红十字会首次参与的国际会议，代表了该会从此加入国际社会的开端”；三是制度确立，“中国红十字会各项制度如组织、会员、分会等都是在民国元年通过《中国红十字会章程》确定下来。该章程确定会名为中国红十字会，总会设在北京，总办事处设于上海，另由全国代表大会选出常议员 36 人，组成常议会。会员部分在武昌起义后，上海方面即拟定名誉会员办法，民国元年更确定捐款 25 元以上为会员，独捐 200 元以上或经募 1000 元以上为特别会员，独捐 1000 元以上或经募 5000 元以上为名誉会员。全国各地如有会员 30 人以上即可申请设立分会”。（第 41—42 页）

作者的观点固然很新，但仔细推敲起来，却难以使人信服。

首先，在作者看来，政府的立案，使中国红会成为“正式合法的社团”。人们自然质疑，难道立案之前它是非法的吗？事实上，政府眼中的中国红会，从来都是合法的，由政府任命的盛宣怀会长甚至将其更名为大清红十字会，也得到朝廷的采纳，相信没有任何人怀疑它的合法性。红会之所以陈请立案，众所周知，是“改朝换代”造成的，民国新建，自然有必要取得新政府的认可，维持它的合法存在，使自身的合法地位得以延续。这才是问题的关键。显然，作者的根据是站不住脚的。

其次，国际承认，对红十字会这样具有国际性的慈善组织来说固然重要，但作者忽视了一个基本逻辑，即先有了红十字会，然后才谈得上争取国际承认。换句话说，国际承认并不是中国红会成立的前提，而是“后果”。那么，国际承认具体何时？1912 年 1 月 12 日①；中国红会出席第 9 次万国红十字大会又在何时？1912 年 5 月 7 日至 17 日②。而被作者视为中国红会“宣告正式成立”的统一大会，则是 1912 年 10 月 30 日。明眼人一看便知，作者犯了“倒因为果”的常识性错误。而这一错误，恰恰证明了国际承认并非“中国红十字会正式成立的关键”，同时也恰恰证明了中国红会在 1912 年之前即已存在。作者也意识到会遇到逻辑问题，所以干脆只字不提国际承认的时间或故意“模糊”了事。相信作者不会不知道各国红十字会成立和得到红十字国际委员会的承认，从来都不是同步的，它有一个过程，这个过程有长有短，各国情形不一，如日本赤十字社，1877 年成立，而直到 10 年后的 1887 年才得到红十字国际委员会的正式承认③。这种情况原本正常，并不妨碍红十字组织的组建与存在。如果按照作者的逻辑，日本赤十字社岂不要等到 1887 年得到国际承认才“正式成立”了吗？

再次，制度确立，也不是如作者所说“是在民国元年通过《中国红十字会章程》确定下来”的，在此之前，即有《上海万国红十字会暂行简明章程》（1904 年）、《中国红十字会试办章程》（1910 年）的制定，尽管比较“简明”、幼稚，但也正因为如此，它才有进一步完善的必要。民国元年通过的《中国红十字会章程》，正是中国红十字会由不成熟逐渐走向成熟的标志，而不是中国红十字会“正式成立的关键”。至于会

① 《中国红十字会特别广告》，《申报》1912 年 2 月 7 日。

② 池子华、郝如一主编：《中国红十字会历史编年，1904—2004》，安徽人民出版社 2005 年版，第 21 页。

③ 《各国红十字会与红新月会一览表》，见中国红十字会总会编：《红十字手册》，辽宁科学技术出版社 1988 年版，第 273 页。

员，在民国元年之前，就有名誉会员、特别会员、正会员名目，并在1911年举行了大规模的征集会员活动[①]。作者既然承认“会员”不是从民国元年开始的，却依然作为“民国元年（1912年）才是中国红十字会正式成立的关键”性的证据，岂不是等于自我否定？

最后，再看看作者视为“从此中国红十字会宣告正式成立”的标志性事件——统一大会。中国红十字会之所以要召开统一大会，是因为红十字会内部出现了不和谐、不统一的局面，需要统一意志，而不是为了组建中国红十字会。换句话说，中国红十字会早已存在，并且本来也不存在不统一的情况，从上海万国红十字会，到大清红十字会，它的“唯一”地位是毋庸置疑的。辛亥革命爆发后，这种“统一”的局面被打破，广东红十字会、中华红十字会、粤东红十字会、济群红十字会、大汉红十字会、广东河南赞育红十字会等“冒”了出来，许多慈善团体也纷纷打出红十字旗号或赤十字会旗号[②]，一时红会林立，蔚为壮观。毫无疑问，这是国人慈善热情高涨的体现，本无可厚非，但造成一定程度的混乱，也不符合国际红十字运动的基本原则，即任何一个国家只能有一个红十字会或红新月会。在民国诞生的新的时代条件下，红十字会作为“世界万国惟一慈善事业，民国成立，一切政治机关莫不革故鼎新，期与东西各国齐驱并驾，则此重要之慈善团体，亦安可不正厥名义，求合乎世界大同？此本会之所以急谋统一也”[③]。这是统一大会召开的原因所在。通过统一大会，使中国红会告别了“散漫”，实现了“统一”，重新确立了“唯一”的地位，这在红会史上，具有里程碑意义，“实奠中国红十字会万年不拔之基”[④]。很显然，统一大会旨在解决红会内部出现的问题，怎么能够得出“从此中国红十字会宣告正式成立”的结论？

上述分析可见，作者标新立异的勇气固然可嘉，但却不能自圆其说，无法自成一家之言。

中国红十字会成立于1904年说，之所以得到学界的认可，自然有其合理性。作为标志性事件，这年3月10日，为援救日俄战争中被难同胞，中、英、法、德、美五国代表会集于上海英租界公共工部局议事，

① 《红十字会征集会员广告》，《申报》1911年11月1日。

② 池子华：《红十字与近代中国》，安徽人民出版社2004年版，第130页。

③ 《副会长沈敦和君宣布开会宗旨》，见中国红十字会总会编：《中国红十字会历史资料选编，1904—1949》，南京大学出版社1993年版，第266页。

④ 《统一大会记》，原载《中国红十字会杂志》第1号，见中国红十字会总会编：《中国红十字会历史资料选编，1904—1949》，南京大学出版社1993年版，第259页。

宣告上海万国红十字会成立。虽然名义上系五国“合办红十字会”[①]，但因“在中国地方创始承办，中国遂永有红十字会主权”[②]，也正因为如此，人们才有理由把1904年3月10日上海万国红十字会组建日视为中国红十字会的诞生日。

“联合”不过是权宜之举，中国红十字会理所当然要走“自立”之路，7月12日在制定《上海万国红十字会暂行简明章程》时特别强调：“至中国红十字会章程，应由华董另拟，呈候咨部核奏，请旨饬行，合并声明。”[③] 等于旗帜鲜明地打出了“中国红十字会”的旗号，它意味着什么，不言而喻。1907年7月，救护日俄战灾的使命完成，上海万国红十字会“解散后，中国会员遂于上海开会，议决另行组织中国红十字会，以为久远之计。适商约大臣盛宣怀驻沪，遂公推为会长。一千九百零七年盛大臣（盛宣怀）将组织会务情形奏达朝廷，当奉谕旨，准照办理，并派盛大臣为会长。其时本会并未请领敕旨书，亦未订立规章，故其范围未见推广”[④]。中国红十字会由此走上独立发展的道路。1910年2月27日，盛宣怀被清政府正式任命为会长后，即于3月13日咨行礼部，以中国红十字会系遵旨开办，应行奏请添铸“大清红十字会”关防，以昭郑重。6月5日，“大清红十字会”关防正式启用[⑤]。中国红十字会蜕变为大清红十字会。1911年11月13日，清廷颁发谕旨，“命前外务部尚书吕海寰充中国红十字会会长”[⑥]，重新回归“中国红十字会”。不难发现，从上海万国红十字会，到中国红十字会，到大清红十字会，再到中国红十字会，一脉相承。说中国红十字会成立于1904年，并无不妥。

五

除上述问题之外，其他有待进一步推敲或改进之处亦复不少。如：

其一，分期问题。作者并没有明确提出这一问题，但从文章的标题

---

① 《申报》1904年4月10日。

② 《晚清关于红十字会开创之奏折》，见中国红十字会总会编：《中国红十字会历史资料选编，1904—1949》，南京大学出版社1993年版，第9页。

③ 中国红十字会总会编：《中国红十字会历史资料选编，1904—1949》，南京大学出版社1993年版，第30页。

④ 《吕海寰往来电函录稿》，载《近代中国史料丛刊》第3编第58辑，（台北）文海出版有限公司印行，第885页。

⑤ 周秋光：《晚清时期的中国红十字会述论》，《近代史研究》2000年第3期，第145页。

⑥ 《宣统政纪》第64卷。

可以看出，作者把中国红十字会初期发展分为 4 个阶段，即萌芽与草创时期的中国红十字会（1912—1927）、从民间团体到官商共治（1928—1936）、战争中的中国红十字会（1937—1942）、变为国家机构的中国红十字会（1943—1949）。这其中，有两个时期的提法明显欠妥，一是把“萌芽与草创”的上限定为 1912 年，显然与作者的论述相矛盾。如上所述，作者把 1912 年视为中国红十字会正式成立的时间，而且政府立案、国际承认、制度确立，已经是相当完备，怎能谓“萌芽”？实际上作者在本章第一节中论述中国红十字会的成立时，从“新观念的引进”“中国参与日内瓦公约的尝试”“援引红十字会名义的慈善团体”“中外合办的上海万国红十字会”“争取日俄双方的承认”“朝野的响应与支持”“完成加入日内瓦公约的程序”“清末筹备红十字会的过程与争议”等方面展开论述，这些方面都是 1912 年前之事，也是作者意欲表达的“萌芽与草创”的真正意图，可是把 1912 年作为上限，便使作者的立论陷入自相矛盾的尴尬境地。二是“战争中的中国红十字会”，时间范围为 1937 至 1942 年，是对抗战时期中国红十字会救护行动的探讨，可是“八年抗战”，人所共知，不管出于什么样的理由，都不可能呈现出抗日战争中中国红十字会战时救护的全貌。

其二，属性问题。作者之所以以 1942 年将“八年抗战”断裂，是为第四章“变为国家机构的中国红十字会（1943—1949）”张本的。在作者看来，1943 年 4 月 1 日国民政府公布《红十字会战时组织条例》，“明白地显示红十字会自此完全纳入国民政府战时军事管理的体系”（第 256 页），标志着中国红十字会“变为国家机构”。这就提出了中国红十字会的属性问题。抗战胜利后主管官署由军事委员会改隶行政院，仍然是作者所说的“国家机构”，那么 1943 年以前中国红十字会主管官署还有卫生署、内政部，该做何解释？作者也强调之所以把 1943 年 4 月 1 日后的中国红十字会视为“国家机构”，乃“主要是因为从会长到理事、监事，全部都由政府指派，过去红十字会作为民间团体的传统和地位，至此完全改观”。（第 257 页）人们会问，理事、监事由部分指派到全部指派，有本质区别吗？政府影响力、控制力的加强与“国家机构”是一回事吗？作者在“结论”中说，红十字会“兼具官方、民间双重的性质”（第 312 页），既然“完全改观”成了“国家机构”，如何“兼具”？令人费解。

其三，逻辑问题。这是本书存在的又一个突出问题。如第 68 页谓“世界普设的红十字会，如何适应中国特殊的文化、政治乃至社会背景，突破传统慈善团体的区域局限，最后发展成为中国第一个常设性质的全国慈善团体”。如此肯定，令人深信不疑它就是“中国第一个常设性质的全国慈善团体”，可是到了315页话语变为“它也超越了清代以前主要以小区域活动为主的慈善事业，进而成为可能是近代中国首批具有全国性质的社团”。首批不等于第一个，而且是“可能”。又比如，第233页说“可能是为了获得更有利的支持，民国26年6月21日，庞京周前往庐山晋见军事委员会委员长蒋介石”。这种“可能”，很快变成了肯定，紧接着说“庞京周面见蒋介石的用意十分明显，亦即希望借蒋氏的肯定，平息总会内部对他的不满”。再比如，第313页说“推动民国时期中国红十字会各项救援工作主要的力量可能就是民族主义”。如此等等。这样的逻辑，令人无所适从。在本书中，随处可见“可能”的表达，这就使本书的严谨性、科学性大打折扣。

其四，学风问题。本书是在其“博士论文修改后出版的”（第1页），写“自序”的时间是2005年，我们可以视为修改定稿的时间。在此之前，学术界已有《百年红十字》《红十字与近代中国》等学术著作出版，论文也有30余篇，但作者视而不见，在进行学术综述时仍说“目前对于中国红十字会的研究仍在萌芽的阶段，除了Reeves博士论文外，目前还没有相关的研究作品出现”（第7—8页），令人大惑不解。是根本没有修改，还是对前人的研究不屑一顾，还是强调自己作品的“拓荒”价值，不得而知。无论哪种情况，都是学风不严谨的表现，应该引以为戒。

其五，校对问题。书中错别字不少，而且有的错得很奇怪，如“由于采用新式疗法，开办3个月中国共产党治愈570余人”（第38页），显然不通，应为“由于采用新式疗法，开办3个月中共治愈570余人”。他如“痤亡”（第151页）应为“瘗亡”，“贵阳市档案馆藏，《红十字会档案》”（第200页）应为“贵州省档案馆藏，《红十字会档案》”，5处“少至于学”（第232—234页）应为“少志于学”，“12个国家于1884年在日内瓦集会”（第304页）应为“12个国家于1864年在日内瓦集会”，等等。类似错误还有不少，这里就不一一列举了。

总之，虽然本书有其学术价值，但问题不少，有的问题甚至超出了学术研究的范围，这是不可取的。

（原载《民国档案》2007年第4期）

近年来中国红十字运动研究综述[①]

中国红十字会始建于日俄战争中的1904年，是近代以来历史最为悠久的社会团体。百年来，中国红十字会与社会同行，"同甘共苦"，留下了纷纭复杂的社会印记，解读中国红十字运动的历史密码对研究中国社会大有裨益。近年来，中国红十字运动研究开始受到学界重视，取得了一系列成果。本文拟就中国红十字运动学术研究的历史、现状略作爬梳并发表浅见，不妥之处敬请方家指正。

一

与中国红十字运动的历史悠久和功勋卓著相对照，学术界的理论研究却起步较晚，可以说在中国红十字会成立后的将近百年的时间里，相关研究依然寥若晨星，微不足道[②]。正如周秋光所云："百年来学术界对于中国红十字会的研究尚未起步。"[③]

这种情况一直持续到20世纪末。新旧世纪的更迭也为中国红十字运动的研究带来一缕新气象。中国红十字会的产生、发展和流变与社会变迁息息相关，要全面系统地考察中国社会，廓清历史迷雾，对中国红十字运动进行深入研究是势在必行的。由此一些学者开始关注这一在现实中依然生机勃发的社会团体。1998年，闵杰在《近代中国社会文化变

① 本文与杨红星合作完成。

② 由于条件所限，无法完整确知这一时期的相关研究状况。根据资料粗略搜得一文，为杨宝煌所写的《社会安全中红十字会业务之价值》，发表于《社会建设》1948年第8期。该文从社会安全的角度，以中外红十字会为实例，阐述了红十字会在"保健服务"和"灾难救济"中的重要价值。这是较早认识红十字社会保障功能的文论。

③ 周秋光：《晚清时期的中国红十字会述论》，《近代史研究》2000年第3期，第134页。

迁录》（第二卷）一书中介绍了“中国救济善会——红十字会的先声”[①]，虽然着墨不多，但在学界已亮出一个信号。

世纪之交的1999年，曾经身为抗战救护总队队员的薛庆煜发表《记中国红十字会救护总队与战时卫生人员训练所》一文[②]。作者以抗战救护亲历者的身份介绍了中国红十字会救护总队与战时卫生人员训练总所及其分所的创建过程。该文真实客观地再现了抗战救护的烽火岁月，也启迪了广大学者更多地关注红十字运动的研究。

2000年，周秋光在《近代史研究》上发表了《晚清时期的中国红十字会述论》，文章“对晚清时期的中国红十字会展开全面论述”，具体着眼于四个方面：“一是从纵向论述其历史进程；二是从横向剖析其运行机制；三是分类概述其所从事的各种救护与赈济活动；四是考察和透视其所参与的国际交往。”[③] 该文资料翔实，论述深刻，是21世纪中国红十字研究的开篇之作。之后作者相继发表了多篇相关研究文章。

继之，张建俅、池子华、朱浒、杨念群、靳环宇等人的研究著述相继问世，使21世纪初年的红十字运动研究出现了一个小高潮，形成学界的一个研究热点。这其中，由孙柏秋主编，池子华、杨国堂等著的《百年红十字》一书“作为首部系统研究中国红十字会百年史的著作，出版意义重大，不仅弥补了相关研究的不足，而且对拓展史学研究的领域，推动中国慈善事业的发展，都有着不可低估的借鉴价值”[④]。截至2008年，相关研究论文已达50余篇，专著多部，为进一步研究奠定了一定基础。

特别值得注意的是，2005年12月7日，由池子华等人筹划的“红十字运动研究中心”正式挂牌成立，这是全国第一家以红十字运动为专门研究对象的学术机构。以此为平台，又相继开通了国内第一家红十字运动研究网站和出版了国内第一份红十字运动研究的学术理论期刊。这三个“第一”的出现，极大地拓展了红十字运动研究的空间。

① 闵杰：《近代中国社会文化变迁录》（第二卷），浙江人民出版社1998年版，第181—186页。

② 该文发表于《中国科技史料》1999年第2期。之前有陈民、吕运明、李筑宁、李丽、曹育等人关于抗战救护的“灵魂人物”林可胜的文章发表，下文将有所介绍。

③ 周秋光：《晚清时期的中国红十字会述论》，《近代史研究》2000年第3期，第134页。

④ 茅家琦：《〈百年红十字〉简评》，《历史教学》2004年第3期，第79页。

二

迄今为止，有关中国红十字会的研究著作共有6部。第一部即为上文提到的被称为“为中国慈善界放一异彩”[①]、由安徽人民出版社2003年出版的《百年红十字》。该书共11章，60余万言，具有“完整性”“系统性”“真实性”“凝重性”“可读性”的特点[②]。作为首部系统研究中国红十字会百年史的著作，该书资料丰富，论据充分，以跨学科的研究手段，第一次全面、系统地再现了中国红十字会的百年沧桑，具有深沉的时代价值[③]。

继《百年红十字》之后，池子华又推出《红十字与近代中国》一书[④]。该书“在占有丰富翔实历史资料的基础上对中国红十字会与近代中国的互动关系作了多层次、多角度、跨学科的考察”。“作为第一部系统研究中国近代红十字会史的力作，它的出版不仅弥补了相关研究的不足，拓宽了中国社会史研究的领域，而且为中国红十字事业的可持续发展提供了有益的历史借鉴”[⑤]。

《中国红十字历史编年，1904—2004》是国内第一部检索中国红十字会百年史事的大型工具书[⑥]，得到红会系统业内人士的认可和称赞，它的出版“对深入研究中国红十字运动，扩大红十字会的宣传，以更好地为现实服务，推进中国红十字事业的持续发展将大有裨益”[⑦]。

从《百年红十字》到《红十字与近代中国》再到《中国红十字历史编年，1904—2004》，这三部具有开创性的学术专著极大地推动了中国红十字运动研究的深入开展。在此基础上，池子华、郝如一等又依托“红十字运动研究中心”，推出《近代江苏红十字运动》一书[⑧]，该书客

① 王卫平、王晚英：《为中国慈善界放一异彩——〈百年红十字〉简评》，《安徽史学》2004年第3期。

② 钱信忠：《百年红十字·序》。

③ 茅家琦：《〈百年红十字〉简评》，《历史教学》2004年第3期，第79页。

④ 池子华：《红十字与近代中国》，安徽人民出版社2004年版。

⑤ 黄妙婉、杨红星：《中国近代红会史研究的新突破——评〈红十字与近代中国〉》，《苏州大学学报》2005年第1期，第125—126页。

⑥ 池子华、郝如一主编：《中国红十字历史编年，1904—2004》，安徽人民出版社2005年版。

⑦ 张立明：《翔实求是　大有裨益——〈中国红十字历史编年，1904—2004〉简评》，《〈红十字运动研究〉2007年卷》，安徽人民出版社2007年版，第233页。

⑧ 池子华、郝如一：《近代江苏红十字运动》，安徽人民出版社2007年版。

观再现了近代江苏红十字运动从启蒙、兴起到成长、壮大的行进轨迹，揭示了近代江苏在晚清、辛亥战时、民国前期、抗战时期和复员时期的红十字“情缘”。这是第一部系统研究近代地方红会史的学术著作。江苏是红十字运动的发祥地，江苏红十字运动是中国红十字运动的重要组成部分，本书的出版“对弘扬红十字人道主义精神，推进中华博爱事业的发展，加强国际间在人道主义领域中的交流与合作，以及江苏的对外开放都大有裨益”①。

台湾学者亦有两部专著问世。第一部是由著名历史学家张玉法担任主编、由两岸专家学者合力编写的《“中华民国红十字会”百年会史，1904—2003》②。此书百万余言，“是迄今为止规模最为宏大的中国红十字运动研究的学术论著”。该书资料翔实，“再现了百年来红十字运动波澜壮阔的历史场景，‘大陆时期’研究之细腻，‘迁台时期’刻画之入微，都给人以耳目一新之感，特别是‘迁台时期’，对大陆读者而言，既陌生又新鲜，也为研究者提供了难得的历史资料”。但由于此书“系合成之作，截然分成两大板块，很难给人一种浑然一体的感觉……造成体例上的支离，给读者留下一丝遗憾”③。

另一部专著是张建俅所著的《中国红十字会初期发展之研究》④，此书是作者多年来研究成果的结晶，“视角新颖”“资料丰富”且“有所创见”。应该说该书的出版一定程度上推动了红十字运动的研究，但与此同时“本书问题多多，同样值得注意”⑤。

国外有关中国红十字运动的研究状况，由于条件所限详情无法确知，其中美国学者 Caroline Beth Reeves（卡罗琳·里夫斯）的博士论文 *The Power of Mercy*：*The Chinese Red Cross Society*，1900-1937（《人道的力量：中国红十字会，1900—1937》）值得关注⑥。这篇论文梳理中国红

---

① 红十字运动研究中心网站，http：//www. hszyj. net。

② 张玉法主编：《“中华民国红十字会”百年会史》，台湾致琦企业有限公司 2004 年印行。大陆方面参编学者为周秋光。

③ 池子华：《是行路者，也是道路的红十字会——〈“中华民国红十字会”百年会史，1904—2003〉述评》，《〈红十字运动研究〉2007 年卷》，安徽人民出版社 2007 年版，第 225 页。

④ 张建俅：《中国红十字会初期发展之研究》，中华书局 2007 年版。

⑤ 池子华：《一部中国红会史研究的“问题”之作——评〈中国红十字会初期发展之研究〉》，《民国档案》2007 年第 4 期，第 126—127 页。

⑥ Caroline Beth Reeves，*The Power of Mercy*：*The Chinese Red Cross Society*，1900-1937，unpublished Ph. D. dissertation，Harvard University，1998.

十字会的建立和早期发展，考察了这一过程中所折射出的中国社会和政治变迁。作者在文中论述了中国红十字运动的发展过程中地方精英参与社会公共事务模式的变化，一定程度上揭示了国家与社会的关系。

三

综观现阶段中国红十字运动研究的学术论文，以下几个方面为学界关注较多的问题。

（一）几个存在争论的焦点问题

1. 起源问题

“起源问题”是研究中国红十字运动必然要触及的问题，也是当前引起学界争论最大的一个问题。闵杰、周秋光、池子华以及朱浒等人就这一问题都曾著文立言，发表观点。这一问题的争论主要有两个层次：一个层次是何为中国红十字会先声的问题，是救济善会、济急善局、东三省普济善会还是其他？第二个层次是中国红十字会的起源模式问题，这是从宏观上考察在东西方交流碰撞的大背景下，红十字会这一“舶来品”如何真正立足中土，生根发芽。

在关于“何为先声”的交锋中，有三种观点。闵杰认为，“中国救济善会是一个遵照国际红十字会的基本精神和行动惯例成立的一个团体”，因此，“中国红十字会的先声是中国救济善会”①。池子华赞同这一观点②。

朱浒、杨念群主张“将1900年的整个战争救助行动称为中国红十字会的先声或许更为恰当”③。

周秋光首先指出，“东三省红十字普济善会是中国红十字会的先声”④。在进一步研究的基础上，他与杨智芳共同撰文指出，“济急善局、东三省红十字普济善会、上海万国红十字会在组织结构上具有传承性，而救济善会不具此特点。因此中国红十字会的起源可由东三省红十字普

① 闵杰：《近代中国社会文化变迁录》（第二卷），浙江人民出版社1998年版，第181—185页。

② 池子华：《从中国救济善会到上海万国红十字会》，《史林》2005年第2期，第77页。

③ 朱浒、杨念群：《现代国家理念与地方性实践交互影响下的医疗行为——中国红十字会起源的双重历史渊源》，《浙江社会科学》2004年第5期，第172页。

④ 周秋光：《晚清时期的中国红十字会述论》，《近代史研究》2000年第3期，第138页。

济善会再前推到济急善局”[①]。据此他们认为：“闵杰、池子华没有关注到济急善局的存在，他们依据救济善会已具有红十字会的性质而将其视为中国红十字会的先声；朱浒、杨念群注意到了济急善局的重要性，同时还注意到了救济善会、济急善局两者之间的关联，但他们更多的是强调两者之间的差别，他们主张将1900年的整个战争救助行动称为中国红十字会的先声，实际上是依托庚子事变的历史背景，对庚子事变中出现的救济善会、济急善局等救护组织做了一番广义化的处理。”[②]

关于中国红十字会的起源模式问题，朱浒、杨念群认为，“以往研究基本上没有对实践脉络进行认真分析，从而掩盖了红十字会在中国扎根的真正途径”，“红十字会之所以能够与中国慈善传统相结合，主要是通过当时重要的救荒机制即义赈来实现的，而不仅仅是依靠相关知识的传播”[③]。“事实上，尽管红十字会的形式完全是西方舶来品，但是它也受到中国内部情境的制约，在很大程度上是依靠地方性社会资源才得以在中国立足的”[④]。“红十字会在中国实现本土化的这个过程，并不能简单归结为中西慈善文化的相通性，而是有一条相当具体的依赖路径，即与标志着中国救荒事业重大发展的晚清义赈所提供的社会机制有着密切联系。”强调地方性实践即义赈的作用，认为正是“义赈这种跨地域的地方性实践机制在上海的持续运转，才使得上海绅商能够屡屡在实际行动中将红十字形式运用于中国”，“红十字会在中国起源过程中的所有实践都属于这种跨地域的地方性实践机制的范围”[⑤]。

随着研究的深入和一些中外文献资料的发现，周秋光改变了原来认为“中国红十字会的创立是建立在1894—1904年间政府和民间舆论的基础之上”的观点，认为早在19世纪七八十年代中国社会即有红十字会问题的讨论和实践，直至90年代中日甲午战争时期，中国多个地区都出现了红十字会组织机构以及红十字医院。“正是这些事件和因素直接导致了1904年中国红十字会的诞生，而红十字会的这段早期实践经

① 杨智芳、周秋光：《论中国红十字会的起源》，《湖南师范大学社会科学学报》2006年第4期，第115页。

② 杨智芳、周秋光：《论中国红十字会的起源》，《湖南师范大学社会科学学报》2006年第4期，第118页。

③ 朱浒、杨念群：《现代国家理念与地方性实践交互影响下的医疗行为——中国红十字会起源的双重历史渊源》，《浙江社会科学》2004年第5期，第168页。

④ 朱浒：《中国红十字会的地方性起源》，《石家庄学院学报》2005年第4期，第28页。

⑤ 朱浒、杨念群：《现代国家理念与地方性实践交互影响下的医疗行为——中国红十字会起源的双重历史渊源》，《浙江社会科学》2004年第5期，第174页。

历，对中国近代慈善事业的发展趋向也起了至为关键的作用”。这在一定程度上说明，中国红十字会的成立有着一个长期的自我实践积淀过程[①]。相近观点还见靳永震（即靳环宇）的另一篇文章《论甲午战争时期的红十字医院》[②]。之后，周秋光与杨智芳又进一步提出了中国红十字会起源路径上的“嫁接”理论，“红十字会虽系‘舶来品’，但中国红十字会确是中国本土的慈善组织‘嫁接’红十字会逐渐成长的结果”[③]。

2. 成立时间问题

1904 年，上海万国红十字会的成立标志着中国红十字会的诞生，这是学界所公认的。但台湾学者张建俅提出不同意见，认为“民国元年（1912）9 月 29 日在上海召开中国红十字会全国代表大会，10 月 30 日召开中国红十字会统一大会，中国红十字会终于正式成立，成为中国第一个全国性的慈善团体”。理由有三：一、政府立案；二、国际承认；三、制度确立[④]。池子华有针对性地就上述三点进行分析后，认为“张著的观点实在难以自圆其说。而中国红十字会成立于 1904 年说之所以得到学界的认可，自然有其合理性。作为标志性事件，这年 3 月 10 日，为援救日俄战争中被难同胞，中、英、法、德、美五国代表会集于上海英租界公共工部局议事，宣告上海万国红十字会成立。虽然名义上系五国‘合办红十字会’，但因‘在中国地方创始承办，中国遂永有红十字会主权’。也正因为如此，人们才有理由把 1904 年 3 月 10 日上海万国红十字会组建日视为中国红十字会的诞生日”[⑤]。

3. 国际红会承认的时间问题

一种观点认为“我国红十字会取得红十字国际委员会承认的时间应以 1904 年 7 月 8 日为准”[⑥]。周秋光、池子华不赞同这种观点，均持“1912 年 1 月 12 日”之说。池子华认为：“1904 年 7 月 8 日，中国只是因补签‘原议’而被接纳为会员国，只是取得开办红会的资格。当时虽有上海万国红十字会的存在，但系五国合办，非中国独自拥有，显然不

① 周秋光、靳环宇：《早期红十字会在中国的演变》，《光明日报》2006 年 2 月 21 日。

② 靳永震：《论甲午战争时期的红十字医院》，《湖南第一师范学报》2006 年第 2 期。

③ 杨智芳、周秋光：《论中国红十字会的起源》，《湖南师范大学社会科学学报》2006 年第 4 期，第 115 页。

④ 张建俅：《中国红十字会的起源（1904—1912）》，《政大史萃》2000 年第 2 期，第 95 页。

⑤ 池子华：《中国红十字会成立于一九一二年说质疑》，《光明日报》2007 年 9 月 21 日。

⑥《红十字国际委员会承认我国红十字会的时间探源》，《“中华民国红十字会”会刊》1999 年总第 15 期，第 22 页。

符合《承认条件》，不可能得到承认。”[①]

（二）战争救护

中国红十字会“因战争而成长，更因战争而发达”[②]。在整个中国近代社会中，战争救护是其人道行踪最主要部分和核心内容，因此战争救护问题也就成为近代红十字研究的“重头戏”。池子华对中国红十字会的战争救护进行了全面研究，陆续发表一系列文章，对1904—1945年中国红十字会自成立之日起的一系列战争救护行动进行剖析，记述了中国红十字运动“烽火狼烟”中的曲折历程，勾勒出近代社会发展独特的历史轮廓[③]。周秋光对民国北京政府时期的兵灾救赈活动进行了论述，包括1913年的“癸丑兵灾”、张家口兵灾、1914年的山东兵灾、皖豫两省兵灾、1916年的护国战事兵灾以及其他各地的兵灾等等[④]。

在历次战争救援中，抗战时期是倍受关注的一个历史阶段，因为这一时期的救护行动持续时间最久，活动开展最艰苦，但同时成绩也最为显著并富有特色。池子华以抗战中的四次长沙会战救护、敌后战场的救援行动、中国远征军随军救护为中心，再现了中国红十字会救护总队抗战救护的业绩[⑤]。李微把抗战救护分成两个阶段进行阐释：七七事变至南京沦陷为第一阶段，主要对伤兵实行收容治疗；第二阶段从南京沦陷至抗战结束，采取流动救护，认为“中国红十字会是抗战时期整个救护体系的核心”[⑥]。杨红星对留美医学生群体在抗战救护中的贡献进行了考

① 池子华：《红十字与近代中国》，安徽人民出版社2004年版，第119页。

② 蒋梦麟：《复员期间的中国红十字会》，《大公报》，1946年2月17日。

③ 这些论文包括：《“二次革命”中的中国红十字会人道救援》，《钟山风雨》2003年第2期；《抗战初期中国红十字会的战事救护》，《江海学刊》2003年第4期；《1937年中国红十字会淞沪抗战救护简论》，《徐州师范大学学报》2003年第4期；《中国红十字会辛亥战时救护行动》，《民国档案》2004年第1期；《辛亥革命中留日医学生的救护行动》，《徐州师范大学学报》2004年第2期；《中国红十字会救护总队抗战救护的几个断面》，《苏州大学学报》2004年第4期；《“军阀时期”中国红十字会的兵灾救护》，《上海师范大学学报》2004年第6期；《上海万国红十字会救济日俄战灾述论》，《清史研究》2005年第2期；《中国红十字会“护国战争”救护述论》，《合肥学院学报》2007年第2期；《1914年中国红十字会的胶东救援》，《文化学刊》2008年第1期。

④ 周秋光：《民国北京政府时期中国红十字会的慈善救护与赈济活动》，《近代史研究》2000年第6期。

⑤ 池子华：《中国红十字会救护总队抗战救护的几个断面》，《苏州大学学报》2004年第4期。

⑥ 李微：《试析抗战时期中国红十字会的救护活动》，《贵州师范大学学报》2004年第4期，第46页。

察，从另一侧面证明抗战救护参与群体的广泛性[1]。

中国红十字会的抗战救护主要是以救护总队为中心展开的，因此救护总队受到众多学者的特别关注。除前文提到的薛庆煜《记中国红十字会救护总队与战时卫生人员训练所》一文外，池子华考察了救护总队部的组建、空间及内部组织结构变迁、与卫训总所的关系以及“内部风潮”的潜滋暗长对抗战救护事业的多元效应，弥补了相关研究的不足。他认为救护总队部的“林可胜时期”（1938—1942）是中国红十字会抗战救护最辉煌的时期[2]。张建俅以救护总队为中心，对抗战时期战地救护体系的建构及其运作进行了考察，指出“救护总队实际上是国府与红十字会妥协下的产物，形式上虽仍隶属于红十字会，但其实已经逐渐成为抗战时期整个救护体系的中枢，在人事、组织、业务、训练等各方面结合卫生署与军医部门的资源，并且成为主导力量”[3]。

在中国红十字会救护总队中活跃着一批外籍医护人员，他们为中国的抗战事业做出了重要贡献。张建俅对抗战时期救护总队外籍人员进行了初步考证，为救护总队的进一步研究提供了新的资料[4]。池子华通过对国际援华医疗队抗战救护的考察，认为“中国红十字会之所以取得抗战救护的伟绩，是与国际红十字组织的援助分不开的”[5]。

（三）灾害赈济

一般来说，“大兵之后，必有凶年”，所以灾疫救济在很多时候也是战争救护的一部分。中国红十字会成立之初即注重在战争救护的同时着手灾疫的防范与救助，这在上面所列的有关战争救护的文论中也有所揭示。

“红会因恤兵而设，其主旨本系专门救护兵灾，但基于人道主义精神和原则，对于各种自然灾害也都一体救护”[6]。目前有关灾疫救济的专

---

① 杨红星：《留美医学生与抗战救护》，《〈红十字运动研究〉2007 年卷》，安徽人民出版社 2007 年版，第 119—124 页。

② 池子华：《中国红十字会救护总队部的“林可胜时期”》（上、下），《南通工学院学报》2004 年第 2、3 期。

③ 张建俅：《抗战时期战地救护体系的建构及其运作——以中国红十字会救护总队为中心的探讨》，《“中央研究院”近代史研究所集刊》2001 年第 36 期，第 117—118 页。

④ 张建俅：《抗战时期救护总队外籍医护人员名单考证》，《近代中国史研究通讯》第 32 期。

⑤ 池子华：《国际援华医疗队抗战救护纪实》，《钟山风雨》2005 年第 2 期，第 16 页。

⑥ 周秋光：《民国北京政府时期中国红十字会的慈善救护与赈济活动》，《近代史研究》2000 年第 6 期，第 126 页。

论不多。周秋光对民国北京政府时期中国红十字会对水、旱、风、震等自然灾害的救赈活动进行了介绍，认为“慈善是一种社会动力，是调节社会不可缺少的重要手段”①。

池子华撰文分别论述了1917年“京直水灾”②、1928—1930年“西北华北旱荒”③、1922年广东“八二风灾”④ 中国红十字会的救济活动，书写了红十字会扶危济困的“博爱襟怀”。其中在对西北华北旱荒的考察中，作者对“宝塔捐”这种创造性的募捐方式进行了深入挖掘，值得关注。

此外，在疫病救助的研究方面，杨红星对2003年“抗非”战役中的中国红十字会进行了考察，再现了中国红十字会新时代下的人道风采⑤。

（四）人物研究

在百年红十字运动中，留下了众多历史人物的足迹，对这些重要人物进行研究也是红十字运动研究的内容之一。在这些人物中，林可胜是最受关注的一个，陈民⑥、吕运明⑦、李筑宁⑧、曹育⑨、池子华⑩等人相继论述了林可胜与抗战救护的“情缘”及其通过组建救护总队对中国抗战所做出的重要贡献。林可胜是中国抗战救护的灵魂人物，池子华更是以“救护总队的‘林可胜时期’”为文，以凸显其在抗战救护中举足轻重的地位。

---

① 周秋光：《民国北京政府时期中国红十字会的慈善救护与赈济活动》，《近代史研究》2000年第6期，第107页。

② 池子华：《中国红十字会救济1917年京直水灾述略——以〈申报〉为中心的考察》，《淮阴师范学院学报》2005年第2期。

③ 池子华：《中国红十字会救助1928至1930年西北华北旱荒述略》，《社会科学战线》2005年第2期。

④ 李勇、池子华：《中国红十字会救护1922年广东“八二风灾”述略》，《〈红十字运动研究〉2007年卷》，安徽人民出版社2007年版。

⑤ 杨红星：《抗击“非典”战役中中国红十字会慈善行动简论》，《文化学刊》2007年第6期。

⑥ 陈民：《抗日战争中救死扶伤的生理学家林可胜》，《抗日战争研究》1992年第2期。

⑦ 吕运明：《林可胜与中国红十字会救护总队》，《文史天地》1995年第5期。

⑧ 李筑宁、李丽：《战火中飘扬的中国“红十字——林可胜与救护总队”》，《党史纵横》1996年第9期。

⑨ 曹育：《中国现代生理学奠基人林可胜博士》，《中国科技史料》1998年第1期。

⑩ 池子华：《中国红十字会救护总队部的“林可胜时期”》（上、下），《南通工学院学报》2004年第2、3期。

除了林可胜，还有几位与中国红十字会发展密切相关的人物受到关注，包括孙中山[1]、施则敬[2]、吕海寰[3]、周恩来[4]等。

（五）经费问题

经费是红十字会从事各项人道活动的前提和基础，经费问题对于红十字事业的发展至关重要。对于中国红十字会经费问题的专题研究尚属起步阶段，文章仅见于张建俅的《中国红十字会经费问题浅析（1912—1937）》[5] 和周秋光的《民国北京政府时期中国红十字会的会内宣传与经费筹措》[6]。

张建俅认为，“中国红十字会主要的财源有三：捐款、会费、政府补助。其中捐款是该会最为重要的经费来源”，“会费则是另一个重要的财源”。中国红十字会“在支出方面，大致有灾难救济、医疗卫生、战地救护、国际救援、推动会务、投资理财等项”。通过对中国红十字会的个案分析，作者认为，“近代中国慈善事业，已然迈入一个新的阶段。特别是在处理经费问题上，红十字会面向社会大众争取支持，企图建立社会公信力，诉求的重点与救援工作趋向多元，从此慈善事业不再是少数人的责任，而是社会团体的使命了”[7]。

周秋光认为，“中国红十字会的经费筹措是和宣传紧密联系在一起的。经费筹措需要宣传，宣传的目的之一是为了筹措经费。二者的结合，不但推动着中国红十字会不断向前发展，而且还为近代中国社会带来了一种新的风尚”[8]。

---

① 池子华：《孙中山与中国红十字运动》，《光明日报》2006 年 1 月 6 日；或见池子华：《略论孙中山对中国红十字运动的贡献》，《民国档案》2006 年第 4 期。

② 池子华：《施则敬与中国红十字会的创始》，《〈红十字运动研究〉2007 年卷》，安徽人民出版社 2007 年版。

③ 池子华：《吕海寰是中国红十字会的首任会长吗?》，《河北大学学报》2002 年第 2 期。

④ 沈传亮：《周恩来与中国红十字会》，《百年潮》2008 年第 2 期。

⑤ 张建俅：《中国红十字会经费问题浅析（1912—1937）》，《近代史研究》2004 年第 3 期。

⑥ 周秋光：《民国北京政府时期中国红十字会的会内宣传与经费筹措》，《湖南师范大学社会科学学报》2004 年第 4 期。

⑦ 张建俅：《中国红十字会经费问题浅析（1912—1937）》，《近代史研究》2004 年第 3 期，第 101、135 页。

⑧ 周秋光：《民国北京政府时期中国红十字会的会内宣传与经费筹措》，《湖南师范大学社会科学学报》2004 年第 4 期，第 123 页。

（六）国际交往

红十字会是一个国际性的组织，参与国际交往是红十字会活动的重要组成部分。周秋光分别撰文考察了中国红十字会在晚清时期和民国北京政府时期的国际交往，认为“晚清时期中国红会与外界红会的接触只有瑞士日内瓦国际红十字会、日本赤十字社与美国红十字会，这说明处在封建时代的中国红会还没有从封闭的状态下走出来”①；民国北京政府时期“中国红十字会参加国际性会议，使其得以走出狭隘、走出封闭、走向世界；参与国际性救护，使其得以充分体现出‘恤邻’的慈善情怀；开展经常性的会际间的联络交往，使其得以走出一条独特的值得肯定的平等外交道路”②。

池子华论述了新中国成立后中国红十字代表团首访日本的情况，认为“这次访问是新中国和平外交政策实施的成功范例，反映了中日两国人民要求友好相处的共同愿望，结束了中日之间民间交往中的单向状态，揭开了中日关系史上新的一页”③。

（七）重要时段的研究

池子华对中国红十字会的“1912 年”和“复员时期”给予了极大的关注。1912 年，中国红十字会得到国际社会正式承认、“立案”成功、首届会员大会召开、“统一”大会“奠万年不拔之基”，可谓是“脱胎换骨”的 1912 年④。

从抗日战争胜利到新中国成立前是中国红十字会历史上的“复员时期”。“复员时期”是中国红十字会发展史上的一个重要时期，慈善活动蓬勃开展，红十字青少年组织得以成立。池子华、吕志茹首先从工作重心转移、组织调整和征募运动的推广三个方面对这一时期的工作进行总

① 周秋光：《晚清时期的中国红十字会述论》，《近代史研究》2000 年第 3 期，第 191 页。

② 周秋光：《民国北京政府时期中国红十字会的国际交往》，《湖南师范大学社会科学学报》2002 年第 4 期，第 81 页。

③ 池子华：《建国后中国红十字会代表团首访日本纪实》，《钟山风雨》2007 年第 3 期，第 8 页。

④ 池子华：《中国红十字会的 1912 年》，《钟山风雨》2002 年第 4 期。

体考察[1]；继之，对这一时期的红十字青少年运动[2]和慈善活动[3]进行专题研究。

除了以上几个方面，张建俅还以中国红十字会为个案，探讨了民国时期政府与社团之间既对立又相互扶持的复杂关系，对当代社会具有重要启示[4]。

四

中国红十字运动研究近年来虽然取得了较为丰硕的成果，但“红十字运动研究毕竟是一个新兴的学术领域，无论是研究的深度，抑或广度，都有待加强”[5]。在未来的研究中，笔者认为以下几个方面应有所加强：

（一）会史研究有待于进一步拓展和深化

上文可见在战争救护领域研究成果相对集中，而有关宣传、经费、国际交往、红十字青少年等问题的探讨才刚刚开始，时段上有断层，没有形成系统。现阶段的研究大多集中于红十字会各项活动的考察，缺少对红会自身机制和内在规律的系统论述。换句话说，对红会的外层空间有了一定认识，但缺少对红会“内心”的全面探析。红十字会在各个历史时期中，如何适应社会变迁，如何在变化中调整其内部机制以适应环境，都是值得关注的问题。应该指出的是，为了更全面地展现中国红十字运动的风采，有必要进行专题研究，并注重其在各个时期的发展变化，在动态中把握其规律。战争救护、灾疫救济、宣传、经费、国际交往、青少年运动等都可以作为专题，进行深入研究。新中国成立后尤其是改革开放以来，红十字会业务范围随着社会的发展也在不断地扩大，如献血、捐髓、志愿服务、台湾事务工作等都应成为学界专题研究的课题。

---

① 池子华、吕志茹：《“复员时期”的中国红十字会》，《河北大学学报》2004年第6期。

② 吕志茹、池子华：《“复员时期”中国红十字青少年运动简论》，《河北大学学报》2006年第3期。

③ 池子华：《“复员”时期中国红十字会慈善活动论纲》，《文化学刊》2007年第5期。

④ 张建俅：《近代中国政府与社团关系的探讨——以中国红十字会为例（1912—1949）》，《“中央研究院”近代史研究所集刊》2005年第47期。

⑤ 池子华：《一部中国红会史研究的“问题”之作——评〈中国红十字会初期发展之研究〉》，《民国档案》2007年第4期，第126页。

（二）从时段上看当代部分亟待加强

中国红十字会成立于1904年，历经晚清、中华民国、中华人民共和国三个历史时期，要对中国红十字运动有一个全面完整的历史考察，任何一个历史阶段都不能偏废。现阶段的研究大多集中于晚清和民国时期，新中国成立后的研究文章只有寥寥几篇①，无法对中国红十字运动有一个全方位立体式的认识。

中国红十字运动在新中国成立后尤其是改革开放后，取得了举世瞩目的辉煌业绩。在这个过程中，中国红十字的脚步或快或慢，或紧凑或舒缓，都需要我们去记录，去聆听，去推敲，去思考，去告慰历史，去启迪未来，为中国红十字事业的发展搭建一个更高更坚实的阶梯。

（三）整体研究与局部研究结合

近代的地方分会和新中国成立后的各级地方红会都是不同时期中国红十字运动的充满生机与活力的有机组成部分，其活动总体上统一于总会但又具有一定的地方特色。特别是在新中国成立后，各级地方红会和基层组织蓬勃发展，编织出人道事业的多彩画卷。这些红十字运动的地方性实践极大地丰富了中国红十字运动的内容，对之进行研究与考察、总结经验教训是很有必要的。当下地方红会史的研究与丰富多彩的地方红十字运动还不相适应②，有待加强。“地域社会史的研究，不仅有助于整体社会史的深入研究，而且可以验证某些论点”③。所以要进一步丰富和拓展中国红十字运动研究的内涵，加强地方红会史研究势在必行。

① 池子华的《百年红十字》对新中国成立后的红会历史发展脉络进行了第一次系统梳理；周秋光、曾桂林的《中国慈善简史》对这一时期的红会历史也有所涉及。有关新中国成立初期的研究论文，可见池子华的《建国后中国红十字会代表团首访日本纪实》，《钟山风雨》2007年第3期；改革开放后的研究仅见于杨红星的《抗击“非典”战役中中国红十字会慈善行动简论》，《文化学刊》2007年第6期。

② 在论文方面有杨萍：《抗战时期的昆明市红十字会》，《云南档案》2000年第5期；齐现厂：《讨逆战争与天津红十字会的人道救助——以〈大公报〉为中心》，曹金国：《中国红十字会江阴分会江浙战时救护行动述论》，薛丽蓉：《1932年淞沪抗战时期上海红十字运动简论》（以上论文均见《〈红十字运动研究〉2007年卷》，安徽人民出版社2007年版）；沈燕燕：《直皖战争与中国红十字会天津分会的救护行动——以〈大公报〉为中心》，《文化学刊》2008年第1期。著作方面有池子华、郝如一等：《近代江苏红十字运动》，安徽人民出版社2007年版。

③ 行龙主编：《近代山西社会研究》，中国社会科学出版社2002年版，第11—14页。

（四）挖掘史料为研究奠定坚实的基础

历史研究以史料为基础，史料的数量和质量一定程度上制约着史学研究的深度和广度。中国红十字运动研究起步较晚，直到20世纪末才逐渐受到学界的关注，这除了史学界和治史者的指导思想和研究取向等因素之外，与史料的缺乏、零散不无关系。有关红十字，史书中的记载不多，尤其是地方红会史的资料，大多散见于地方志书中的“卫生”和“社团”等条目之下，简明扼要，无关痛痒。要使研究“更上层楼”，需要深挖资料。目前学术界运用最广泛的史料是《申报》上关于中国红十字会的记载，但一家之言毕竟存在着局限性和片面性。中国红十字会总会于1993年和2005年曾分两次编辑出版《中国红十字会历史资料选编》①，但随着学术研究的逐步深入，已经远远不能满足研究者的需要，史料的扩容和精纯度的提高势必提上议事日程。

（五）呼唤跨学科研究

红十字运动研究属于社会史的研究范畴，而跨学科研究是社会史的优势之一，更是“当代社会史研究的最重要的特征之一”②，所以跨学科研究理所当然成为红十字运动研究的重要方法。“红十字运动涉及的学科领域非常广泛，如法学、社会学、历史学、灾害学、伦理学、文化学、社会工作与管理、国际关系学等，这就要求我们不断更新知识结构，高屋建瓴，多层次、多角度地对红十字运动进行综合研究，更好地为红十字事业发展提供思想基础和理论支持”③。

红十字运动研究对象的特殊性为跨学科研究提供了可能。理论上讲，“社会作为一个整体，由四大子系统构成，即社会过程、社会结构、社会生活、社会问题的调节与控制，各系统又有自己的组成要素，由此构成一个系统网络，从而架构起中国近代社会史的学科体系”④。红十字运动的研究对象与这四大子系统都有着密不可分的关系。首先，红十字

---

① 中国红十字会总会编：《中国红十字会历史资料选编，1904—1949》，南京大学出版社1993年版；中国红十字会总会编：《中国红十字会历史资料选编，1950—2004》，民族出版社2005年版。

② 行龙：《开展中国人口、资源、环境史研究》，《山西大学学报》2001年第6期

③ 池子华、郝如一：《红十字事业发展呼唤理论研究》，《〈红十字运动研究〉2007年卷》，安徽人民出版社2007年版，第2—3页。

④ 池子华：《中国近代社会史的理论视野》，《河北大学学报》1998年第1期，第26页。

会是近代以来参与社会变迁的重要力量；其次，作为社团，红十字会是社会结构的一个组成部分；再次，红十字会参与社会产品的“第三次分配”，在大众物质生活方面扮演着重要角色，同时传播人道主义，在社会生活的精神领域中发挥作用；又次，红十字会从事博爱恤兵、扶危济困活动，对社会广泛存在的战乱、灾疫、贫穷以及孤老病残等社会问题多有参与，在社会问题的调节与控制方面也是一股不可忽视的力量。由此可见，红十字运动研究为我们的跨学科研究提供了一片沃土，特别是可以充分借助社会学的理论与方法对中国红十字运动进行深入考察。

（六）进行比较研究

现阶段，中国红十字运动的比较研究仍付阙如。这应该成为学术界下一步的关注目标。在近代社会的研究中，研究者既可以着眼于各分会之间的比较，也可以进行晚清和民国两个时期的比较，甚至可以进行民国时期不同阶段的比较。在当代社会的研究中，可以着眼于各级地方红会的比较，包括省际之间的比较，省内市际红会的比较，当然也可以进行各级红会自身的纵向阶段性比较。放宽视野，我们更可以将中国红十字运动与外国红十字运动进行比较，既可以是宏观上发展模式的比较，也可以是微观上业务活动的比较。总之可以说，在红十字运动研究方面，存在着广阔的“比较”空间。在这些比较的内容上，我们可以着眼于红十字运动的形式、内容、规模以及运动背后所折射的社会变迁。

附　录

红十字志愿服务的“别样”选择

——我的志愿服务之路

红十字志愿服务，形式多样，内容广泛。笔者作为一位学者，结合自己的专业，选择了以学术研究的方式参与志愿服务，亦可谓“学有专长”了。

一、与红十字“结缘”

笔者对红十字运动原本一无所知，最初的研究方向是近代政治史，出版过《曾国藩传》《张乐行评传》《晚清枭雄苗沛霖》《幻灭与觉醒》等著作。1991 年，笔者由安徽师范大学考入南京大学历史系攻读博士学位，研究重心转移到社会史领域，并以近代流民问题作为博士学位论文的选题。流民是弱势群体，兵灾匪祸，自然灾害，迫使他们背井离乡，居无定所，命运多舛，经常陷于无以为生的尴尬境地。在搜集整理流民资料的过程中，“红十字”进入笔者的视野。作为民间社会救助团体，她把“博爱”甘露洒向流民，给予他们生的希望。笔者觉得很新奇，对红十字会就有一种探究的冲动，萌发撰写一部《红十字与近代中国》的学术著作的“奇想”；加之 1991 年长江大洪水，红十字会员活跃的身影给人留下深刻而美好的记忆，更激发了我的研究兴趣。只是因为需要撰写《中国近代流民问题研究》的学位论文（论文后以《中国近代流民》为书名，1996 年由浙江人民出版社初版，社会科学文献出版社 2007 年修订再版），这一愿望埋在心底。1994 年，笔者博士研究生毕业后回到安徽师范大学执教，两年后调河北大学。工作变动以及教学、科研任务沉重，研究红十字运动的计划一直无暇兼顾，直到 1999 年，才把这一研究计划提上日程。这年金秋，笔者贸然致函中国红十字会总会，建议强化会史的研究，并提出写作《红十字与近代中国》的构想，希望能够得到总会的支持。笔者知道，这样的信很容易石沉大海，所以不敢心存奢望。但令笔者感动不已的是，这封原本无足轻重的小信，竟引起时任总会专职副会长的孙柏秋教授的高度重视。孙副会长亲笔复函，表示支持，并表达了合作的意向——这当然是笔者求之不得的，同时嘱托杨国堂先生惠寄《中国红十字会历史资料选编》《中国红十字会的九十年》二书。激动万分的我当即打电话给安徽人民出版社，邀其加盟，汪鹏生社长二话没说，纳入出版计划。笔者由此与红十字“结缘”。

二、出版《百年红十字》

与红十字“结缘”，并不意味着参与志愿服务。要为红十字事业尽绵薄之力，就应该埋头苦干，拿出像样的研究成果。从 1999 年秋开始，笔者带领研究生，钻进图书馆，收集红十字运动历史资料，走上了以学术研究的独特方式参与红十字志愿服务之路。

2000 年 1 月 13 日、14 日，这是令人难忘的日子，中国红十字会总会孙柏秋副会长、杨国堂先生，安徽人民出版社汪鹏生社长、周子瑞编辑，与笔者首次相聚北京，共商红会史研究事宜，提出长远规划和近期目标。长远规划即编辑出版“中国红十字书系”系列丛书，其中自然包括《红十字与近代中国》。鉴于 2004 年中国红十字会迎来百年华诞，商定“近期目标”先行推出《百年红十字》一书，以再现中国红十字会百年风雨的曲折历程，以为“中国红十字书系”之铺垫。之后，笔者和几个研究生一道，广泛搜求红会史料，杨国堂先生也把自己珍藏的资料毫无保留地“奉献”出来，孙副会长更是多方协助，提供大量难得的材料。经过三年多的苦战，书稿终于杀青。在此期间，2002 年 5 月 30 日，笔者携带部分书稿，与孙柏秋副会长一道，拜访了原卫生部部长、中国红十字会会长钱信忠先生。钱老对书稿赞不绝口，欣然同意为本书作序，并出任名誉主编。

2003 年 9 月，在中国红十字会喜迎百年华诞的时候，这部 60 万言的《百年红十字》，由安徽人民出版社隆重推出，精装出版。这是第一部全面再现中国红十字会百年史事的学术著作，被学界誉为“为中国慈善界放一异彩”（王卫平、王晚英：《为中国慈善界放一异彩》，《安徽史学》2004 年第 3 期）。钱老先生作“序”给予高度评价，强调“这是第一部系统研究中国红十字会百年史的力作，值得广大读者尤其是红十字工作者认真研读”；他并指出：“1993 年 10 月 31 日，《中华人民共和国红十字会法》颁布实施，这是中国红十字运动史上新的里程碑。中国红十字事业蓬勃发展，前景广阔，作为一位老红十字会员，我感到由衷的高兴。‘前事不忘，后事之师’，只有认真总结、吸取历史经验教训，才能推动中国红十字事业的可持续发展。希望红会同仁以《百年红十字》的出版为契机，强化对会史的研究，以史为鉴，与时俱进，开拓进取，不断创造新的辉煌!”

《百年红十字》的出版，是笔者以学术研究参与志愿服务的结晶，事实说明，在这一领域耕耘，收获多多，大有可为。而钱会长等老一辈红十字会员的鼓励，也坚定了笔者用“笔”参与志愿服务的信心。

三、苏州“创业”

2001年7月，笔者在河北大学的服务期告满，乃应苏州大学社会学院之邀，举家南下，落户神往已久的人间“天堂”苏州。

苏州是红十字志愿服务活动发达之地，也是笔者“创业”的理想去处。来苏州之前，孙柏秋副会长嘱咐，南下后一定去拜访苏州市红十字会郝如一秘书长，他是红十字会系统的“一支笔”，他会支持你的事业，但到苏州后，几度欲往又止。《百年红十字》还在撰写之中，没有像样的“礼物”，实在不好意思烦扰。2003年秋，《百年红十字》新鲜“出炉”后，笔者便迫不及待携之“礼”拜，果然受到郝秘书长热情接待，晤谈良久，有一种相见恨晚之感。谈及未来合作，一拍即合。我提议联手编一部能够全面反映中国红十字会自成立以来重大活动的“编年史”——《中国红十字历史编年，1904—2004》，郝秘书长极表赞成，愿鼎力相助。《红十字与近代中国》交付出版（近40万字，安徽人民出版社2004年版，为第一部系统研究中国红十字会近代历史的学术论著，该书并获江苏省第九届哲学社会科学优秀成果二等奖、苏州市第八届哲学社会科学优秀成果二等奖），10年前的心愿完成后，在苏州市红十字会臂助下，笔者带领弟子们，潜心攻关，志愿服务取得累累硕果：

——为推进研究工作的开展，在笔者与郝秘书长的积极奔走下，在省红十字会的鼓励下，2005年12月7日，苏州市红十字会与苏州大学社会学院联合发起成立“红十字运动研究中心”，这是全国第一家以红十字运动为专门研究对象的学术机构。笔者出任研究中心主任。“中心”在积极开展各项研究工作的同时，特别注重其社会效应的发挥，致力于学术界与红十字会系统的沟通与交流，致力于走一条同各方群策群力、与社会携手发展之路。为了扩大对“中心”的宣传，“中心”一方面呼吁学术界更多地关注红十字领域，支持和参与红十字运动研究；另一方面呼吁红十字会人士为红十字运动研究工作给予应有的重视——挖掘提供研究素材，注意总结实践经验，积极开展理论探索，促进理论研究与实践工作的结合。在这样的思想指导和精诚合作之下，“红十字运动研究中心”健康发展、高效运行，显示出蓬勃的生机和旺盛的生命力。

——2006 年 1 月 18 日，作为专家组成员，笔者参加江苏省红十字会“十一五”发展规划论证会。

——2006 年 1 月，安徽人民出版社出版由苏州大学社会学院、苏州市红十字会合编，笔者与郝如一主编的《中国红十字历史编年，1904—2004》。这是第一部检索中国红十字运动百年史事的工具书，也是研究中心的重要标志性成果。2007 年 9 月，该书荣获苏州市第九届哲学社会科学优秀成果一等奖。

——2006 年 5 月 8 日，红十字运动研究中心网站（http：//www. hszyj. net）正式开通，是为全国第一家红十字研究的公益性学术网站，以朴素庄重的版式风格、丰富深刻的文章内容和前沿凝重的学术内涵受到了社会各界的好评。网站开辟新闻中心、最新动态、中心介绍、法律章程、电子期刊、人道沙龙、他山之石等几大栏目，为红十字运动研究搭建学术交流平台。

——《红十字运动研究》电子期刊（季刊），面向全国征稿，目前已出 7 期，发表各类文章百余篇近百万言。“电子期刊”汇集了海内外红十字研究和红十字工作的最新成果与主流思想，为有志于研究红十字运动的海内外学者、业余爱好者以及各级红会组织、红十字会会员和志愿者提供沟通交流平台，并希望通过这一载体推动红十字运动研究的深入。

——2007 年 4 月，安徽人民出版社出版由郝如一与笔者主编的《〈红十字运动研究〉2007 年卷》。本卷精选了“中心网站”2006 年电子期刊的主要内容，集中体现了“中心”过去一年的重要研究成果。该刊为国内第一份红十字运动研究的学术理论期刊，反映了国内红十字领域学术和理论研究的最新成果，对红十字事业的发展具有重要的指导意义。

——2007 年 6 月，鉴于中华书局出版的台湾学者张建俅所著《中国红十字会初期发展之研究》存在严重错误，特致函总会王海京秘书长。经总会多方交涉，中华书局、国台办、新闻出版署立即采取措施，停止发行该书，将负面影响降至最低限度。

——2007年10月，安徽人民出版社出版由笔者与郝如一主编的《江苏红十字运动》第1卷（共3卷），这是我们主编的“红十字书系”之一种。该书系将推出一系列有关国际红十字运动、中国红十字运动的学术研究成果，扩大红十字会的社会影响。

——笔者先后发表《抗战初期中国红十字会的战事救护》（《江海学刊》2003年第4期）、《中国红十字会辛亥战时救护行动》（《民国档案》2004年第1期）、《从中国救济善会到上海万国红十字会》（《史林》2005年第2期）、《上海万国红十字会救济日俄战灾述论》（《清史研究》2005年第2期）、《孙中山与中国红十字运动》（《光明日报》2006年1月6日）、《民国北京政府时期中国红十字会赈灾行动述论》（《中国社会历史评论》第6卷，天津古籍出版社2006年版）、《中国红十字会成立于一九一二年说质疑》（《光明日报》2007年9月21日）、《“复员”时期中国红十字会慈善活动论纲》（《文化学刊》2007年第5期）等数十篇学术论文，受到学界的广泛关注。

——笔者出席苏州市红十字会秘书长例会，参与红十字会系统重大活动，把学术研究与现实需要对接起来，为红十字事业发展建言献策。

——作为研究生导师，笔者指导硕士研究生、博士研究生选择与红十字运动相关的论题进行研究，以培养专业研究人员，壮大研究队伍。

融入苏州市红十字会，以学术研究的方式参与志愿服务，得到了中国红十字会总会彭珮云会长的首肯与称赞。彭会长在2006年12月到苏州视察时指出：“你们为发展有中国特色红十字事业，从理论上总结实践经验，提升认识，很有必要。我希望总会也能与研究中心合作，共同推进红十字理论研究的深入”。总会秘书长王海京也专门致函笔者，表示赞赏。

江苏省红十字会领导一直关心我们的研究工作。2007年4月13日，省红会专职副会长、党组书记张立明先生会同苏州大学领导共商合作开展红十字运动理论研究事宜。张副会长说：“红十字运动诞生100多年来，一直是具体工作做得比较多，系统的理论研究工作做得比较少，苏大与苏州市红十字会的合作增强了这方面的力量，如果要进一步弘扬和普及红十字运动精神，相关的理论研究必不可少。希望省、市红十字会与苏州大学继续加大红十字运动研究领域的合作，相互支持，进一步提升实践与研究的结合度，以促进红十字运动的发展。”（《苏大简报》2007年4月20日）并就将“中心”建设为“江苏红十字运动研究基地”的框架意见达成共识。

同时，“红十字运动研究中心”的成果还引起红十字国际委员会东亚代表处的关注和兴趣。2007 年 7 月 5 日，红十字国际委员会东亚代表处新闻官员胡向群女士到红十字运动研究中心考察，听取了中心工作情况的汇报。苏州大学党委副书记、副校长夏东民教授会见了胡向群女士。

四、新的起点

以学术研究的方式参与志愿服务，固然取得了一些成绩，但笔者深知，成绩的取得，与苏州市红十字会以及中国红十字会总会、江苏省红十字会、苏州大学、苏州大学社会学院领导的关心、支持是分不开的，更是“团队”精神的体现。在笔者的团队中，博士生如杨红星、徐国普、王专、孙语圣、何晓坚、吴佩华等，硕士生如吕志茹、刘红燕、崔家田、王晚英、王银、孙红璠、薛丽蓉、曹金国、齐现厂、王媛媛、邵晓芙、王慧敏、沈燕燕、姚惟尔、邓通、杨二兰等，都参加了课题的研究，同甘共苦，他们与笔者一样，是光荣的红十字志愿者。尤其是苏州“同程网”的同仁，全程赞助红十字运动研究中心网站的开通及运行，令人敬佩。可以自豪地说，笔者背后有一支不断壮大的志愿者队伍，靠着“团队”精神，共同走出一条“别样”的志愿服务之路。荣获“志愿服务先进个人”称号，实际上是集体的荣誉。

“志愿服务先进个人”的荣誉称号，是对笔者的激励与鞭策，也是笔者志愿服务征程上新的起点。在未来的志愿服务行动中，笔者将以“红十字运动研究中心”为依托，在苏州市红十字会和苏州大学共同关怀下，整合学界尤其是苏州大学研究力量，陆续启动国际红十字运动：历史与研究、美国红十字运动研究、日本红十字运动研究、韩国红十字运动研究、红十字运动与和谐社会建设、红十字运动的社会学研究、红十字运动的伦理学研究、红十字运动的法学研究、红十字运动的灾害学研究、红十字运动的文化学研究、红十字运动的管理学研究、红十字运动的新闻学研究、红十字运动的传播学研究等课题，逐步拓宽研究的领域，把国际红十字运动、中国红十字运动与江苏、苏州红十字运动研究有机结合起来。同时，积极创造条件，以苏州大学为依托，开办红十字会系统研究生班及长、短期培训班，培养红会系统所需人才，使“中心”成为红十字会的人才培养基地；与中国第二历史档案馆等单位合作，影印出版《中国红十字运动资料长编》；广泛征集国内及国际红十字运动历史资料，把红十字运动研究中心打造成为资料中心；中国红十字会历史悠久，成立“中国红十字历史博物馆”是必要的，笔者愿不遗余力，予以协助。

总之，笔者期望在中国红十字会总会、江苏省红十字会、苏州市红十字会以及红十字国际委员会、红十字会与红新月会国际联合会东亚代表处的指导、支持下，不断扩大志愿服务领域，把“红十字运动研究中心”建设成为在海内外有较广泛影响的红十字运动学术研究基地，更好地为红十字事业发展提供思想基础和理论支持。

（部分内容刊于《中国红十字报》2007 年 12 月 14 日）

“南京市红十字会始创”专家论证会会议纪要

为厘清“南京市红十字会始创”问题，更好地传承红十字会“人道、博爱、奉献”精神，促进南京红十字事业健康持续发展，南京市红十字会委托苏州大学红十字运动研究中心就“南京市红十字会始创”进行专门课题研究，编写了《南京红十字运动的历史轨迹（1904—1949）》课题报告，并于2012年2月17日组织召开专家论证会。

会议由南京市红十字会党组书记、副会长刘霞主持，南京市红十字会常务副会长陈礼海出席会议并讲话。南京大学历史系副主任、教授、博士生导师范金民，江苏省社会科学院研究员孙宅巍，苏州大学社会学院教授、博士生导师池子华，江苏省红十字会常务副会长张立明，江苏省信息中心副主任陈玉金，南京市地方志编纂委员会办公室编纂处副处长施国俊，苏州市红十字会前常务副会长郝如一等专家及我会党组成员、副会长张杰，秘书长何慧君等出席会议。

论证会上，专家们就“南京市红十字会始创”这一问题热烈发言，发表了精彩而宝贵的意见和观点。

苏州大学池子华教授首先阐述了他的观点。他说，南京红十字会的起源目前有三种说法：一是1904年说。依据是1904年4月12日《申报》发表的《万国红十字会设立金陵、烟台分会》的报道。二是1911年说。史书记载，“南京分会为于少彰、宋培之、陈履源诸君所组织。昔年光复（按：‘光复’指1911年辛亥革命）时，掩埋救济、防疫诸端，备著劳异。”三是1913年说。《中国红十字会二十年大事纲目》记载：“南京分会会长于恩绂，善人也。自辛亥开办分会，至民二癸丑七月二十二日总会电准成立，从未领基本金，亦无外捐，亦未受有官厅补助。”癸丑七月二十二日是农历纪年，换成公历为1913年8月23日。池教授认为南京红十字会组织创立于1904年，因为结合当时的时代背景进行考量：第一，在中国红十字运动发展的初期，红十字会体制与现在迥然不同，它是一种垂直的关系，总会下设分会，分会就是基层组织，隶属于总会。第二，1912 年 10 月 30 日至 11 月 1 日在上海召开的中国红十字会“统一”大会，金陵分会于少彰、宋培之、王济川、陈仁山 4 位代表受邀出席了“统一”大会。南京分会成立的时间至迟也应该是 1911 年辛亥革命期间。第三，1904 年 3 月 10 日，为救济遭受日俄战争之祸的东北难民，中、英、法、德、美五国联合发起成立上海万国红十字会。总会在 1904 年 4 月 12 日《申报》发布《万国红十字会设立金陵、烟台分会》消息，消息中有“本会前经邀请邓笠航通守驰赴金陵禀商江南善后局总办何诗孙观察设立金陵分会，现得来书，略云何观察业已慨允，并邀姜蘅浦兄为帮办”的报道。至于为何设立金陵分会，池教授认为主要有经济上、政治上两方面的因素：第一，经济上的考虑。金陵是东南地区首位城市，受命筹办金陵分会的何诗孙接受委托后，立即行动，筹集善款，他“请饬文武各差缺酌量捐助，府厅州县与各厘卡各武职由江宁首府厘捐总局杨镜岩军门分别致函，各寄捐册一份，即假金陵省城门帘桥和静书屋姜公馆为收捐处。刻因捐册不敷，请再添寄”。门帘桥和静书屋姜公馆收捐处，可以认同为金陵分会的办公地点。显然，为东北救援提供经济上的保障而添设的金陵分会，的确运行起来并收到实效，以致上海万国红十字会所寄捐册不敷使用。第二，政治上的考量。金陵为两江总督所在地，具有各种资源动员的政治优势，且距离上海近便，声气相通，在金陵添设分会，可以得到总督的支持，从而为东北救助提供政治上的后援保障。在具体时间没有确认之前，池教授建议将 1904 年 4 月 12 日《申报》的报道作为建会时间。

江苏省社科院孙宅巍研究员完全赞同池子华教授的观点。他认为光绪三十年（1904）为南京市红十字会的始创时间，推断金陵分会成立时间应当在 1904 年 3 月、4 月之间。因为金陵分会是在上海万国红十字会总会的带动下成立起来的，上海万国红十字会总会成立于 1904 年 3 月 10 日，又有 1904 年 4 月 12 日《申报》发布金陵、烟台分会已经正式运作的报道。他还提供了两条佐证史料：一、1911 年 11 月，南京重建了南京分会医院联合会，由鼓楼医院、基督医院、金陵医院三家医院组建而成，是中国红十字会承认的第一批分会。二、1938 年 7 月 14 日，中国红十字会南京分会报送了一份致南京市政督办任援道的呈文，呈文中有“南京分会自成立至今，业已有三十余年之悠久历史”的记载。孙宅巍研究员认为认定“南京市红十字会始创”可考虑四方面因素：一、对于一个历史机构，名称的变化不应当影响对于机构源头的认定。关键在于这些不同名称和机构，相互之间是否具有继承性、连续性。如果相互之间没有继承和连续性，那么就不必认定为源头；如果相互之间有继承和连续性，那么我们就要理清、就要承认这个源头。二、批准不是衡量始创的必备条件。历史上，往往有些机构成立以后，不需要批准。有的经过相当长时间的活动，才得到批准。如果批准的时间当作始创的时间，那么批准之前的那段活动，我们怎么来认识、理解？上级组织是否批准，不能改变基层组织已经存在的事实。三、重建不等于创建。这是两个不同的概念。重建是机构在活动历史中的重要事件，但“重建”本身，即说明它不是始创行动。重建不是源头，创建才是源头。四、尊重机构自身的认定。有些机构正式创立的时间滞后，但机构出现活动已有较早时间，应当尊重机构自己表述。

南京大学范金民教授认为：南京市红十字会始创于1904年4月可以成立。他说，研究历史要非常重视材料的来源和可信度。1904年4月12日《申报》的报道，这个材料相当有说服力，说明在这之前，有过上海万国红十字会金陵分会的动议，而且表明金陵分会实际已经工作，而且工作了相当一段时间，很有成效。1938年7月14日中国红十字会南京分会的呈文，红十字会业内人士自己追溯“南京分会自成立至今，业已有三十余年之悠久历史”。这个时间只能是1904年，不可能是1911年和1913年。但不一定将成立的具体时间定在4月12日，不妨含糊为4月，将100多年前的组织成立时间缩到一个月就可以了，具体日期留待以后进一步研究。

江苏省红十字会张立明常务副会长在发言中赞成认定南京市红十字会始创于1904年。一是因为有万国红十字会设立金陵、烟台分会的报道；二是当时情况特殊，伤员很多，仗打到哪里，一些爱心人士、医院院长自发组织，比如成立“吴县红十字会”，也没有得到总会的批准，挂起牌子就开始工作。

南京市地方志办公室施国俊副处长说，20世纪90年代出版的《南京卫生志》记载南京市红十字会成立于1913年7月22日，正在编纂的《南京市志》也持这种观点，应该把今天专家论证会的新观点、新材料充实到即将出版的《南京市志》中，并建议加强宣传，纠正过去的讹误，以正视听，避免以讹传讹。

江苏省信息中心陈玉金副主任在发言中谈道，历史上一个问题如单方向论证可能没有说服力，但如果从不同的方向论证而取得吻合，就是最有力的佐证。他同意专家认定的将 1904 年作为南京市红十字会的源头。

苏州市红十字会前常务副会长郝如一认为，在没有更多的证据的情况下，不妨暂先认定为“4 月 12 日”。如果以后能找到更好的证据，再修改也不迟。因为举办纪念 110 年活动有个具体的时间更有可信度、说服力。

根据与会人员观点，专家们一致建议：

1. 南京市红十字会始创于光绪三十年（1904）4 月。

在具体日期没有确认之前，将 4 月 12 日《申报》报道发表的时间暂定为建会纪念时间。

2. 南京市红十字会重建于宣统三年（1911）。

3. 民国二年（1913）8 月 23 日，召开了全国统一大会后的中国红十字会总会电准南京分会成立。

专家们一致认为，《南京红十字运动的历史轨迹（1904—1949）》课题报告，系统阐述了南京红十字运动在近代的历史发展状况，为会议决策提供了宝贵的参考意见。建议进一步补充史料，修改完善，尽快报送有关部门审核备案。

附件：1. “南京市红十字会始创”专家论证会与会人员简介
　　　2. 专家发言内容

出席人员：(略)
记录人：黄卫东

南京市红十字会办公室整理
二〇一二年三月十日

主题词：南京市　红十字会　始创　会议纪要

抄　送：中国红十字会总会，省红十字会，市委、市政府办公厅，陈绍泽副书记、许仲梓副市长，区县红十字会、基层红十字组织附件1：

“南京市红十字会始创”专家论证会与会人员简介

（2012年2月17日）

范金民：南京大学历史系副主任，教授、博士生导师。兼任中国经济史学会理事、中国明史学会副秘书长、中国商业史学会副会长

孙宅巍：江苏省社会科学院研究员，原历史研究所副所长。江苏省近现代史学会副会长、侵华日军南京大屠杀史研究会顾问、南京师范大学侵华日军南京大屠杀研究中心顾问。2000年，经国务院批准享受政府特殊津贴

池子华：苏州大学社会学院教授、博士生导师，历史研究所所长，江苏红十字运动研究基地负责人、红十字运动研究中心主任

张立明：江苏省红十字会常务副会长

陈玉金：江苏省信息中心副主任

施国俊：南京市地方志编纂委员会办公室编纂处副处长，南京历史学会副会长

郝如一：苏州市红十字会前常务副会长、苏州大学社会学院兼职教授、红十字运动研究中心副主任

陈礼海：南京市政府办公厅巡视员，市红十字会常务副会长

刘　霞：南京市红十字会党组书记、副会长

张　杰：南京市红十字会党组成员、副会长

何慧君：南京市红十字会党组成员、秘书长

附件2：

专家发言内容

1. 池子华

要全面再现南京红十字运动在近代的历史发展状况，首先应弄清南京红十字会成立的时间。对此问题，目前存在三种不同的说法。

一是1904年说。依据是1904年4月12日《申报》发表的《万国红十字会设立金陵、烟台分会》的报道。金陵分会即南京分会。

二是1911年说。史书记载说："南京分会为于少彰、宋培之、陈履源诸君所组织。昔年光复时，掩埋救济、防疫诸端，备著劳异。"按"光复"即指1911年辛亥革命①。

三是1913年说。《中国红十字会二十年大事纲目》记载："南京分会会长于恩绂，善人也。自辛亥开办分会，至民二癸丑七月二十二日总会电准成立，从未领基本金，亦无外捐，亦未受有官厅补助。"② 这段史料有两点值得注意：一则"自辛亥开办分会"，即南京分会成立的时间是1911年，这与第二种说法是吻合的；二则总会"电准成立"，也就是批准的时间是民国二年"癸丑七月二十二日"，这是农历纪年，换成公历为1913年8月23日。如果按照总会批准的时间来定，成立的时间就是1913年8月23日。即便以此为标杆，有关网站把南京红十字会成立的时间标注为1913年7月22日，把农历混淆为公历，也是不准确的。

那么南京红十字会到底成立于何时？或者说如何确定分会组织成立的时间？这是一个带有普遍性的问题，不少分会面临同样的困扰。要解决这一问题，应该结合当时的时代背景进行考量。

在中国红十字运动发展的初期，红十字会体制与现在迥然不同，它是一种垂直的关系，总会下设分会，分会就是基层组织，隶属于总会。分会的设立有两种情况，一种由总会主导设立，一种由地方人士组织报

---

① 中国红十字会总会编：《中国红十字会历史资料选编，1904—1949》，南京大学出版社1993年版，第300页。

② 中国红十字会总会编：《中国红十字会历史资料选编，1904—1949》，南京大学出版社1993年版，第460页。

请总会批准成立（包括当时没有来得及履行报批程序事后补办报批手续等情）。无论哪种情况，都是总会认可的正式组织——分会。这里有一个重要的时间关节点，也就是1912年10月30日至11月1日在上海召开的中国红十字会“统一”大会。大会不仅通过了《中国红十字会章程》①，而且制订并通过了《中国红十字会分会章程》，统一了分会名称为“中国红十字会某处分会”，明确了分会的义务以及分会与总会的关系等②。更为重要的是，设立分会不再像从前那样随意而为，而要履行《中国红十字会组织分会申愿书》规定的程序向总会提出申请（申愿），经总会审批后始能开办③。中国红十字会由此向规范化管理迈出了至关重要的一步。这就意味着“统一”大会之后，新设的分会需要履行“申愿”程序，才算合法。至于已有分会，已经得到总会的认可，或重新备案，顶多补办一下手续。

总而言之，“统一”大会之前，无论是总会主导设立的分会，还是由地方人士发起成立得到总会认可的分会，都可视为正式组织。发起成立的时间即可视为该分会成立的时间。至于“统一”大会之后，由地方人士发起报请总会批准的形式逐渐制度化，但不排除因事急先行设立而后报请总会批准这样的情况存在。

就南京分会而言，它并非“统一”大会后新设的分会，在辛亥革命中就已经存在，并取得令人瞩目的救护业绩，得到总会的认可，也正因为如此，于少彰、宋培之、王济川、陈仁山4位代表受邀出席了“统一”大会④。所谓1913年8月23日“电准成立”，不过是补办手续而已，不应该确定为南京分会正式成立的时间，更不能因此而将此前的历史功绩抹杀。如此说来，南京分会成立的时间至迟也应该是1911年辛亥革命期间。如果1904年说能够成立，建会的时间自然更早。

那么1904年说能否成立呢？这就需要做进一步的考证。

众所周知，1904年3月10日，为救济遭受日俄战争之祸的东北难民，中、英、法、德、美五国联合发起成立上海万国红十字会。该会因

---

① 《中国红十字会章程》，载《中国红十字会杂志》1913年第1期。

② 《中国红十字会分会章程》，载《中国红十字会杂志》1913年第1期。

③ 《中国红十字会组织分会申愿书》，见中国红十字会总会编：《中国红十字会历史资料选编：1904—1949》，南京大学出版社1993年版，第227—228页。

④ 《中国红十字会杂志》第1号《记事·统一大会汇刊》，第3页。

“在中国地方创始承办，中国遂永有红十字会主权”[①]。中国红十字会由此诞生。不过，话说回来，江苏上海（上海时为江苏所辖）虽然是万国红十字会的大本营，但毕竟距离东北遥远，远水救不了近火。如何采取有效的救护行动，不能不令中西董事殚精竭虑，费尽心思。按照国际惯例，红十字会总会可以根据需要，随时随地添设分会。有鉴于此，《上海万国红十字会暂行简明章程》特别规定：“所有附近战地之紧要地方，由总董会议遴延中西绅董，缮给凭信，前往添设分会，办事仍由总董呈请中国钦差吕（海寰）、盛（宣怀）、吴（重熹）三大臣给发该分会华董印札，以专责成而昭慎重。”“各分会或西董主持，华董襄理，或华董主持，西董襄理，皆与上海总董联络一气。”[②] 也就是说，为救护日俄战争而添设分会，是总会（上海万国红十字会）主导的有步骤的行动计划。牛庄、新民屯、沟帮子、辽阳、开原、奉天、铁岭、安暑河、海城、山海关、塘沽等分会的相继开办，都是这种模式。总会在1904年4月12日《申报》上发布《万国红十字会设立金陵、烟台分会》消息，也是在此背景下的重要举措，是行动计划的有机组成部分。烟台为水陆要冲，是往来东北的重要门户，可以“联络津、沪、旅、青之气”，总会根据救援行动的需要，特请招商局李福全（字载之）在烟台设立分会[③]，可以理解。而金陵，远离硝烟，又非东北救援孔道，何以添设分会，的确耐人寻味。

先看看关于添设金陵分会的史实。1904年4月12日的《申报》这样报道：“本会（指上海万国红十字会——引者）前经邀请邓笠航通守驰赴金陵禀商江南善后局总办何诗孙观察设立金陵分会，现得来书，略云何观察业已慨允，并邀姜蘅浦兄为帮办。”[④] 就是说，上海万国红十字会成立后，特请红十字会骨干人物邓笠航专程前往金陵，希望何诗孙添设金陵分会，得到何的慷慨应允，并邀请姜蘅浦帮办会务。

何维朴（1844—1925，一说1842—1922）字诗孙，晚号盘止，亦号盘叟，又号秋华居士、晚遂老人，室名颐素斋、盘梓山房，湖南道县人，以山水画著称，宗娄东派。1867年副贡，官内阁中书，协办侍读，

---

① 《晚清关于红十字会开创之奏折》，见中国红十字会总会编：《中国红十字会历史资料选编，1904—1949》，南京大学出版社1993年版，第9页。

② 《上海万国红十字会暂行简明章程》，中国红十字会总会编：《中国红十字会历史资料选编，1904—1949》，南京大学出版社1993年版，第27—30页。

③ 《上海万国红十字会暂行简明章程》，中国红十字会总会编：《中国红十字会历史资料选编，1904—1949》，南京大学出版社1993年版，第30页。

④ 《万国红十字会设立金陵、烟台分会》，《申报》1904年4月12日。

江苏候补知府，江南善后局总办。工书、画，辛亥革命后寓居上海，以书、画自给。收藏古印甚多，有《颐素斋印存》六卷及《何诗孙手书诗稿》传世[①]。何诗孙确有其人，且受委托创办金陵分会。

姜蘅浦，事迹不详，但可以肯定的是南京当地较有经济实力且热心慈善的爱心人士，他在门帘桥附近的“姜公馆”，即为金陵分会的“收捐处”。

人物、事实俱在，我们没有理由怀疑总会筹办金陵分会的计划。更为重要的是，这一计划付诸了实施。

金陵虽非救援东北的孔道，但毕竟是东南地区首位城市，经济实力较强，在金陵添设分会，对筹集救助难民的善款不无小补。这正是总会主导在金陵添设分会的目的所在，即着眼于经济上的考虑。受命筹办金陵分会的何诗孙接受委托后，立即行动，筹集善款，他“请饬文武各差缺酌量捐助，府厅州县与各厘卡各武职由江宁首府厘捐总局杨镜岩军门分别致函，各寄捐册一份，即假金陵省城门帘桥和静书屋姜公馆为收捐处。刻因捐册不敷，请再添寄”[②]。这个门帘桥和静书屋姜公馆收捐处，可以说也是金陵分会的办公地点。金陵分会在何诗孙的主持下，开展了富有成效的工作，使上海万国红十字会的董事们深受鼓舞，“除备函酌寄捐册外，如蒙金陵乐善官绅捐助经费，请即就近送往（金陵分会）掣取收照，俟转解到日，即由本会（上海万国红十字会）汇列清单，乞登各报”鸣谢[③]。显然，为东北救援提供经济上的保障而添设的金陵分会，的确运行起来并收到实效，以致上海万国红十字会所寄捐册不敷使用，这种局面的出现，令人欣喜。

除了经济上的考虑之外，添设金陵分会当然也会有政治上的考量。金陵为两江总督所在地，江苏（包括上海）为其所辖，政治地位特殊，如史料记载所说：“江苏财赋甲天下，形胜亦足控东南，清末凡督抚同省者皆裁并，江苏独否，将军、总督驻金陵，巡抚驻苏州，一仍其旧。”[④] 两江总督所在地，具有各种资源动员的政治优势，且距离上海近便，声气相通，在金陵添设分会，可以得到总督的支持，从而为东北救

① http：//yishujia. findart. com. cn/27905-zixun. html；http：//artist. artxun. com/15897-he-weipu。

② 《万国红十字会设立金陵、烟台分会》，《申报》1904年4月12日。

③ 《万国红十字会设立金陵、烟台分会》，《申报》1904年4月12日。

④ 尚秉和：《辛壬春秋江苏篇》，祁龙威、周新国主编：《辛亥革命江苏地区史料合集》，江苏人民出版社2011年版，第41页。

助提供政治上的后援保障。这是显而易见的。由此不难理解，由中、英、法、德、美五国合办的上海万国红十字会，得到清政府的鼎力支持，委派重臣吕海寰、盛宣怀、吴重熹运筹帷幄，而三大臣随时将上海万国红十字会的运作情况向时任两江总督的魏光焘通报，不是请他“酌改”奏稿，就是请他“主政”①，仰赖之情，跃然纸上。在两江总督所在地添设分会，获取政治乃至经济、人力资源的支持，是可以想见的。

孙柏秋主编的《百年红十字》（安徽人民出版社）一书中，也记载1904年4月6日，旅居牛庄的魏伯诗德等人在教会牧师住宅聚会，宣布成立上海万国红十字会牛庄分会。随后，辽阳、奉天、开原、铁岭、安暑河、沟帮子、新民屯、海城、山海关及塘沽、烟台、金陵等地分会相继开办。随着分会的次第添设，大规模的救济行动逐渐展开。

鉴于上述情况，总会主导在金陵设立了分会，且金陵分会之运行，已经表明它在事实上的存在，我们没有理由加以否认。因此，1904年说是可以成立的。至于创立的具体时间虽然不得而知，但因救援急于星火，不容拖延很久，很可能在4月上旬即已开办。在具体时间没有确认之前，将4月12日《申报》的通报作为建会时间，也不失为一种“权宜之计”。

金陵分会、烟台分会以及东北各分会，是总会主导下设立的，这些分会在救援使命完成后大多“功成身退”。尽管如此，各分会的存在是既成事实，应该得到尊重予以承认。因此，日俄战争时期总会主持设立的各分会，理应成为各该分会的“源头”，也理应成为各省红十字运动的“源头”（江苏情况特殊，因上海当时属于江苏管辖，江苏红十字运动的源头理所当然在上海）。南京红十字会创始于1904年说，是可以得到确认的。

作为中国红十字会的前身，上海万国红十字会诞生于江苏，而金陵分会则是其在江苏境内建立的第一个基层组织，这对江苏红十字运动向纵深发展是有利的。不过，上海万国红十字会是运动的中心，是举国瞩目的焦点。总部的动向及一切活动，总是吸引人们的眼球，至于金陵分会诞生后的运作详情，几乎完全被“盖”住，至少没有引起媒体的足够关注，资料缺乏，以致我们无法透过历史文献全面再现金陵分会的活动

① 《吕海寰、盛宣怀、吴重熹致袁世凯、魏光焘电》（1904年5月26日）、《吕海寰、盛宣怀、吴重熹致魏光焘电》（1904年5月30日），见中国红十字会总会编：《探本溯源——来自博爱论坛的声音》，北京大学出版社2010年版，第70—71页。

风采，这一缺憾，只能待日后相关资料的“浮出”后弥补了。尽管如此，作为江苏省历史上第一个红会组织，金陵分会的诞生，无疑是江苏红十字运动的里程碑，其意义之重大、影响之深远，有不可低估者。

2. 孙宅巍

今天，参加南京市红十字会组织的专家论证会，感到非常高兴。南京市红十字会在历史上做出了巨大的贡献，为我们的民族、国家，为我们的江苏、南京这一方水土，做出了很大的贡献。在今天现实生活中，南京市红十字会也正在发挥着愈来愈大的影响力，各方面工作取得了很大的成绩。所以，我们再来对一些学说的课题进行论证，我觉得很有意义、很有价值。

刚才，池子华老师代表他的团队，报告了他们长期以来研究的成果。他们查阅了大量的资料，论述得也非常有根据，很有逻辑，很有说服力，我个人赞同池老师的结论。在当前的情况下，就我们所能查得的资料，南京市红十字会的源头暂时定为1904年，我觉得是非常合情合理的。这是我的一个基本观点。

南京市红十字会初期的三个重要时间：

(1) 1904年金陵分会成立。虽然具体日期不可考证，但是我推断：初步判断在1904年3、4月之间。因为，金陵分会是在上海万国红十字会总会的带动下成立起来的，它的成立时间为1904年3月10日，又有1904年4月12日《申报》发布金陵、烟台分会已经正式的运作起来了(说金陵分会在何诗孙、姜蘅浦两位主持下面已经建立，最迟应该是4月12日，《申报》不可能报道一个无源之消息)。刚才池老师说，在没有确认金陵分会到底哪一天成立的情况下，我们不妨将《申报》上的报道时间，作为一个标志性的时间，暂时先采取这个时间应是尚无不可。

(2) 1911年11月。全国正处在辛亥革命的风暴之中，红十字运动正在蓬勃地发展。这个时候，南京重建了南京分会医院联合会，是由鼓楼医院、基督医院、金陵医院三家医院组建而成。重建可以看成是南京市红十字会被正式正名以后的、中国红十字会承队的第一批分会。

(3) 1913年8月23日。刚才池老师把农历的癸丑年七月二十二日演绎成了阳历的1913年8月23日，免得引起误读，将农历说成是公历。这个日期，是由中国红十字会总会正式电准金陵分会成立的时间。

这三个时间，分别反映了南京市红十字会创立、重建和得到总会的电准，是三个具有代表性的时间。在南京市红十字会初期的历史上都具有重要的意义，也是南京市红十字会早期历史上具有重要影响的事件。

那么，南京市红十字会怎样来考虑、认定自己的源头？有什么根据？理念又是什么呢？我想谈下面四个方面的个人观点和看法：

(1) 对于一个历史机构，名称的变化不应当影响对于机构源头的认定。往往一个机构今天的名称，在历史上经过多次的变化，可以大相径庭。比如今天的南京大学，我的母校，把1902年三江师范学堂作为她的源头；我的另外一个母校，江苏省扬州中学，把1902年仪董学堂，作为自己90年、100大庆的时间。机构的宗旨、开展的主要活动、形式和内容都可能发生变化，关键在于这些不同名称和机构，相互之间是否具有继承性、连续性。如果相互之间没有继承和连续性，那么就不必认定它为源头；如果相互之间有继承和连续性，那么我们就要厘清、承认这个源头。

(2) 批准不是衡量始创的必备条件。历史上，往往有些机构成立以后，不需要批准。有的经过相当长时间的活动，才得到批准。如果批准的时间，当作始创的时间，那么批准之前的那段活动，我们怎么来认识、理解？我们承认不承认在中国的这片土地上已经有了这个机构。

在网上，读到池老师一篇文章，里面有一个精彩的观点：因果关系不能颠倒。创始是因，批准是果。正是因为有了这个组织在哪里存在、在哪里活动，因此，才会有上级组织来批准它；如果前面没有这个组织，即没有这个“原因”，就不会有批准它这个“结果”。所以，谁是因、谁是果，因果关系不能颠倒。

上级组织是否批准，不能改变基层组织已经存在的事实。

(3) 重建不等于创建。这是两个不同的概念。1911年11月，南京分会自称“重建”。“重建”这两个字的本身就说明：在它前面还有一个相互之间有继承、连续性的一个组织，所以它才自称“重建”。

重建是机构在活动历史中的重要事件，但“重建”本身，即说明它不是始创行动。

重建相似于改组，它们均脱胎于前面的组织机构。比如国民党，前面有兴中会、同盟会，国民党改组为中华革命党、中国国民党，在历史过程中，不断地改组、重建。但是，每一次改组、重建，都不能否认前面的组织。我们要厘清重建和创建的关系，不要把它们之间混同起来。

重建就是重建，重建不是源头，创建才是源头。

(4) 要尊重机构自身的认定。这一点很重要。历史上，有的机构先活动几年，然后才得到上级机关的批准。有些机构把批准之日，作为自己的成立之日，以后就把自己的“大庆”都定在这一天。也有的机构不把批准之日作为成立之日，认为挂出牌子之日，就是自己的成立之日。

有些机构正式创立的时间滞后，但机构出现活动已有较早时间，应当尊重机构自己表述。

在我研究的领域中，找到了一个根据，南京分会在1938年7月14日有一个呈文，是中国红十字会南京分会致南京市政督办任援道的呈文。在呈文中有这样一句话：“南京分会自成立至今，业已有三十余年之悠久历史。”这是1938年7月14日写的呈文，他自己认为有三十余年历史，即认定为1904年。如果是1911年，也只有27、28年，即二十余年，不应该是三十余年。这在我编的《南京大屠杀史料集——遇难者的尸体掩埋》这本书中，有这封函件的全文。即使有1904、1911两种说法，我们也应当尊重机构当初自身的认定，即1904年。

也有的机构不把开始活动的时间，作为自己成立的时间。在我重点研究的南京大屠杀这个领域里面，也有这样的例子。南京过去有红卍字会，即八卦洲分会。在1937年12月南京沦陷期间已建立了组织，并成立了收容所、赈济队、运送队、掩埋队，组织30多条船共运送官兵3.7万人渡江，掩埋1559具尸体（沿江的浮尸）。但是，该会在历次自填的表格上，认为正式成立是1941年。没有从1937年算起，滞后了5年。所以，其1937年的活动，我把它看作是分会正式成立以前的前期的活动。

基于上面的四个观点，我完全赞成池老师报告的结论，即1904年，光绪三十年作为南京市红十字会的始创时间。

两个建议：

（1）红十字运动的历史，是社会文化、生活的一个重要组成部分。从今天的论证会开始，围绕池教授凝聚成一个舰队、一个旗队，进行课题的研究，加大宣传的力度。在社会生活中，大家对红十字会的宣传，对红十字运动的认识、了解，同我们红十字会本身所取得的巨大作用、成绩是不相称的。我建议：加大这方面的宣传，加大宣传的投入，因为这是我们的乡土文化、民族文化之中一个重要组成部分。

（2）如果将1904年作为南京市红十字会的源头能够成立，那么，现在立即着手准备2014年南京市红十字会110周年隆重的纪念活动。将辛亥革命、北伐战争、抗日战争、新中国成立以后等时期红会的作用，分段落地开展研究，是我们进行爱国主义教育的好教材。我们经常讲要打出南京的名片，红十字会本身就是一张南京鲜艳的、漂亮的名片。从

110 周年开始，要让更多的人参与到社会生活中去，让更多的人了解红十字会。

3. 范金民

听了池子华教授很详细的介绍，也听了孙宅巍教授精彩的发言，具有很强的专业性，南京市红十字会课题组下了很大的功夫。

第一点感受，南京市红十字会非常重视这件事情。采取了科学严谨、实事求是的态度，专门召开了专家论证会，我觉得非常对。认定一个事物要有充分的说服力、依据，不仅要让人家相信，而且我们自己也要相信。

第二点感受，完全同意刚才两位专家的基本看法。南京市红十字会的起始时间，认定为 1904 年 4 月。大家知道，池子华教授是目前中国少数的研究中国红十字运动的专家，很多学界的、代表性的看法，实际上就是他的看法。湖南师范大学学者周秋光在《近代史研究》上发表了 5 万字左右的文章，他也是主张 1904 年即光绪三十年就有上海万国红十字会的金陵分会，其中的基本看法，很多就是从池教授的书中引用，说明池教授的研究成果已经得到了学界的公认。刚才，池教授很清晰地介绍了他的看法、成果、依据，我完全同意。

现在看来，南京市红十字会的起始时间，第三个 1913 年完全可以排除。从基本史料和南京市红十字会自己业内人士的追溯，“自辛亥开办分会”，光复一年，各地红十字会风起云涌，与时代背景完全吻合。至于说农历和公历没有换算过来，社会上经常犯这个错误，是需要业内人士的把关。

两位专家定为 1904 年 4 月，我觉得可以成立的，基本材料和理由有三个方面：

第一个材料，1904 年 4 月 12 日《申报》上材料，我们研究历史的，非常重视材料的来源和可信度。“本会（指上海万国红十字会——引者）前经邀请邓笠航通守驰赴金陵禀商江南善后局总办何诗孙观察设立金陵分会，现得来书，略云何观察业已慨允，并邀姜蘅浦兄为帮办。”这个材料是相当有说服力的，说明在这之前，有过这么一个过程，有过上海万国红十字会的金陵分会的动议，而且已经付诸行动。

第二个材料，我觉得更能说明问题的是第二条，实际上登在《申报》的同一天，《万国红十字会设立金陵、烟台分会》标题非常清楚。第一个材料讲愿意设立分会，到底有没有设立，我们还不能认定。“请饬文武各差缺酌量捐助，府厅州县与各厘卡各武职由江宁首府厘捐总局杨镜岩军门分别致函，各寄捐册一份，即假金陵省城门帘桥和静书屋姜公馆为收捐处。刻因捐册不敷，请再添寄。”表明金陵分会实际已经开展工作，而且工作了相当一段时间，很有成效。这条材料更有说服力。

第三个材料，孙教授提供的，很有价值。红十字会业内人士自己追溯“南京分会自成立至今，业已有三十余年之悠久历史。”这是1938年7月14日写的呈文，只能是1904年，不可能是1911年和1913年。

这三条材料，前两条本身是一条，第三条材料与前两条没有联系，但是，我们从情理分析，从各种说话人的身份和口气分析是吻合起来的，符合当时的实情，比较有说服力，可以证明南京市红十字会起始于1904年。这些材料加进去进行充分的分析，池教授再进一步论证，应该更充分一点。

我完全同意两位专家的基本看法，是“基本”。比如说：落实到哪一个具体时间，是不是一定是1904年4月12日。池教授提了一个很好的想法：在目前情况下，不妨暂定为4月12日；孙教授讲：上海万国红十字会成立于3月10日，《申报》上发表消息是4月12日，应该在3月10日至4月12日之间。我觉得这是可以考虑的，不一定一定要定在4月12日。因为我们说不准，不妨含糊为4月，当初已经有红十字活动了。将100多年前的组织成立时间缩到一个月就可以了，以后有资料进一步的研究，再确定是4月12日或者是哪一天。

还有两个建议：

(1) 业内人士，尤其池教授是红十字方面的专家，收集的材料非常实。但是，我觉得不要放弃，进一步去找材料，当然很多是可遇不可求的。旁证也好，类似的材料，我们现在的材料，还不是注得非常实。《申报》讲同意设立，我们不能认定就是设立了。“何诗孙、姜蘅浦”的材料，是从网上下载的。如果以史学的方法，我们是可以找到这样的材料。当然也许我们花了很大努力，也不一定能找得到。按照常规来讲，总可以找到一些。总的意思就是资料收集、论证工作还不很足。

(2) 2014年110周年，要下大力宣传红十字会的重要性和意义。很多人没有充分的认识，包括我也不太了解。现在，我们的国家、社会乃至全世界，非常强调民间组织的作用、社会的关怀，提到了前所未有的重视高度。刚刚召开的十七届六中全会，强调文化大繁荣、大发展、大建设。要抓住机遇，在两年之间，认真总结南京市红十字会走过的道路、所做出的贡献，来体现它的社会价值。2014年110周年的时候，举办比较隆重的纪念会，特别面向社会宣传和扩大红十字会的影响，要着手进行材料的收集、整理、出版及撰写论文等等。现在，有的工作都是虚的、一阵的，但我们从事的这项工作是永恒的。

4. 张立明

三位历史界的大专家发表了看法，本人完全赞成。1993 年我到省红十字会工作，不久就参加了南京市红十字会 80 周年纪念大会，记得当时上海市红十字会的张海军也应邀参加了活动。那时南京市红十字会认定 1913 年成立。2000 年，江苏省红十字会出版了《江苏红十字运动八十八年（1911—1999）》，收集了大量资料，也没有找到南京市红十字会到底什么时候成立的依据。但在该文的前面写了这样一段话：1911 年江苏开始有红十字运动。由于 1904 年上海成立了万国红十字会，上海当时属江苏辖区，所以，也认定 1904 年江苏境内已经有红十字活动。后来，池教授经过研究，找到了南京市红十字运动开始于 1904 年的资料，并向刘霞副会长通报了情况。刘会长表示需要有确切的依据，需要进行很好的论证。所以，南京市红十字会邀请了苏州大学红十字运动研究中心组成了课题研究组。

刚才，几位专家认定南京市红十字会始创于 1904 年。一种情况上海万国红十字会设立金陵、烟台分会；一种情况特殊，当时仗打到哪里，一些爱心人士、医院院长自发组织，比如成立"吴县红十字会"，在没有得到总会的批准的情况下，挂起牌子开始工作，同时，也上报总会请求批准。当时，江苏境内就有很多这样的组织。金陵分会，当时还是总会派邓笠航通守前来建立分会，金陵分会已经有实际的行动，以红十字会名义开展了积极的募捐活动，并很有成效。所以，从红十字专职工作者来说，应该认定南京市红十字会始创于 1904 年。

2004 年，总会成立 100 周年的时候，温家宝总理指出：100 年来，红十字会为国家、民族做出了不可磨灭的贡献，谱写了可歌可泣的光辉篇章。

如果，我们不认定南京市红十字会始创于 1904 年，等于否定了红十字会的先驱者们那段时间所做的大量工作。尽管，当时可能金陵分会中断过一段时间的工作，才有 1911 年的重建。正如刚才专家所讲，"重建"和"创建"是有区别的。比如，1992 年，正式成立中华骨髓库，后来由于种种原因一直没有开展工作。直到 2001 年，在时任中国红十字会会长彭珮云的主张下，重新启动了中华骨髓库。同时，如我们以模糊的时间来认定，也许有缺陷，就是在举办纪念大会时没有具体的时间作为纪念日。我们也不妨了解一下烟台红十字会是怎么认定的，但不管他们认定不认定成立于 1904 年，南京市红十字会应该认定成立于 1904 年。

5. 施国俊

今天我是作为一名学生来学习的，三位老师是史学大家。范老师是明清史的专家，孙老师是民国史的专家，池老师是近现代史的专家。讲两点自己的看法：

（1）南京市红十字会的领导科学务实、实事求是的态度，令人敬佩。红十字会工作非常忙、事情特别多，还专门召开了这个专家论证会，体现了高度的历史责任感。

（2）红十字会要加大宣传力度。在地方志的志书中，我查阅了民国时期的首都志，上面没有一条有关红十字会内容的记录。20 世纪 90 年代南京市卫生局编的《南京卫生志》，上面认定南京市红十字会成立于 1913 年 7 月 22 日。按照池教授的观点，具体日期本身也错了，没有将农历换算成公历，而且抹杀了晚清和辛亥革命初期南京红十字会所做的卓有成效的工作。

现在，市地方志办公室正在编纂《南京市志》，1500 万字，共 12 册。已经出版发行了 1 至 7 册，正在编纂的 8 到 12 册中包括了红十字会的内容，将今天会议的最新观点充实进去，把错误的提法修改过来。

另外，市档案馆有整套的《申报》影印件。辛亥之前，南京几乎没有报纸，晚清南京创办的几张报纸都很短命，民国官办报纸最早的是 1912 年 1 月 29 日出版的《临时政府公报》，所以金陵分会的材料非常少，希望池教授的团队再在《申报》上好好挖掘一些南京市红十字会创始初期的材料。纠正现有出版物上的讹误，以正视听，不至于以讹传讹。

6. 陈玉金

近段时间学习了池老师《〈申报〉上的红十字》，安徽人民出版社等出版社出版的资料，学习了重庆、成都、镇江等红十字会纪念 100 周年的材料。本人比较肤浅，严格来说没有发言权。下面简单地谈一下自己的看法：

同意专家认定的将 1904 年作为南京市红十字会的源头。

理由：一是《申报》发布《万国红十字会设立金陵、烟台分会》消息这一基本事实；二是孙老师讲的“1938 年 7 月 14 日写的呈文”，这是非常重要的。历史上一个问题如单方向论证可能没有说服力，但如果从不同的方向论证而取得吻合，就是最有力的佐证。

7. 郝如一

参加今天的论证会，感觉到南京红十字会非常有眼光，能够重新论证“自己的历史”。由于池教授的辛勤努力，挖掘出了这样有价值的史料，同时，也得到与会“大专家”的认可。在中国红十字运动的历史上，南京做出了自己一份特出的贡献，在全国非常有影响。在没有更多证据的情况下，不妨暂先认定为“4 月 12 日”。如果以后再找到更好的证据，那么再修改也不迟。110 周年时，南京市红十字会应该隆重庆祝一下，这对于提振江苏省红十字会系统工作，尤其在“郭美美”事件之后，是非常有意义的。

（南京市红十字会提供）

后　记

《中国红十字运动史散论》是笔者的一部有关红十字运动研究的论文选集，2009 年安徽人民出版社初版。其中有的论文业已发表，有的没有发表，今汇编成册，供研究者参考。

《中国红十字运动史散论》分为“红会人物”“历史事件”“史实考订”“学术评论”几个专题，再现了中国红十字运动的几个侧影，因不成系统，故名“散论”。此次除对原有文章进行修订外，增加了几篇文章。

笔者研究红十字运动多年，取得了一些成绩，这与苏州大学、苏州大学社会学院党政领导及中国红十字会总会、中国红十字基金会、江苏省红十字会、苏州市红十字会的关心支持是分不开的，“红十字运动研究中心”的同仁也给予了很多帮助，令人难忘。借此机会，向他们表示衷心的感谢！

池子华

2019 年 2 月 18 日于苏州大学